Marcel Klaas · Alexandra Flügel · Rebecca Hoffmann
Bernadette Bernasconi (Hrsg.)

Kinderkultur(en)

Marcel Klaas
Alexandra Flügel
Rebecca Hoffmann
Bernadette Bernasconi (Hrsg.)

Kinderkultur(en)

VS VERLAG

Bibliografische Information der Deutschen Nationalbibliothek
Die Deutsche Nationalbibliothek verzeichnet diese Publikation in der
Deutschen Nationalbibliografie; detaillierte bibliografische Daten sind im Internet über
<http://dnb.d-nb.de> abrufbar.

1. Auflage 2011

Alle Rechte vorbehalten
© VS Verlag für Sozialwissenschaften | Springer Fachmedien Wiesbaden GmbH 2011

Lektorat: Katrin Emmerich

VS Verlag für Sozialwissenschaften ist eine Marke von Springer Fachmedien.
Springer Fachmedien ist Teil der Fachverlagsgruppe Springer Science+Business Media.
www.vs-verlag.de

Umschlaggestaltung: KünkelLopka Medienentwicklung, Heidelberg
Gedruckt auf säurefreiem und chlorfrei gebleichtem Papier
Printed in Germany

ISBN 978-3-531-16468-7

Inhaltsverzeichnis

Bildung

Grundschule

Freizeit/Reise

Kinderkultur *oder* der Versuch einer Annäherung

Marcel Klaas, Alexandra Flügel,
Rebecca Hoffmann, Bernadette Bernasconi

> „Da rinnt der Schule lange Angst und Zeit
> mit Warten hin, mit lauter dumpfen Dingen.
> O Einsamkeit, o schweres Zeitverbringen ...
> Und dann hinaus: die Straßen sprühn und klingen
> und auf den Plätzen die Fontänen springen
> und in den Gärten wird die Welt so weit -.
> Und durch das alles gehen im kleinen Kleid,
> ganz anders als die andern gehen und gingen -:
> O wunderliche Zeit, o Zeitverbringen,
> o Einsamkeit. [...]"

Rainer Maria Rilke: Kindheit

1   Kindheit

Wie im Alltag über Kindheit gesprochen wird, ist eng verknüpft mit Bildern aus der eigenen Kindheit bzw. der eigenen biographischen Kindheitsinterpretation. In den 1980er Jahren dominierten in der Debatte um Kindheit Begriffe wie „Verlustkindheit", „Fernsehkindheit", „Einzelkindheit" oder „Verinselung", und auch der wissenschaftliche Diskurs setzte sich mit diesen Topoi auseinander. Vornehmlich wurde Kindheit „aus einer kulturkritischen oder kulturpessimistischen Perspektive" (Heinzel 2002, 11) betrachtet. Als Ideal wird allerdings immer noch Kindheit, als die „schöne Kindheit" postuliert, und rückblickend als Norm kollektiver Erzählungen angesehen. Dabei wird gleichwohl über die Kindheit der nachfolgenden Generationen oftmals aus eben dieser kulturkritischen und -pessimistischen Perspektive verhandelt. Dieses Phänomen deutet Heinzel als „kollektive biographische Selbstverständigung und die Erfahrung sozialer Zugehörigkeit durch Abgrenzung von (moderner) Kinderkultur" (Heinzel 2005, 39). Die eigene, glückliche, zufriedene und erfüllte Kindheit wird hierbei nicht in Frage gestellt, sondern als Schablone für die Betrachtung aktueller Kindheit herangezogen und somit zur Norm erklärt. Ebenso wie der Topos der „schönen Kindheit" ist die postmoderne Bastelbiografie, in der auch Kinder als –

aufgrund von Bedürfnissen und später aufgrund von Interessen – Wählende angesehen werden, als ein normatives Kindheitsmuster anzusehen. Zinnecker hat für den Prozess den Begriff der „Selbstsozialisation" zur Diskussion gestellt. Eine Sozialisationsvorstellung vom Kind, das sich selbst aus Wahlmöglichkeiten „frei" erschaffe, sei aber eine Modellvorstellung der Postmoderne und nicht notwendigerweise eine Beschreibung von Wirklichkeit, so Preuss-Lausitz (vgl. 2003, 16).

Die wissenschaftliche Betrachtung von Kindheit hat sich in den letzten 20 Jahren grundlegend gewandelt. Die Abwendung von einem Kindheitsverständnis als Vorbereitungsraum erfolgte aufgrund zunehmender Kritik an dem Konzept, Kinder reduziert durch den Fokus auf Entwicklungs- und Sozialisationsfragen zu betrachten. Die Topoi Entwicklungskindheit und Erziehungskindheit sind zunehmend abgelöst worden von Konzepten, „die Kinder als gesellschaftliche Gruppe betrachten und die Institutionalisierung der Kindheit analysieren" (Kelle 2009, 465). Schlagworte wie „aus der Perspektive der Kinder", „Kinder als Akteure" etc. haben über einen langen Zeitraum die Debatten geprägt und den Fokus auf die Konstruktionstätigkeit der Kinder gelenkt. Jedoch verweist Honig auf die damit einhergehende Problemlage: „Eine kindheitswissenschaftliche Perspektive, die allein Kindheit fokussiert und die Eigenständigkeit von Kindern betonte, stünde demgegenüber stärker in der Gefahr, an der Romantisierung und Mythologisierung der ‚Kindheit' mitzuwirken" (zit. n. Kelle 2009, 466). Vielmehr müsse, so Honig weiter, Kindheit im Fokus generativer Differenz diskutiert und reflektiert werden. – Wie also wird die generative Differenz zwischen Kindern und Erwachsenen gesellschaftlich organisiert, welche Formen des *doing*[1] sind anzutreffen, an denen die Kinder ebenso beteiligt sind? „Es geht nicht um eine Wesensbestimmung des Kindes, sondern um eine Analyse der Soziogenese von Kindheit. An ihr wirken Kinder aktiv mit" (Honig 1999a, 50).

Wie Kindheit konstruiert bzw. gefasst wird, lässt sich historisch wie aktuell durch die Analyse von wissenschaftlichen Diskursen[2], Angeboten an Erwachsene (Erziehungsratgeber, Fachliteratur) sowie durch die Analyse kultureller Produkte für Kinder (z.B. Kinderbücher, Fernsehsendungen, Kindermöbel etc.) und sozialer Praktiken (z.B. Schulsysteme, Freizeitangebote) herausarbeiten (vgl. Rosenberger 2005, 22). Dies bedeutet gleichwohl, Kindheit „im Spiegel ihrer

---

1   Die Kategorie des „doing" ist ebenso in der Geschlechterforschung anzutreffen und wird dort als „doing gender"-Ansatz beschrieben. Mit der Begrifflichkeit des „doing" wird der Konstruktionsgedanke hervorgehoben und eine Wesensbeschreibung negiert. An diesem Prozess sind durchaus mehrere Interaktionspartner beteiligt.

2   Hierbei ist jedoch zu kritisieren, dass eine Theorie der Kindheit weitgehend an westlich demokratisch-kapitalistischen Industriegesellschaften orientiert ist. „Kindheit in anderen Weltregionen ist dagegen weder in historischer noch gegenwartsbezogener Orientierung für die Theoriekonstruktion wichtig geworden"(Lenhart 2006, 201).

kulturellen Repräsentationen und nicht als soziale Tatsache" (Kelle 2009, 464) zu betrachten. Im Kontext der Kindheitsforschung sind diverse – selbstredend – heterogene Zugänge zur Bearbeitung von Kindheit festzumachen. Um diese einer Systematisierung zu unterziehen, markiert Helga Kelle in Anlehnung an Honig, Leu und Nissen (1996) vier Perspektiven: So wird Kindheit erstens als Lebenslage und soziale Strukturkategorie verstanden und zweitens als Lebensphase betrachtet. Kindheit als Lebensweise zu untersuchen, stellt die dritte Variante dar. Viertens wird Kindheit als Diskurs in den Blick genommen (vgl. Kelle 2005, 145f. oder auch Kelle 2009, 466ff.). Diese Strukturierung begegnet nicht nur der disparaten Fülle an Fassungen des Kindheitsbegriffes und Ansätzen im Rahmen der Kindheitsforschung, sondern schafft gleichsam Transparenz hinsichtlich der grundlagentheoretischen Verortung.

Aktuell gibt es dem Anschein nach einen Konsens darüber, das generationale Verhältnis in den Fokus der Aufmerksamkeit zu rücken und so die Fragen nach und um Kindheit zu erörtern. Die Bedeutsamkeit, das generationale Verhältnis als ein „politisches, kulturelles und strukturelles" Arrangement zu begreifen, wird von Bühler-Niederberger und Sünker hervorgehoben (vgl. 2006, 40). Dennoch bleibt, auch angesichts der Diskussion um das generative Verhältnis, die Reflexion darüber notwendig, welche Bilder „von der Wirklichkeit heutigen Kinderlebens" (Kelle 2009, 464) erzeugt werden bzw. wie Kindheitsforschung diese Bilder über Kindheit erzeugt. Die Wirklichkeit heutigen Kinderlebens wird dabei durchaus unter den Begriff der Kinderkultur gefasst.

2   Kinderkultur(en)

Obwohl die diskursive theoretische Verortung des Begriffs Kindheit weit fortgeschritten ist, trifft dies auf den Begriff der Kinderkultur ganz und gar nicht zu. Der Begriff wurde zwar bereits 1989 in Lenzens *Pädagogische Grundbegriffe* aufgenommen, doch scheint er im Hinblick auf theoretisch elaborierte und empirisch fundierte Arbeiten vernachlässigt. Der Begriff an sich verleitet zu vielfältigen Interpretationen, und die unterschiedlichen Zugriffsweisen auf ihn lassen Honigs Beschreibung des Begriffs als „schillernd" besonders zutreffend erscheinen (Honig 1999b, 133).

Kinderkultur wird in der Literatur unterschieden als eine Kultur für Kinder und eine Kultur der Kinder (vgl. Lenzen 1989, 824ff.). Krappmann betont, die Kultur der Kinder sei eine Kultur, die Kinder sich selbsttätig erschaffen – mitsamt der Probleme, Freundschaften oder Rituale (vgl. 1993, 365). Der Hinweis auf die soziale Praxis findet sich ebenso in der Betrachtung Honigs. Die soziale Welt der Kinder ist hier „eine Welt symbolisch vermittelten Sinns, eines

Eigen-Sinns" (Honig 1999b, 132), die sich von den Zuschreibungen und Deutungen der Erwachsenen klar abhebt. Er verweist dabei auf den innovativen Impuls der deutschen Kindheitsforschung der 80er Jahre, die ihren Fokus auf „die Kindheit als Lebenswelt und [auf, d.V.] die Fähigkeit von Kindern, sie als Kultur zu gestalten" lenkte (vgl. Krappmann zit. n. Honig 1999b, 133).

Fromme u.a. beziehen den Begriff in ihrer Einleitung zum Band *Selbstsozialisation, Kinderkultur und Mediennutzung* mit dem Verweis auf Zeiher und Zeiher sowie Qvortrup auf den Alltag von Kindern, „der seine eigene kulturelle Dignität habe" (Fromme u.a. 1999, 9). Sie führen weiter aus, dass nach den 1970er Jahren, in denen Kinderkultur in erster Linie als Weg der „sanften Anpassung" (Lenzen 1978) verstanden wurde, „in der neueren Kindheitsforschung mit diesem Begriff gerade das Moment des Eigenständigen betont" (Fromme u.a. 1999, 9) werde.

Eine solch eigenständige Aneignung und Erschaffung von kindlicher Welt führt Walter Benjamin anschaulich in *Berliner Kindheit um neunzehnhundert* vor. „In einem alten Kindervers kommt die Muhme Rehlen vor. Weil mir nun ‚Muhme' nichts sagte, wurde dies Geschöpf für mich zu einem Geist: der Mummerehlen. Das Mißverstehen verstellte mir die Welt. Jedoch auf gute Art, es wies die Wege, die in ihr Inneres führten" (Benjamin 2000, 7). Der Erwerb von Welt erfolgt in Benjamins „Mummerehlen" über Sprache, über das Nicht- oder Noch-nicht-Verstehen, das zum eigenen kindlichen Sprachspiel wird, welches Kinderkultur verkörpert (vgl. zu Kinderkultur und Sprachspielen, Kelle/Breidenstein 1999). Kinder erschaffen nicht nur Sprachspiele, sondern eine eigene Kultur (vgl. Kelle/Breidenstein 1999, 97ff.), „außerhalb der familialen und institutionellen Betreuungs- und Kontrollumwelten [...]. Diese ‚Kinderkultur' bedient sich zwar vieler Symbole und Versatzstücke der Erwachsenenkultur, sie erprobt jedoch spezifische Deutungsmuster, die nur den Gruppenmitgliedern vertraut sind und die Grenze des Andersseins oder auch eine kritische Distanz gegenüber der etablierten Erwachsenenkultur zum Ausdruck bringen" (Liegle 2003, 23).

Was sicherlich unter den Begriff Kinderkultur zu fassen ist und durch das Beispiel von Benjamin unterstrichen wird, sind Praxen gelebten Kinderalltags, die jedoch nicht ohne gesellschaftliche Eingebundenheit betrachtet werden können: „Die Kultur der Kinder stellt eine eigenständige Lebensform dar, mittels derer Kinder als Kinder in ein kollektives Verhältnis zu Erwachsenen treten" (Honig 2008, S. 53). Auch hier stellt sich die Frage, inwieweit die Organisation der generativen Differenz herausgearbeitet wird, also Macht und Autoritätsgefälle im Rahmen der generationalen Ordnung zum Tragen kommen. Eine besondere Rolle nehmen in diesem Zusammenhang Arbeiten ein, die sich als kulturanalytische Zugänge auf ethnomethodologische Ansätze beziehen. Die

Peer-Culture-Forschung vertritt in der Tradition der Ethnomethodologie im Verbund mit der neuen Kindheitsforschung die Vorstellung von Kindern als kompetente Akteure und Konstrukteure ihrer sozialen Wirklichkeit (vgl. Kelle/ Breidenstein 1999, 98), eben das Moment des Eigenständigen, auf das auch Fromme u.a. hinweisen. „Kulturanalytische Zugänge [zielen; d.V.] auf das Wissen der Kinder als Akteure und als Teilnehmer oder Mitglieder ihrer Kultur" (ebd.).

Auch ermöglicht die Ethnomethodologie durch ihre Bezüge zur Ethnologie einen spezifischen Zugriff auf das Verständnis von Kultur, unabhängig von Kindheit. Hilfreich ist hier die Arbeit Amanns, der einen Einblick in das für die Ethnomethodologie grundlegende Verständnis von Kultur in Anlehnung an Clifford Geertz bietet. Kulturen werden nach Geertz an öffentlichen sozialen Handlungen beobachtbar und lassen sich mittels dichter Beschreibung und deren Interpretation rekonstruieren. Für Geertz stellt jedoch schon das öffentliche Geschehen an sich bereits einen kulturinterpretierenden Akt dar[3]. Und öffentliches Geschehen wird so zu einer Interpretation dessen, was die Handelnden als den kulturellen Rahmen betrachten. „Die Kultur eines Volkes besteht aus einem Ensemble von Texten, die ihrerseits wieder Ensembles sind, und der Ethnologe bemüht sich, sie über die Schultern derjenigen, für die sie eigentlich gedacht sind, zu lesen" (Geertz zit. n. Amann 1997, 301). Kultur wird dann verstanden als Gruppierung „ineinander greifender Systeme auslegbarer Zeichen" und bildet einen „Kontext, ein[en] Rahmen, in dem sie [also soziale Interaktionen, d.V.] verständlich – also dicht – beschreibbar sind (Geertz zit. n. Amann 1997, 301).

Beziehen wir diese Überlegungen auf eine Kultur der Kinder, so bedeutet hier Kinderkultur die Perspektive der Kinder auf die generationsübergreifende Konstruktion von Kultur – also doing-generationales-Verhältnis aus der Perspektive von Kindern. Damit stellen sich mehrere Probleme, die bislang nicht aufgelöst werden konnten. Zum einen wird die Perspektive der Kinder verfremdet durch den Blick der Forscher, die die Perspektive der Kinder schon nicht einlösen können. Zum anderen kann Kinderkultur nicht eine losgelöste Kultur der Kinder allein sein, weil Kinder eben im generationalen Verhältnis stehen und ihre Kultur auf der Folie dieser Bezogenheit entwerfen müssen. Damit stellt sich heute leicht variiert erneut eine Frage, die Lenzen bereits vor vierzig Jahren formulierte: „Gibt es abgeschlossen von der sogenannten Erwachsenenwelt eine

---

3   Amann wirft die Frage auf, ob Geertz Verständnis nicht den „Unterschied zwischen einem interpretierenden Text und einer interpretierenden kulturellen Aktivität" unsichtbar macht, ob sich so nicht der „konkrete Ablauf sozialen Handelns [...] zur bloßen öffentlichen Manifestation von Kultur verkürzt" (Amann 1997, 298ff.). Er vertritt die Ansicht, dass deutlicher zwischen unterschiedlichen Textsorten unterschieden werden müsse und nicht jeder Text – zumal der Textbegriff bei Geertz ausgesprochen weit ist – bereits eine Interpretation von Kultur darstelle.

besondere, für Kinder leibhaftige Wirklichkeit oder existiert ‚Kinderkultur' nur in der Pädagogen-Sprache?" (Lenzen 1978, 9)

Im Gegenzug zur Kultur der Kinder kann Kinderkultur auch gefasst sein als eine Kultur für Kinder. Der Begriff meint dann „also diejenigen Dinge, die eigens für Kinder inszeniert und angefertigt werden wie Einschulungsfeiern, Spielzeug und Kinderkleidung" (Wegener-Spöhring 1992b, 4). Der Markt der Kultur für Kinder ist enorm. Alleine die Spielzeugindustrie hat einen nicht zu unterschätzenden Einfluss.[4] Honig verweist darauf, dass es keine scharfe Grenze zwischen der Kultur für und der Kultur der Kinder geben könne und gibt einen kurzen Einblick in Arbeiten, die das Zusammenspiel untersucht haben (vgl. Honig 1999b, 133). Hengst etwa habe zunächst Kinderkultur als einen Gegenentwurf zur Kommerzialisierung und zur Einbeziehung von Kindern in den Konsumentenkreis angesehen. Später habe er seine Ansicht um das Kind und den Markt als Bündnispartner, beim Versuch das kindliche „Autonomieprojekt" gegen das Erwachsen-Werden zu behaupten (vgl. Hengst 1985, 1996), revidiert. 2002 schließlich betrachtet Hengst Kinderkultur als mediatisierte Konsumkultur und konstatiert, in der Kinderkultur dominieren die Normen und Konsumstile Jugendlicher und junger Erwachsener.

Die Problematik, die sich bei einer Annäherung an den Begriff der Kinderkultur zeigt, ergibt sich aus der engen Angebundenheit des Verständnisses von Kinderkultur an die Kindheitsforschung. Wenn nun gerade Kinderkultur das Eigenständige von Kindern im Fokus haben soll, müssen zwangsläufig die Probleme auftauchen, die auch das Defizitäre an einer reduzierten Proklamation der „Perspektive der Kinder" ausmachen, worauf auch die Ausführungen von Honig verweisen.

Was an dieser Skizze von differenten Fassungen zur Kinderkultur deutlich wird, ist, dass es sich um keinen einheitlich gefassten Begriff handelt. Ebenso wenig wie es also *die* integrative Theorie zeitgenössischer Kindheit gibt (vgl. Honig 1999b, 11), lassen sich eine Kultur für Kinder und eine Kultur der Kinder trennscharf voneinander unterscheiden (vgl. ebd., 133).

Die Tatsache, dass Kinderkultur nur marginal theoretisch reflektiert wurde und die wenigen Definitionen kontrovers sind, der Begriff nichtsdestotrotz eine inflationäre Verwendung zu finden scheint liefert auch den Grund, warum im Titel dieses Bandes Kinderkultur in den Plural gesetzt wurde.

---

4   Eurotoys gibt den Umsatz der Spielzeugindustrie für klassische Spielware im Jahr 2009 mit 2,4 Mrd. Euro an (vgl. www.Spielwarenmesse.de). Der deutsche Verband der Spielwarenindustrie e.V. nennt für das Jahr 2008 einen Umsatz von 2,29 Mrd. Euro am deutschen Markt (http://toy.de/news/index2100.html). Vom Online-Magazin *Statista* wird für das Jahr 2008 ein weltweiter Umsatz der Spielzeugindustrie von 75,7 Mrd. US-Dollar aufgeführt (vgl. www.de.statista.com).

„Kinderkultur(en)" hieß das Symposium, was im Januar 2009 stattgefunden hat. Den Ausgangspunkt für diesen Band und das Symposium stellt die Auseinandersetzung mit den Arbeiten Gisela Wegener-Spöhrings dar. Ihre Forschungsarbeiten wenden sich durchaus heterogenen Bereichen zu und sind auf den ersten Blick nicht unter eine Begrifflichkeit zu subsumieren. Jedoch lässt sich als verbindendes Moment immer wieder eine Hinwendung zur kindlichen Alltagspraxis, zu gelebtem Kinderalltag finden; dies erfolgt im Spiegel der Eingebundenheit von Kindern in gesellschaftliche Herrschaftsgefüge.

Wegener-Spöhring wendet sich beständig den Phänomenen der kindlichen Lebenspraxis zu. Dabei bewegt sie sich zwischen den Sinnkonstruktionen, die sich Kinder von ihrer Lebenswelt und den in ihr inhärenten Phänomenen wie Spiel, Freizeit und Schule machen, und der gesellschaftlichen Gefasstheit von Kindheit. In ihren Untersuchungen begibt sie sich in die Beobachterperspektive und gibt dabei dem Leser und der Leserin interessante Einblicke in eine Kultur, deren Undurchdringlichkeit dabei außer Frage steht. Wegener-Spöhring zeigt jedoch einen geschärften Blick für die Interessen der Kinder und eine Faszination für die widerständigen, aufmüpfigen, chaotischen, ungestümen und unangepassten Facetten des Kinderlebens. Ihre Arbeiten sind geprägt von einer Auseinandersetzung mit Kindern, Kindheit und eben Kinderkultur; sie setzt sich von einer Domestizierung jener widerständigen, auf Selbstbehauptung zielenden Verhaltensweisen der Kinder ab: „Jugendkultur [und Kinderkultur; d.V.] haben sich jedoch noch nie in die pädagogische Intentionalität zwingen lassen; es ist ja gerade ihr Sinn, dass sie dazu quer lieg[en; d.V.], dass sie sich mit dieser Intentionalität" anlegen (Wegener-Spöhring 1998, 336).

Eine Auseinandersetzung mit kinderkulturellen Praxen findet in den Arbeiten Wegener-Spöhrings immer in der Wahrnehmung des Eingebettetseins der Alltagswelt der Kinder in gesellschaftliche Macht-, Markt- und Herrschaftsprozesse statt. So findet sich in ihren Schriften die Herausarbeitung des Widerspruchs zwischen pädagogischer Zielvorstellung und gleichzeitiger Wahrnehmung gesellschaftlicher und individueller Grenzen: Reise wird im Rahmen der Tourismusindustrie vermarktet, kindliches Spiel wird von einer umsatzstarken Spielindustrie flankiert, die Umsetzung von Kinderrechten unterliegt einem politischen Mächtespiel, Schule ist ein Ort der gesellschaftlichen Reproduktion, der Vergesellschaftung des Individuums. Schulische Lernprozesse sind „qua Definition intentional und damit für das lernende Subjekt fremdgesetzten Zielen untergeordnet" (Wegener-Spöhring 2002, 14). Dabei werden diese Grenzen jedoch niemals als Handlungsentlastung für eine Pädagogik verstanden, sondern als Widerspruch des pädagogischen Anspruchs. Demnach geht es nicht um eine kritiklose Bedienung gesellschaftlicher Entwicklungen und gesellschaftlicher Machtverhältnisse, jedoch um deren Wahrnehmung und Reflektion. An dieser

Stelle wird durchaus Wegener-Spöhrings Prägung durch ihren, wie sie selbst formuliert, akademischen Lehrer Heydorn sichtbar: Es bleibt unabdingbar, Bildung im Kontext gesellschaftlicher Möglichkeiten, Rahmungen und Grenzen zu reflektieren, vor allem, wenn Bildung auch in ihrer gesellschaftspolitischen Dimension relevant sein soll (vgl. Wegener-Spöhring 1998, 343f.). Wegener-Spöhring betrachtet Kinderkultur im Widerspruch zwischen kindlicher Selbstdeutung, pädagogischer Aufgabe und gesellschaftlicher Rahmung und Herrschaft und letztlich mit dem Ziel der Bildung und Emanzipation, denn „es ist Ziel aller Bildung, Macht aufzuheben, den freigewordenen Menschen an ihre Stelle zu setzen" (Heydorn 1978, 336).

Wegweisend für das Symposium war und Ziel dieses Bandes ist es nun, eine diskursive Auseinandersetzung mit den wissenschaftlichen Arbeiten Gisela Wegener-Spöhrings und eine Erweiterung der Diskussion zu ermöglichen. Daher findet hier eine Fokussierung auf die von ihr bearbeiteten Felder kindlicher Lebenspraxis (Spiel, Bildung, Grundschule und Freizeit/Reise) statt, auch wenn damit nicht unterstellt wird, die Facetten von Kinderkultur vollständig widerzuspiegeln. Entsprechend unterteilt sich der vorliegende Band in vier Themenspektren, zu denen jeweils Texte von Wegener-Spöhring als Ausgangspunkt und Impuls für eine kritische und erweiternde Diskussion herangezogen und hier auch erneut abgedruckt worden sind. Die Autorinnen und Autoren gehen in ihren Beiträgen den in Wegener-Spöhrings Arbeiten aufgeworfenen Fragen nach, liefern eigene, dem individuellen Forschungsprofil entstammende Reflexionen auf die oben genannten Bereiche und eröffnen so einen Raum für diskursive Auseinandersetzungen.

Allen Kapiteln vorangestellt ist ein kleiner Aufsatz von Wegener-Spöhring, der exemplarisch für ihre Perspektive auf Kinder und auf Kinderkultur steht: „Kinderkultur ist Spielkultur. Kinder nehmen sich Freiheit und Aufmüpfigkeit heraus und spielen auch ‚gegen die Wirklichkeit'. Dabei lernen sie über sich und die Welt, und dies in eigener Regie und ohne Pädagogik" (Wegener-Spöhring 1992b, 4). Der Artikel „Kinderkultur-Spielkultur" beschreibt sensibel einen kleinen Einblick in kinderkulturelles Handeln, ermöglicht ein Spähen in eine für Erwachsene fremde Welt. Wesen des Artikels ist das Verstehen und eben keine vorschnellen Versuche kindliche Lebenspraxis zu pädagogisieren bzw. zu domestizieren.

Hier schließt sich der erste große Themenkomplex an. Gisela Wegener-Spöhrings Werk zu würdigen wäre nicht denkbar, ohne auf ihre Arbeiten zum **Spiel** einzugehen. Sicherlich stellen diese das Herzstück ihres Werks dar – nicht nur, weil sie sich in ihrem Leben dem Spiel über einen verhältnismäßig langen Zeitraum gewidmet hat, sondern auch, weil es als Kategorie quer zu allen anderen liegt. Es lassen sich daher – und das zeigt sich auch in ihren Arbeiten –

problemlos Anknüpfungspunkte zu den Bereichen Bildung, Freizeit, Reise und Schule ausmachen und ausloten.

In erster Linie war es das kindliche Spiel, was Gisela Wegener-Spöhring in zahlreichen empirischen Arbeiten untersucht hat. Dabei hat sie es stets vermieden, ein Bild des niedlichen und beschaulichen Kinderspiels zu vermitteln. Es waren gerade die schwierigen und irritierenden Aspekte, die ihr Interesse geweckt haben. Aggressives Spielverhalten, Kriegsspiele und die entsprechenden Produkte der Spielzeugindustrie lagen im Fokus ihrer Betrachtungen. „Spiel ist die Freiheit der Kinder", so auch der Titel eines hier abgedruckten Artikels, Spiel ist nicht harmlose, romantisierte Spielerei, sondern Kinderkultur. Gisela Wegener-Spöhring arbeitet hier die Grenzen einer Nutzbarmachung des Spiels heraus und diskutiert das Verhältnis von Kinderspiel und Erwachsenenkultur. Spiel ist der Ort, an dem Kinder „für die kurze Dauer des Spiels [...] die Machtverhältnisse umkehren und die Realität auf den Kopf stellen" (Wegener-Spöhring 2000, 76) können. Spiel ist So-tun-als-ob, nicht der Inhalt entscheidet über die Qualität des Spiels, das wird vor allem auf der Ebene der Interaktionen ausgemacht (vgl. Wegener-Spöhring 1987, 47ff.). Dabei ist es von besonderer Bedeutung, dass alle Beteiligten wissen, dass es sich um eine Spielsituation handelt. Gisela Wegener-Spöhring hat Vertrauen in die Kinder und weiß gleichzeitig um die ohnehin stark begrenzte Einflussmöglichkeit von außen. Kinder entscheiden selbst darüber, ob und wie sie spielen.

Die Schwierigkeiten, das Spiel zu didaktisieren, es bestimmten Zielen unterzuordnen, es gefügig zu machen, beschreibt Wegener-Spöhring in zahlreichen Arbeiten (vgl. etwa 1990; 1994, 211ff.). Die Freiheit und das Aufmüpfige, wie sie stets betont, seien wesentliche Momente. Im Zusammenhang mit dem Merkmal der Ambivalenz steht die balancierte Aggressivität (vgl. Wegener-Spöhring 1995, 269ff.). Auf den ersten Blick irritierend wirkt, dass sie nach langen Jahren wesentliche Ansichten einschränkt. Über viele Jahre signalisierte sie stets Gelassenheit im Umgang mit spielenden Kindern, die natürlich auch aggressive Spielinhalte in ihre Spiele einbinden und durchaus Spiele spielen, die Erwachsene als ganz und gar nicht schön wahrnehmen. Nach Abschluss einer Follow-Up Studie wirft sie aber die Frage auf, ob Ambivalenz und Irrealität im Spiel nicht schwinden, ob sich das Spiel nicht doch so verändert habe, dass ein Eingreifen von außen nicht doch in bestimmten Situationen notwendig sei (vgl. Wegener-Spöhring 2005, 427ff.).

Die Sinnhaftigkeit des Spiels und seinen Zusammenhang mit dem Glück hinterfragt Johannes Bilstein in seinem Beitrag. Dient das Spiel dem Vergnügen, wie eine weit verbreitete Annahme nahelegt? Oder gehorcht es – in Freudscher Lesart – bloß dem Wunsch nach der Befriedigung von Trieben? Dabei fokussiert Bilstein zunächst auf die Spielenden und befragt hierzu die psychoanalytische

Tradition, um anschließend aus der Perspektive christlicher Mythologien heraus das Glück ins Zentrum zu stellen.

Die Frage nach geschlechtstypischen Spielformen ist schon lange in die spieltheoretischen Betrachtungen eingeschrieben. Dabei wird gerade die Aggressivität im Spiel dem männlichen Geschlecht unterstellt. Gisela Wegener-Spöhring (vgl. z.B. 1995, 16ff.) vermeidet allerdings in ihren Arbeiten stets eine so eindeutige Zuschreibung, ihre Forschungen legen eine solche Deutung auch nicht nahe. Ebenso wie Bilstein bezieht sich auch Barbara Rendtorff auf psychoanalytische Ansätze und geht in ihrem Aufsatz der Frage nach, ob sich beim Spiel tatsächlich mädchen- oder jungentypische Spielformen differenzieren lassen oder ob diese Unterscheidungen nicht vorschnell sind und wesentliche Aspekte der kindlichen Entwicklung unberücksichtigt lassen.

Mit der Frage der Didaktisierung des Spiels hat sich Gisela Wegener-Spöhring – wie bereits erwähnt – in zahlreichen Arbeiten auseinander gesetzt. Einen anderen Zugriff wählt Gerd E. Schäfer in seinem Beitrag: Er hinterfragt, wie Spiel und Kultur der Kinder im Nachgang für frühkindliche Bildungsprozesse nutzbar gemacht werden können. Dazu betrachtet er Gedanken-Spiele als sprachlich vermittelte Kulturform und stellt Überlegungen an, welche Bedeutungen diese für das Erfahrungslernen in der Frühen Kindheit haben.

Im Rahmen der angeführten Follow-Up Studie stellt sich für Gisela Wegener-Spöhring die Frage, ob Computerspiele immer noch Spiel seien. 14 Jahre zuvor wendete sie sich erstmals dem Videospiel zu. Der Text „Ghouls`n`Ghosts" wurde im Rahmen dieses Bandes im Bereich Spiel ergänzend als weiterer Impuls herausgegriffen. Gisela Wegener-Spöhring hinterfragt hier das Spiel selbst, nicht die Ansichten der Spieler – das war neu. Sie näherte sich den Anfang der 90er Jahre eingeschränkten Möglichkeiten des computergenerierten Spiels aus der Perspektive der Spieltheorie und kam zu dem Schluss, dass sich auch in der auf diese Weise medial vermittelten Spielwelt für den Spieler alle wesentlichen Momente des Spiels ausmachen (vgl. Wegener-Spöhring 1991a, 103ff.). Benedikta Neuenhausen befragt im vorliegenden Band – in Anlehnung an eben diese Arbeit – Computerspiele auf ihren Spielcharakter und die Möglichkeiten von Kompetenzgewinn im Spektrum von Medialität, Sozialität und der Spielbeherrschung selbst am Beispiel des weltweit größten und erfolgreichsten MMO[5] *World of Warcraft.*

Im zweiten Kapitel widmet sich dieser Band dem Thema **Bildung**. Diese, so plädiert Gisela Wegener-Spöhring immer wieder in ihren Schriften, muss zum Ziel haben, „den Menschen ihr Erleben in die eigene Verfügbarkeit zurückzugeben, ihre Innenorientierung auf das Verfügbare zu lenken" (Wegener-

---

5   MMORPGs = Massively Multiplayer Online Role Playing Games, kurz MMOs

Spöhring 1994, 557). In den Neunzigerjahren schaltet sie sich in die aufkommende Diskussion um die gesellschaftlichen Veränderungen, hin zur Erlebnisgesellschaft, ein. Pädagogik, so Wegener-Spöhring, dürfe nicht allein dem Reiz des flüchtigen Erleben und Genießens erliegen und der Erlebnisbefriedigung dienen. Dabei verfällt sie nicht in kulturpessimistische Reflexe, es geht ihr aber auch nicht um eine kritiklose Bedienung der Erlebnisgesellschaft, sondern um die Wahrnehmung gesellschaftlicher Entwicklungen, die zur Grundlage des pädagogischen Handelns gemacht werden müssen. Nicht inhaltslose und normlose Erlebnisorientierung, sondern Selbstwerdung und Befähigung zum Genießen und zur Partizipation sind die Aufgaben von Bildung. Wegener-Spöhring spricht sich für eine Verbindung von Erlebnis und Bildung, für eine „Bildung des Erlebens" (Wegener-Spöhring 1994, 556) aus. Und diese weitet sie auch auf schulische Bildung aus und plädiert „für eine Erweiterung des Bildungsbegriffes durch eine Bildung der Erlebnisfähigkeit" (Wegener-Spöhring 1998, 343). Im Rahmen schulischer Bildung werden kinderkulturelle Praxen noch zu oft ausgeschlossen bzw. nicht ausreichend beachtet (vgl. Wegener-Spöhring 2004). Dass Kinderkultur auch erlebnisgesellschaftliche Züge trägt, dass das kindliche Erleben auch auf Konsum ausgerichtet ist, solle zum Anlass genommen werden, ein pädagogisches Arrangement zu schaffen, das es Kind und Sachen ermöglicht, „in eine eindrückliche Verbindung" zu treten, in der „Erlebnisse Erfahrungen" (Wegener-Spöhring 1998, 343) und somit bildsam werden.

Der Text „Die Menschen stärken und die Sachen klären" liefert den Impuls zur Auseinandersetzung mit Gisela Wegener-Spöhrings Verständnis von Bildung. Sie fokussiert hier auf das Spannungsfeld von Kind- und Sachorientierung in der Grundschulbildung, mit dem Ziel, diese „als eine Bildung in der Erlebnisgesellschaft auszudifferenzieren" (Wegener-Spöhring 1998, 330). Dabei wirbt sie für eine kritische Auseinandersetzung mit gesellschaftlichen Entwicklungen als Grundlage von Bildungsprozessen und pädagogischem Handeln.

Rainer Peek bewegt sich im Spannungsfeld von Bildungsstandards, Individualisierung, Unterrichtsentwicklung und Schülerbeurteilung und untersucht empirisch, wie kompetenzorientierte Unterrichtsentwicklung gelingen kann. Er zeigt die Faktoren auf, die zur gelungenen Arbeit mit dem durch Vergleichsarbeiten erworbenen Datenmaterial verhelfen. Dabei will er die erhobenen Daten immer durch Unterricht kontextualisiert wissen, denn nur dann halte die Evaluation der erworbenen Kompetenzen der Schülerinnen und Schüler tatsächlich, was sie verspreche – nämlich, ein wirksames Instrument zur Qualitätssteigerung von Unterricht zu sein.

Rebecca Hoffmann zeigt anhand Goethes *Wilhelm Meisters Lehrjahre* auf, wie eng die Pädagogik zu Beginn ihrer Entstehung als Wissenschaft Ende des 18. Jahrhunderts mit der damaligen naturwissenschaftlichen Erkenntnisgewinnung verbunden war. Im beschriebenen pädagogische Experiment wird durch die Beobachtung Wilhelm Meisters Wissen gewonnen und protokolliert: Letztendlich mit dem Ziel, das Erziehungssubjekt zu normalisieren.

Wegener-Spöhrings Arbeiten im Kontext von **Grundschule** – dem dritten Schwerpunkt dieses Bandes – profitieren von ihren früheren Arbeiten jenseits der institutionellen Bildung und Erziehung (z.b. zum Spiel, Freizeitpädagogik etc.). Denn der Blickwinkel, den sie in die schulpädagogischen Texte einfließen lässt, ist geprägt von den widerständigen Anteilen des Kindseins bzw. der Kinderkultur. So fragt sie provokant: „Was ist [...], wenn die Kinder und Jugendlichen dieser Hentig-Bildung nicht folgen wollen?" (Wegener-Spöhring, 1998, 335). Sie thematisiert jedoch die bildungstheoretischen und -politischen Ambitionen der „älteren Generation", die an die jüngere herangetragen werden, arbeitet die Funktionen der Schule heraus und nimmt Schule als gesellschaftliche Institution wahr, verwoben in ihren Paradoxien, die sie nicht durch Dethematisierung[6] ausblendet. „Erst in Kenntnis der Fakten, der Begrenzung und der Möglichkeiten wird Bildung, wird auch Grundschulbildung, gesellschaftspolitisch wirksam" (Wegener-Spöhring 1998, 343).

Dagegen führt sie allerdings komplementär die ungestümen, nicht an fremddefinierter Zukunft, sondern aktueller Gegenwärtigkeit orientierten Anteile kinderkulturellen Handelns ins Feld. Schule stellt demnach einen Ort für Kinder dar, von Erwachsenen gestaltet und ausgerichtet, der jedoch ebenso von den Schülerinnen und Schülern als Akteuren mitinterpretiert und inszeniert wird. So verweist Wegener-Spöhring beispielsweise auf das „Schule spielen" (2004, 151) der Grundschülerinnen und -schüler. Dass Schule die kreativen Anteile der Kinder nicht didaktisch nutzt und so dem Akteursstatus der Kinder nicht Rechnung zollt, wird von ihr kritisiert. Darin zeigt sich, wie wenig im Grundschulunterricht der Akteursstatus des Kindes ernst genommen wird, obwohl die Notwendigkeit zu einer veränderten Lehrer- und Lehrerinnenrolle längst konsensuell besprochen wird: Diese solle „weg von der tradierten Rolle hin zu einer offenen und partizipatorischen Professionalität, die Kindern individuelle und kreative Lernwege ermöglicht", führen (Wegener-Spöhring 2003, 91).

Schule wird in diesem Band als Bestandteil von Kinderkultur gedeutet, da sie einerseits einen zeitlich relevanten Raum beschreibt, in dem Kinder Lebenszeit verbringen. Zweitens kommen hier ebenso die Praxen kindlichen Alltagshandelns zum Tragen und eine Reflexion über diese muss Bestandteil einer anspruchsvollen Grundschulforschung und -pädagogik sein. Der Aufsatz „Aufmüpfigkeit und Freude unerwünscht", der hier von Wegener-Spöhring als Stellvertreter für ihre grundschulpädagogischen Ausführungen erneut abgedruckt

---

6   „Ich halte nochmals dagegen: Natürlich betreibt Schule beides – Bildung *und* Selektion/ Allokation; wir müssen das aushalten" (Wegener-Spöhring 1998, 337).

wird, greift die Frage auf, welcher Raum Schülerinnen und Schülern für ihre lebensweltlichen Deutungen, ihre Kreativität und ihre eigenen Interpretationen im Rahmen des Grundschulunterrichts eingeräumt wird. Hier zeigt sich die Bedeutung, die Wegener-Spöhring dem Akteursstatus des Kindes und des Schülers bzw. der Schülerin beimisst und wie sehr sie kreative Einwürfe, uneingeplante, dem didaktischen Konzept zuwiderlaufende „Aufmüpfigkeit" der Schülerinnen und Schüler als Eigenständigkeit würdigt und wertschätzt. Dies schlägt sich jedoch nicht als Haltung der Lehrerinnen und Lehrer nieder, deren Unterricht in der zu Grunde liegenden Studie beobachtet und untersucht wurde. Neben Wegener-Spöhring setzen sich in diesem Band auch Marcel Klaas und Alexandra Flügel mit dem Themenkomplex Grundschule auseinander. Klaas wendet sich dem Widerstreit zwischen individueller Förderung und Standardisierung zu und thematisiert so das Feld, welches von Wegener-Spöhring als Dualismus zwischen Kind und Sache mehrfach diskutiert wurde (vgl. z.B. 1998, 2002, 2004). Dabei betrachtet er die aktuelle Debatte vor dem Hintergrund der bildungspolitischen Diskussionen in den 1970er Jahren. Da Kinder als Akteure ihrer Lebenswelt gesehen werden, widmet sich Klaas den Deutungen von Grundschülerinnen und -schülern von ihrer Schülerinnen- und Schülerrolle und verleiht diesen Perspektiven so Bedeutung. Den bildungspolitischen und -theoretischen Fragen wird demnach die Selbstdeutung der Akteure gegenübergestellt und so die Diskussion entscheidend erweitert. Auch Flügel widmet sich dem Spannungsfeld zwischen Lebenswelt- und Wissenschaftsorientierung, zwischen Kind und Sache, welches die Schule begleitet. Flügel geht hier der Frage nach, ob die Öffnung zur Lebenswelt der Schülerinnen und Schüler Raum für Kinderkultur in der Schule schafft und inwieweit die Wissenschaftsorientierung als Gegenpol zur Lebensweltorientierung bzw. Kindorientierung konstruiert werden kann.

Die Forschungsgebiete **Freizeit** und **Reise** bestimmen über einen langen Zeitraum die erziehungswissenschaftliche Arbeit von Gisela Wegener-Spöhring und werden in diesem Band als vierter Gesichtspunkt herausgegriffen. Hier hat sie maßgeblich zu einer Theoretisierung der Freizeitpädagogik beigetragen sowie an einer empirischen Bearbeitung des Phänomens der Reise mitgewirkt. Im Fokus dieser Arbeiten stehen die Freizeit an sich, das Berufsfeld des Freizeitpädagogen sowie das Reiseverhalten verschiedener Bevölkerungsgruppen.

Auf Reisen ist es möglich – dies ist der Reise sogar immanent – sich selbst zu begegnen. Während es in vielen gesellschaftlichen Bereichen ausgeklammert wird, geht es im Urlaub um körperliches Erleben, um Sinneserfahrungen und Empfindungen (vgl. Wegener-Spöhring 1989, 29). In ihren Aufsätzen beschreibt Gisela Wegener-Spöhring ihre eigene Wahrnehmung im Urlaub, schildert ihre Sicht auf das Verhalten anderer Urlauber sowie auf Urlaubssituationen und berichtet von gemeinsamen Projekten mit Studierenden, welche zum Ziel haben,

Reisende an ihr persönliches Erleben im Urlaub heranzuführen. Eine dieser Begegnung mit sich selbst entsprechende und den Prozess unterstützende Pädagogik – die Reisepädagogik – zielt auf die Steigerung von Lebensqualität. Hierbei geht es Gisela Wegener-Spöhring um Aspekte wie die Variabilität von Identitäten, Authentizität, um Wünsche und Träume sowie um wiedergewonnene Körperlichkeit (vgl. Wegener-Spöhring 1991b, 81f.). Auch im Rahmen von Freizeit- und Reisepädagogik kontextualisiert Wegener-Spöhring ihre Überlegungen immer wieder mit gesellschaftlichen und ökonomischen Rahmenbedingungen. Das Bedürfnis Reisender nach „Emanzipation[..] vom Alltag" (Wegener-Spöhring 1992a, 93) hat eine umsatzstarke Tourismusindustrie hervorgebracht, die den Urlaubsmotiven der Reisenden entspricht, der Urlaubssituation aber auch einen festen Rahmen verleiht (vgl. Vester 1999, 33ff.). Urlaub in der Metapher des Spiels betrachtet, bedeutet die Ambivalenz zwischen Fremd- und Selbstbestimmung zu ergründen (vgl. Wegener-Spöhring 1991b, 67ff.), das Janus-Gesicht des Tourismus zu beleuchten: „wirklich menschliches Bedürfnis und kapitalistisch verkehrtes in einem zu sein" (Armanski zit. n. Wegener-Spöhring 1991b, 69).

Eine Reisepädagogik, die diese Bedingungen aufgreift, ist keine formalisierte, sondern eine, die sich dem „wenig Planbaren und de[m] Risiko[.], der Unstetigkeit" (Wegener-Spöhring 1991b, 79) hingibt, die sich der Ambivalenz zwischen Fremdheit und Vertrauten bewusst ist. Wegener-Spöhring konstatiert, dass sich die Pädagogik dort, wo es um Freude, Heiterkeit und Vergnügen geht, wo nicht Verbesserung, Lehren und Lernen im Mittelpunkt stehen, bestenfalls ruhig, andernfalls streng und moralisch verhält. Diesem Sachverhalt entgegnet sie mit der Frage, ob „wir Pädagogen Angst vor dem Spaß und der Freude der Menschen, vielleicht gar vor zuviel Freiheit" haben (Wegener-Spöhring 1991b, 72) und formuliert anschließend Ziele einer Reisepädagogik, einer Pädagogik der Unstetigkeit (vgl. ebd. 77ff.). „Reisepädagogik muss sich den Wünschen und Träumen der Menschen, den utopischen und irrationalen Anteilen des Reisens zuwenden, den sehnsuchtsvoll-spielerischen und auch den banal-lächerlichen" (ebd. 84).

Das Kapitel Freizeit und Reise wird von einem Artikel Wegener-Spöhrings eingeleitet, in welchem sie die Notwendigkeit und die Ziele einer akzeptierenden Reisepädagogik herausstellt und entwirft. Eine Reisepädagogik stellt immer auch eine Expedition ins Ungewisse dar, aber gerade das Unstetige, das Wagnis, das nicht zu Kalkulierende und Vorhersehbare wird als Chance, als bildsames Moment gesehen. In diesem Aufsatz beschreibt Wegener-Spöhring die Ziele einer neuen Reisepädagogik in den Begriffen der Spieltheorie, denn „Reisepädagogik wird eine Pädagogik des wenig Planbaren und des Risikos, der Unstetigkeit und des Spiels sein müssen" (Wegener-Spöhring 1991b, 79).

Das derzeit aktuelle Forschungsprojekt von Gisela Wegener-Spöhring widmet sich den Erfahrungen von Kindern im Urlaub und auf Reisen. In diesem Kontext ist auch der Beitrag von Bernadette Bernasconi angesiedelt, der in diesem Projektzusammenhang entstanden ist. Die Reise im Kontext kindlicher Lebenswelt – und damit als Teil von Kinderkulturen – wird anhand empirischer Daten beleuchtet und in ihrer Bedeutung für Pädagogik diskutiert.

Elke Kleinau fokussiert das Erleben auf Reisen im 19. Jahrhundert, indem sie die Erfahrungen der deutschen Lehrerin und Erzieherin Auguste Mues und ihre Empfindungen – vor allem von Fremdheit – aufzeigt. Welche Welten sich Auguste Mues im Rahmen von (Bildungs-)Reisen eröffneten, wird von Elke Kleinau am Beispiel kultureller Begegnung herausgearbeitet. Hier schließen sich Fragen an, inwieweit das Entdecken fremder Kulturen eine Perspektiverweiterung bedeutet oder ob doch nur von einem Verhaftetbleiben in der eigenen Kultur im *tourist bubble* gesprochen werden kann.

Wolfgang Nahrstedt stellt in seinem Beitrag das Forschungsgebiet der Freizeitpädagogik in seinen strukturellen Entwicklungen dar. Er würdigt die intensive Arbeit und das Engagement Wegener-Spöhrings in diesem Zusammenhang, vor allem im Kontext der Kommission Freizeitpädagogik der DGfE.

Im Anschluss an diese vier Themenkomplexe findet sich eine launige Verabschiedung, verfasst von Heidi Helmholdt, anlässlich des Ausscheidens von Gisela Wegener-Spöhring aus dem aktiven Universitätsleben. Ein würdigender Gruß an eine engagierte, kritische, widerständige Wissenschaftlerin.

Literaturverzeichnis

Amann, Klaus (1997): Ethnografie jenseits von Kulturdeutung. Über Geigespielen und Molekularbiologie. In: Hirschauer, Stefan; Amann, Klaus (Hrsg.): Die Befremdung der eigenen Kultur. Frankfurt/Main, 298-330.

Benjamin, Walter (2000): Berliner Kindheit um neunzehnhundert. Frankfurt/Main (Gießener Fassung).

Bühler-Niederberger, Doris; Sünker, Heinz (2006): Der Blick auf das Kind. Sozialisationsforschung, Kindheitssoziologie und die Frage nach der gesellschaftlich-generationalen Ordnung. In: Andresen, Sabine; Diehm, Isabelle (Hrsg.): Kinder, Kindheiten, Konstruktionen. Erziehungswissenschaftliche Perspektiven und sozialpädagogische Verortung. Wiesbaden, 25-52.

Fromme, Johannes; Kommer, Sven; Mansel, Jürgen; Treumann, Klaus-Peter (1999): Selbstsozialisation, Kinderkultur und Mediennutzung. In: dies. (Hrsg.): Selbstsozialisation, Kinderkultur und Mediennutzung. Opladen, 9-22.

Heinzel, Friederike (2002): Der Blick auf die Kinder und der Blick zurück. In: Grundschulunterricht, 49. Jg., H.12, 9-12.

Heinzel, Friederike (2005): Kindheit irritiert Schule – Über Passungsversuche in einem Spannungsfeld. In: Breidenstein, Georg; Prengel, Annedore (Hrsg.): Schulforschung und Kindheitsforschung – ein Gegensatz? Wiesbaden, 37-54.

Hengst, Heinz (1985): Perspektiven einer subjektorientierten Kinderkulturforschung. In: ders. (Hrsg.): Kindheit in Europa. Frankfurt/Main, 302-315.

Hengst, Heinz (1996): Kinder an die Macht! Der Rückzug des Marktes aus dem Kindheitsprojekt der Moderne. In: Zeiher, Helga; Büchner, Peter; Zinnecker, Jürgen (Hrsg.): Kinder als Außenseiter? Weinheim; München, 117-133.

Hengst, Heinz (2002): Zur Verselbständigung der kommerziellen Kinderkultur. In: Televizion, 15. Jg., H.2, 1-13.

Heydorn, Heinz-Joachim (1978): Über den Widerspruch von Bildung und Herrschaft. Bildungstheoretische Schriften. Band 2. Frankfurt/Main.

Honig, Michael-Sebastian (1999a): Forschung „vom Kinde aus"? Perspektivität in der Kindheitsforschung. In: Honig, Michael-Sebastian; Lange, Andreas; Leu, Hans-Rudolf (Hrsg.): Aus der Perspektive von Kindern? Zur Methodologie der Kindheitsforschung. Weinheim; München, 33-50.

Honig, Michael-Sebastian (1999b): Entwurf einer Theorie der Kindheit. Frankfurt/Main.

Honig, Michael-Sebastian (2008): Lebensphase Kindheit. In: Abels, Heinz; Honig, Michael-Sebastian; Saake, Irmhild; Weymann, Ansgar (Hrsg.): Lebensphasen. Wiesbaden, 9-76.

Honig, Michael-Sebastian; Leu, Hans Rudolf; Nissen, Ursula (1996): Kindheit als Sozialisationsphase und als kulturelles Muster. In: dies. (Hrsg.): Kinder und Kindheit. Weinheim; München, 9-29.

Kelle, Helga; Breidenstein, Georg (1999): Alltagspraktiken von Kindern in ethnomethodologischer Sicht. In: Honig, Michael-Sebastian; Lange, Andreas; Leu, Hans Rudolf (Hrsg.): Aus der Perspektive von Kindern? Weinheim; München, 97-111.

Kelle, Helga (2005): Kinder in der Schule. In: Breidenstein, Georg; Prengel, Annedore (Hrsg.): Schulforschung und Kindheitsforschung – ein Gegensatz? Wiesbaden, 139-160.

Kelle, Helga (2009): Kindheit. In: Andresen, Sabine; Casale, Rita; Gabriel, Thomas; Horlacher, Rebekka; Larcher Klee, Sabine; Oelkers, Jürgen (Hrsg.): Handwörterbuch Erziehungswissenschaft. Weinheim; Basel, 464-477.

Knebel, Hans-Joachim (1960): Soziologische Strukturwandlungen im modernen Tourismus. Stuttgart.

Krappmann, Lothar (1993): Kinderkultur als Entwicklungsaufgabe. In: Markefka, Manfred; Nauck, Bernhard (Hrsg.): Handbuch der Kindheitsforschung. Neuwied; Kriftel; Berlin, 365-376.

Lenhart, Volker (2006): Kindheit in der Dritten Welt – gegen die Marginalisierung der Mehrheit in der Theorie der Kindheit. In: Andresen, Sabine; Diehm, Isabelle (Hrsg.): Kinder, Kindheiten, Konstruktionen. Erziehungswissenschaftliche Perspektiven und sozialpädagogische Verortung. Wiesbaden, 201-212.

Lenzen, Dieter (1978): Kinderkultur – die sanfte Anpassung. Frankfurt/Main.

Lenzen, Dieter (1989): Kinderkultur. In: ders. (Hrsg.): Pädagogische Grundbegriffe. Band 2. Reinbek bei Hamburg, 823-829.

Liegle, Ludwig (2003): Kind und Kindheit. In: Fried, Lilian; Dippelhofer-Stiern, Barbara; Honig, Michael-Sebastian; Liegle, Ludwig: Einführung in die Pädagogik der frühen Kindheit. Weinheim; Basel; Berlin, 14-53.

Preuss-Lausitz, Ulf (2003): Kinderkörper zwischen Selbstkonstruktion und ambivalenten Modernitätsanforderungen. In: Hengst, Heinz; Kelle, Helga (Hrsg.): Kinder – Körper – Identitäten. Weinheim; München, 15-32.

Rosenberger, Katharina (2005): Kindgemäßheit im Kontext. Zur Normierung der (schul-) pädagogischen Praxis. Wiesbaden.

Vester, Heinz-Günter (1999): Tourismustheorie. Soziologische Wegweiser zum Verständnis touristischer Phänomene. Wien.

Wegener-Spöhring, Gisela (1987): Draculas Grab: Aggressive Spiele / Kriegsspiele bei Kindern – ein freizeitpädagogisches Problem? In: Freizeitpädagogik, 9. Jg., H.1-2, 46-55.

Wegener-Spöhring, Gisela (1989): Körper, Sinne und Empfindungen – vernachlässigte Dimensionen einer Reisepädagogik. In: Studienkreis für Tourismus (Hrsg.): Jahrbuch für Jugendreisen und internationalen Jugendaustausch. Starnberg, 27-39.

Wegener-Spöhring, Gisela (1990): Spiel und didaktisches Handeln. In: dies.; Zacharias, Wolfgang (Hrsg.): Pädagogik des Spiels – Eine Zukunft der Pädagogik? München, 130-137.

Wegener-Spöhring, Gisela (1991a): „Ghoul s'n Ghosts". In: Spielmittel, 10. Jg., H.1, 103-106.

Wegener-Spöhring, Gisela (1991b): Wünsche und Träume auf Reisen. Über die Schwierigkeit der Erziehungswissenschaft mit dem Tourismus. In: Lernen auf Reisen? Reisepädagogik als neue Aufgabe für Reiseveranstalter, Erziehungswissenschaft und Tourismuspolitik. Bensberg, 65-90.

Wegener-Spöhring, Gisela (1992a): Jugendtourismus auf Ibiza – Reisepädagogik im Jugendclub. In: Pädagogik und Schulalltag, 47. Jg., H.1, 92-95.

Wegener-Spöhring, Gisela (1992b): Kinderkultur – Spielkultur. In: Hort heute, 3. Jg., H.1, 4-6.

Wegener-Spöhring, Gisela (1994): Spiel ist die Freiheit der Kinder – Soziales Lernen im Spiel. In: Schäfer, Gerd E. (Hrsg.): Soziale Erziehung in der Grundschule. Weinheim; München, 209-224.

Wegener-Spöhring, Gisela (1995): Aggressivität im kindlichen Spiel. Weinheim.

Wegener-Spöhring, Gisela (1998): „Die Menschen stärken und die Sachen klären". Bildung in der Grundschule heute. In: Bildung und Erziehung, 51. Jg., H.3, 329-346.

Wegener-Spöhring, Gisela (2000): Gespielte Aggressivität. In: Hoppe-Graf, Siegfried; Oerter, Rolf (Hrsg.): Spielen und Fernsehen. Weinheim; München, 59-77.

Wegener-Spöhring, Gisela (2002): Sachunterricht im Spannungsfeld von Lebensweltbezug und Wissenschaftsorientierung. In: Sekul, Stefan (Hrsg.): Arbeits- und Diskussionspapier zur Didaktik des Sachunterrichts in der Primarstufe. Nr.1. Köln.

Wegener-Spöhring, Gisela (2003): Kinderrechte und Kinderpolitik in der Grundschule. In: Burk, Karlheinz; Speck-Hamdan, Angelika; Wedekind, Hartmut (Hrsg.): Kinder beteiligen – Demokratie lernen? Frankfurt/Main, 79-92.

Wegener-Spöhring, Gisela (2004): Aufmüpfigkeit und Freude unerwünscht – Lebensweltliche Kinderinteressen im Sachunterricht. In: Korte, Petra (Hrsg.): Kontinuität, Krise und Zukunft der Bildung – Analysen und Perspektiven. Münster, 135-152.
Wegener-Spöhring, Gisela (2005): Wie Kinder in der Spiel- und Medienwelt leben. Eine Follow-up-Studie 1985 und 2002. In: Popp, R. (Hrsg.): Zukunft: Freizeit: Wissenschaft. Wien, 415-430.

Internetquellen

http://de.statista.com/statistik/daten/studie/3553/umfrage/umsatz-auf-dem-weltweiten-spielzeugmarkt-von-2005-2008/ (26.03.2010)
http://toy.de/news/index2100.html (26.03.2010)
http://www.spielwarenmesse.de/auf-einen-blick/branchen-news/einzelansicht/news/5283/?L=0&tx_ttnews%5BbackPid%5D=1317&cHash=05843a4a90 (26.03.2010)

Kinderkultur – Spielkultur: Beobachtung und Interpretation von sommerlichen Spielszenen im Schwimmbad[1]

Gisela Wegener-Spöhring

„Kinderkultur" kam erst in den siebziger Jahren in das Blickfeld der Pädagogik (vgl. Kinder-Kursbuch 1973; Kindermedien 1977; Kinderalltag 1977; Bauer/ Hengst 1978). Die Botschaft war neu und provokant: Kinderkultur ist Spielkultur. Kinder nehmen Freiheit und Aufmüpfigkeit heraus und spielen auch „gegen die Wirklichkeit". Dabei lernen sie über sich und die Welt, und dies in eigener Regie und ohne Pädagogik.

Heute ist der Terminus „Kinderkultur" etabliert und wird 1989 in Lenzens Enzyklopädie „Pädagogische Grundbegriffe" gar mit einem eigenen Stichwort bedacht. Lenzen meint zum einen die Kultur *für* Kinder, also diejenigen Dinge, die eigens für Kinder inszeniert und angefertigt werden wie Einschulungsfeiern, Spielzeug und Kinderkleidung. Zum anderen ist aber die Kultur *der* Kinder gemeint, jene Kultur, die aus der tragenden Aktivität von Kindern entsteht (Lenzen 1989, 824ff.) „Das kann ökonomische Aktivität (Kinderarbeit) sein, aber auch ästhetische (Kinderlieder, -reime und -verse), sexuelle und vor allem spielerische." – Dem letztgenannten Aspekt wende ich mich hierzu.

Dabei folge ich *Hermann Bausingers* Forderung, „... den Blick von den geschäftigen Vermittlungsagenturen abzuziehen und auf die Kinder selbst zu schauen ... und sich unter die Kinder zu mischen ..." (Bausinger 1987, 12). Nur so wird man dem Gegenstand gerecht werden. Denn Kinderkultur ist, so schreibt *Wolfgang Zacharias,* ein eigenständiger Bereich mit altersspezifischen Eigenarten, mit sowohl subjektiv-biografischem Eigensinn wie auch eigenen ästhetischen-stilistischen und generations-spezifischen Ausdrucksformen (Zacharias 1990, 14). Sie ist für Erwachsene eine fremde Welt. Bei vorbereitenden Bemühungen, diese besser kennenzulernen, auf Kinderspielplätzen, an Kinderspielorten, erkenne ich rasch: **Zu einer Kinderkultur haben wir Erwachsene kaum Zutritt.**

---

1   Dieser Beitrag erschien zuerst in: Hort heute 3/1992/1, 4-6. Wiederabdruck mit freundlicher Genehmigung der Autorin.

Einem Beobachter entziehen sich die Kinder leichtfüßig und spielen ihre Spiele fern von solcher Neugier. Wir kennen die spielerische Kinderkultur deshalb kaum. Auch haben wir wenig Chancen, uns ihr beobachtend zu nähern: Unsere Anwesenheit stört sehr und zerstört manches.

Wenn es aber überhaupt eine Chance für uns gibt, so ist das sommerliche Schwimmbad der Ort für geeignete Studien. Gruppen von Kindern, Halbwüchsigen, lagern auf Handtüchern und Decken, die auch bei Abwesenheit ein Soziogramm auf dem trockenen Rasen hinterlassen: hier Mädchen, da Jungen beisammen. Die Trennung der Geschlechter ist eindeutig. An den Nachmittagen der Arbeitswoche dominieren sie die wenigen Erwachsenen derart, dass diese kaum noch als Störenfriede des sich nun entfaltenden Lebens ins Gewicht fallen können. – Ich höre:

Embadie – Kolonie Kolonasti – Embadie – Kolonie – Akademie safari – Akademie bum, bum.

Ein altes Sing-Klatsch-Spiel, von den Göttinger Kindern jüngst neu entdeckt. Sie stehen dabei im Kreis, und im Takt zu der ziemlich eintönigen Melodie, die allerdings erstaunlicherweise im zweiten Drittel eine Modulation enthält, wird ein Klatscher herumgegeben. Wer zuletzt auf ihm sitzenbleibt, scheidet aus. Und sofort beginnt das Spiel in der solchermaßen reduzierten Runde von neuem, meist wird auch das Tempo gesteigert, bis schließlich -, schneller und schneller geklatscht und gesungen, nur *ein* Kind übrig bleibt. Und das war alles? Ja. Oft beginnt darauf gleich die nächste Spielrunde. Und wieder und wieder – das Schwimmbad ist voll von dem Singsang der Kinder. Mal höher, mal tiefer, mal gesungen, mal gegrölt. Und wir Erwachsene stören kaum. Ob wir uns gestört fühlen? Danach fragt niemand.

Was ist es, das das Spiel so beliebt macht?

Ich sinniere:

Da ist zum einen die Verballhornung von akademisch-gebildeter Sprechweise durch die sinnlose Aneinanderreihung entstellter Fremdwörter, durch Klangsilben verbunden. Wir kennen diese Funktion von Reimen und Liedern im Sinne einer gewissen Aufmüpfigkeit gegen die Erwachsenenkultur. Freilich ist der hier gewählte Duktus eher plump, wenn ich an die Eleganz anderer Beispiele denke:

Eni benisubtraheni,
divi davi domi neni,
ecca brocca, casa nocca,
zingele, zangele, dus.

Hier handelt es sich um ein besonderes Exemplar, des „Versammelns" (vgl. Enzensberger 1962). Der Göttinger Reim klingt dagegen bieder. Doch stört das die Kinder meines Stadtteiles nicht: *„Embadie Kolonie Kolonasti"* ist derzeit auf ihrer Hit-Liste die unangefochtene Nummer 1.

Da ist zum anderen die Möglichkeit zur spielerisch geregelten Kontaktaufnahme zwischen Jungen und Mädchen. Denn, das fiel mir sofort auf, dies ist kein Reigenspiel der Mädchen; immer sind Mädchen und Jungen daran beteiligt. Man steht ja auch, und handfest wird geklatscht – kein Reigen-Gehüpfe. So klatschen und singen auch die Jungen, nur manchmal ihre Männlichkeit durch besondere Lautstärke und Heftigkeit betonend. Diese flüchtige Kontaktaufnahme zwischen den Geschlechtern scheint den 10- bis 11-Jährigen zu genügen. Und offensichtlich finden sie die rhythmische Berührung der Hände so reizvoll, dass sie ihre anderweitige Abneigung dagegen, zusammen etwas zu tun, überwinden. Sonst spielen nämlich Jungen und Mädchen diesen Alters getrennt, und die Jungen verachten die Mädchen sehr. Hier aber, hier macht selbst der rauhbeinige Nachbarsjunge mit, sonst in der Mädchen-Verachtung die Nummer 1 und ein Held in männlichen Tugenden.

Die Kontaktaufnahme zwischen den Geschlechtern, dazu ist das Schwimmbad wie geschaffen. Zwar liegen sie getrennt, die Mädchen- und Jungengruppen, ich bemerkte es eingangs. Doch ist da viel Blinzeln und Schielen von einem Lager ins andere, viel Tuscheln und Kichern, viel Spott: *„Inge liebt Marco. Peter küsst Iris. Und Grüße von Marion an Holger."* Übrigens auch oft rhythmisiert und im Singsang vorgetragen: *„In-ge liebt Mar-co"* – und dennoch entrüstet (spielerisch entrüstet) von den Betroffenen zurückgewiesen. Entrüstung, in die die Eitelkeit des Erwählten sich deutlich mischt.

Vor allem aber bietet der Bereich des Aus-, An- und Umziehens viele Möglichkeiten des Sich-Darstellens, des Testens der eigenen Wirkung, der ersten Erprobung des Körpers in Bezug auf das andere Geschlecht.

Ich weiß: Die kindlichen Doktorspiele haben das Terrain bereits erschlossen. Doch sind diese nun lange vorbei, und jetzt wird das Feld im Vorfeld der Pubertät in die Hand genommen. Ich kann nicht umhin zu bemerken – und schwer fällt mir's, es hier zu berichten –, dass Mädchen sich diesbezüglich mehr Mühe geben als umgekehrt die Jungen. Dafür entfalten sie freilich auch mehr Erfindungsgeist und Mut. Und ich denke; das wird sie ein Leben lang begleiten. Hier, im sommerlichen Schwimmbad, seh ich's demonstriert: Die mageren Oberkörper, noch gänzlich ohne Brüste, leider, leider, werden dennoch positioniert und ins Licht gerückt. Zum Umziehen verschwinden sie kichernd in den auf dem Rasen aufgestellten Kabinen, um nach geraumer Zeit, immer noch kichernd, wieder herauszukommen, nun entscheidende Kleidungsstücke draußen anziehend – im sorgfältig gewählten Blickfeld der Jungen. Die interessiert das alles schon ziemlich, wenn sie auch männliche Gefasstheit demonstrieren und nur unter gesenkten Lidern blinzeln oder aber unter gleichzeitiger Äußerung von Spottreden offen zuschauen. Auch das lernen sie fürs Leben, und nichts hat sich, so scheint's mir, geändert. Ich denke es mit schwerem Herzen. Aber dann verschwinden sie alle zusammen tobend im kalten Wasser. Kinder, noch Kinder. Ich bin erleichtert.

Das Wasser – das ist ein Raum für die Szenarien der Kinder. Nur Kinder, Kinder dort. Die wenigen Erwachsenen dösen in der Sonne oder trinken allenfalls Kaffee. Für die Szenarien im kalten Wasser sind sie zu träge und zu einfallslos. Eine Jungengruppe: „Darf ich hier mitkämpfen?" „Ja" – der „Bestimmer" entscheidet's. Und fraglos wird es von den Beteiligten akzeptiert. Zwei Mannschaften rechts und links des Beckens. Und nun setzt das Gehämmer der „Maschinengewehre" ein: „Hähähähähä ...", die Kinder hecheln es brüllend und atemlos, dazu die bekannte Geste. Die Getroffenen fallen stöhnend ins Wasser, platschen totenstarr auf die Oberfläche und treiben dann als „Leichen". Bis sie behende auf den Beckenrand hüpfen, die Mitspieler „abschießen", die nun ihrerseits das unsägliche Vergnügen haben, ins Wasser zu stürzen. „Hähähähähä", das Karree des Beckens dröhnt. Sie spielen es lange und mit vollem Einsatz, fünfzehn Minuten oder zwanzig. Kinder unter sich. Nur ich gucke verstohlenverschämt durch die Hecke. Ein Blick in die Kinderkultur.

Eine Kultur der Kinder mit „subjektiv-biographischem Eigensinn wie auch eigenen generationsspezifischen Ausdrucksformen". In der Tat: Das Spiel als Movens.

Ich sehe Spiele, in denen die Kinder ihre Möglichkeiten in Bezug auf zwei heikle Lebensthemen austesten, die sie beschäftigen: die erotisch-sexuelle Beziehung zwischen den Geschlechtern und die Frage nach menschlicher Aggressivität. Spiel greift nach den „zuträglichen Beunruhigungen", wenn es die Möglichkeiten des Selbst erweitert (Schäfer 1989, 69). Die Kinder balancieren beide Themen gut; niemand kommt zu Schaden, und alle haben etwas über sich, die anderen und die Umwelt gelernt – in einem selbst-erweiternden Sinn. Und das in Eigenregie und ohne Pädagogik. Keinesfalls brauchen wir uns hier zu beunruhigen. Wir dürfen darauf vertrauen, dass die Kinder ihre Spiele meistern: „Spiel als kulturelle Form und Produktivkraft", schreibt *Zacharias,* „ist ein besonderes Kapitel der Kinder, das sie zunächst mal nicht erlernen müssen, sondern besitzen" (1990, 44). Wir dürfen ferner darauf vertrauen, „dass die Kinder in ihren Spielen auf eine radikale Weise kompetent sind", „,... that children are radically competent in their play", wie Sutton-Smith/ Magee schreiben (1989, 62). So entwerfen sie die utopische Welt eines von Gleich zu Gleich geregelten

Kontaktes der Geschlechter, das Ritual des Klatschspieles sorgt dafür. Hier proben sie spielerisch und weitgehend konsequenzlos, wie Mädchen und Jungen, Frau und Mann miteinander umgehen, auch wenn ich das traditionalistische Moment nicht übersehe. Dennoch ein Übungsfeld, ein Spiel, und in der nachfolgenden Tobeszene im Wasser sind sich die Geschlechter einig. Hier und im abschließenden Kampfszenarium erproben die Kinder eine Körperlichkeit und Sinnlichkeit, um deren Rückgewinnung wir Erwachsene in einer technisierten körperlosen Welt nur mühsam ringen (vgl. Kamper/ Wulf 1982). Lernen sie aber nicht vielleicht auch aggressive Konfliktlösungsmuster im letztgenannten Beispiel? Ich denke, das ist kaum zu erwarten. Der *Rollenwechsel* von Täter und Opfer ist das Kennzeichen von gespielter Aggressivität, von „rough-and-tumble play" (vgl. Pellegrini 1987) – einem in der Regel von positiven Affekten begleiteten kooperativen und sozialen Spielereignis (ebd., 35). Eine Missbilligung sollten wir uns sicher schenken und vielleicht lieber bedauern, dass die Mädchen dieses gesamtkörperliche und sinnliche Ereignis versäumen.

Vor allem aber gilt es zu akzeptieren, dass **Spiel- und Kinderkultur nicht die harmlos-kindliche Spielerei darstellt,** zu der wir Pädagogen das kindliche Spiel oft gern reglementieren. „Über ein stund zu spielen und zu kurtzweilen, soll nicht gestattet werden", heißt es schon in der Altdorfer Schulordnung von 1575 (Mollenhauer 1986, 82). Wir haben das kindliche Spiel gern beschnitten, weil sein Freiheitsdrang und seine Aufmüpfigkeit uns unheimlich waren. Spiel aber greift stets nach den „zuträglichen Beunruhigungen", wenn es die Möglichkeiten des Spielenden erweitert. Es stößt gar an die Grenzen sozialer Ordnungen und Regeln (vgl. Schäfer 1989, 92). Von chaotischen Spielen wird häufig berichtet, von „Ketzerisch-Abweichendem", von „deep play" (Sutton-Smith 1983, 69ff.). „We are not sweet players", sagte *Sutton-Smith* 1987 zur Eröffnung eines Spielkongresses in Stockholm.

Die hier berichteten Beispiele sind harmlos. Deutlich wird aber dennoch, die dem Beispiel eigene Freiheit der Kinderkultur, die sich zwischen der Nachahmung gesellschaftlicher Normen und ihrer Verfremdung und Parodie bewegt („In-ge liebt Mar-co" und das Ankleiden vor der Kabine). Daran liegt der Reiz des Spiels, seine Aufregung, sein Geheimnis, sein Freiheitspotential: „... Play's excitement derive from both following the cultural rules of behavior and defying the cultural rules" (Sutton-Smith 1987, 251).

Wo bleibt aber die Aufgabe der Pädagogik?

Ich plädiere dafür, dass wir uns bemühen, erst einmal zu verstehen, wenn uns die Kinder denn einen Blick in ihre Kultur tun lassen. Auf dieser Grundlage gilt es, mit dem besonderen Kapital der Kinder, dem Spiel, zu wuchern – „zugunsten der

je eigenen Erfahrungen und Bildungsprozesse. Die Rahmenbedingungen sind natürlich dann doch eine Frage der Pädagogik, der Kinderpolitik, des öffentlichen Generationsverhältnisses" (vgl. Zacharias 1989).
Die Aufgabe der Pädagogik ist damit umschrieben.

Literaturverzeichnis

Bauer, Karl-W.; Hengst, Heinz (Hrsg.) (1978): Kinderkultur. München.
Bausinger, Hermann (1987).: Kultur für Kinder – Kultur der Kinder. In: Pohl-Weber, Rosemarie (Hrsg.): Kinderkultur. Bremen.
Enzensberger, Hans Magnus (1962): Allerleirauh. Viele deutscher Kinderreime. Frankfurt/Main.
Kamper, Dietmar, Wulf, Christian (Hrsg.) (1982): Die Wiederkehr des Körpers. Frankfurt/Main.
Kinder-Kursbuch, 1973/34
Kindermedien. – In: Ästhetik und Kommunikation, 8. Jg., H. 27
Kinderalltag. – In: Ästhetik und Kommunikation, 10. Jg., H. 27
Lenzen, Dieter (Hrsg.) (1989): Pädagogische Grundbegriffe, Bd. 2. Beinheck.
Mollenhauer, Klaus (1986): Umwege. Über Bildung, Kunst und Interaktion. Weinheim; München.
Pellegrini, Anthony D. (1987): Rough-and-Tumble Play: Developmental and Educational Significance. In: Educational Psychologist 22. Jg., H. 1, 23-43.
Schäfer, Gerd E. (1989): Spielphantasie und Spielumwelt. Spielen, Bilden und Gestalten als Prozesse zwischen Innen und Außen. Weinheim; München.
Sutton-Smith, Brian (1983): Die Idealisierung des Spiels. In: Grupe, 0. u. a. (Hrsg.): Spiel – Spiele – Spielen. Schorndorf, 60-75
Sutton-Smith, Brian (1986): Toys as Culture. New York; London.
Sutton-Smith, Brain (1987): Creativity through Play. Eröffnungsrede auf der 10. IPA Weltkonferenz. Stockholm.
Sutton-Smith, Brian; Magee, May Ann (1989): Reversible Childhood. In: Play and Culture 2. Jg., H. 1, 52-63
Zacharias, Wolfgang (1989): Kommunale Netzwerke der Kinder-und Jugendkulturarbeit. In: Freizeitpädagogik 11. Jg., H./1-2, 14-20
Zacharias, Wolfgang (1990): Spiel-Kultur der Kinder. In: Wegener-Spöhring, Gisela; Zacharias, Wolfgang (Hrsg.): Pädagogik des Spiels – eine Zukunft der Pädagogik? München, 34-48

Weiterführende Literatur

Boesch, Hans (1900): Kinderleben. Monographien zur deutschen Kulturgeschichte. – Leipzig.
Wegener-Spöhring, Gisela (1988): Spiel auf der Autobahn. Der Aufbruch zum Werner-

Rennen als Massenphänomen einer Jugendkultur. In: Animation 9. Jg., H. 5, 140-142.

Wegener-Spöhring, Gisela (1989): Spiel ist die Freiheit der Kinder. In: Sozialpädagogik 31. Jg., H. 6, 286-292.

Reime entnommen aus: Sieben Blumensträuße. Berlin 1983.

Spiel

Spiel ist die Freiheit der Kinder. Soziales Lernen im Spiel[1]

Gisela Wegener-Spöhring

1   Spiel als „Allotria" betrachtet

Der Titel dieser Ringvorlesung lautet: *„ Was Du nicht willst, das man Dir tut ..."* *– Standpunkte zur sozialen Erziehung in der Grundschule.* Und so beziehe ich meine Ausführungen zum Spiel natürlich auf den Schulbereich. Ausschließlich wird das allerdings nicht möglich sein, denn Spiel und Schule gingen noch nie besonders gut zusammen. *„ Über ein stund zu spielen und kurtzweilen (soll) nicht gestattet werden",* heißt es schon in der Altdorfer Schulordnung von 1575[2]. In der Schule wird ja doch gelernt und nicht gespielt, und wenn gespielt wird, dann wird das leicht als *Allotria* betrachtet, *„das eine kluge Schulleitung um der Lern-effizienz willen der schwachen menschlichen Natur zugesteht"* (Krappmann 1973a, 202). Folgerichtig gibt es das Spiel in den Pausen auf dem Schulhof, manchmal in Vertretungsstunden, manchmal vielleicht auch dann, wenn der Lehrer/die Lehrerin nicht recht vorbereitet ist, und im normalen Unterricht erscheint es hin und wieder als den Lernzielen des Unterrichts untergeordnetes didaktisches Spiel. Freilich kann in diesen didaktischen Spielen, wenn wir Glück haben, trotz aller Lernzielorientierung ein Moment der spielerischen Freiheit, die ich hier meine, aufleuchten. Dieser Möglichkeit möchte ich in meinem ersten Punkt nachgehen.

2   Das didaktische Spiel in der Schule und das Moment der Freiheit

Ich sagte eben: Wenn wir Glück haben, erscheint dies Moment der Freiheit. Als junge Lehrerin hätte ich das allerdings anders gesehen. – Mein Unterrichtsthema

---

1   Dieser Beitrag erschien zuerst in: Schäfer, Gerd E. (Hrsg.) (1994): Soziale Erziehung in der Grundschule. Rahmenbedingungen, soziales Erfahrungsfeld, pädagogische Hilfen. Weinheim. München, 209-224. Wiederabdruck mit freundlicher Genehmigung der Autorin und des Juventa-Verlages.

2   nach Mollenhauer 1986, 82.

lautete: *„Tiere im Wald"* im 2. Schuljahr, und ich beendete es mit einem dar-
stellenden Spiel. Begeistert verwandelten sich die Kinder (40 in der Klasse!) in
hoppelnde Häschen, hämmernde Spechte und röhrende Hirsche. Es war ein
Spektakel und ein Chaos, und die didaktische Situation war dahin. Es hat aber
sicher allen Spaß gemacht und niemandem etwas geschadet. So denke ich jedenfalls im Nachhinein. Die Kinder hatten mit ihrem Spiel mein didaktisches
Arrangement durchbrochen und sich zu Herren der Situation gemacht. Ich freilich hatte damals gelernt, dass so etwas heißt: *„Die Lehrerin hat die Klasse nicht
mehr im Griff"* und war deshalb heilfroh, als die Klingel das lärmende Durcheinander beendete. – Später wurde ich beim Unterrichten natürlich geschickter;
und ich fahre mit einem Beispiel fort, in dem didaktische Absicht und spielerische Widerborstigkeit eine Synthese gefunden haben: *Breakfast/Frühstück, 5.*
Schuljahr.

Es geht um das spielerische Einschleifen von pattern drills, was in der
spielerischen Situation besonders gut möglich ist; die notwendigen endlosen
Wiederholungen sind dann nicht so langweilig. Das Wortfeld der „Nahrungs-
mittel" ist ausführlich zu üben; deswegen spielen wir die Szene öfter – und jedes
Mal zum größten Vergnügen aller Beteiligten. Der Anfang ist stets gleich: Die
Mutter prügelt die demonstrativ schlafenden und laut schnarchenden Kinder aus
den Betten. Das ist jedes Mal wieder komisch, weil es Aktion und Dynamik in
die Klassenraumsituation hineinbringt, komisch aber auch deshalb, weil etwa die
zierliche und schüchterne Maren als Mutter den kräftigen und viel größeren
Frank als Kind am Schlafittchen packt. Natürlich sehe ich, dass bereits diese
Szene den Kern zur Zersetzung der didaktischen Situation beinhalten könnte, wie
ich es eben beschrieben habe. Sie tat es nicht diesmal.

Das Spiel geht weiter, man kann's sich vorstellen. Endlich sitzen alle am
Frühstückstisch, und damit kommt die Hauptszene, kommt das, was es zu üben
gilt, das, was wir andererseits schon gut beherrschen, so dass wir ein wenig
spielerisch damit umgehen können. Meist ist es in etwa der folgende Dialog:

„What do you want for breakfast, kids?"
Mary, what do you want for breakfast?"
„I want some ice-cream for breakfast, Mummy."
„Ice-cream, are you silly?"

Obwohl die Pointe, so oder in ähnlicher Form, erwartet worden war, produziert sie
jedes Mal wieder unsere ungebrochene Heiterkeit. Und weiter steigern wir uns:

„Bob, what do you want for breakfast?"
„I want some whisky for breakfast, Mummy."
„Whisky, are you silly?"

Das finden Kinder *so* komisch: Die Erwachsenengebräuche und -rituale ein wenig zu verfremden, auf die eigenen Bedürfnisse umzustellen, lächerlich zu machen. Und dass sie das im didaktisch geforderten System der fremden Sprache können, das finden sie besonders witzig. Sie führen also ihre Interessen, ein wenig Aufmüpfigkeit und Freiheit in mein didaktisches Arrangement ein. Und wenn man sich normale Schulklassen während einer normalen Unterrichtsstunde vorstellt, so war das Lachen und die Lebendigkeit dieser Kinder wundervoll. Dass sie dabei mit ihrer kreativen Aufmüpfigkeit innerhalb des didaktischen Arrangements verblieben – das finde ich fast rührend. Man sieht daran: Kinder wollen lernen, und sie tun es besser, wenn man ihnen ein wenig Spiel innerhalb der Didaktik lässt.

3   Die Didaktisierung des Spiels in den 70er Jahren: Spiel als Methode

Ende der 60er und in den 70er Jahren erhielt das Spiel in der Schule einen Aufschwung. Es war die große Zeit der Curriculum-Entwicklung, der Vorschulerziehung, der Diskussion um antiautoritäre Erziehung, um Gesamtschule und um Soziales Lernen. Vor allem aber boomte der Lernspiel-Sektor, das didaktische Spiel: *„Denken und Sprechen", „Köpfchen, denke logisch", „Mengen-Hampelmann"* im Vorschulbereich; für die Älteren Lüks Rechentrainer und Heinevetters Lesespiele. Aber auch für den sozialen Bereich wurden Materialien entwickelt wie das *„Helferspiel"* von Tausch und Tausch, in dem zu abgebildeten Konfliktsituationen sog. *„Helferkärtchen"* vergeben werden. Es ging um Kooperations- und Konfliktfähigkeit.

Der neue Bereich des Sozialen Lernens stellte die Lehrerinnen und Lehrer vor Probleme. Wie sollte man, für kognitiven Unterricht ausgebildet, plötzlich *„Soziales Lernen als intentional betriebenes und nach Lernorten, Zielen und Vorgehensweisen zu differenzierendes Lernarrangement ... im Sinne einer der Emanzipation verpflichteten Pädagogik"* realisieren[3]? Über den Kopf allein ging das nicht, soviel war klar; man brauchte andere als die kognitiven Lehrmethoden. Kein Wunder, dass man auf das Spiel verfiel. Es war doch wenigstens seit langem vertraut, und Schlimmes konnte man ja vielleicht damit nicht anrichten, was man von den gruppendynamischen Methoden, die damals ebenfalls sehr in Mode kamen, nicht so ohne weiteres sagen mochte. Der Deutsche Bildungsrat veröffentliche 1975 einen Band *„Spielen und Gestalten"* für den Primarbereich; 1973 hatte Benita Daublebsky ihr Buch *„Spielen in der Schule"* vorgelegt, das sie – noch ganz in der Curriculum-Euphorie der 70er Jahre – im Untertitel *„Vor-*

---

3   Prior 1976, 9.

schläge und Begründungen für ein Spielcurriculum" nennt. Es finden sich darin knapp 170 klug und feinfühlig kommentierte Beispiele angeleiteter Spiele der Verfasserin mit Schulklassen. Ein immer noch empfehlenswertes Buch, auch wenn wir das Wort *„Curriculum"* inzwischen streichen würden.

Vor allem aber setzte man die Hoffnung bezüglich der Möglichkeiten sozialen Lernens auf das angeleitete Rollenspiel, das geradezu als pädagogisches *„Allzweckgerät"* (Haug 1977, 58) vom Kindergarten bis zur Altenarbeit empfohlen wurde. Meist ging es um Konfliktsituationen, die im Wechsel von Spiel- und Gesprächsphasen einer Lösung zugeführt wurden[4]. Die Idee dabei war, ein angstfreies Probehandeln im Spielraum zu ermöglichen sowie eine Verbindung von körperlich realisiertem Handeln und Reflexion[5]. Die Idee war für die Umsetzung sozialen Lernens genial; man glaubte in der Tat, eine Methode dafür gefunden zu haben. Nur hat sie leider nie so recht funktioniert. Und so war nach anfänglicher Euphorie die Enttäuschung besonders auf Seiten der engagierten Lehrerinnen und Lehrer groß. Heute ist kaum mehr eine Publikation zum Rollenspiel zu verzeichnen, niemand spricht mehr davon. Man hätte es eigentlich wissen können. Es lag an den Schwierigkeiten, die im Wesen des Spiels selbst begründet sind.

4   Über die Schwierigkeiten geplanten sozialen Lernens im Spiel

Ich führe hier jene Merkmale an, über die die Literatur *„Spiel"* relativ übereinstimmend beschreibt[6]:

Als eine neu definierte *Quasi-Realität*[7] bildet Spiel niemals die Wirklichkeit ab; diese erscheint vielmehr verkürzt, vereinfacht und verfremdet. Ein Lernen für die Belange der Realität kann deshalb kaum erwartet werden.

Als *ambivalentes Geschehen*[8], das zwischen Welterkundung und Ich-Rückzug, zwischen Spannung und Lösung seltsam schillernd bleibt, ist das Spiel ein labiles Feld, das sich kaum als Methode planmäßigen schulischen Lernens eignen kann. Scheuerl spricht von der *„allzeit gefährdete(n) schwebende(n) Gleichgewichtslage des Spielverlaufs"* (1975, 208) und von einem *„unentschiedene(n) Zugleich entgegengesetzter Tendenzen"* (1973, 91).

---

4   z.B. zwei Jungen benutzen trotz Verbot das Boot ihres Onkels und beschädigen es. Mit dem Inhalt eines gefundenen Portemonnaies könnten sie es wieder reparieren (Shaftel/Shaftel 1973, 137 ff: Der Geldbeutel).
5   vgl. Wegner-Spöhring 1984.
6   ausführlich dazu vgl. Wegner-Spöhring 1978, 138 ff.
7   vgl. Heckhausen 1973, S. 135; Krappmann 1973b, 198.
8   vgl. Scheuerl 1975, 208; Sutton-Smith 1978, 60 ff.

Als sanktionsfreier (oder doch -armer) *Freiraum*[9] fehlen dem Spiel die Korrektive der Realität, und die Gefahr der Manipulation ist besonders groß: Es reizt, *„dass die Kinder wollen, was sie sollen"* (Kochan 1975, 8).

Als Geschehen, das notwendig Freude und Spaß, das *„spontanes Engagement"*[10] voraussetzt, verlangt das Spiel eine erfüllte Gegenwart und nicht die Zukunftsorientierung schulischer Methoden. Auch eine Einbindung für Lernzielsetzungen verbietet sich; dem Spiel eignet das *„penetrante Beharren auf Erfüllung der Gegenwart"* (Kerbs 1970a, 19).

Als ein ursprünglich *„antithetisches Geschehen"*[11], das seine Dynamik aus der Herausforderung durch einen Gegner oder eine Aufgabe gewinnt, birgt das Spiel, das ohne Wettkampf im Dienste sozialer Lernzielsetzung gespielt wird, immer die Gefahren einer gewissen Langatmigkeit und Langweiligkeit[12].

Ein Merkmal bleibt allerdings nachzutragen. Es wurde erst in den 70er Jahren gefunden und benannt, möglicherweise unter dem Druck der Situation. Man hätte sonst das Spiel im Zusammenhang des Sozialen Lernens aus dem Verkehr ziehen müssen. Man fand, dass Spiel ein *„soziales Ereignis"* sei.

5   Spiel als „soziales Ereignis" und die Möglichkeiten sozialen Lernens im Spiel

5.1 *Grundqualifikationen sozialen Handelns*

Spiel mit Partnern stellt eine Interaktion- und Kommunikationssituation von seltener Dichte dar, einen *„Interaktionsknoten"* (Denker/Ballstaedt 1976, 64), ein *„soziales Ereignis"* (Krappmann 1976, 42), das vom Spieler die Realisierung seiner Fähigkeiten zu sozialer Kommunikation und Interaktion insofern verlangt, als ohne sie das Spiel gar nicht möglich wäre: Einfühlungsvermögen, Flexibilität, Integrationsfähigkeit – die *„Grundqualifikationen zu sozialem Handeln"* (ebd.). Entscheidend ist nun, *„dass das Spiel, indem es diese Fähigkeiten ver-*

---

9   vgl. Bally 1966, 152 f.
10   vgl. Goffman 1973, 41.
11   vgl. Huizinga 1956, 52.
12   Ich behaupte, das ist auch der Grund, weswegen es um die „New Garnes", die neuen Spiele ohne Sieger, so ruhig geworden ist. Es gab wunderschöne kooperative Situationen – die große Sitzschlange ist ein Beispiel: Man sitzt auf den Knien des Hintermannes, der Vordermann sitzt auf den eigenen Knien, und das Ganze hält bei einiger Geschicklichkeit sogar. Das ist toll, alle lachen und fühlen sich beieinander. Aber irgendwann kennt man es, und die Konstellation hat sich abgenutzt und wird möglicherweise langweilig.- Ein schönes und anschauliches Praxisbuch dazu ist der kleine Band von LeFevre, Dale (1985): Das kleine Buch der neuen Spiele. München.

langt, sie auch tatsächlich hervorruft" (ebd., 46). Und wichtig ist weiterhin, dass die spielerische Interaktion auch die sonst in unserer Gesellschaft vernachlässigten oder sogar verbotenen Kommunikationskanäle berücksichtigt: Den Umgang mit dem Raum (Distanz und Nähe), dem ganzen Körper mit großen Gesten und Bewegungen, den Umgang mit der Stimme in allen Dimensionen, mit der Mimik in wunderbarer Eindeutigkeit: Im Spiel sind wir mit dem ganzen Körper und mit allen Sinnen präsent. – Im Gegensatz zu der oben beschriebenen Irrealität der Spielinhalte ist diese *dichte* und gesamtkörperliche Interaktion sehr real und intensiv. Das ist die Chance des Sozialen Lernen im Spiel.

Als ein Beispiel führe ich das Spiel *Nummern-Schleichen mit offenen Augen*[13] an.

Zwei Mitglieder des Spielkreises haben nach Aufrufen ihrer Nummern (die sie nur je selber kennen) die Aufgabe, unbemerkt vom in der Mitte stehenden Spieler (dem die Augen im Gegensatz zu der bekannten Version nicht verbunden sind) ihre Plätze zu tauschen. Die dabei geforderte nonverbale Verständigung verlangt vom Spieler in hohem Maße Einfühlungsvermögen (Welches nonverbale Signal versteht der Interaktionspartner; wie ist ein von ihm ausgesandtes Signal zu verstehen?) und Flexibilität (Nimmt der Spieler in der Mitte ihn ins Blickfeld, muss er sofort seine Signale verändern oder uminterpretieren; z. B. ein auffordernes Zulächeln in ein unbeteiligtes Grinsen verwandeln). Die kommunikative Verständigung ist hier besonders schwierig, weil die Identifizierung des Mitspielers und die Festlegung und Durchführung der Strategie (Wann werden die Plätze getauscht?) ausschließlich nonverbal erfolgen muss. Das Spiel verlangt erhebliche Frustrationstoleranz (wenn der Mitspieler nicht identifiziert werden kann, dieser die Signale nicht versteht oder aber die Spielstrategie nicht zur Ausführung kommen kann, weil der Spieler in der Mitte den Blick niemals der anderen Kreishälfte zuwendet). Selbstvertrauen ist nötig, weil das Risiko des „Gefangen-Werdens" relativ groß ist (weshalb sich das Spiel manchmal erheblich hinzieht, weil die Spieler dieses Selbstvertrauen nicht aufbringen können). Durch Vertreten eines konsistenten Spielplanes, der natürlich ggf. flexibel verändert werden muss, ist es dann möglich, alle Mitspieler in das Spiel zu integrieren: Allmählich können alle im Kreis die Spieler identifizieren und sich durch hilfreiche Aktionen wie Ablenkungsmanöver an der Spiellösung beteiligen.

---

13   vgl. Daublebsky 1973, 86.

Gelingt das Spiel, macht es den Spielteilnehmern also Spaß, werden die geschilderten sozialen Qualifikationen sehr intensiv und quasi *nebenbei* aufgrund der Erfordernisse der Spielsituation produziert und damit – so meine Krappmann (a.a.O.) folgende These – auch geübt. Ich habe das oft in Gruppen gesehen.

Ein besonders schönes Beispiel der Übung sozialer Qualifikationen im Spiel findet sich bei George Herbert Mead in seiner Schilderung des Baseballspiels: Geübt wird Einfühlung und Rollenübernahme.

> „... *bei einem Spiel, an dem mehrere Individuen beteiligt sind, muss das Kind, wenn es eine Rolle übernimmt, bereit sein, auch die Rollen aller anderen zu übernehmen. Wenn es sich an einem Baseballspiel beteiligt, muss es die Reaktionen aller anderen Positionen in seine eigene Position einbeziehen. Um selbst mitspielen zu können, muss es wissen, was jeder andere tun wird. Es muss diese Rollen ganz in sich aufnehmen. Nicht alle müssen gleichzeitig in seinem Bewusstsein gegenwärtig sein. Aber in manchen Augenblicken müssen in seiner eigenen Haltung drei oder vier Individuen gegenwärtig sein, eines, das den Ball werfen, eines, das ihn fangen will, usw. Diese Reaktionen müssen sich bis zu einem bestimmten Grad in der eigenen Haltung niederschlagen. Im Spiel gibt es also eine Reihe von Reaktionen der Mitspieler. Sie sind so organisiert, dass die Haltung des einen die entsprechenden Haltungen des anderen provoziert"* (1975, 113f.).

Dieses Beispiel lässt sich auf alle anderen Regelspiele übertragen. Damit erweisen sich sogar die oft geschmähten Wettkampfspiele als Motoren sozialen Lernens. Das hatte man in der Rollenspieleuphorie der 70er Jahre übersehen.

Seit den 80er Jahren gerät in den Blickwinkel, dass die spielerische Freiheit und Aufmüpfigkeit, die sich in meinen anfänglich berichteten didaktischen Spielen eher nebenbei realisiert hatte, dem Spiel genuin ist. Entscheidend für diese Sichtweise war der Einfluss des amerikanischen Spielforschers Brian Sutton-Smith, der immer wieder die „*Idealisierung"* und „*Domestizierung"* des Spiels kritisiert hat, d.h. seine Verharmlosung auf kindertümlich-nette Anteile und seine Bändigung und Beherrschung durch die Erwachsenen und Pädagogen[14]. Und so lautet mein nächster Punkt: Spiel ist die Freiheit der Kinder – so wie ich diesen Beitrag überschrieben habe. Ich wende mich zunächst den geplanten und intentional gesteuerten Erziehungssituationen zu und zeige, wie auch hier das Spiel auf der Seite der Kinder ist. Ich zeige, wie die Kinder den Erwachsenen und ihren erzieherischen Absichten ein Schnippchen schlagen. Auf die freien Spiele komme ich in einem zweiten Punkt.

---

14   vgl. Sutton-Smith 1983, 1990; Sutton-Smith/Kelly-Byrne 1984.

5.2   Spiel ist die Freiheit der Kinder

Ein schönes Beispiel findet sich im Bericht der Autorengruppe Westberliner Volkstheaterkooperative über ihre Stadtteilarbeit mit Kindern des Märkischen Viertels in Berlin: *„Ausredetraining".*

„Nach der Inszenierung irgendeiner Tat, auf die ein Erwachsener gemäß den herrschenden Erwartungen reagieren mußte, ergab sich für ihn die Aufgabe, im Kreise der Verdächtigen den Täter herauszufinden. Die Erzieher ließen sich stets ernsthaft auf die Sache ein; es erfolgte ein aufwendiges Verhör mit Angeklagten, Komplizen, Zeugen. Erst allmählich erkannten sie, dass dies ein Spiel war, das Spiel „Ausredetraining", und daß ihre Rolle darin die der Dummen, der Narren gewesen war. Eine solche Rolle nimmt niemand gerne ein, auch diese Erzieher nicht. Und so feilschten sie künftig weniger verbissen und geduldig um den Tathergang. Freilich zerstörten sie damit auch das Spiel, dessen Sinn es gewesen war, sich den Er- wachsenen überlegen zu fühlen. Für die Dauer eines Spieles jedoch hatten die Kinder die Machtverhältnisse umgekehrt, die Erzieher an der Nase herumgeführt und gegen die Wirklichkeit gespielt" (1974, 62ff.).

Ein schulbezogenes Beispiel lese ich bei Knopf Polgar.

„Ein Lehrer erklärt dreizehn Minuten lang Spielregeln, wird endlich ärgerlich, und als das Spiel immer noch nicht klappt, lässt er die Kinder zur Strafe über den Platz laufen. Jedoch, die Kinder deuten die Sanktion des Lehrers in eine Spielsituation um und laufen mit allen Anzeichen von Begeisterung über das Feld. Sie haben sich ihr Spiel genommen und die Situation gemäß ihren Interessen umgedeutet" (1976, 268).

Und bei Mark Twain verwandelt Tom Sawyer durch sein Spiel mit dem Kneif- Käfer den Gottesdienst der Erwachsenen für einige Augenblicke in eine spannende und den Interessen von Kindern gerecht werdende Umwelt.
Wir sehen: Im Spiel werden Autoritäten relativiert.
Wollen wir nun solche Spiele, man muss sich das ja fragen. Ich denke schon, dass wir eine so kreative, spielerische Intelligenz und Flexibilität wollen. Ich denke schon, dass wir auch eine solche Selbständigkeit und Ich-Stärke wollen. Und dass diese auch einmal auf unsere Kosten gehen, das sollten wir schon ver- kraften – Rollendistanz ist eine wichtige pädagogische Tugend. Wenn nämlich Caillois (1982, 20) als ein Merkmal des Spiels die *„unkontrollierte Phantasie"* benennt, wenn im Spiel die *„temporäre Befreiung von der Schwerkraft der be- stehenden Verhältnisse und Denkstile"* möglich ist (Jungk 1974)[15], so kann sich im Spiel ein Notdenken und Handeln in eine bessere Zukunft hinein ereignen,

---

15   nach Lehmann 1977, 232.

eine „*Vorwegnahme der Freiheit*" (Kerbs 1970b, 47). In der Rollenspiel-Literatur wird von Berliner Kindern des Märkischen Viertels berichtet, wie diese im Spiel Wünsche und Träume am Leben halten und sich dort das holen, was sie in der Realität nicht bekommen können: Sie heben die Wirklichkeit „*zum Schein ... aus den Angeln*" (Ebert/Paris 1976, 143) und spielen „*gegen die Wirklichkeit*" (Autorengruppe Westberliner Volkstheaterkooperative 1974, 30). Solches Spiel ermöglicht ein Überleben in einer Welt der Fremdbestimmung und Abhängigkeit.

Ich beantworte die gestellte Frage also mit: Ja, wir wollen solche Spiele und die damit implizierten Wirkungen, wir wollen solche Erziehungsziele. Ich ergänze diese Ziele im Weiteren, insofern das Verhältnis von Spiel und Sozialem Lernen berührt ist. Spiel wird dabei, wie im Merkmal der Ambivalenz beschrieben, als balancierend zwischen Widersprüchlichkeiten gesehen.

5.3 Soziales Lernen in der Schwebe des Spiels

Vier Konstrukte führe ich zu diesem Lernen an und erläutere sie am Beispiel: Janushaftes Denken, Balance, Umdeutung, Regeländerung. Sie sind Kristallisationspunkte dessen, was Kinder (und Erwachsene ggf. auch) an sozialen Erfahrungen im Spiel machen können.

5.3.1 Janushaftes Denken

Zu den wichtigsten Dingen, die ein Kind im Verlauf seines Sozialisations- und Erziehungsprozesses erwerben muss, gehört die Fähigkeit zur Balance – wir wissen es seit Krappmanns Konzept einer balancierenden Identität[16]. Das Kind muss lernen, zwischen Gegensätzlichem, zwischen individuellen und gesellschaftlichen Anforderungen sein Ich zu finden. Es muss lernen, dass die Dinge und Menschen im Leben selten eindeutig gut oder schlecht, dass sie vielmehr in der Regel facettenreich und schillernd sind. Lange fordern Soziologie und Pädagogik dies in dem Konzept der Ambiguitätstoleranz oder, wie es Rothenberger (1971) nennt, in einem „*janushaften Denken*", nämlich der Fähigkeit, „*in einem wahrgenommenen Ereignis oder Objekt gleichzeitig entgegengesetzte oder einander widersprechende Aspekte sehen zu können*"[17]. Und eben deshalb ist das Spiel für Kinder unverzichtbar. Hier lernen sie, Widersprüch-

---

16   vgl. Krappmann 1969, 1971.
17   nach Krepier 1976, 52.

liches, Paradoxes und Unvereinbares zu balancieren und in der Schwebe des
Spiels zu halten.
Ich spreche von der *„Schwebe des Spiels"*. Ich beziehe mich dabei auf das
oben ausgeführte Merkmal der Ambivalenz; zwischen gegensätzlichen Polen
vollzieht sich das Spiel in einer *„allzeit gefährdete(n) schwebende(n) Gleich-
gewichtslage"* (Scheuerl 1975, 208) und in einem *„unentschiedene(n) Zugleich
entgegengesetzter Tendenzen"* (ders. 1973, 91). So wird es einsichtig, dass die
Kinder im Spiel Ambiguitätstoleranz lernen, und dass sie lernen, die schillernden
Dinge janushaft zu sehen. Im Spiel erwerben sie folglich die Fähigkeit zur
Balance zwischen diesen Widersprüchlichkeiten. Insbesondere ist das im freien,
vom Erwachsenen völlig unbeeinflussten Spiel der Fall, dem ich mich im
Folgenden zuwende.

5.3.2 Balance

Um das freie Spiel der Kinder – wieder – verstehen zu lernen, habe ich es viele
Stunden lang in Kindergärten beobachtet und in noch sehr viel mehr Stunden
zusammen mit meinen Assistentinnen Sigrun Hafa und Anke Jagels interpretiert[18]. Und verstanden habe ich dieses: Das freie Spiel der Kinder folgt einer
sensiblen und feingesponnenen Dramaturgie – jedenfalls dann, wenn es *gutes*
Spiel ist. Zentral für diese Dramaturgie ist die Spielbalance. Und weil Kinder
gern gute Spiele spielen möchten – denn nur solche machen Spaß – erwerben sie
diese schwierige Kompetenz so quasi nebenbei: Die Balance zwischen Be-
ängstigendem und Beruhigendem, zwischen Fremdem und Vertrautem, zwischen
Provozierendem und Versöhnlichem, zwischen eigenen Ansprüchen und den
Wünschen anderer. Ich gebe ein Beispiel. Dabei beginne ich mit dem Spiel-
protokoll[19], dem ich meine Interpretation anfüge: Rickeracke, rickeracke: Raketen, Krokodil und Säge.

*Drei Kinder bauen aus Legosteinen, wie sie sagen, Raumschiffe und Raketen. Mar-
tin lässt seine Rakete gegen den Kopf fliegen und produziert dabei Fluggeräusche:
„Ui, ui; ü-pf. ü-pf", dann Martinshorngeräusche: „Tatü-tata, Tatü-tata." Er sagt:
„Ich habe eine Löschrakete" und macht viele Motorengeräusche: „Mumm, mumm,
neeh." Anja: „Die Rakete kann nur so fliegen"; sie demonstriert es mit der Hand*

---

18   vgl. Wegener-Spöhring 1989a, b, c. – Ich habe Kindergärten gewählt und nicht Schulhöfe oder
      Spielplätze, weil hier das freie Spiel in einem geschlossenen Raum zu beobachten ist. Nur dann
      ist es so genau zu beobachten und zu verstehen, wie es für meine Interpretationen notwendig
      ist.
19   Die Namen der Kinder sind geändert.

und macht dabei laute Geräusche: „Tähaäha, tähaäha." „Meine Rakete kann sich drehen." Bernd: „Ich habe ein Raumschiff. Feuer!! Krach, boing, boing." Er produziert die Geräusche laut und mit viel spielerischem Nachdruck. Martin lässt seine Rakete in Richtung auf Anja fliegen: „Pass bloß auf, dass sie dir nicht deine Rakete kaputtdonnert." Anja: „Ich hab' ein Krokodil." Martin: „Ich hau dir einen auf den Döz. Ich nehme meine Axt mit." Bernd: „Ich nehme meine Metallsäge und: Rickeracke, rickeracke." Anja: „Gestern war die Sendung mit der Maus" (gemeint ist im Fernsehen). Bernd singt: „Raumschiff, Raumschiff, es war einmal. Lila, lula, es war einmal."

Die drei Kinder haben sich einen kriegerischen Spielinhalt gewählt, den sie einvernehmlich und mit viel Dynamik spielen. Sie lassen sich dabei viel einfallen: Raketen können gegen den Kopf fliegen, fliegen so oder so und machen diese oder jene Geräusche, sie können löschen oder sich auch drehen; ein Raumschiff eröffnet das Feuer. Daraufhin eskaliert das Spiel zu einer sehr aggressiven Sequenz, die jedoch auf der Ebene des Spiels bleibt und in der die Kinder einander als Spielpartner gewachsen sind. Martins Ansinnen, ihre Rakete kaputtzudonnern, kontert Anja mit einem Stärkesymbol, dem Krokodil. Wenn den Jungen daraufhin als weitere Steigerungen Axt und Metallsäge einfallen, so mag das mit dem abschließenden *„Rickeracke, rickeracke"* schon sehr weit gehen. Eine weitere Steigerung des Aggressiven, des Beängstigenden und Bedrohlichen würde vermutlich die Kinder überfordern, würde das Spiel zerstören. Anja jedoch stellt souverän die Spielbalance her, indem sie im Rekurs auf das Vertraute und Alltägliche Entspannung herstellt: Die Sendung mit der Maus. Die Jungen können diese Entlastung des Spiels annehmen, Spiel ist Spiel, Spiel ist So-tun-als-ob – *„Es war einmal, lila, lula, es war einmal."* Mit Bernds Singsang endet die Spielsequenz zu aller Zufriedenheit. – Ich bin von der Spielkompetenz der Kinder beeindruckt.

5.3.3 Umdeutung

Wir sind der Umdeutung bereits im Punkt *„Spiel ist die Freiheit der Kinder"* begegnet. Durch spielerische Bedeutungsveränderung hatten sich die Kinder Freiheit und Macht genommen – für die Dauer eines Spiels. Es kann jedoch noch andere Vorteile bringen, eine reale Situation in eine Spielsituation *„umzudeuten"*[20]. Ein sehr überzeugendes Beispiel findet sich bei Mark Twain. (1987)

---

20   „Eine Umdeutung besteht ... darin, den begrifflichen und gefühlsmäßigen Rahmen, in dem eine Sachlage erlebt und beurteilt wird, durch einen andern zu ersetzen, der den ‚Tatsachen' der Situation ebenso gut oder sogar besser gerecht wird und dadurch ihre Gewinnbedeutung ändert" (Watzlawick u. a. 1974, 118).

Tom Sawyer muss zur Strafe einen Zaun streichen, gewinnt jedoch durch ge-
schickte Umdeutung der ungeliebten Arbeit in eine lustbetonte Spielhandlung
andere Kinder dafür, ihm das Streichen abzunehmen und heimst noch reich-
haltige Belohnungen dafür ein.

Hilfreich kann eine rasche Umdeutung ferner bei Fehlern in der Selbstdarstellung sein: Spielerisch wird die Bedeutung einer Darstellung verleugnet und
den Beteiligten damit nahegelegt, *„ein scheinbar relevantes Verhalten nicht*
ernst zu nehmen, da es nur aus Spaß gemacht oder etwas karikiert ... habe"
(McCall/Simmons 1974, 117f.). Ein anschauliches Beispiel dafür berichtet
Peller:

> *„Eine Gruppe sieben- bis neunjähriger Ausflügler steht auf dem Bahnsteig nahe am*
> *Zug. Plötzlich lässt die Lokomotive mit lautem Zischen Dampf ab. H., der nahe*
> *dabei steht, springt beinahe vor Schreck zur Seite. Er bemerkt, dass die anderen auf*
> *ihn schauen und im Begriff sind zu lachen. Ein verlegenes Lächeln erscheint auf*
> *seinem Gesicht, und als das Zischen einige Sekunden später noch einmal ertönt,*
> *wiederholt er auf übertriebene Weise seine vorherige Schreckbewegung. Er wirft die*
> *Arme in die Luft, kreischt und fällt beinahe um. Diese Faxen wiederholt er bei jedem*
> *Dampfstoß. Nun hat er die Lacher auf seiner Seite. Er ist der Held, der das Er-*
> *schrecken parodiert. Er ist nicht Opfer, sondern Herr der Situation"* (1973, 68f.).

Natürlich kann die *„sanfte Kunst des Umdeuten"* (Watzlawick u. a. 1974, 116)
auch als äußerst effektive und subtile Manipulationstechnik angewandt werden –
was Tom Sawyer uns bereits demonstriert hat. Und ein Lehrer, der bei beginnen-
der Unruhe den Kindern das Spiel vorschlägt: *„Alle brüllen wie Löwen, wer brüllt*
am lautesten?" manipuliert seine Klasse ebenfalls geschickt. Aber dennoch ist
eine solche Manipulation ja vielleicht besser, als eine Strafaktion zu verhängen.

Wirklichkeiten nicht einfach hinzunehmen wie sie sind, sondern ihre Ver-
änderbarkeit als Möglichkeiten denken können, das ist das entscheidende Soziale
Lernen im Spiel. Der letzte Punkt in diesem Komplex heißt *„Regeländerung"*.

5.3.4 Regeländerung

Kleine Kinder müssen erst lernen, Spielregeln einzuhalten. Können sie es, dann
verfechten sie die Regeln zunächst wie die Teufel: So *muss* es gehen im Spiel.
Aber ein wenig später können sie dann auch lernen, dass Regeln von Menschen
gemacht sind und dass man sie verändern kann; es muss sich nur jemand die
Initiative dazu zutrauen – im Spiel ist es ja nicht so schwierig wie im wirklichen

Leben. Ich gebe das Beispiel des bekannten Spieles *Mein rechter, rechter Platz ist leer.*

„Mein rechter, rechter Platz ist leer, ich wünsche mir die Anke her": Der Spielende macht dem Partner seiner Wahl ein direkt auf die Situation bezogenes Beziehungsangebot. Knüpft er dieses Angebot an bestimmte Bedingungen – „Ich wünsche mir die Anke her, als Frosch" oder: „Vorher muss sie ein Lied singen" – so muss Einfühlungsvermögen realisiert werden, soll der Partner nicht möglicherweise Überfordert werden, und will man nicht Gefahr laufen, dass das Angebot abgelehnt wird: „Das mache ich nicht!" oder: „Das kann ich nicht!". Der angesprochene Spielpartner kann aufgrund bestehender Interpretationsspielräume auf das Beziehungsangebot seinen Möglichkeiten entsprechend flexibel reagieren und so eine Selbstdarstellung realisieren, die respektiert werden muss: Er kann gekonnt als Frosch hüpfen, das Hüpfen zur Karikatur wenden, oder es ganz ablehnen -und so eine völlig neue Situation schaffen, die neue Regeln erfordert. Divergenzen in der Definition der Situation werden damit expliziert und zugelassen. Durch Setzung neuer Prämissen und Regeln können neue Situationen entstehen: So kann man das Spiel uminterpretieren in ein Wegschickspiel („Mein rechter, rechter Platz ist besetzt"), oder man kann das Beziehungsangebot mit Gefühlsäußerungen versehen, so dass der gerufene Spieler auf das schulmeisterlich dozierte, das zärtlich geflüsterte, das aggressiv gebrüllte „Anke" gemäß seiner situations- und partnerabhängigen Interpretation antworten kann. Dabei muss der erste Spieler die Differenzen zu seinen eigenen Erwartungen und Bedürfnissen ertragen (Ambiguitätstoleranz): Identitäten werden ausgehandelt. Sogar ein Wettbewerbsspiel kann man daraus machen, wenn man sich etwa einen „Tiger" oder ein „Pferd" her wünscht, von denen es jeweils drei in der Gruppe gibt: Wer wird den Platz als erster besetzen?

Meist müssen Kinder – und Erwachsene auch – allerdings erst lernen, mit Regeln variabel umzugehen und Spielsituationen nach ihren eigenen Bedürfnissen zu verändern. Das Spiel *„Mein rechter, rechter Platz ist leer"* ist für einen solchen Lernprozess gut geeignet: Es ermöglicht in übersichtlicher Form die Erfahrung, dass Regeln veränderbar sind, dass sie gemäß den Bedürfnissen der Gruppe veränderbar sind, dass also traditionelle Vorschriften den Bedürfnissen von Individuen und Gruppen gemäß modifizierbar sind und dass Individuen und Gruppen ein Recht darauf haben, ihre Bedürfnisse gegenüber Vorschriften und Regeln zu artikulieren. Die Spielenden können ferner lernen, dass ein Regelangebot die augenblickliche Bedürfnislage der Gruppe treffen muss, da diese es sonst ablehnt, dass man also die Bedürfnislage der Gruppe antizipieren muss, wenn man erfolgreich sein will; und dass man auf der anderen Seite auch Befehle (oder Regelangebote) verweigern kann, wenn sie den eigenen Bedürfnissen nicht entsprechen.

All dieses können die Spielenden im Freiraum des Spiels erfahren: Regeln sind durch Menschen gemacht, Regeln sind veränderbar. Man kann Situationen so und anders sehen, man kann Rollen verschieden auslegen, Dinge facettenreich wahrnehmen und die eigene Identität in unterschiedlicher Akzentuierung einbringen. All dieses können die Spielenden erfahren und lernen, und sie werden die Erinnerung daran im wirklichen Leben bewahren. So hoffen wir jedenfalls. Es ist die Chance sozialen Lernens im Spiel. Ob sie sich freilich realisiert, das wissen wir nicht so genau: Es ist eine Erfahrung in der *„Schwebe des Spiels"*. Und das ist natürlich für Lehrerinnen und Lehrer, die einen erfolgreichen Unterricht garantieren sollen, nur schwer zu ertragen. Anders aber wird es mit dem Sozialen Lernen nicht zu machen sein. Und so ende ich mit einem Plädoyer für das Spiel in der Schule und – vielleicht paradoxerweise – gegen die Pädagogisierung des Spiels.

6   Ein Plädoyer für das Spiel in der Schule und gegen die Pädagogisierung des Spiels

Spiel ist die Freiheit der Kinder. Zu diesem Thema habe ich zwei Seiten des Spiels gezeigt.

Im *freien Spiel* erwerben die Kinder die Fähigkeit zur Balance zwischen Widersprüchlichem, sowie es in den erzieherischen Konzepten einer balancierenden Identität, einer Ambiguitätstoleranz und einem janushaften Denken gefordert wird. Sie lernen es unbeaufsichtigt und ungegängelt von den Erwachsenen. Sie lernen es in ihrer eigenen Verantwortung und in ihrer eigenen Welt. Wir sollten uns hüten, diese zu pädagogisieren. Wir sollten den Kindern ihre Spiele lassen, auch wenn sie sich manchmal aggressiv und wild realisieren. Wir dürfen darauf vertrauen, *„dass die Kinder in ihren Spielen auf radikale Weise kompetent sind"*, *„... that children are radically compentent in their play"*, wie Sutton-Smith/Magee schreiben (1989, 62). Dass man trotzdem die Spiele der Kinder um Verstehen bemüht beobachten sollte, steht dazu nicht im Widerspruch. Immer wieder wird es Kinder mit nur wenig ausgebildeter Spielkompetenz geben, die unsere Hilfe und unser Verständnis brauchen.

In *erzieherischen Situationen* ist das Spiel für die Kinder das Medium, die Machtverhältnisse umzukehren. Dann fühlen sich Eltern, Erzieher und Lehrer den Kindern oft ausgeliefert, fühlen sich an der Nase herumgeführt und wie *„Hanswürste",* wie es einmal eine Lehrerin formulierte, mit denen die Kinder ihr Spiel spielen. Ist es so, wirklich so? Die Utopie *„Kinder an die Macht"* realisiert sich in den geschilderten Beispielen nur für die Dauer eines Spiels.

In der Alltagswelt bleiben Kinder abhängig und fremdbestimmt genug. Und: Spiel ist Spiel – das wissen auch die Kinder genau.

Sutton-Smith/Magee stellen die Frage, ob das Kinderspiel die Erwachsenenkultur abbilde, oder ob es antithetisch dazu sei (a.a.O., 52). Sie benutzen dazu die Metapher der Reversibilität, die besagt, „... *that play is itself an example of behavioral reversibility, a world turned upside down"* (ebd., 57). Das Kinderspiel, eine verkehrte Welt – im Sinne unserer Erwachsenen-Pädagogik. Eine Welt, in der die Kinder Fadenzieher, Meister und Erfinder sind. Wir sollten sie ihnen lassen. Ein Stück Gelassenheit stünde unserer Pädagogenrolle gut an, Gelassenheit und Rollendistanz.

Des Weiteren denke ich, dass wir das Spiel nicht didaktisieren sollten, nicht als Lernspiel vernutzen. Wir sollten Spiel aber innerhalb unserer Didaktik und Pädagogik zulassen, wenn die Kinder es hineinbringen. Wir sollten damit auch zulassen, dass die Kinder unsere pädagogischen und didaktischen Absichten mit ihrem Spiel ein Stück weit unterlaufen oder pervertieren. Spiel, die Freiheit der Kinder – und die Pädagogen, Lehrer, Erzieher und Didaktiker geben ein wenig von ihrer Macht ab. Das täte uns allen nur gut.

Schule sollte aber auch dem freien Spiel einen Raum geben. Entscheidendes wird hier gelernt, so haben die vorangegangenen Ausführungen gezeigt. Darüber hinaus könnte eine Annäherung an die alte Forderung, die Schule als „*Erfahrungsraum"* zu gestalten, gelingen[21]. Im Spiel werden gegenwärtige Bedürfnisse befriedigt, durch den „*Freiraum"* und die Integration in die Gruppe entsteht Wohlbefinden, durch „*spontanes Engagement"* entsteht Gegenwärtigkeit und damit erfüllte Zeit. Spiel ist ein „*Ernstfall",* der im Gegensatz zur „*vermittelten"* Schulerfahrung echte Erfahrungen ermöglicht. Durch einen Raum für das freie Spiel in der Schule könnte der Gegensatz zwischen beiden, wie ihn noch Chateau sieht, heilsam aufgebrochen werden: „*Während das Spiel auf das Unmittelbare gerichtet ist, sieht die Schularbeit in die Zukunft."* (1974, 115) und: „*Spiel hinterlässt Erinnerungen, Schularbeit vermittelt Wissen und Kenntnisse"* (ebd., 116). Dazu muss Schule Spiel freilich ernst nehmen und – ich komme auf das Eingangszitat zurück – „*das Spielen nicht nur als Allotria betrachten ..., das eine kluge Schulleitung um der Lerneffizienz willen der schwachen menschlichen Natur zugesteht"* (Krappmann 1973a, 202).

---

21   vgl. Hentig 1976, 99.

Literaturverzeichnis

Autorengruppe Westberliner Volkstheaterkooperative (1974): Blumen und Märchen. Stadtteilarbeit mit Kindern im MV Berlin. Reinbek.

Bally, Gustav (1966): Vom Spielraum der Freiheit. Basel; Stuttgart.

Caillois, Roger (1982): Die Spiele und die Menschen. Maske und Rausch. Frankfurt/Main.

Châte.au, Jean (1974): Spiele des Kindes. Stuttgart.

Daublebsky, Benita (1973): Spielen in der Schule. Stuttgart 1973.

Denker, Rolf; Ballstaedt, Steffen-Peter (1976): Aggression im Spiel. Stuttgart.

Deutscher Bildungsrat (Hrsg.) (1975): Spielen und Gestalten. Die Eingangsstufe des Primarbereichs, Bd. 2/1. Stuttgart.

Ebert, Helme; Paris, Volkhard (1976): Warum ist bei Schulzes Krach? Kindertheater Märkisches Viertel/Rollenspiel/Politisches Lernen, Teil I und II. Berlin.

LeFevre, Dale (1985): Das kleine Buch der neuen Spiele. München.

Goffman, Erving (1973): Interaktion: Spaß am Spiel. Rollendistanz. München.

Haug, Frigga (1977): Erziehung und gesellschaftliche Produktion: Kritik des Rollenspiels. Frankfurt/Main.

Heckhausen, Heinz (1973): Entwurf einer Psychologie des Spielens. In: Flitner, Andreas (Hrsg.): Das Kinderspiel. München, 133 - 149.

Hentig, Hartmut von (1976): Was ist eine humane Schule? München; Wien.

Huizinga, Johan (1956): Homo Ludens. Vom Ursprung der Kultur im Spiel. Hamburg.

Kerbs, Diethart (1970a): Spiel und Freiheit. Über das Verhältnis von pädagogischer Utopie und politischer Strategie in der Theorie der ästhetischen Erziehung. In: Kunst und Unterricht, H. 9, 17 - 21.

Kerbs, Diethart (1970b): Das Ritual und das Spiel – Über eine politische Dimension der ästhetischen Erziehung. In: Ästhetik und Kommunikation 1, H. 1, 40 - 47.

Knopp Polgar, Sylvia (1976): The Social Context of Garnes: Or When Is Play Not Play? In: Sociology of Education 49. Jg., H. 4, 265 - 271.

Kochan, Barbara (Hrsg.) (1975): Rollenspiel als Methode sprachlichen und sozialen Lernens. Kronberg.

Krappmann, Lothar (1969): Soziologische Dimensionen der Identität. Weinheim.

Krappmann, Lothar (1971): Neuere Rollenkonzepte als Erklärungsmöglichkeit für Sozialisationsprozesse. In: Betrifft: Erziehung 4. Jg., H. 3, 27 - 34.

Krappmann, Lothar (1973a): Soziale Kommunikation und Kooperation im Spiel und ihre Auswirkungen auf das Lernen. In: Daublebsky, B: Spielen in der Schule. Stuttgart, 190 - 226.

Krappmann, Lothar (1973b): Sozialisation im Spiel. In: Die Grundschule 5. Jg., H. 3, 195 -201.

Krappmann, Lothar (1976): Soziales Lernen im Spiel. In: Frommberger, H u.a. (Hrsg.): Lernendes Spielen – Spielendes Lernen. Hannover, 42 - 47.

Kreppner, Kurt (1976): Frühkindliche Sozialisation. In: Zeitschrift für Pädagogik 22. Jg., H. 1, 35 - 56.

Lehmann, Jürgen (1977): Das Spiel zwischen Simulation und Konstruktion. In: Ders. (Hrsg.): Simulations- und Planspiele in der Schule. Regensburg, 225 - 233.

McCall, Georges J.; Simmons, Jerry L. (1974): Identität und Interaktion. Untersuchungen über zwischenmenschliche Beziehungen im Alltagsleben. Düsseldorf.

Mead, Georg Herbert (1975): Spiele und Spielen als Beiträge zur Genese des Ich (posthum 1956). In: Scheuerl, Hans (Hrsg.): Theorien des Spiels. Weinheim 1975^{10}, 112 - 123.

Mollenhauer, Klaus (1986): Umwege. Über Bildung, Kunst und Interaktion. Weinheim; München.

Peller, Lilli E. (1973): Modelle des Kinderspiels. In: Flitner, Andreas (Hrsg.): Das Kinderspiel. München, 62 - 75.

Prior, Harm (Hrsg.) (1976): Soziales Lernen. Düsseldorf.

Shaftel, Fanny R.; Shaftel, George (1973): Rollenspiel als soziales Entscheidungstraining. München; Basel.

Scheuerl, Hans (1973): Das Spiel. Weinheim; Basel 1973.

Scheuerl, Hans (1975): Spiel – ein menschliches Grundverhalten? In: Ders. (Hrsg.): Theorien des Spiels. Weinheim; Basel 1975^{10}, 189 - 208.

Sutton-Smith, Brian (1978): Die Dialektik des Spiels. Schorndorf.

Sutton-Smith, Brian (1983): Die Idealisierung des Spiels. In: Grupe, Ommo u.a. (Hrsg.): Spiel – Spiele – Spielen. Schorndorf, 60 - 75.

Sutton-Smith, Brian; Kelly-Byrne, Diana (1984): The Idealization of Play. In: Smith, Peter K. (Hrsg.): Play in Animals and Humans. Oxford, 305 - 321.

Sutton-Smith, Brian; Magee, May Ann (1989): Reversible Childhood. In: Play & Culture 2. Jg., H. 1, Champaign; USA, 52 - 63.

Sutton-Smith, Brian (1990): Spiel zwischen den Generationen. In: Spielmittel, H. 3, 60-70.

Twain, Marc (1987): Tom Sawyers Abenteuer. Ravensburg.

Watzlawick, Paul; Weakland, John H.; Fisch, Richard (1974): Lösungen. Zur Theorie und Praxis menschlichen Wandels. Bern.

Wegner-Spöhring, Gisela (1978): Soziales Lernen im Spiel. Untersuchungseiner Möglichkeiten und Grenzen im Bereich Schule. Dissertation. Kiel.

Wegner-Spöhring, Gisela (1984): Interaktion im Rollenspiel, Initiierung, Prozesse, Analysen. In: Kreuzer, Karl Josef (Hrsg.:) Handbuch der Spielpädagogik, Bd. 3, Düsseldorf, 55-69.

Wegner-Spöhring, Gisela (1989a): War Toys and Aggressive Garnes. In: Play and Culture 2. Jg., H. 2, 35 - 47.

Wegner-Spöhring, Gisela (1989b): Die balancierte Aggressivität. Beobachtung und Interpretation von Freispielszenen in Kindergärten. In: Spielmittel, H. 2, 32 - 39.

Wegner-Spöhring, Gisela (1989c): Aggressive Spiele bei Kindern – Beobachtung und Interpretation von Freispielszenen. In: Bildung und Erziehung 42. Jg., H. 1, 103 - 120.

Das Glück im Spiel: Überfluss, Hoffnung und Kontingenz

Johannes Bilstein

1 Der Glückliche spielt nicht

Dass Spielen dem Vergnügen diene und schließlich bei den spielenden Menschen auch noch so etwas wie Glück hervorrufen könnte, ist zunächst einmal eine Behauptung, ein durch nichts belegtes Gerücht – oder etwas ernsthafter formuliert: eine ganz und gar nicht selbstverständliche anthropologische These, zu der man auch die Gegenthese vertreten kann: dass Spiel ins Unglück führt (vgl. Wegener-Spöhring 2002). Und schließlich könnte man ja auch noch den Verdacht entwickeln, dass beides, Spiel und Glück, einfach gar nichts miteinander zu tun haben. Darum, um den Kontext von Spiel und Glück also, soll es im Folgenden gehen.

Am Nikolaustage des Jahres 1907 hält Sigmund Freud in den Räumen des Wiener Verlagsbuchhändlers Hugo Heller, der Mitglied der Wiener Psychoanalytischen Vereinigung ist, einen Vortrag. Ungefähr 90 Zuhörer sind anwesend und Freuds Thema ist ganz angemessen für einen Buchhandlungs-Vortrag: *Der Dichter und das Phantasieren*[1]. Der Text des Vortrages erscheint im Jahr darauf, und er wird recht bald zu einer Art Grund-Dokument aller psychoanalytischen Kunst-Theorie.

Freud geht es bei seinen Überlegungen um die motivationale Tiefenstruktur poetischer Produktion, genauer: Es geht ihm um die Frage, wie ein Mensch, eine Seele, ein psychischer Apparat dazu kommen, Zeit, körperliche Anstrengung und affektive Energie auf eine relativ sinnlose und nicht direkt der körperlichen Befriedigung dienende Tätigkeit zu verwenden – auf das Dichten eben. Denn was dabei herauskommt, die Niederschrift von Phantasien, kann man ja nicht essen, und auch auf der Ebene sexueller Triebinteressen ist das nicht sonderlich ergiebig. Letztlich geht es Freud also um die Grundlage dessen, was er als Sublimation schon früher immer wieder zum Kernelement der Kultur und zur menschlich-seelischen Höchstleistung zugleich erhoben hat.[2]

---

1   Ernest Jones, *Das Leben und Werk von Sigmund Freud*. Bd. 2. Bern: Hans Huber 1962, S. 406.
2   Sigmund Freud, *Drei Abhandlungen zur Sexualtheorie*, in: Sigmund Freud, *Gesammelte Werke*. Bd. 5. London: Imago 1942, S. 27-145. (Original 1905).

Die Frage ist: Warum dichtet ein Mensch und was hat er eigentlich davon? Im Mittelpunkt des Freud'schen Argumentationsganges steht dabei am Anfang nicht das Phantasieren, sondern eben das Spiel. Freud hat nämlich auf der Suche nach den Urgründen des dichterischen Phantasierens ein Problem: Diese Tätigkeit lässt sich nur bedingt beobachten, und auch die Selbstbeschreibungen der poetisch Aktiven fallen meist eher lakonisch aus. Also braucht der Psychologe eine Analogie, einen Vergleich, von dem aus er dann auf das Phantasieren schließen kann – und da liegt für Freud das Kinderspiel näher als alles andere: „Der Dichter tut [...] dasselbe wie das spielende Kind; er erschafft eine Phantasiewelt, die er sehr ernst nimmt, d. h. mit großen Affektbeträgen ausstattet, während er sie von der Wirklichkeit scharf sondert."[3]

Auf der Grundlage dieser Gleichsetzung, dass Dichten auf Phantasieren beruhe und Phantasieren wiederum wie Spielen sei, kann Freud seinen Versuch einer Psychoanalyse des Phantasierens vorantreiben, einen Versuch, der ihn dann schließlich zu zwei Ergebnissen führt: Erstens zu Vermutungen über die motivationalen Grundlagen der Phantasietätigkeit und zweitens zu Thesen über die Binnengliederung dieser Grundlagen.

Was – zum einen – die Motive angeht, so ist im Jahre 1907 die Grundstruktur der psychoanalytischen Theorie bereits entwickelt, seit den drei Abhandlungen[4] ist auch die Differenzierung in Triebquelle, Triebobjekt und Triebziel ausformuliert,[5] und auf der Grundlage dieses Modells vom Seelenleben kommt Freud zu einer recht lakonischen Antwort.

Wenn denn Befriedigung, genauer: wenn denn eine vom Konstanzprinzip beherrschte Abfuhr von Energie Ziel aller seelischen Aktivitäten ist, dann sind alle phantastischen Tätigkeiten immer nur zweitbeste Lösungen, dann wird ein solcherart konzipiertes Seelenleben immer zunächst und vor allem anderen nach der ungebrochenen und ungefilterten Befriedigung suchen. Und umgekehrt: Ein Psychismus, der solche direkte Befriedigung erfährt, hat keinerlei Veranlassung zu irgendeiner Phantasie-Tätigkeit, er hat ja alles, was er braucht und was er wirklich will. Freud formuliert das in einem lakonischen Satz, der in der Folge für die Psychologie der Kunst und – umfassender – für jede Kulturpsychologie entscheidende Bedeutung gewonnen hat:

Man darf sagen, der Glückliche phantasiert nie, nur der Unbefriedigte. Unbefriedigte Wünsche sind die Triebkräfte der Phantasien, und jede einzelne

---

3   Sigmund Freud, *Der Dichter und das Phantasieren*, in: Sigmund Freud, *Gesammelte Werke*. Bd. 7. London: Imago 1941, S. 213-223, hier S. 214. (Original 1908).

4   Freud, *Drei Abhandlungen*.

5   Jean Laplanche, Jean-Bertrand Pontalis, *Das Vokabular der Psychoanalyse*, Frankfurt am Main: Suhrkamp 1972, S. 527.

Phantasie ist eine Wunscherfüllung, eine Korrektur der unbefriedigenden Wirklichkeit.[6]

Ausgehend von einem ökonomischen Modell des Seelenlebens werden alle menschlichen Aktivitäten, die nicht direkt der Re-Äquilibrierung letztlich körperlich determinierter Energien dienen, als abgeleitete und Umweg-Produkte angesehen, als ein für die Entstehung der menschlichen Kultur unverzichtbarer Überschuss, der dem Subjekt Einiges an seelischer Arbeit abverlangt. Und die Fähigkeit zu dieser Arbeit – bei dem Freud-Schüler Siegfried Bernfeld heißt das dann Arbeit am „Kulturplus" – wird im Laufe einer komplizierten Entwicklungsgeschichte vom Kleinkind bis zum Erwachsenen allererst aufgebaut.[7]

Im Übrigen – da stimmen Bernfeld und Freud durchaus überein – sind es grundsätzlich die Männer, die den Kindern diese Leistung abverlangen. Sie schieben sich – das ist Bernfelds männliche Urreaktion – wie eine Art Spaltkeil zwischen das dyadisch miteinander verschmolzene Mutter-Kind-Paar, reißen die Kinder aus der direkten mütterlichen Befriedigung in die Notwendigkeit kultureller Arbeit, zwingen sie so zum Phantasieren, zum Spiel und zur Sublimation. Die Frauen dagegen wollen mit den Kindern tendenziell immer nur glücklich sein, sie wollen deren Bedürfnisse direkt und ungefiltert befriedigen. Das ist die weibliche Urreaktion, bliebe sie alleine: die Kinder kämen nicht einmal zum Spielen, erst recht nicht zum Arbeiten, nie erlernten sie das, was als „Sublimierung" Grundlage aller Kultur ist.[8]

Der Glückliche phantasiert nicht: Das heißt dann natürlich auch, dass sich alle Formen von Spiel, beginnend beim Spiel der Kinder, ebenfalls nur als solcherart abgeleitete Umweg-Befriedigungen verstehen lassen. Wer wirklich zufrieden ist, ein Kind, das in seiner Trieblage wirklich glücklich ist, das hätte nach Freud keinen Grund zum Phantasieren und auch keinen Grund zum Spielen, es täte schlicht nichts. Nun ist aber die Nicht-Befriedigung unter kultivierten Bedingungen eher die Regel als die Ausnahme, schon die ganz kleinen Kinder können nicht immer und sofort alles bekommen, was sie wollen, schon sie müssen irgendwie damit fertig werden, dass sie Enttäuschungen und Versagungen erleben. Und so kommt den Phantasien, kommt auch dem Spiel eine entscheidende Bedeutung zu: Sie sorgen einerseits für Grundmodelle seelischen Gleichgewichts in nicht zufrieden stellenden Lebenslagen und bieten andererseits so etwas wie Übungsfelder für kulturstiftende Sublimation. Freud wird das später

---

6   Freud, *Dichter*, S. 216.
7   Siegfried Bernfeld, *Sisyphos oder die Grenzen der Erziehung* Frankfurt am Main: Suhrkamp 1973, S. 85. (Original 1925).
8   Bernfeld, *Sisyphos*, S. 74-86.

in seiner Untersuchung über das *Unbehagen in der Kultur* zum Gegenstand einer ganzen Kulturtheorie machen.[9]

Was zweitens die Binnengliederung der Motive angeht, so sind es vor allem zwei „Hauptrichtungen", nach denen sich diese Phantasien gruppieren lassen: Was ihnen zugrunde liegt, sind immer Wünsche, und zwar „ ...entweder ehrgeizige Wünsche, welche der Erhöhung der Persönlichkeit dienen, oder erotische."[10] Anders gesagt: Die sowohl Phantasien als auch das Spiel in Gang setzenden Wünsche sind entweder im weitesten Sinne sexuell – also auf die zugleich körperliche und triebbestimmte Beziehung zu einem anderen Menschen gerichtet – oder sie sind narzisstisch, zielen also auf die Etablierung einer möglichst befriedigenden Imagination des eigenen Selbst. Und Freud vergisst nicht – lange vor den quasi-sektiererischen inner-psychoanalytischen Auseinandersetzungen um die Narzissmus-Theorien – auf die Kompatibilität der beiden Motivgruppen hinzuweisen:

doch wollen wir nicht den Gegensatz beider Richtungen, sondern vielmehr deren häufige Vereinigung betonen; wie in vielen Altarbildern in einer Ecke das Bildnis des Stifters sichtbar ist, so können wir an den meisten ehrgeizigen Phantasien in irgend einem Winkel die Dame entdecken, für die der Phantast all diese Heldentaten vollführt, der er alle Erfolge zu Füßen legt (Freud 1908, 217).

Ganz gleich also, ob da narzisstische oder erotische Motive vorliegen, immer geht es dem Phantasierenden – und dem Spielenden – darum, einen erlebten Mangel auszugleichen, Unglück und Unbefriedigung illusionär zu kompensieren. Das verleiht den Phantasien wie dem Spiel Sinn und Wert – ganz ähnlich wie den merkwürdigen Phantasiegebilden des Traumes. Auch dort, im Traum, geht es ja – seit 1900 – um Wunscherfüllung (Freud 1900, bes. 127-138). So ergibt sich bei Freud eine ganze Analogie-Reihe: Dichten beruht auf Phantasieren, das ist wie Spielen, das ist wie der Traum. Immer ist das Unbewusste vor allen rationalen Filterungen am Werk, immer geht es um die Befriedigung ansonsten unerfüllter Triebbedürfnisse, um imaginäre Wunscherfüllung, die der psychische Apparat zu erreichen versucht. Und das – also auch das Spiel – ist das Ergebnis psychischer Arbeit: Insofern handelt es sich um ein durchaus wertvolles Produkt, das seinen Wert aber nicht aus sich selbst zieht, sondern aus den Surrogat-Leistungen, die sich in ihm ausdrücken.

Wie wichtig, wertvoll und sinnreich Spiel ist, das demonstriert Freud dann 1920 noch einmal ausführlich in der Interpretation einer Spiel-Szene. Er berichtet von einem anderthalbjährigen Knaben, den er dabei beobachtet hat, wie er immer wieder alle möglichen Gegenstände von sich wirft und dabei auf ganz

---

9   Sigmund Freud: *Das Unbehagen in der Kultur*, in: S. Freud: *Gesammelte Werke*. Bd. 14. London: Imago 1948, S. 419-506 (Original 1930).
10   Freud, Dichter, S. 217.

besondere Weise die Laute „o-o-o-o" „mit dem Ausdruck von Interesse und Befriedigung ausstößt. Nachdem er das mehrmals beobachtet hat, ist dem Psychoanalytiker Freud der Sinn dieses Spiels klar: Auch es beruht auf Unglück – genauer: auf der für das Kind schmerzlichen Abwesenheit der Mutter: „Ich bemerkte endlich, daß [...] das Kind alle seine Spielsachen nur dazu benütze, mit ihnen ‚fortsein' zu spielen." Und eines Tages findet er dann auch die Bestätigung für seine Vermutung:

Das Kind hatte eine Holzspule, die mit einem Bindfaden umwickelt war. Es [...] warf die am Faden gehaltene Spule mit großem Geschick über den Rand seines verhängten Bettchens, so daß sie darin verschwand, sagte dazu sein bedeutungsvolles o-o-o-o und zog dann die Spule am Faden wieder aus dem Bett heraus, begrüßte aber deren Erscheinen jetzt mit einem freudigen ‚Da'. Das war also das komplette Spiel, Verschwinden und Wiederkommen.

Die Deutung des Spieles lag dann nahe. Es war im Zusammenhang mit der großen kulturellen Leistung des Kindes, mit dem von ihm zustande gebrachten Triebverzicht (Verzicht auf Triebbefriedigung), das Fortgehen der Mutter ohne Sträuben zu gestatten. Es entschädigte sich gleichsam dafür, indem es dasselbe Verschwinden und Wiederkommen mit den ihm erreichbaren Gegenständen selbst in Szene setzte. (Freud 1920, 13)

Auch hier also, in der Urszene der psychoanalytischen Spiel-Diagnostik, ist es ein Unglück, genauer: die Abwesenheit der Mutter, welches das Kind zum Spielen, das heißt zum Sublimieren, letztlich zur Kultivierung drängt. Wäre dieses Kind in Anwesenheit der Mutter schlicht glücklich – es bliebe auf ewig im Diesseits des Lustprinzips. Man muss sich den Argumentationsgang noch einmal deutlich vor Augen stellen: Da ist ein Kind, das Dinge von sich wirft, die Erwachsenen sehen das, finden es nutzlos, überflüssig und sinnlos, drücken aber – man ist ja nett zu Kindern – ein Auge zu und nennen das, voller entwicklungspsychologisch gelehrter Hoffnung, „Spiel". Und dann kommt Freud und versucht diese Tätigkeit des Kindes zu verteidigen: als sinnvoll, nützlich und wertvoll im Haushalt eines vollständig determinierten Seelenlebens. Was er da vornimmt, ist eine Art Rehabilitation des Spiels gegenüber den Gebildeten unter seinen Verächtern, eine psychoanalytische Variante von „Das Spiel ist die Arbeit des Kindes."

Der Glückliche phantasiert nicht: In dieser lakonischen Feststellung ist also auch eine durchaus skeptische These zum Spiel enthalten, eine These, die von einer geradezu evolutionistischen Ernsthaftigkeit zeugt: Es ist, als wäre der Primat des Genitalen, letztlich der Primat der Reproduktion, auch in der Spieltheorie durchgebrochen: Was nichts bringt, ist nichts wert – und umgekehrt: Was immer im vollständig determinierten Seelenleben zur Erscheinung kommt, muss einen Sinn und einen Wert für die Ökonomie dieses Seelenlebens haben.

Das ist nun eine recht misstrauische Bewertung von recht gnadenloser Strenge: Eingeengt zwischen dem Ökonomismus der Triebtheorie und einer Wut zur Synthese, die noch die letzte Regung des Seelenlebens als sinnvoll determiniert verstehen will – vollständiger Determinismus des Seelenlebens (Breuer, Freud 1895, bes. 81-98; vgl. Rapaport 1970, 78-82) –, bleibt für das Verständnis des Spiels nicht mehr allzu viel Raum, genauso wenig – dies am Rande gesagt – wie für das Verständnis der Kunst. Spiel ist hier nicht etwa Ausdruck von Reichtum, sondern Ausfluss einer Not, die in der Triebstruktur der *conditio humana* verankert ist. Insofern ist es im Sinne des Wortes not-wendig: es trägt bei zur Sublimierung und damit zum Aufbau von Kultur, es macht zivilisatorisches Verhalten der Menschen zu allererst möglich – aber nur auf der Grundlage von Zwang und anthropologischer Armut (Blumenberg 1981). Zufällig ist dieses Spiel gar nicht: Vor dem Hintergrund eines als vollständig determiniert verstandenen Seelenlebens wird sich jede Spiel-Handlung immer auf die zugrunde liegenden Trieb-Konstellationen stützen, letztlich von denen bestimmt sein. Für Ungewolltes, Unerwartetes und Sinnloses – letztlich also: für Kontingenz – ist da kein Raum.

2   Spielen im Dazwischen

Letztlich kommt es wohl darauf an, was man unter Glück versteht. In der europäischen Tradition gibt es eine lange Abfolge von Glücks-Konzeptionen (Zirfas 1993 mit besonderem Blick auf Rousseau, Schopenhauer und Freud), und dabei hat besonders der Zusammenhang von Glück und Tugend immer wieder eine entscheidende Rolle gespielt (Brumlik 2002, bes. 115-127). All dies kann hier nicht im Einzelnen nachgezeichnet werden.

Die Position Freuds – um das noch einmal zusammenzufassen – ist bekannt: Geradezu abschließend hat er im *Unbehagen in der Kultur* (1930) seine recht skeptische Einschätzung ausformuliert:

Man möchte sagen, die Absicht, daß der Mensch ‚glücklich‘ sei, ist im Plan der ‚Schöpfung‘ nicht enthalten. Was man im strengsten Sinne Glück heißt, entspringt der eher plötzlichen Befriedigung hoch aufgestauter Bedürfnisse und ist seiner Natur nach nur als episodisches Phänomen möglich.

Glück, so formuliert er etwas später, „ist ein Problem der individuellen Libidoökonomie. (Freud 1930, 434 bzw. 442) Indem er seine Glücks-Vorstellungen auf diese Weise – in durchaus bewusst und ausgewiesen materialistischer Tradition – in einem Haushalt von Kräften verankert: einen Haushalt, der wiederum einer eigenen, letztlich energetisch bestimmten Logik verpflichtet ist, indem er also Glück ökonomisch zu verstehen versucht, handelt sich Freud dann tatsächlich das Problem ein, Sinnloses, Überschießendes, nicht zweck-gebundenes Verhalten und Erleben zu verstehen. Anders formuliert: In einem vollständig determinierten Seelenleben hat der willkürliche und überflüssige „Sprung", hat das platonische Bedürfnis zum Hüpfen eigentlich keinen Platz (Platon, Nom. 653 d; vgl. Huizinga 1956, bes. 43 und 145-153, vgl. Bilstein 2001). Dies verschiebt sich im Laufe der weiteren Entwicklung der Psycho-analyse. Um über „Kinderspiel und politische Phantasie" überhaupt irgend etwas Relevantes sagen zu können, muss z. B. der nach-freudianische Ich-Psychologe Erikson eine entscheidende Verschiebung vornehmen: Er behält zwar die libidinös-energetische Einordnung des Spiels, wie er sie bei Freud vorfindet, bei, kann das Kinderspiel deshalb auch diagnostisch einsetzen, z. B. bei seinen hübschen Spiel-Untersuchungen zur Geschlechter-Typologie, aber er überhöht sein Verständnis von „Spiel" dann noch einmal quasi-religiös.

Aus dem ökonomischen Denkmuster heraustretend, kann Erikson „Spiel" wesentlich umfassender als quasi-transzendierende Kategorie einführen: als eine Art Grundlage für produktiven und kreativen Umgang der Menschen mit ihrer Welt und als Grundmuster für die Gestaltung eines Lebenszyklus, der einer eigenen, auf universale Kontexte verweisenden Logik folgt – und dies vom allerersten Anfang des Lebens an (Erikson 1977, bes. 13-52).

In den Ritualen, aber auch in den stabilen Phantasiegehalten der trans-kulturell verbreiteten Geschichten und Märchen verwirklicht sich eine mensch-lich-kreative Potenz, die im Kinderspiel ihre jeweils individuelle Ausprägung und ihre lebensgeschichtliche Fundierung findet. Erikson unternimmt insofern – ohne Freud explizit zu kritisieren – eine wesentliche anthropologische Verschiebung, welche die Eigendynamik des *homo ludens* zumindest in den Blick bekommt (Erikson 1977, bes. 55-96).

Auf ganz ähnlicher Ebene argumentiert Winnicott: Bei ihm gerät Spiel – man muss wohl sagen: unter der Hand – zu einer transzendierenden Kategorie, die Intelligenz, Emotionalität und die kreativen Potenzen jedes Einzelnen mit den jeweils spezifischen Konfigurationen der Kultur verbindet. Ausgangspunkt seiner Überlegungen zur Lokalisierung des kulturellen Erlebens ist ein Sinn-spruch des indischen Philosophen Tagore, den er immer wieder aufgreift: „An den Küsten endloser Welten spielen Kinder." (Winnicott 1971, 111) Diesen Merksatz versucht Winnicott zunächst familiendynamisch zu interpretieren: das Meer als Mutter, die Küste als Vater, dazwischen das Kind. Und dieses „dazwischen" wird ihm im Laufe der weiteren Interpretation immer wichtiger, und zwar sowohl für das Spielen als auch – allgemeiner – für das kulturelle Handeln der Menschen:

Will man das Spielen und damit das kulturelle Erleben des einzelnen Menschen betrachten, so muß man sich dem Schicksal des potentiellen Raumes zwischen dem Kind und der [...] Mutterfigur zuwenden. (Winnicott 1971, 117) Im intermediären Raum des „dazwischen" angesiedelt, wird das Spielen des Kindes durchaus freudianisch als kulturelle Ausgangsleistung verstanden, wird es aber zugleich aus den rein empirisch-faktischen Bezügen der direkten Objektbeziehung herausgenommen. Dieser intermediäre Raum, dieses „dazwischen", diese „Küste" sind ontogenetisch erworben, bieten zugleich aber auch Grundlagen für kosmisches Transzendenz-Erleben: für das Erleben „endloser Welten" eben – und diese Welten sind den Zufällen, der Unvorhersehbarkeit an die Küsten spülender Wellen zum Beispiel, direkt ausgesetzt.

Das Kind, das spielende Subjekt, zeigt sich so einerseits als lebensgeschichtlich geworden – Gerd Schäfers Arbeiten über „Spielraum" liefern hier eine Fülle an weiterführenden Beispielen (Schäfer 1986). Andererseits aber ist dieses spielende, sich entwickelnde Subjekt gerade durch sein Handeln im intermediären Raum des „dazwischen" auch universell verankert:

Das Spannungsfeld zwischen Kleinkind und Mutter, zwischen Kind und Familie, zwischen dem Einzelnen und der Gesellschaft oder der Welt hängt von Erfahrungen ab, die Vertrauen schaffen. Es ist für den einzelnen gewissermaßen etwas Geheiligtes, denn in diesem Bereich erfährt er, was kreatives Leben ist. (Winnicott 1971, 119)

Winnicotts *Vom Spiel zur Kreativität* hieß im englischen Original *Playing and Reality*, und dieses Verhältnis von Spiel und Wirklichkeit definiert sich bei ihm durchaus nicht mehr ausschließlich über den Surrogat-Charakter, der bei Freud zugrunde lag, sondern durch die Eigengesetzlichkeit des Spannungsfeldes „Küste". So gerät ihm die Konzeption eines intermediären Raumes zum Fundament für eine Theorie der Kreativität – einer Kreativität, die sowohl über ihre lebensgeschichtliche Herkunft als auch über ihre organisch-triebhaften Motivationsgrundlagen hinaus verweist. Und vor dem Hintergrund einer solchen, letztlich transzendent begründeten Kreativität, wird denn auch die Figur des spielenden Kindes mit geradezu metaphysischem Gewicht aufgeladen: Tagores „An den Küsten endloser Welten spielen Kinder" wirkt in der Winnicott'schen Rezeption wie eine Variante des dunklen 52. Fragmentes von Heraklit, das die europäische Geschichte der Kindheits-Imaginationen wie kaum eine andere Quelle beeinflusst hat: „Die Zeit ein Kind – ein Kind beim Brettspiel; ein Kind sitzt auf dem Throne." (Heraklith. Frg. B 52; vgl. Bilstein 2004). Und es repräsentiert eine weiterwirkende romantische Tradition der die metaphysische Hochschätzung von Kindheit und Spiel logisch miteinander verknüpft sind (vgl. Baader 1996, bes. 77-105). Dieses Spiel ist gar nicht auf die reale Spiel-Wirklichkeit realer Kinder bezogen, z. B. nicht auf die ja auch in dieser

Wirklichkeit enthaltenen aggressiven Anteile und Impulse (Wegener-Spöhring 2005), es steht vielmehr als idealtypische Konstruktion dem sachrationalen und als logisch intendiert verstandenen Verhalten der Erwachsenen gegenüber.

Freilich kommt diesem so verstandenen Spiel eine wesentlich eigenständigere, eigendynamischere Rolle zu als bei Freud. Es markiert einen Überfluss an Möglichkeiten, der dem Leben der Einzelnen Anbindung an transzendente Universalität verschafft. An den Küsten endloser Welten spielend, leben die durchaus dynamisch und kraftvoll verstandenen Kinder (Bilstein 2002) einen Reichtum, der sich aus der Endlosigkeit der Möglichkeiten an eben diesen Küsten ergibt: Kontingenz erscheint hier nicht als Bedrohung, sondern als Chance und als Grundlage universeller Hoffnung.

3   Wer spielt?

Aber vielleicht muss man ja auch die Ebenen wechseln, vielleicht realisiert sich der Kontext von Glück und Spiel ja auch gar nicht in und an den Spielenden, sondern in und am Glück: Jedenfalls ist in der langen Bildtradition der Fortuna genau diese Vermutung enthalten. Fortuna – das ist eine Dame mit durchaus wechselvoller Geschichte. Der griechischen *tyche* gleichgesetzt, genießt sie in Rom vielfältige Verehrung. Heiligtümer finden sich über das ganze Land verstreut, besonders aus der Kaiserzeit sind eigene Fortunen für Kollegien, Truppenkörper, Familien und auch einzelne Orte – z. B. Speicher – bekannt. Laut Plinius (Hist. nat. 2,22) ist die Fortuna – jedenfalls in seiner Zeit, dem ersten nachchristlichen Jahrhundert – für viele die einzige wahre Gottheit (Meyer-Landrut, 9-26).

Wie so viele der antiken Gottheiten wird auch sie irgendwie in den christlichen Mythenapparat eingebaut – nicht ohne einige dogmatische Mühen, und nicht ohne kräftigen Schaden an ihrem bis dahin durchaus guten Ruf. Nachdem nämlich die frühen Christen zunächst versuchen, mit allen heidnischen Göttern ein für allemal Schluss zu machen, findet dann Augustinus die Grundformel für die Re-Integration der offenbar unausrottbaren Fortuna: Auch sie unterliegt dem göttlichen Willen, wirkt aber mit ihren Launen, ihrer Willkür und ihrer Verführungskraft in das Leben der Menschen hinein. Sie gaukelt ihnen Freiheit und Glück vor, prüft sie auf diese Weise und gibt ihnen die Chance, sich gegen sie und für die christliche Tugend zu entscheiden (Meyer-Landrut 1997, 27-36). Jahrhunderte lang wird sie nun in Konkurrenz zur Tugend, *virtus*, dargestellt – und diese Konkurrenz kann bis zur Schlägerei gehen.

Abbildung 1:   Giovanni Boccaccio: *De casibus virorum illustrium fortunae*, 1470.
                London, British Library. (Vgl. Meyer-Landrut 1997, 116)

In einer Miniatur-Buchillustration aus dem Jahre 1470 ist das Ende einer solchen
Keilerei dargestellt: Fortuna liegt am Boden, auf ihr kniet Frau Armut, alt, dürr
und verhärmt, sie greift der armen Fortuna schon an die Kehle. Das ganze ist als
Illustration zu Boccaccios *Casibus virorum illustrium* gedacht – und oben links
in der Ecke wird denn auch aus diesem Buch, in dem die wechselnden
Schicksale berühmter Männer geschildert werden, vorgelesen:

> Die Armut saß einmal in einem zerrissenen, viel geflickten Kleid allein und traurig
> an einem Kreuzweg und dachte über mancherlei Dinge nach. Da kam zufällig
> Fortuna vorbei, stolz und hoffärtig, und sah die Armut verächtlich lachend von der
> Seite an.
> Die beiden Damen beginnen zu streiten, werfen sich gegenseitig die jeweiligen
> Defekte vor – und dann kommt es zu Handgreiflichkeiten: Fortuna [...] drang [...]
> auf die Armut ein, packte sie an den Haaren und wollte sie bis ans Ende der Welt
> werfen.
> Aber die Armut war behend und faßte ohne Zögern mit beiden Händen Fortuna um
> die Lenden, wirbelte sie ziemlich lange in der Luft herum und warf sie auf die Erde,
> daß es krachte.

> Dann setzte sie ihr das dürre Knie auf die Brust und trat ihr mit dem anderen Fuß auf die Kehle. Fortuna wehrte sich nach Kräften, aber vergebens. Die Armut ließ nicht ab von ihr und ruhte nicht eher, als bis Fortuna ihr den Sieg zusprach und sich für überwunden erklärte. (zit. n. Meyer-Landrut 1997, 115)

Einen schlechten Ruf also bekommt Fortuna im Christentum – und dieser üble Leumund rührt noch einmal besonders daher, dass sie spielt. Schon bei Boethius, der sie im 6. Jahrhundert für das Christentum wieder popularisiert, macht gerade das ihre Grausamkeit und Brutalität aus: dass sie mit den Menschen ihr Spiel treibt und ihre Klagen nicht achtet:

> Wenn sie die Lose wechselt mit der stolzen Hand,
> und laut aufbrausend tobt gleichwie der Euripus,
> Tritt sie die Könige, eben drohend noch, zu Staub,
> Der Unterlegnen Stirn hebt sie mit Trug empor.
> Des Elends Flehen ist sie taub, den Tränen blind,
> Verlacht die Seufzer, die sie, hart, geschaffen hat.
> So ist ihr Spiel und so erprobt sie ihre Kraft;
> Und traurig zeigt sie uns ihr großes Schauspiel dann,
> wenn eine Stunde Glück und Fall vereinigt sieht! (zit. n. Meyer-Landrut 1997, 31)

Gerade das willkürlich-spielerische Verhalten macht die Dame Fortuna also so überaus suspekt – und dieser schlechte Ruf erstreckt sich dann auch auf ihr wichtigstes Zubehör: das zum Fortuna-Rad verwandelte Schicksalsrad, ein Accessoire, das ihre Ikonographie bis in das 19. Jahrhundert hinein bestimmt. Dieses Rad steht für nahezu unbegrenzte Kontingenz, führt vor, dass man sich im menschlichen Leben auf nichts verlassen, dass vielmehr immer alles passieren kann (Bilstein 2008). In Boccaccios *Casibus virorum illustrium* taucht dieses Rad in seinem ganzen Schrecken auf:

> So treibt Fortuna mit ihrem Rad ihr Gaukelspiel unter den Menschen, wenn sie einen aus dem Kot auf den königlichen Thron erhebt. Aber wenn sie das Spiel verdrießt und müde wird, das schnelle Spiel zu treiben, so stürzt sie denselben von der Höhe in des Verderbens Grund. Ins Unglück gestürzt, scheint es den Menschen, sie hätten Zauberei oder einen Traum gesehen. Und wenn sie dann mit leerer Hand dastehen und kläglich weinen, lacht die trügerische Fortuna spöttisch über sie. (zit. n. Meyer-Landrut 1997, 130)

Abbildung 2:   Fortuna führt Boccaccio ihr Schicksalsrad vor. Illustration aus John
                Lydgate: *The Fall of the Princes*. Frz. Holzschnitt 1483.
                (Vgl. Meyer-Landrut 1997, 133)

Auf einem Holzstich von 1483 kann man das deutlich erkennen: Da fliegt einem
König gerade die Krone vom Kopf, Fortuna wirbelt alles herum – und der fromme Mönch kann gar nicht viel machen. Auch diese Rad-Spiele müssen in der
christlichen Tradition dogmatisch irgendwie eingefangen werden – am originell-
sten sicherlich auf einer Illustration zu Hans-Sachs-Versen von 1534:

Abbildung 3:   Georg Penzc: Rad der Fortuna. Holzschnitt um 1534. Illustration zu
                Versen von Hans Sachs. (Vgl. Meyer-Landrut 1997, 95)

Auch hier dreht die Fortuna das Glücks-Rad, das einige hinaufträgt, andere hinabstürzen lässt. Damit das alles aber in der Ordnung der christlichen Vorsehung bleibt, gibt es auch die Hand Gottes, die aus den Wolken hervorragt, ein Band hält, das wiederum der Raddreherin um den Hals geschlungen ist: letztlich ist sie hier nur Instrument des göttlichen Ratschlusses, und dieser Ratschluss ist von monotheistischem Ernst – dieser Gott spielt nicht, vielleicht ist er als einziger glücklich.

Das hält sich über die Jahrhunderte. Fortuna, das ist eine wilde Spielerin, oft lachend, die das Schicksal der Menschen ohne Sinn und Verantwortung durcheinander wirbelt. Sie bietet den Menschen ein Bild vom Überfluss der – sei es guten, sei es schlechten – Möglichkeiten, der Hoffnungen auf Gelingen und Glück – und der Kontingenz von Lebens-Ereignissen, die dieses Leben einigermaßen unkalkulierbar und unberechenbar machen.

Abbildung 4:   Grégoire Huret (zugeschrieben): Das Rad der Fortuna. Paris. Louvre.
(Vgl. Meyer-Landrut 1997, 153)

Bei Grégoire Huret (im 17. Jahrhundert) dreht, mit wehenden Locken und lachendem Gesicht, Fortuna das Rad; sie sitzt auf der Erdkugel, Justitia schaut drohend-mahnend zu und ein kleines Teufelchen gibt dem Ganzen noch einmal richtigen Schwung.

Auf eine Differenzierung jedoch sei noch hingewiesen: In der Ikonographie der Fortuna herrscht keineswegs immer eine lachend-fröhliche Stimmung.

Manchmal erscheint sie auch durchaus ernst und düster, unterliegt sie selbst einer Art Melancholie über das eigene Tun – schon bei Boethius war das ja so formuliert.

Abbildung 5:

Edward Burne-Jones: Das Rad der Fortuna. 1877-1883. Paris, Musée d'Orsay. (Vgl. Meyer-Landrut 1997, 107)

Bei dem Prä-Raffaeliten Edward Burne-Jones ist das schön zu sehen. Die das Rad drehende Dame wirkt melancholisch-sinnend, auch sie scheint sich bei diesem Spiel nicht ganz wohl zu fühlen: „Und traurig zeigt sie uns ihr großes Schauspiel dann", hieß es bei Boethius – zur Ikonographie der Fortuna gehört das wild-ausgelassene Lachen genauso wie die geradezu vitale Traurigkeit nach dem Spiel. Diese post-ludische Depression, hier auf dem Diskussionsstand des späten 19. Jahrhunderts bildlich ausformuliert, ist interessant. Zum einen mag sie – freudianisch formuliert – aus der Rückbesinnung auf das Spiel-auslösende Unglück herrühren. Noch das wild narzisstische, rasende Spiel einer allmächtigen Göttin mag schließlich zur Leere der Nicht-Befriedigung zurückführen: Dass all das Spiel-Glück nur Ersatz, zweitbeste Lösung ist, scheint selbst Fortuna manchmal zu bemerken.

Die ikonographische Nähe zwischen Fortuna und Vanitas jedenfalls mag häufig moralisierend gemeint sein, sie mag aber auch auf Anthropologemen beruhen, die lange vor Freud den zyklischen Kontext von Spielglück und Trauer herausstellen: Nach dem Spiel ist jeder Spieler traurig (vgl. Thurn 1990, bes. 69-73). Diese post-ludische Depression lenkt den Blick aber auch zurück auf eine Frage, die sich durch die ganze – zumindest die ganze christliche – Geschichte der Fortuna zieht: auf die Frage nämlich nach dem zugrundeliegenden Willen, nach dem Subjekt ihres die Menschen umherwirbelnden Handelns. Der Stich zu Hans Sachs zeigt das ja in wünschenswerter Deutlichkeit:

Abbildung 6:   Georg Penzc: Rad der Fortuna. Holzschnitt um 1534. Illustration zu
                Versen von Hans Sachs. (Vgl. Meyer-Landrut 1997, 95)

Aus der einstmals mächtigen und gefürchteten autonomen Göttin ist eine
Dienerin geworden, sie selbst unterliegt – und sei es melancholisch – einem
anderen Willen. Ihr spielerisches Handeln hat damit seinen Eigenwert verloren,
es folgt nicht mehr der autonomen Eigengesetzlichkeit des Spiels, sondern dem
Sinn und der Logik von außen, von Gott vorgegebener Regeln. Damit
thematisiert schon die solcherart christianisierte Fortuna ein Problem, das dann
bei Freud in anderer Form virulent wird: Die Frage nämlich nach dem Agenten
des Spiels, nach der das spielerische Handeln eigentlich bestimmenden Instanz.
Wer also spielt? In der antiken Imagination der Fortuna ist es eine willkürliche,
unkontrollierte, zumindest den Menschen gegenüber wirkungsmächtige Göttin.
In der christlichen Weiterentwicklung der Fortuna verwirklicht ein allmächtiger
und einziger Gott seinen Ratschluss in souveränem Handeln – alles Spiel ist
letztlich nur Derivat dieses Ratschlusses, der selber gar nicht spielerisch ist. Bei
Freud ist es die Tätigkeit biologisch fundierter, zugleich mythisch umschriebener
Triebe, die sich im Spiel ausdrückt. In der Freud-Nachfolge dagegen scheint,
zumindest vorsichtig, noch einmal eine Ahnung auf von der alten Reichweite der
Fortuna: einer Göttin, die – und sei es als spielende – den Menschen ein nicht
hinterfragbares und nicht verfügbares Schicksal präsentiert, die ihnen zugleich
Überfluss und Hoffnung vor Augen führt und sie an die unendliche Kontingenz
im menschlichen Leben erinnert: daran, dass eben jederzeit alles passieren kann.

Literaturverzeichnis

Baader, Meike Sophia (1996): Die romantische Idee des Kindes und der Kindheit. Neuwied.

Bilstein, Johannes (2001): Erziehung, Bildung, Spiel. In: Liebau, Eckart (Hrsg.): Die Bildung des Subjekts. Beiträge zur Pädagogik der Teilhabe. Weinheim, 15-71.

Bilstein, Johannes (2002): Die Kraft der Kinder. Romantische Imaginationen von Kindheit und ihre Vorgeschichte. In: Schmitt, Hanno; Siebrecht, Silke (Hrsg.): Eine Oase des Glücks. Der romantische Blick auf Kinder. Berlin, 25-39.

Bilstein, Johannes (2004): Murmeln. In: figurationen. 5. Jg., 11-22.

Bilstein, Johannes (2008): Die Kürze des Lebens und der Wunsch nach Ruhe. In: Wulf, Christoph; Zirfas, Jörg (Hrsg.): Das menschliche Leben. Berlin. (= Paragrana Band 17, 2), 67-77.

Blumenberg, Hans (1981): Anthropologische Annäherung an die Aktualität der Rhetorik. In: Blumenberg, Hans: Wirklichkeiten in denen wir leben. Stuttgart, 104-136. (Ital. Erstveröffentlichung 1971.)

Breuer, Josef; Freud, Sigmund (1895): Studien über Hysterie. In: Freud, Sigmund (1952): Gesammelte Werke. Bd. 1. London, 75-312.

Brumlik, Micha (2002): Bildung und Glück. Berlin; Wien.

Erikson, Erik H. (1977): Kinderspiel und politische Phantasie. Frankfurt/Main.

Freud, Sigmund (1900): Die Traumdeutung. In: Freud, Sigmund (1942): Gesammelte Werke. Bd. 2/3. London, 1-642.

Freud, Sigmund. (1920): Jenseits des Lustprinzips. In: Freud, Sigmund: Gesammelte Werke. Bd. 13, 1-69.

Freud, Sigmund (1930): Das Unbehagen in der Kultur. In: Freud, Sigmund (1948): Gesammelte Werke. Bd. 14. London, 419-506.

Huizinga, Johan (1956): Homo Ludens. Reinbek.

Meyer-Landrut, Ehrengard (1997): Fortuna. Die Göttin des Glücks im Wandel der Zeiten. München; Berlin.

Rapaport, David (1970): Die Struktur der psychoanalytischen Theorie. Stuttgart.

Schäfer, Gerd E. (1986): Spiel, Spielraum und Verständigung. Weinheim; München.

Thurn, Hans Peter (1990): Kulturbegründer und Weltzerstörer. Stuttgart.

Wegener-Spöhring, Gisela (1995): Aggressivität im kindlichen Spiel. Grundlegung in den Theorien des Spiels und Erforschung ihrer Erscheinungsformen. Weinheim.

Wegener-Spöhring, Gisela (2002): Spiel / Spieltheorien. In: Wolf, Manfred (Hrsg.): Fachlexikon der sozialen Arbeit. 5. Aufl. Frankfurt/Main.

Zirfas, Jörg (1993): Präsenz und Ewigkeit: Eine Anthropologie des Glücks. Berlin.

Was Kinder spielen, wenn sie spielen – geschlechtstypische Aspekte im kindlichen Spiel

Barbara Rendtorff

Im folgenden Beitrag geht es um die Frage nach geschlechtstypischen oder geschlechtstypisierenden Aspekten im Kinderspiel. Diese Frage auf der Ebene der Spiel-Sachen oder der Spiel-Themen zu beantworten, wäre einfach, aber nicht wirklich hilfreich, stattdessen will ich fragen, ob es im Zusammenhang mit Kinderspielen auch strukturelle Aspekte gibt, die geschlechtstypisierend wirken (können).

Um das zu beantworten, müssen wir zunächst klären, worum es sich beim Spiel der Kinder handelt.

Es gibt eine ganze Reihe unterschiedlicher theoretischer Zugänge zum Kinderspiel – sowohl zu der Frage, *warum* Kinder spielen oder *wie* sie spielen, als auch in Bezug auf das Verständnis ihrer Spielhandlungen, der Funktion der verwendeten Dinge und Handlungen. Diese Zugänge unterscheiden sich beispielsweise darin, inwieweit sie das Spielen als Vorstufe des Lernens oder der Arbeit einschätzen, oder darin, wie sie den Symbolgehalt von Spielformen oder Gegenständen verstehen, wie sie das Spielen in die Altersentwicklung des Menschen einordnen oder insgesamt in Bezug auf die verwendeten Referenz-theorien und anthropologischen Konzepte und die aus diesen folgende Begriffs-struktur.

Zu den allgemein geteilten Auffassungen zur Charakteristik des Spiels und seiner Bedeutung für die kindliche Entwicklung gehören dabei die Funktionslust, die Lust an der Bewältigung von Aufgaben, die Hingabe an die Situation, die Anregung der Phantasietätigkeit, und dass das Spielen, wie es schon bei Fröbel heißt, „aus Notwendigkeit und Bedürfnis des Innern selbst" erwächst (vgl. Berger 2000, 12). Dabei ist es wohl vor allem die Verbindung der freien oder scheinbar freien Spieltätigkeit des Kindes mit der strengen Regelhaftigkeit vieler Spiele, was die Beobachter fasziniert und theoretisch herausfordert, sowie die Verbindung von Symbolisierung und Verbalisierung bzw. von Symbolbildung, Bedeutung und der Sprache.

Manche Autoren unterscheiden zwischen Spiel und Spielen – zwischen *play* und *game*, zwischen dem freien und dem Regelspiel, oder, wie Roger Caillois, zwischen *paidiá* und *ludus*, zwischen der Lust an der Improvisation, der

Fähigkeit zur Freude und der Lust an der Bewältigung künstlicher, selbst gesetzter Schwierigkeiten (Caillois 1960, 36); andere, wie Ricardo Rodulfo, um eine signifikante Praxis von der Form, zu der diese geronnen ist, den Prozess vom Produkt abzugrenzen (Rodulfo 1996, 141).

Sobald jedoch in einem dieser vielen Texte der Blick auf das Spielen von Mädchen und Jungen gerichtet wird, fällt unmittelbar auf, dass meist ohne Zögern, etwas nebenbei und wie selbstverständlich, Aussagen über „Mädchen- spiele" und „Jungenspiele" getroffen werden, über jungen- und mädchentypische Vorlieben, Verhalten oder Strategien, ohne dass diese Aussagen genauer überprüft oder belegt werden, so als sei dies ohnehin jedermann bekannt und als handele es sich um quasi-naturhafte Konstanten. Das Muster ist dabei meist recht ähnlich: Jungen seien an Wettbewerb, Kampf und Sieg „interessiert", Mädchen- spiele seien grundsätzlich kooperativer, weniger konkurrenzorientiert, Jungen hätten Lust an der Zerstörung ihrer Bauwerke und deshalb ein stärker funk- tionelles Interesse an ihnen, während Mädchen die ihren nutzen und erhalten wollten (Dolto 1997, 165) und folglich stärker an deren imaginären Dimensionen interessiert seien usw.

Es geht mir im Folgenden nicht darum, diese Aussagen empirisch zu überprüfen oder zu widerlegen. Statt dessen habe ich einige Punkte ausgewählt, die mir besonders interessant erscheinen als These zur Bedeutung von Kinderspielen, und diese will ich jeweils darauf hin befragen, ob sich aus ihnen ein Beitrag zum Verständnis geschlechtstypischer Aspekte im kindlichen Spiel gewinnen lässt. Diese Einzelaspekte sind nicht systematisch geordnet – das mag eklektizistisch wirken, aber es kann im günstigen Fall anregend sein und dazu motivieren, sich diese Fragen genauer anzuschauen.

Und noch ein weiteres Wort vorweg.

Generell wird im Kontext von Geschlechterthemen sehr oft der Fehler gemacht, Form und Inhalt zu verwechseln, von der Erscheinung, dem Offensichtlichen, oder: der Ebene des Imaginären unmittelbar auf die Gründe und Bedeutungen schließen zu wollen, die wir dahinter vermuten. Ohnehin meint ja jeder, weil alle von dieser Thematik sozusagen ‚betroffen' sind, genügend Kompetenz zur Interpretation geschlechterbezogener Auffälligkeiten zu besitzen, um die Zusammenhänge ohne Weiteres zu sehen und zu durchschauen, aber wenn es um spielende Kinder geht, so verdoppelt sich diese Gefahr gewissermaßen noch, zumal bei einem banalisierenden pseudo-psychoanalytischen Zugang. Einem kleinen Mädchen, das still in der Puppenecke spielt, können wir aber nicht ansehen, ob es nicht gerade der Puppe zuraunt: „Und wenn du nicht tust, was ich dir sage, dann schneide ich dir den Bauch ab, und den Kopf" – und falls doch jemand zuhört, so darf dieser Zuhörer dennoch nicht umstandslos auf eine böse Mutter schließen. Denn Spielen ist, wie Wygotski schreibt, nicht eine einzelne affektive Reaktion auf einzelne Erscheinungen, sondern bringt „verallgemeinerte affektive Tendenzen" (Wygotski 1980, 444) zum Ausdruck, die nicht auf den ersten Blick, und nicht von selber, Aufschluss über ihre Hintergründe geben. Und das gilt auch und sogar ganz besonders für Kinderspiele in ihrer Eigenschaft als „Aufführungen von Geschlechtsunterschieden" (Gebauer 1997), wo man den Inhalt der Inszenierung nicht mit dem Inhalt des Dargestellten, das Ausgesagte nicht mit der Aussage verwechseln darf.

Mein erster Punkt bezieht sich auf die Überlegung, dass es beim Spielen des Kindes, wie Oerter es ausdrückt, immer in irgendeiner Weise um die Thematisierung der eigenen Existenz in der Welt geht (Oerter 1999, 256), und dass sich diese für die Menschen in ihrer Eigenschaft als Sprachwesen aus drei Dimensionen zusammensetzt, die das Kind im Spiel erfindet, konstruiert und entwickelt: den Körper, die Bilder und die Worte. In diesem Abschnitt beziehe ich mich stark auf Ricardo Rodulfo, einen argentinischen lacanianischen Kinderanalytiker, und seine Beschreibung der Funktionen des kindlichen Spiels bei der „Herstellung seines Körpers".

Die Psychoanalyse sei ja, schreibt Rodulfo, eine Methode, mit der erforscht wird, wie das Zufällige sich in etwas Strukturierendes und Strukturelles verwandelt. Die Psychologie, schreibt er, gründe in der *Spaltung* bzw. der Unterscheidung Psyche/Soma, doch wenn „die Psychoanalyse dagegen etwas Neues zu sagen hat, dann über den Körper" (Rodulfo 1996, 288). Und mit diesem Blick betrachtet er die Spielhandlungen des kleinen Kindes.

„In der kindlichen Entwicklung der Symbolisierung gibt es keine relevante Tätigkeit, die nicht als Achse das Spielen hat", schreibt Rodulfo, umgekehrt bildet dieses für ihn die „methodische Richtschnur" (Leiser 2002, 159), um zu verstehen, wie das Kind auf dem Weg zur Subjektwerdung an sich arbeitet. Dabei stehen zwei Aspekte im Vordergrund: die Körperkonstruktion und die Auseinandersetzung mit dem, was Rodulfo den Familienmythos nennt: Das sind die Selbstbilder und Geschichten, die innerhalb der Familie die einzelnen Personen und ihre Konstellationen charakterisieren. Das Spiel des kleinen Kindes, so Rodulfo, besteht in seiner archaischsten, ursprünglichsten Funktion darin, sich selbst einen Körper zu geben, in einem langen Prozess mit oft wiederholten Handlungen, die sich aus zwei Elementen zusammensetzen: Löcher machen und Oberflächen machen. Durch die Geburt aus dem intrauterinen Leben ausgestoßen, muss das Kind zuerst den Körper mit seiner Oberfläche entdecken, erfahren, begreifen; anders gesagt: der Körper ist zwar im Realen vorhanden, aber noch nicht imaginär verfügbar – es gibt noch kein ‚Bild' von ihm und er hat noch keine Bedeutung.

Dazu muss er zunächst imaginär ausgestaltet werden. Das kleine Kind (alle Mütter und Väter kennen das) bohrt mit seinen Fingern in alle erreichbaren

Gegenstände, in Augen, Nase und Mund der Eltern, und es „nimmt den Brei und verteilt ihn, indem es einen homogenen Film daraus macht. Wenn jemand in diesem Augenblick das mit dem Essen beschäftigte Kind anfasst, wird er es als schmierig wahrnehmen. Dies ist die Zeit, in der das Kind ständig mit irgendeiner undefinierbaren Substanz verklebt ist, einer Mischung aus Bonbons, Rotz, Schleim und Suppe, kurz allem, was als Rohmaterial dienen kann." (ebd., 149) Beim kleinen Kind, schreibt Rodulfo, gebe es keinerlei auf den Raum gerichtete Aktivität, die nicht „eine am Körper vorgenommene Operation" sei (ebd., 164). Denn der Körper des kleinen Kindes ist noch keine anatomische Einheit, sondern ist hier selbst nichts anderes als „eine große Klebeschicht", die sich erst nach und nach zusammenfügt. In diesem Stadium ist der Körper der Mutter eine Stütze im Prozess der Integration, und wenn das Kind Glück hat und in einer guten Lage ist, kann es sich abstützen auf der Kontinuität, die dieser Körper bietet.

Aber eine Oberfläche allein wäre auch etwas tödlich Umschlingendes, und deshalb ist die unmittelbar damit verknüpfte und ebenso elementare Spiel-aktivität des Kindes das Löchermachen. Auch dies taucht (wie die Oberfläche) beim kleinen Kind sozusagen „buchstäblich" auf, bei älteren Kindern, Adoles-zenten und Erwachsenen dann subtiler und übersetzt in komplexere Handlungen. Denn Rodulfo, dies als Ergänzung, geht davon aus, dass das gute und glückende Spielen auch die Basis für glückendes Arbeiten ist, sofern „ein gewisses Quantum von der Kategorie des Wunsches, wie er in der Spieltätigkeit in Erscheinung tritt", oder auch der Spielfreude, auf die Arbeit übergehen muss, wenn diese „wirklich zu etwas dem Subjekt Eigenen" werden soll (ebd., 257, 281).

Ältere Kinder, Adoleszente und Erwachsene machen also Löcher im übertragenen Sinne, aber das kleine Kind macht konkrete Löcher – so wie das Durchlöchern des mütterlichen Körpers seine buchstäbliche Existenzbedingung war, es zieht und reißt und bohrt in diesen Körper, in die Objekte in seiner Reichweite und im übertragenen Sinne in die Strukturen der Familie und seiner Umwelt. Ein Loch ist sozusagen eine Brücke in eine andere Region, und wie Lacan immer betont hat, sind die produktiven Aspekte an den Löchern die Ränder, also die Zonen des Übergangs. Das gilt für die Löcher im Körper (an denen entlang sich die Sexualität entfaltet) ebenso wie für alle anderen.

Zur Erläuterung sei noch angemerkt, dass der Ausdruck „Mutterkörper" hier in einem doppelten Sinne verwendet wird. Am Anfang, in den ersten Monaten, „ist alles Mutter", schreibt Rodulfo. Das sollte aber nicht missverstanden werden: Zweifellos kann, das hat die neuere Säuglingsforschung gezeigt, ein Säugling sehr früh Vater und Mutter (und andere betreuende Erwachsene) erkennen und unterscheiden, und zwar an Gesicht, Stimme, Geruch und dem Gefühl beim Gehaltenwerden – aber „das ändert nichts an der Tatsache, dass, soweit es die symbolischen Kategorien betrifft, die hier im Spiel sind, alle Mütter sind: Alles ist Mutter" (ebd., 190).

„Mutter" ist hier allerdings mehr und anderes als die konkrete mütterliche Person. Der „Mutterkörper" ist ein „imaginärer Körper", er ist bewohnt und durchquert von den Selbstbildern und Erwartungen der Eltern, den Familienmythen, in denen die Wünsche und Ängste, die Hoffnungen, Befürchtungen und Festlegungen der Eltern aufbewahrt sind. Aus diesem Zusammentreffen mit dem Körper der Mutter geht der „imaginäre Körper" hervor, der Körper, der dem Kind „zum Leben bereitgestellt wird", der erste Ort des Kindes in der symbolischen Welt. „Genauso wie man eine Wiege herrichtet, ein Körbchen oder ein Zimmer, wird ein imaginärer Körper hergerichtet, in einer sehr viel unauffälligeren, aber auch sehr viel folgenreicheren Arbeit" (ebd., 84).

Rodulfo verbindet übrigens diese Überlegung mit einer anderen – die gehört vielleicht nicht mehr ganz so eng zu unserem Thema, erläutert dies aber anschaulich und ergänzend. Woran ein Kind wächst, schreibt er, ist die Auseinandersetzung mit den so genannten Subjekt-Signifikanten, d.h. den Bildern, Vorstellungen, Zuschreibungen, die die Eltern ihrem Kind anbieten, mit denen sie es überziehen und markieren, verlocken und einschränken. Aus der Fülle dieser Bilder wählt das Kind unvorhersehbar diejenigen aus, aus denen es sein Bild von sich selbst komponiert, indem es sich mit ihnen auseinandersetzt, sich an ihnen abarbeitet und vor allem: sich in Differenz dazu setzt. Wenn zwei Kinder besonders gut miteinander spielen können, dann stimmt nicht etwa, wie die Mütter das ausdrücken, ‚die Chemie', sondern sie befinden sich in ähnlicher Weise in Auseinandersetzung mit ähnlich strukturierten Subjekt-Signifikanten, so dass sie einander als Partner gebrauchen können im Ringen um die Auslegung dieser Vorgaben und einen möglichen produktiven oder widerständigen Umgang mit ihnen. So betrachtet sind diese Subjektsignifikanten als Spielmaterial und Entwicklungsmaterial des Kindes etwas Produktives, aber wenn sie starr sind, das Kind festlegen und bedrängen, dann werden sie zu Fesseln des Kindes, sie erstarren als Überich-Signifikanten, zwingen das Kind unter ihre Bestimmung und rauben ihm die Möglichkeit, seinen Dissens oder seine Differenz zu diesen Vorgaben und Erwartungen zu formen. Um das vorher beschriebene Bild wieder aufzunehmen: Wenn die Zuschreibungen der Erwachsenen (auch in pädagogischen Kontexten!) an das Kind und der so genannte Familienmythos es nicht zulassen, Löcher hinein zu machen, Breschen zu schlagen in die Oberfläche der Ideale, die den Familienmythos bilden, dann wird diese ‚Oberfläche' das Kind ersticken. Die Spielhandlungen des Kindes, ob konkret (Löcher in Puppen bohren oder die Anordnung von Dingen als Fläche oder Band) oder subtil, verborgen, übertragen auf diverse Aktivitäten, sind also als Elemente einer

Strukturierung zu verstehen, die im wörtlichen Sinne die körperliche Existenz des Kindes herstellt.

Eine zweite, chronologisch spätere Funktion nennt Rodulfo die Beschäftigung mit dem Verhältnis Behälter – Inhalt (vgl. ebd., 163 et passim): deren Vertauschung oder die wechselseitige Einschließung von Gegenständen. Das erschöpft sich nicht in einem einfachen Verhältnis außen – innen, sondern gestaltet v.a. das „Innen" aus (dazu gehören das „Herausreißen", das „Zutagefördern") und hängt mit dem Versuch zusammen, die Beziehung zum mütterlichen Körper symbolisch zu bearbeiten. Deshalb geht es dabei gar nicht einmal in erster Linie um die kognitive Ebene (klein passt in groß und nicht umgekehrt) – im Psychischen kann auch das Baby die Mutter fressen und im Spiel, in der Phantasie kann jederzeit die Position gewechselt werden.

Als letzte Funktion gehört an diese Stelle noch das „Fort-Da"-Spiel, das Verstecken, Verschwinden- und wieder Auftauchenlassen.[1] Bis hierher bezog sich die Strukturierung auf den Körper selbst, jetzt geht es stärker um den Körper im Raum und sein Verhältnis zu anderen Objekten. Sachen werden weggeworfen und wieder gesucht, zugedeckt, hineingesteckt – alles verbunden mit großer Konzentration und Begeisterung des kleinen Kindes. Erwachsene kennen, wenn auch unbewusst, alle diese Themen und spielen damit: mit dem Verstecken und Wiederauftauchen-Lassen von Gegenständen, mit Rotkäppchen und den Sieben Geißlein (also dem Hinein-und-Heraus in Bezug auf das Körperinnere). Auch Anwesenheit-Abwesenheit hat mit der Strukturierung des Körpers zu tun, konzentriert jetzt aber die Aufmerksamkeit auf den Anderen, auf die Objekte, auf den eigenen Körper als möglichen abwesenden. Freud sah in dem „Fort-Da"-Spiel vor allem die kindliche Fähigkeit, etwas zu symbolisieren, denn symbolisiert werden kann ja nur, was (potentiell oder zeitweise) abwesend ist; und so heißt die Frage, um die es auf dieser Ebene des Spiels geht: „Wie kann etwas als Abwesendes existieren? Wie kann etwas den Status der Existenz haben, das sich nicht als sichtbar darbietet? Wie kann man etwas suchen gehen, was nicht da ist?" (192).

---

1   Der Ausdruck „Fort-Da-Spiel" bezieht sich auf einen Text von Freud. Er beschreibt dort eine kleine Szene, die er an seinem Enkelkind beobachtet hatte, das mit einer an einem Faden hängenden Garnspule spielte, indem es diese wegwarf (verschwinden ließ) – „fort!" –, an dem Faden wieder herbeiholte und ihr Auftauchen jedes Mal mit großem Entzücken begrüßte – „daaa!" –. Freud arbeitet an dieser Szene heraus, dass das Kind symbolisch die Abwesenheit der Mutter verarbeitete, indem es sich im Spiel vergewisserte, dass abwesende Objekte wiederkommen, und dass man selbst aktiv dazu beitragen kann. So hatte es zugleich im Spiel ein eigenes Vergnügen gefunden, was aus der Verarbeitung der Abwesenheit der Mutter zusätzlich etwas Neues entstehen ließ. Triebsublimation öffnet neue Möglichkeiten des Umgehens mit Frustrationen, aber lässt diese nicht verschwinden (vgl. Freud 1920, 224ff.).

Auch hier sehen wir wieder deutlich den Zusammenhang von Spiel und Arbeit, von Kind und Erwachsenem. Denn auch beim Erwachsenwerden wirft der Jugendliche gewissermaßen die ihm vom Familienmythos zugedachten und von den Eltern erwarteten Zuschreibungen fort, spielt Verstecken mit ihnen und trifft dann, wenn es gut geht, auf eine modifizierte Art wieder mit ihnen zusammen.

An diesem Blick auf das Spiel im „Fort-Da" und dessen Verbalisierung erkennen wir übrigens auch, wie sich das Wort vom Ding emanzipiert, wie es Wygotski ausdrückt, was wiederum die Voraussetzung dafür ist, dass sich im Spiel auch die Bedeutung vom Wort lösen kann (Wygotski 1980, 438f.)

Die geschlechtypischen Aspekte werden nun in diesem Abschnitt vielleicht nicht auf den ersten Blick sichtbar, doch sie sind auf beiden Ebenen wirksam: sowohl in Bezug auf die Strukturierung als auch in Bezug auf die Bilder. So hat die Beschäftigung mit dem Bild eines Körpers mit einem Innenraum, einem ‚Heraus und Herein', für das Körperbild des kleinen Mädchens, das sich als künftige Mama imaginiert, eine andere Bedeutung als für den kleinen Jungen, der sich die Frage stellen muss, ob sein Körper auch ein solches produktives Inneres aufweist. Auch die Subjekt-Signifikanten, von denen vorher die Rede war, sind geschlechtypisch gefärbt, und wenn etwa Eltern ihre Kinder benennen: ‚meine Süße', ‚eine richtige kleine Frau', ‚du kleiner Löwe', ‚mein Prinz' usw., dann färben sie damit auch die Bedeutung von weiblich und männlich bzw. von Junge und Mädchen entsprechend ein. Und nicht zuletzt dürfen wir wohl mit einiger Sicherheit vermuten, dass der Explorationsdrang des Kleinkindes, sein Löchermachen und Herumschmieren, Wegwerfen, Aufbrechen und Fallenlassen, bei Jungen eher geduldet oder gefördert und bei Mädchen tendenziell eher in Richtung auf Wohlverhalten und Reinlichkeit domestiziert wird.

Damit ergibt sich ein guter Anknüpfungspunkt zu meinem zweiten Diskussionspunkt. Für diesen beziehe ich mich zunächst auf Texte von Roger Caillois und Gunter Gebauer. Dieser greift Caillois' Ansatz auf, Kinderspiele nach bestimmten Gesichtspunkten oder „Prinzipien" zu kategorisieren, und befragt ihn auf seine geschlechtypischen Aspekte und Implikationen. Diese Autoren haben im Unterschied zu Rodulfo keine Verbindung zur Psychoanalyse, doch gibt es Ansätze zu einer wechselseitigen Übersetzung.

„Das Spiel ist nur nebenbei Übung, selten Prüfung oder Schaustellung", schreibt Caillois, „es ist niemals die eigentliche Funktion des Spiels, eine Fähigkeit zu entwickeln. Der Zweck des Spiels ist das Spiel selbst", auch wenn „die Fähigkeiten, die es übt, die gleichen sind, die auch dem Lernen und den ernsthaften Tätigkeiten der Erwachsenen dienlich sind." Dies sehe man auch daran, dass ein Kind, das nicht lernen kann, in aller Regel auch nicht differenziert spielen kann (Caillois 1960, 193).

Diese Ausgangsüberlegung ermöglicht es ihm, über andere Theorieansätze zum Kinderspiel hinauszugehen, die entweder die „instinktiven und spontanen Affekte" oder die intellektuelle und die Dimension der Regelhaftigkeit überbetonen.

Caillois schlägt vor, das Spielen und das Spiel nach vier unterschiedlichen Grundkategorien zu unterteilen: Es gibt, so schreibt er, vier Prinzipien, die sich ihrerseits in zwei Hauptgruppen zusammenfassen lassen. *Agon* und *Alea*, also: Wettkampf und Glück/Zufall, sind zwei systematisch einander entgegengesetzte Kategorien, die „demselben Gesetz" unterliegen, nämlich „der künstlichen Schöpfung einer vollkommenen Gleichheit unter den Spielern, einer Gleichheit, die den Menschen in der Wirklichkeit versagt bleibt". (ebd., 27) In beiden geht es darum, einen Gewinner zu ermitteln: den Sieger im Wettbewerb (*Agon*) oder denjenigen, der durch Glück oder Zufall gewinnt. Während der Wettkampf, bei dem es um die Überlegenheit in Können, Beherrschung oder Stärke geht, sich auch bei Tieren findet, ist das Glücksspiel etwas typisch Menschliches. *Alea* kann alle erworbenen Überlegenheiten in einem Augenblick zunichte machen und ist deshalb das Gegenteil von *Agon*. Während dort Wille und Übung die Voraussetzung sind, regiert hier die Hingabe an das Schicksal und den blinden Zufall (vgl. ebd., 25). Doch viele Spiele verbinden die beiden Elemente – etwa solche Kartenspiele, bei denen das Glück über die Karten entscheidet, aber Können und Spielgeschick darüber, wie sie eingesetzt werden. Letztlich geht es eben immer darum, wer gewinnt, und insofern gehören diese eigentlich gegensätzlichen Kategorien eng zusammen.

Anders bei den beiden anderen Grundkategorien, das sind *Mimikry* und *Illinx*, also Verwandlung und Ekstase. Auch diese beiden lassen sich wiederum in einer Hinsicht zusammenfassen, sofern sie sich für die Frage des Sieges *nicht* interessieren, sondern das Verhältnis des spielenden Kindes zu den anderen (Mitspielern oder Zuschauern) und zu sich selbst thematisieren. *Mimikry* umschreibt dabei alle Arten von Rollen- oder Verwandlungsspielen, *Illinx* solche, die körperliche Erregung, Rausch oder andere Körpersensationen hervorrufen, von den Dreh- und Kreiselspielen auf dem Schulhof oder dem Jahrmarktskarussell bis zu solchen Spielen, bei denen der Einsturz labiler Bauten eine, wie er schreibt, „seltsame Erregung" auslöst.

Man könnte deshalb die vier Grundkategorien vielleicht auch anders zusammenfassen, denn *Mimikry* erfordert, dass sich der Spieler der Täuschungen, der Tatsache, dass er spielt, bewusst ist und deshalb wie im *Agon* Handelnder und Herr der Lage ist, während die Hingabe an den Rausch ebenso wie die Hingabe an Schicksal und Zufall gerade die Aufgabe dieser Position erfordert.

Faktisch existieren diese vier Prinzipien kaum jemals in Reinform. Beim Wettlauf können das Wetter, der Boden, ein offener Schnürsenkel mitentscheidend sein, bei der Verkleidung kann die Geschicklichkeit bei der Herstellung der Maske eine Rolle spielen usw.

Die unterschiedlichen konkreten Spiele verbinden nun oftmals mehrere dieser Grundkategorien miteinander – am ehesten Glück (*Alea*) und Können (*Agon*), auch *Agon* und *Mimikry*, während Regel und Rausch absolut unvereinbar sind, wie Caillois schreibt, auch der Versuch, den Zufall zu manipulieren, zerstört das Spiel. Aber auch umgekehrt könne man in den gesellschaftlichen Institutionen oder dem Funktionieren der Gesellschaft dieselben Elemente und Antriebe auffinden wie im Spiel: von der Lust an der Herausforderung und dem Bedürfnis, sich zu behaupten, über die „Lust an der Ausfeilung von Regeln und Vorschriften, die Aufgabe, sie zu respektieren, die Versuchung, sie zu umgehen" bis zum „Streben, Rätsel aufzuhellen" oder für diverse Schwierigkeiten Lösungen zu finden und zu variieren (ebd., 75f.).

Gunter Gebauer nimmt nun, aus der Philosophie und der Historischen Anthropologie kommend, in einem Aufsatz mit dem Titel „Kinderspiele als Aufführungen von Geschlechterunterschieden" (Gebauer 1997) diese Kategorien-Einteilung auf und erweitert sie in zwei Richtungen: Zum einen betrachtet er typische Jungen- und Mädchenspiele und kommt (durchaus in Übereinstimmung mit anderen einschlägigen Untersuchungen) zu dem Schluss, dass bei den Spielen der Mädchen auch da, wo das Agonale zentral ist (etwa bei Hüpfspielen usw. – wer auf das Seil oder den Strich tritt, scheidet aus), dieses doch nicht übermächtig sei, sondern z.B. das Springseil eher „wie ein umgänglicher Partner" an der Spielhandlung beteiligt sei. Auch der Einsatz materieller Güter (als Lohn) oder der Ehre spiele in den Spielen der Mädchen keine Rolle, und der Anteil von Mimikry sei insgesamt größer als in den Spielen der Jungen. Es gehe hier also eher darum, das Spielobjekt „gefügig zu machen", es als „antwortfähiges Ding" zu erzeugen und ihm einen Platz einzuräumen. Man könnte einwenden, dass auch der Fußball als Spielobjekt gefügig gemacht werden muss, aber Gebauer argumentiert hier, dass die ungleich höhere Unberechenbarkeit des Fußballs zeige, dass sich hier *Agon* eher mit *Alea* verbindet als mit *Mimikry* wie in den Spielen der Mädchen, und dass sich *Agon* eher in den Vordergrund dränge, was zu einer stärkeren Betonung der Adversivität, des Gegeneinanders führe (vgl. ebd., 280).

Diese Befunde bleiben nun allerdings sehr auf der Beschreibungsebene, deshalb muss man sie weiter differenzieren. Eleanor Maccoby, eine amerikanische empirische Psychologin, zitiert in ihrem Buch *Psychologie der Ge-*

schlechter einige Studien, die hier interessante Aspekte beisteuern können (Maccoby 2000). So zeigten mehrere Beobachtungen zum Spielverhalten von Kindern zwar keine Unterschiede in der allgemeinen körperlichen Aktivität von Mädchen und Jungen, aber mit dem Alter zunehmende Unterschiede im Umgang und in der Einbeziehung von Spielpartnern. Auch fanden sich bei Beobachtungen zu aggressiv-rivalisierendem Verhalten keine Unterschiede zwischen Jungen und Mädchen bis zum Alter von zwei Jahren, aber eine deutliche Auseinanderentwicklung entsprechender Spielaktivitäten im dritten und vierten Lebensjahr: Mädchen verhielten sich weniger agonistisch als zuvor, Jungen dagegen stärker, so dass die Anzahl aggressiv rivalisierender Akte zuletzt bei den Jungen doppelt so groß war wie bei den Mädchen (ebd., 47ff.). Auch andere Studien zeigen regelmäßig, dass die Ausprägungen geschlechtstypischen Verhaltens im Spiel erst bei den Drei- bis Vierjährigen auffallen und kontinuierlich zunehmen, was Maccoby als Effekte von „Selbstsozialisierung" innerhalb der Geschlechtergruppen und in ihrer Abgrenzung zum anderen Geschlecht einschätzt.

Ich finde Maccoby's These, dass sich in der Kindheit zwei unterschiedliche, gar gegensätzliche „Kulturen" herausbilden, problematisch und folge ihr darin nicht, aber auch sie hat ihre Auffassungen im Lauf der letzten zwanzig Jahre deutlich differenziert. Während sie früher von vereindeutigenden Vergleichen ausgehend sehr auf die Betonung der Unterschiede zwischen Jungen und Mädchen konzentriert war, hat sie ihren Fokus heute stärker auf die Interaktionen verschoben. Von da aus betont sie nun besonders, dass „Jungen *nicht* aggressiv [seien] im Sinne einer stabilen Persönlichkeitsdisposition", sondern als Form und Merkmal ihrer Beschäftigung mit anderen Jungen, zumal bekanntlich Jungen auf aggressive Akte von Mädchen keineswegs so bereitwillig reagieren wie auf solche von anderen Jungen (ebd., 52). Das Kämpfen und Rivalisieren sei also ein charakteristisches Merkmal des Spiels von Jungen mit Jungen – und damit setzt sie sich deutlich ab von anderen empirischen PsychologInnen, die (wie z.B. Bischof-Köhler) die Aggression von Jungen und Männern auf phylogenetische Gründe zurückführen, während sie Mädchen für weniger aktiv rivalisierend halten, weil es „evolutionär gesehen für das weibliche Geschlecht keinen Anlass gab, eine spezifische Wettkampfmotivation auszubilden" (Bischof-Köhler 2004, 318). Für die Menschen, die als Sprach- und Kulturwesen nur interaktionsbezogen existieren, wäre allerdings die Annahme phylogenetisch begründeter Geschlechtscharaktere mehr als unwahrscheinlich, zumal es jede Menge Studien gibt, die zeigen, wie deutlich und wie weitgehend Kommunikationserfahrungen ihre Spuren überall, auch im – ja für seine Plastizität berühmten – menschlichen Gehirn hinterlassen und die Entwicklung des Menschen beeinflussen. Deshalb (und nur deshalb) ist überhaupt das Spielen von Kindern von pädagogischem, soziologischem oder psychologischem Interesse (– anders gesagt: deshalb und nur deshalb gibt es überhaupt Pädagogik).

Insgesamt wird von allen AutorInnen, die sich mit diesen Fragen befassen, festgestellt, dass sich bei der Beobachtung von Kinderspielen Unterschiede zwischen Mädchen und Jungen finden in Bezug auf die Formen ihrer Auseinandersetzungen und Kooperationen miteinander, sowohl innerhalb der Geschlechtergruppen als auch zwischen ihnen. Als auffälligstes Moment wird meist die Form der Gruppenbildung genannt: Während die Jungen eindeutig zu Rang- oder Hackordnungen neigen, sind diese bei Mädchen eher selten – wobei die AutorInnen meist nicht so recht wissen, wie sie denn in Abgrenzung dazu die mädchentypische Art der Gruppenbildung beschreiben sollen. Dass diese grundsätzlich kooperativ und friedlich sei, muss in den Bereich der Legende verwiesen werden – häufig wird allerdings auf die Beschreibung von Mädchengruppen als „crab basket" Bezug genommen, also auf die Tatsache, dass Mädchengruppen es deutlich und kollektiv sanktionieren, wenn eine besser sein will als die anderen (Geym, zit. ebd., 320).

Hierzu lässt sich allerdings von ganz anderer Seite ein gravierender Einwand vorbringen. In einer Untersuchung über Aushandlungsprozesse (über die Auswahl von Spielobjekten) in Schulklassen, beim Vergleich zwischen Regelschulen und Alternativschulklassen in Österreich, ergab sich nämlich ein interessanter Befund: Es stellte sich heraus, dass in den Alternativschulklassen die Kinder insgesamt häufiger geneigt waren, ein Kind, dem sie eine gewisse Moderations- und Führungsqualität zutrauten, als Moderator des Entscheidungsprozesses zu akzeptieren, und dass dieses Kind häufiger ein Mädchen war als ein Junge. Auch achteten Mädchen (wie es mehr oder weniger alle solche Studien zeigen) mehr darauf, dass alle Kinder zu Wort kamen und jede Meinung geachtet wurde, gleichwohl setzten sie diese Ansprüche auch selbstbewusst gegen andere Mädchen und Jungen durch. In den Regelschulen verlief diese Form der Exponierung dagegen viel problematischer, und diejenigen Kinder, die den Prozess zu moderieren versuchten, hatten viel mehr Schwierigkeiten, von den anderen in dieser Rolle anerkannt zu werden (Pelikan/Schandl 1997, 93). Der signifikante Unterschied liegt hier nicht zwischen Mädchen- und Jungen-Stilen, sondern zwischen den Stilen der Regelschulen und der Alternativschulen, die offenbar andere Kommunikationsformen ermöglichen und begünstigen. Diese Erfahrung kann als Hinweis darauf gelten, wie oft die unhinterfragte Gewohnheit, Mädchen und Jungen miteinander zu vergleichen und gegeneinander zu positionieren, möglicherweise den Blick auf andere wesentliche Aspekte verstellt.

Versuchen wir nun, diese beiden ganz unterschiedlichen Ansätze, auf das Spielen von Kindern zu blicken, miteinander in Beziehung zu setzen, so lässt

sich erkennen, dass sich vor allem in einer Hinsicht die beiden Betrachtungsweisen ergänzen können, auch wenn sie auf den ersten Blick unvereinbar
scheinen. Wenn wir die Ausführungen von Rodulfo in einem übertragenen Sinne
anwenden, so könnten wir z.b. die zentrale Operation „Oberflächen machen" als
das Herstellen von flächigen, d.h. nicht unterbrochenen, ungestörten, homogenen
Situationen, Momenten oder Beziehungen auffassen, und das „Löcher machen"
als diejenigen eruptiven Akte, die eben diese Homogenität stören oder zerstören.
Insofern wäre *Agon* ein aktives Löchermachen, *Alea* überließe die Veränderung
dem zufälligen Eingriff von außen, *Mimikry* wäre der Inbegriff der homogenen
Oberfläche und *Illinx* gehörte zu beiden Aktivitäten, denn während sich der
Rausch der Erregung eher mit den eruptiven Akten verbindet, gibt es auch das
Gefühl von Entgrenzung durch Hingabe an ein Spiel, an eine eher konti-
nuierliche, gleichwohl emotional besetzte Spielsituation. Wir haben außerdem
gesehen, dass beide Elemente für die psychische Entwicklung des Kindes
notwendig sind, dass die undurchlöcherte Oberfläche das Kind in seiner
Entwicklung einengt und beschränkt, während das Überhandnehmen von
Löchern es überfordert und diese von produktiven Momenten in „verwüstende"
(Rodulfo) umschlagen lässt.

Was wir nun an den geschlechtstypischen Formen und Aufteilungen in den
Kinderspielen ablesen können, ist dann tatsächlich, dass bei beiden Gruppen
jeweils geschlechttypisch das eine Moment überbetont und das andere
vernachlässigt wird. Eine meines Erachtens zentrale Folge davon ist, dass der
kindliche Wettstreit bei *beiden* Gruppen seine produktive Qualität teilweise
einbüßt, weil in beiden Fällen das adversive Moment überbetont und das
kooperative beschädigt wird. Denn wenn Wettstreit nur (oder überwiegend) als
aggressiv-rivalisierend empfunden wird, dann wird er entweder sanktioniert und
gemieden, wie es bei Mädchengruppen tendenziell der Fall ist, oder er wird die
kooperativen sozialen Situationen dominieren, wie wir es tendenziell bei
Jungengruppen sehen. Wo Jungen also darin behindert werden, die Produktivität
von sozusagen „sozialverträglich gestaltetem" Wettstreit zu erkennen, wird in
den Mädchen der Eindruck erweckt, dass Rivalität irgendwie ‚gefährlich' sei,
und sie verschieben das Rivalisieren weg von der konkreten Konkurrentin auf
‚neutrale' Instanzen, wenn sie etwa beim Seilspringen gegen eine „vorgestellte
Zähltafel" kämpfen oder jede im Stillen gegen ihre eigene Rivalin antritt. Dass
ihnen diese Aufteilung nicht in die Wiege gelegt ist, können wir an dem Beispiel
des Vergleichs von Regel- und Alternativschule ablesen, anhand dessen sich
erkennen lässt, welche Einflüsse auch außerhalb und quer zu der Geschlechter-
aufteilung wirksam sind. Wir müssen also zu dem Schluss kommen, dass wir
Erwachsenen tendenziell die Mädchen am Löchermachen hindern und bei den
Jungen die Bedeutung der Oberfläche unterschätzen, und dass wir generell bei

beiden Operationen verkennen, welche Bedeutung sie für die Subjektbildung haben. Es müsste also bei der Beobachtung von Kinderspielen und dem Versuch, sie zu verstehen, vielleicht sehr viel weniger um die offenkundigen, die ausdrücklichen und die ausgedrückten Erscheinungen gehen, als darum, die strukturellen Aspekte, die dabei in symbolisierter Form auftauchen, besser zu verstehen – dies nicht zuletzt, um adäquat auf sie reagieren zu können.

Literaturverzeichnis

Berger, Manfred (2000): Friedrich Fröbels Konzeption einer Pädagogik der frühen Kindheit. In: Fthenakis, Wassilios E.; Textor, Martin R. (Hrsg.): Pädagogische Ansätze im Kindergarten. Weinheim; Basel, 10-22.

Bichof-Köhler, Doris (2004²): Von Natur aus anders. Die Psychologie der Geschlechtsunterschiede. Stuttgart.

Caillois, Roger (1960): Die Spiele und die Menschen. Maske und Rausch. Stuttgart.

Dölling, Irene; Krais, Beate (Hrsg.) (1997): Ein alltägliches Spiel. Geschlechterkonstruktionen in der sozialen Praxis. Frankfurt/Main.

Dolto, Françoise (1997): Kinder stark machen. Die ersten Lebensjahre. Weinheim.

Elkonin, Daniil (1980): Psychologie des Spiels. Köln.

Freud, Sigmund (1920/1975): Jenseits des Lustprinzips, StA III, Frankfurt/Main.

Fthenakis, Wassilios E.; Textor, Martin R. (Hrsg.) (2000): Pädagogische Ansätze im Kindergarten. Weinheim; Basel.

Gebauer, Gunter (1997): Kinderspiele als Aufführungen von Geschlechtsunterschieden. In: Dölling, Irene; Krais, Beate (Hrsg.): Ein alltägliches Spiel. Geschlechterkonstruktionen in der sozialen Praxis. Frankfurt/Main, 259-284.

Lassnigg, Lorenz; Paseka, Angelika (Hrsg.) (1997): Schule weiblich – Schule männlich. Zum Geschlechterverhältnis in Bildungsprozessen. Innsbruck.

Leiser, Eckart (2002): Das Schweigen der Seele – das Sprechen des Körpers. Neue Entwicklungen in der Psychoanalyse. Wien.

Oerter, Rolf (1999): Psychologie des Spiels. Ein handlungstheoretischer Ansatz. Weinheim.

Pelikan, Johanna; Schandl, Heinz (1997): Kooperatives Reden und Verhandeln in koedukativen Klassen: Welche Möglichkeiten eröffnen Alternativschulen? In: Lassnigg, Lorenz; Paseka, Angelika (Hrsg.): Schule weiblich – Schule männlich. Zum Geschlechterverhältnis in Bildungsprozessen. Innsbruck, 89-107.

Rendtorff, Barbara (2003): Kindheit, Jugend und Geschlecht. Weinheim.

Rodulfo, Ricardo (1996): Kinder – gibt es die? Die lange Geburt des Subjekts. Freiburg.

Wygotski, Lew S. (1980): Das Spiel und seine Bedeutung in der psychischen Entwicklung des Kindes. In: Elkonin, Daniil: Psychologie des Spiels. Köln, 441-465.

Gedanken-Spiele.
Über Kultur der Kinder in der frühen Kindheit

Gerd Schäfer

1 Individuelle Aspekte des Erfahrungslernens

Frühkindliche Bildung besteht im Wesentlichen aus Erfahrungslernen – **Bildung aus erster Hand**. Erst mit der Sprache gibt es ein **Wissen aus zweiter Hand**, also ein Wissen, das bereits symbolisch strukturiert zur Übernahme vorliegt. Man kann also unterscheiden zwischen einem Wissen, das aus eigenen Erfahrungen gewonnen wurde und einem, das man bereits als fertige Gedanken von anderen übernommen hat – der Form der „Wissensvermittlung", die in der Schule den größten Raum einnimmt. Erfahrungswissen wird anders gewonnen und ist anders strukturiert als das von anderen übernommene Wissen (vgl. Schäfer 2006).

Es ist das Erfahrungslernen, auf das die Kinder von Anfang an vorbereitet sind. Dazu bringen sie eine Basisausstattung mit:

- **Körperliche Bewegung und sinnliche Erfahrung.** Kinder können sich, wenn sie geboren werden, in kleinem Maße bewegen, und sie machen von Anfang an sinnliche Erfahrungen. Sie differenzieren ihre körperlich-sinnlichen Wahrnehmungsmöglichkeiten entlang den Erfahrungen, die sie machen (können).
- **Emotionale Bedeutungen.** Kinder können emotionale Bedeutungen entschlüsseln. Das heißt, sie wissen unmittelbar, ob eine Erfahrung ihnen gut tut oder nicht, ob sie ihnen gefällt oder nicht, ob sie sich davon distanzieren wollen oder nicht. Das ist wichtig, denn sie wüssten sonst nicht, was diese Welt bedeutet. Wenn sie keine Emotionen hätten, würden sie das nicht herausbekommen. Die Emotionen sind ein Grund dafür, dass wir Bedeutungen erkennen können.
- **Kommunikationsfähigkeit.** Kinder bringen eine anfängliche Kommunikationsfähigkeit mit. Sobald sie einigermaßen wach sind, fangen sie sofort an, den Erwachsenen ins Gesicht zu starren. Die Erwachsenen starren hoffentlich nicht, sondern lächeln freundlich zurück, geben also eine Antwort darauf.

- **Mimik lesen und beantworten.** Kinder können in unserer Mimik lesen und geben mimisch-gestische Antworten. Ihre Erfahrungen speichern sie im Gedächtnis, und zwar in Mustern. Ich sage deshalb Muster, weil sie zum Beispiel das mütterliche Gesicht ja nicht genau in allen Einzelheiten speichern, sondern zunächst so etwas wie ein Gesicht. Sie speichern das typische Muster eines Gesichts. Je öfter dieses Muster auftaucht, desto klarer und differenzierter wird es.
- **Neugier.** Kinder besitzen von Anfang an eine unbändige Neugier. Sie sind so neugierig, dass sie auf alles reagieren, was ihnen nicht schon bekannt ist. Das nutzt die Psychologie für Forschungen aus: In einer Forschungssituation nimmt man an, dass ein Kind genug von dieser Situation hat, wenn es sich abwendet. Man muss nur ein bisschen an der Situation verändern – und schon ist die Aufmerksamkeit des Kindes wieder da. Hat es sich an einen Reiz gewöhnt, wird die Welt für das Kind uninteressant. Fügt man einen neuen Reiz dazu, wird die Welt wieder interessanter.

Mit diesen Voraussetzungen handeln Kinder in alltäglichen Situationen. Sie müssen zunächst einmal den Alltag bewältigen, nicht das, was wir für sie pädagogisch vorbereitet haben.

Die so genannten Lernfenster beziehen sich auf das Erfahrungslernen, nicht auf das Lernen aus zweiter Hand.

2 Soziale Aspekte des Erfahrungslernens

Erfahrungslernen wird hier als ein **Prozess** vorgestellt, der sich zwischen einem Individuum und seiner Umwelt abspielt. Erfahrung ist also nichts Isoliertes, was nur aus der Tätigkeit des Kindes hervorgeht. Vielmehr entsteht dieser Prozess in einem Raum ‚dazwischen', als Beziehung zwischen einem Individuum – ausgestattet mit den Instrumenten seiner Geschichte – und einer Umwelt, die, passiv oder aktiv, das ist, was sie ist.

Beim Erfahrungslernen gibt es keine Informationen, die übertragen werden. Vielmehr werden durch die Interaktion mit gegebenen Bedingungen alte Erfahrungsmuster so verändert, dass sie neue Erfahrungsaspekte in sich aufnehmen und dadurch wandeln. Aus dieser Perspektive ist **Lernen die Fähigkeit, angesichts gegebener Voraussetzungen geeignete Variationen des eigenen Repertoires hervorzubringen und sie durch Muster, die von außen angeboten werden, zu erweitern.**

Zusammengenommen ergeben diese Muster ein (subjektives) **Bild von der Welt.** So wie die Form und der Körper eines Fisches die dynamischen Verhältnisse seiner Fortbewegung im Wasser und deren Bedingungen widerspiegeln, so spiegeln die Erfahrungs- und Erkenntnismuster eines Subjekts die Bedingungen einer Wirklichkeit, in der sich das Subjekt bewegt und handelt.

Daraus ergibt sich, dass der Erfolg eines Lernens nicht alleine den subjektiven Kräften zugeschrieben und dass **Leistung nichts ist, was wie eine individuelle Eigenschaft betrachtet werden könnte.** Erfahrungslernen hängt vielmehr von einem erfolgreichen Zusammenspiel von individuellen Dispositionen und der Resonanz des gegebenen Feldes ab:

- den **Peers**, die einen Gedanken aufnehmen und weiterspielen;
- den **Erwachsenen**, die das Können der Kinder erkennen (und nicht ihr Unvermögen) und ihm einen Raum zur Verfügung stellen und schützen, in dem die Kinder ihr Probe- oder Spieldenken entfalten können;
- **Materialien**, die zur Verfügung stehen, um die eigenen Gedanken auszudrücken;
- **Geschichten**, die vergleichbare Erfahrungen anderer erzählen;
- **Werkzeugen**, mit welchen man seine eigenen Gedanken überprüfen und weitertreiben kann;
- einem sozialen Umfeld, das die **institutionellen Bedingungen** für einen solchen Erfahrungsraum der Kinder absichert;
- einer **Gesellschaft**, die dem Denken der Kinder einen eigenen Wert beimisst und ihm Erfahrungsräume sichert, in welchen sie sich ungefährdet und selbständig bewegen können.

3   Zwei Voraussetzungen frühkindlichen Erfahrungslernens[1]

3.1 Beteiligung

Die Beteiligung der Kinder an der Welt, die sie umgibt, ist die Grundlage von Bildungsprozessen. Das Bildungsgeschehen selbst ist in seiner Grundstruktur ein soziales Geschehen und muss in seinen sozialen Dimensionen jeweils mit gedacht werden. Man kann Bildungsprozesse nicht nicht sozial gestalten. Deshalb muss man sich von Anfang an entscheiden, in welche soziale Position das Kind in seinem Bildungsprozess versetzt wird, in eine des Empfängers oder in eine des gleichwertig an seinem Bildungsprozess mit beteiligten Kindes. Und

---

1   vgl. Schäfer 2008a, 2008b.

diese Frage gilt sowohl für das pädagogisch wenig reflektierte Alltagsgeschehen als auch für jede professionell und absichtsvoll gestaltete Bildungs- und Lernsituation. Wenn die sozialen Aspekte Aspekte des Bildungsprozesses in seiner alltäglichen oder professionellen Gestaltung selbst sind, ist Beteiligung ein Aspekt jeglicher Beziehung zwischen Erwachsenen und Kindern – gleichgültig ob beabsichtigt oder nicht.

Für die Gestaltung frühkindlicher Bildungsprozesse ergibt sich daraus, dass Beteiligung **im Alltagsablauf sichergestellt werden** muss und nicht nur in Fällen pädagogischer Absichten. An der Umsetzung von Beteiligung wirken verschiedene soziale Ebenen mit. Sie beginnt auf der Ebene individueller Beziehungen: Jede zwischenmenschliche Beziehung kann unter dem Aspekt der Beteiligung der jeweiligen Partner betrachtet werden. Darüber hinaus ist Beteiligung eine Frage, die über die Institution, die kommunale Öffentlichkeit bis in die gesellschaftlichen Felder reicht. Das bedeutet, es muss so etwas wie ein privates und öffentliches Grundverständnis geben, die Frage der Beteiligung im Alltag, sei es in der Familie, in einer Institution oder in der Öffentlichkeit zu verwirklichen und dafür auch die entsprechenden Strukturen zu schaffen. Unterschiedliche Formen und Qualitäten der Beteiligung auf allen Ebenen führen zu unterschiedlichen Erfahrungen von Wirklichkeit bei den Kindern.

3.2   Gemeinsam geteilte Erfahrung

Wie kann man aber von dem wissen, was ein Kind durch Beteiligung an Erfahrung macht, wenn es von dieser Erfahrung noch nicht sprechen kann oder will? Eltern wissen von den Erfahrungen ihrer Kinder dann etwas und auch nur dadurch, dass sie dabei sind. **Eine vertraute Beziehung zwischen einem Kind und wenigstens einem Erwachsenen bildet die Grundeinheit jedes basalen Bildungsprozesses.** Sie ist die Grundlage einer gemeinsam geteilten Erfahrung. Die Qualität dieser Beziehungen hat Einfluss auf die Qualität der kindlichen Erfahrungen.

Unter **gemeinsam geteilter Erfahrung** verstehe ich Handlungszusammenhänge, die von Erwachsenem und Kind gemeinsam erlebt und erfahren werden, sodass alle Reaktionen in diesem Zusammenhang als ‚Interpretationen' dieses Geschehens erfahren werden können:

Die Reaktion der Mutter auf den Stillprozess ist eine Interpretation, die vom Kind wahrgenommen und als Teil der erlebten Situation gespeichert wird. Umgekehrt wird auch die Reaktion des Kindes von der Mutter als die

kindliche Interpretation dieser Szene verstanden und als Erlebniszusam-
menhang den nächsten Handlungen zugrunde gelegt.

Die gemeinsam geteilte Erfahrung bildet einen erlebten Überschneidungsbereich
zwischen Mutter und Kind. Das kleine Kind geht in den ersten Lebensmonaten
davon aus, dass Mama das gleiche erlebt und erfährt, wie es selbst. Es ist noch
nicht in der Lage, die unterschiedliche Perspektivität der jeweiligen Erlebnis-
weise zu erfassen (vgl. hierzu u.a.: Tomasello 2002 oder Fonagy *et al.* 2004).
Erwachsene stellen sich in der Regel auf dieses Noch-nicht-Können der Babys
ein, indem sie sich empathisch in die Lage des Kindes versetzen und ihm die
gemeinsam erlebte Situation so spiegeln, wie sie glauben, dass sie das Kind
erlebt haben könnte.

Das Gleiche gilt auch für später. Nur treten an die Stelle der Mama auch
andere, insbesondere andere Kinder und professionelle Pädagoginnen.

4   Gedanken-Spiele

Mit der folgenden Geschichte möchte ich ein Beispiel gemeinsam geteilter
Erfahrung unter Gleichaltrigen und Erwachsenen im professionellen Rahmen
einer Lernwerkstatt Natur geben. Dabei möchte ich insbesondere die Bedeutung
von Spiel und Kinderkultur als Formen der Beteiligung für das frühkindliche
Erfahrungslernen herausheben. Drei Gedankengänge sollen dabei im Zentrum
stehen:

- Geschichten sind eine Form, wie Kinder gemeinsame Erfahrungen machen.
  Sie öffnen einen Denkraum, an dem sich viele Kinder beteiligen können.
- Aus ihnen ergibt sich eine Form frühkindlicher Kinderkultur, die ich Gedanken-Spiele nennen möchte. Ihre Grundlage sind eine gemeinsame ‚Sprache‘, Kooperation (Ko-Konstruktion) und Spiel.
- Das gibt Anlass zu einigen systematischen Überlegungen zu Fragen frühkindlicher Kinderkultur.

Die folgende Episode spielt sich vor dem vergitterten Eingangsloch zu einer
Höhle im Gelände der Lernwerkstatt Natur in Mülheim an der Ruhr ab.[2]

Bruno war ein Braunbär, der im Mai 2006 aus der italienischen Provinz Trentino bis
in das Grenzgebiet zwischen Österreich und Bayern wanderte und dann mehrfach

---

2   Ich danke Marjan Alemzadeh für diesen Bericht aus der *Lernwerkstatt Natur* in Mülheim/
    Ruhr.

zwischen Deutschland und Österreich wechselte. Er war der erste frei lebende Braunbär in Deutschland seit über 170 Jahren. Der bis dahin letzte Braunbär in Deutschland war 1835 im bayerischen Ruhpolding erlegt worden. Am 26. Juni 2006, also zwei Tage nachdem der Bär erschossen wurde, war die Kita Papilo in der Lernwerkstatt Natur. Eine Gruppe von Kindern sprach über Bären, sobald wir im Wald angekommen waren. Sie entschieden, auf die Suche nach Bärenspuren zu gehen. Es dauerte nicht lange, bis mir klar wurde, dass die Geschichte mit Bruno, dem Bären, sie sehr beschäftigte.

Im Wald angekommen, stürzen sich die Kinder auf die Höhle:

„Da ist der Bär drin! Guck, deshalb haben die hier ein Gitter drauf gemacht, damit er nicht raus kann!"

„Lasst uns auf Bärensuche gehen!"

Die anderen Kinder gehen sofort auf den Vorschlag ein.

„Ich hab' eine Spur gefunden! Ich hab' was gefunden!"

„Was denn?"

„Einen Knochen! Das sind Stöcke, die unter der Erde liegen. Vielleicht ein Dino-Knochen?"

Die Jungen schauen sich die Knochen ganz genau an.

„Ich habe Krallenspuren von dem Bären gefunden!"

Marjan fragt nach: „Woher weißt du denn, welche Spuren vom Bären sind?"

„Die Spuren von Bären sind ganz dünn. Unsere sind viel dicker. Von den Krallen sind die Spuren dünn, von allen Tieren. Bei den ganz kleinen Tieren ist das so: wenn sie dir auf'm Arm krabbeln, fühlt sich das an, als würden die kleben bleiben."

„Habt ihr das Geräusch gehört? Da ist ein Bär!"

„Da sind zwei Bären! Einer von da und einer von da." Philip zeigt in zwei entgegengesetzte Richtungen.

Anke schaut mich an: „Hast du das gehört?"

Marjan antwortet ihr, dass sie ein Geräusch gehört habe, aber nicht wisse, was es war. Philip schaut etwas unsicher.

„Die haben den schon tot geschossen!"

„Wen?"

„Den Bären aus Bayern!"

Anke meint, dass man dann bestimmt noch Spuren von dem Bären im Wald finden kann.

Gemeinsam entwickeln die Kinder die Geschichte weiter. Jeder erzählt dabei eine andere Geschichte. Aber sie berühren und verketten sich zu einem Netzwerk individueller Geschichten.

„Ich weiß, warum hier die Höhle ist! Das war eine Lawine und dann ist da ein Loch entstanden, wo gefährliche Dinge drin sind und deshalb hat die Polizei ein Gitter dahin gemacht."

„Vielleicht hat Bruno, der Bär, darin gelebt. Und der Bär weiß jetzt eh nicht mehr, wo sein Zuhause ist und jetzt wird er in Bayern aufgestellt! Im Museum!"

Auf der Suche nach Spuren.

Ein Junge ruft:

„Hier ist ein Hinweis! Etwas Hartes ist in der Erde!"

Alle Kinder laufen hin und fühlen in der Erde.
„Es war ein Knochen!"
Die Kinder glauben, einen Knochen gefunden zu haben. Sie graben ihn aus. Etwas traurig sagt einer:
„Es ist doch nur ein Stein!"
Die Kinder untersuchen einen Stock.
„Guck mal am Ende des Stocks. Das sieht ganz komisch aus. Das war bestimmt auch der Bär!"
Eine Erzieherin kommt kurz vorbei und fragt, was die Kinder machen.
„Wir sind auf Bärensuche. Aber der Bär ist schon tot, ne?"
Die Erzieherin nickt.
„Ich glaube, dass der Bär in Bayern war und da hat der Schafe gegessen und so Tiere. Und da kamen Menschen und dann haben sie versucht, ihn zu erschießen mit Schlafpatronen, um ihn zu einem Wagen zu bringen. Das hat nicht geklappt. Dann haben sie ihn mit echten Schießpatronen erschossen, das hat geklappt! Jetzt ist er tot und wird in Bayern aufgestellt."
„Der Bär ist eigentlich auch gefährlich."
„Was macht eigentlich ein Bär? Wahrscheinlich macht er mit seinen Krallen Zeichnungen und Figuren!"
„Wenn der Bär da gewohnt hätte (in der Höhle), dann wäre man da rein gegangen mit den Polizisten. Der Bär hat zwei oder drei Polizisten aufgegessen. Dann kam noch ein Dritter, der den Bären dann erschossen hat. Und dann haben sie ihn dahin verfrachtet, wo das Museum ist, nach Norwegen."
„Nee, nach Bayern."
„Und da lebt er jetzt und wenn er nicht gestorben ist, dann lebt er noch heute!"
Während Anke weiter auf Spurensuche geht, fragt sie Marjan:
„Weißt du, was Bären alles machen? Was essen die zum Beispiel?"
Marjan: „Was glaubst du denn, was sie fressen?"
„Die fressen Pflanzen und Grünes vom Baum!"
Plötzlich schaut sie zu Marjan hoch, zeigt auf eine ‚Spur' und sagt, dass wir die anderen Kinder warnen müssen, da hoch zu gehen. Auf Marjans Frage, warum wir die Anderen warnen müssen, erwidert sie:
„Warum wohl? Da ist der Bär. Aber der schläft gerade. Er ruht sich aus von den ganz lauten Geräuschen."
Die anderen Kinder kommen wieder hinzu. Marjan empfindet eine Aufregung.
„Da ist ein Fisch!"
„Nein, das ist kein Fisch, das ist Erde."
„Boah, ich hab' einen Bären gehört!"
„Der Bär ist schon tot gemacht worden, der ist jetzt im Himmel. Alle Bären sind erschossen."
„Nein!"
„Doch!"
„Nein!"
„Doch!"
„Nein, in Kanada gibt es noch Bären!"

Kevin (3) und Philip (3) unterhalten sich:
„Da ist die Bärenmama drin, die ist böse! Komm lass uns schnell runter!"
„Ist die böse? Ja, vielleicht will die uns beißen?"
„Da gibt's auch Babybären. Die sind lieb!"
„Da ist ein Krokodil, der ist böse, der will beißen!"
„Babykrokodile können nicht beißen. Die sind lieb."
Anke kommt auf die Idee, mit Hilfe eines Spiegels das Innere der Höhle entdecken zu können.
„Ich seh' was Leuchtendes! Das kann nur ein Bärenauge sein. Aber der will nicht kommen, der Bär. Ich hab ein bisschen Schiss vor Bären."
Anke hat nun einen Stein an der Kordel befestigt, um herauszufinden, wie tief die Höhle ist. Sie lässt den Stein von oben in die Höhle reinfallen.
Philip, der mit einer Taschenlampe in die Höhle leuchtet, um etwas zu erkennen, reagiert stutzig.
„Wie willst du von da oben eigentlich was sehen?"
„Ich lass' das einfach nur reinhängen um zu schauen, wie tief das ist!"
Die Idee gefällt Philip und er möchte den Stein auch mal in die Höhle reinhängen lassen.

5   Bärentheater

Die Episode liest sich wie der Text eines Theaterstücks:

- Der vergitterte Eingang zur Höhle ist ein Ort, an dem sich die Erinnerungen an die jüngsten Erlebnisse in Geschichten verwandeln – **Denken in Geschichten**.

- Es gilt, in Resonanz mit den Geschichten der anderen Kinder geraten und sich in den Gesprächen der Kinder inszenieren – **Kooperation oder Ko-Konstruktion**.

- Es ist, als ob der versperrte Höhleneingang eine Bühne wäre, auf der sich Wirklichkeit und Erinnerung, Erlebtes und Gewusstes, Gehörtes und Gesprochenes, unter der Beteiligung vieler Kinder, in ein imaginäres Drama verwandeln – **Spiel**.

- Indem Kinder ihre Geschichten sprechend und spielend inszenieren, setzten sie die unterschiedlichsten Erinnerungen an Ereignisse ein, um die Frage zu beantworten, wie sich dieser Ort in den Rahmen ihrer bisherigen Lebenserfahrungen einfügen könnte. Sie suchen nach Bedeutungen und sie loten im gemeinsamen Denken die Reichweiten dieser Bedeutungen aus – **gemeinsam geteilter Sinn**.

- Durch die Aufmerksamkeit von Erwachsenen kann daraus ein Stück frühkindlicher **Kinderkultur** – ein Horizont gemeinsam geteilter Geschichten als Grundlage einer gemeinsam geteilten Geschichte – werden.

6   In Geschichten denken[3]

In Geschichten werden reale oder virtuelle Handlungszusammenhänge zur Sprache gebracht. Hinter Geschichten stecken also sprachlich gedachte Szenen. Dieser **szenische Zusammenhang** ist ein wesentliches Merkmal frühkindlichen Denkens. Bevor Kinder die Welt in abstrakten und logischen Zusammenhängen begreifen, begreifen sie sie in Zusammenhängen des Handelns. **Alltäglicher Sinn** entsteht dadurch, dass Dinge in bedeutungsvollen Handlungen mit einander verbunden werden. Diese **Zusammenhänge** des Handelns werden mit Hilfe der **Sprache reflektiert**. Es entstehen Erzählungen, Geschichten, durch welche die Kinder sich die möglichen Verbindungen zwischen den Dingen ins Bewusstsein rufen.

Dabei fällt auf, dass sie **Lücken ihres Wissens** – sie wissen z.B. nicht, was es mit dieser Höhle, die sie nicht betreten können, auf sich hat – mit Geschichten füllen, die sie schon einmal kennen gelernt haben. Sie haben offenbar ein so **starkes Bedürfnis nach Sinnzusammenhängen**, dass sie keine offenen Fragen dulden. Deshalb schließen sie ihre Wissenslücken mit irgendwie passenden Geschichten, die sie aus ihren Erinnerungen an vergangene Erfahrungen und früheres Wissen bereits kennen.

Dabei spielt für diese Kinder keine Rolle, ob diese Handlungszusammenhänge auf eine realistische Weise ‚stimmen'. Sie müssen zunächst nur in sich stimmig sein. Hier – in den Geschichten – bewegen sie sich in **Möglichkeitsräumen**. Diese Möglichkeitsräume haben wenigstens zwei Aspekte: Zum einen nutzen die Kinder alle Denkspielräume um sich die **Fragen zu beantworten**, die sich ihnen in ihrer Alltagswirklichkeit stellen. Zum zweiten **testen** sie mögliche Zusammenhänge auf ihre Plausibilität aus.

All dies tun sie hier nicht als einzelne Individuen, sondern in einem kooperativen Miteinander. Damit dies zustande kommt, müssen nicht nur die Rahmenbedingungen dafür günstig sein. Sie müssen auch eine **gemeinsame ‚Sprache'** sprechen, um sich zu verständigen. Offensichtlich ist ein Denken in Geschichten eine wichtige Form, durch die sie sich sprachlich untereinander verständigen können.

---

3   Hier wird ein von Bruner 1997 und Nelson 1989 entwickelter Gedanke aufgegriffen.

7   Zum Denken braucht man Gleich-Gesinnte

7.1   Unter Kindern

Die Antwort auf diese Frage suchen die Kinder gemeinsam. Jeder bringt dazu sein Wissenspotenzial ins Gespräch. Ko-Konstruktion kann man das nennen, wenn man den Begriff der Konstruktion nicht auf Konstruktionen im Sinne einer Verstandeslogik beschränkt

Mehrere ‚Konstrukteure‘, vor der Höhle auf eine Frage stoßend, geraten in Interaktion. Weil sie ungefähr gleich alt sind, weil sie sich gut kennen und vertrauen, weil sie eine gemeinsame Sprache sprechen und weil die beteiligte Erzieherin ihre Gedanken akzeptiert, lassen sie diesem Zusammenspiel der Gedanken freien Lauf. Dabei entsteht eine Wechselwirkung in der ein Gedanke den nächsten hervorruft. Jeder dieser Gedanken kommt aus einer Geschichte, die irgendwie mit den bisherigen Erfahrungen des erzählenden Kindes zu tun hat.[4] Die Geschichte eines Kindes erinnert ein anderes Kind an eine (etwas) andere Geschichte. Jedes Kind reagiert mit seinen Erfahrungen und deren Voraussetzungen auf die in einer Geschichte verfassten Erfahrungen eines Anderen. Die Intention des einen Kindes ruft als Antwort die Intention eines anderen hervor, die dieser mehr oder weniger entspricht – oder auch mehr oder weniger von ihr abweicht. Es entwickelt sich ein Ideen-Pingpong bei dem niemand mehr am Ende genau sagen kann, wer dazu wie viel beigetragen hat; denn jede Interaktion eröffnet auch für das Gegenüber die Möglichkeit, auf neue, persönliche Ressourcen zurück zu greifen, an die man vorher nicht gedacht hat: „Du erinnerst mich da an etwas, an das ich ohne deine Reaktion nicht gedacht hätte!“ Jede Idee eröffnet Möglichkeitsräume für weitere.

7.2   Erwachsene als Gleich-Gesinnte?

Aus diesen Überlegungen wird ersichtlich, dass sich Erwachsene schwer tun können, sich an solchen Ko-Konstruktionen zu beteiligen. Ko-Konstruktion von Seiten der Erwachsenen verlangt, sich auf die spezifischen Dimensionen des kindlichen Denkens einzustellen. Können sie sich auf die Virtualität dieser Gedanken-Spiele einlassen, oder werden sie durch den Realismus ihres Denkens daran gehindert? Haben sie Geschichten beizutragen? Haben sie die Aufmerksamkeit und Geduld, um sich im Rhythmus der Kinder auf diesen Austausch einzulassen?

---

4   Alemzadeh (im Manuskript) hat herausgearbeitet, wie sehr die einzelnen Kinder trotz intensiver Interaktion bei ihrer Geschichte bleiben.

All diese Schwierigkeiten haben die Kinder untereinander nicht. So könnte es eine sinnvolle Aufgabe professioneller Erwachsener sein,

- den Rahmen zu schaffen und aufrechtzuerhalten, der es den Kindern erlaubt, ihre Gedanken untereinander ins Spiel zu bringen;
- dieses Zusammenspiel als externes Gedächtnis festzuhalten und zu dokumentieren;
- die Erinnerungen aufzufrischen und passende Hinweise zu geben, wo es noch Geschichten geben könnte, die sich an das anschließen, was sich die Kinder ausdenken (z.B. in der Literatur) und mit welchen sie ihre eigenen vergleichen oder gar weiter denken können.

8   Evolution des Sammelns, Variierens, Spielens und Gestaltens

In den Gedanken-Spielen findet man die wichtigsten **Merkmale** mit welchen Scheuerl (1994) das Spiel kennzeichnet: Offenheit und Freiheit des Handelns und Denkens; Nützlichkeitserwägungen spielen keine Rolle; es geht um die Freude gegenwärtigen Denkens und nicht um Lernerfolge, die für eine unbestimmte Zukunft vorbereiten; sie spielen in einem Bereich des „Als-ob", in dem sich nicht die Frage nach der Übereinstimmung mit der gegebenen Wirklichkeit oder realen Folgen stellt; die Gedanken-Spiele werden um ihrer selbst willen gespielt. Darüber hinaus wird deutlich, wie Kinder ihre Erfahrungsrepräsentationen von den realen Erfahrungen lösen, um aus ihnen neue Szenarien zu entwerfen, sie unter einer neuen, selbst gewählten Perspektive wieder gemäß ihren eigenen Vorstellungen zusammen zu setzen. Außerhalb des Rahmens von Nützlichkeit und Realitätskontrolle schaffen sich diese Kinder einen Spielraum des Denkens, der ihnen aber dann doch nützlich wird, indem für die Kinder sinnvolle Zusammenhänge geschaffen werden. Dieses Spiel ist nicht spielerisch, sondern ernst. Es ist auch nicht unsinnig, wie es von Erwachsenen manchmal eingeschätzt wird, sondern erzeugt Sinn. Es steht nicht im Gegensatz zum rational logischen Denken, sondern bildet seine Grundlage.

Diesen Gedanken möchte ich wenigstens andeutungsweise noch etwas weiter ausführen.

9   Evolution kommt vor logischem Denken

So wie die Evolution Voraussetzungen für das rational logische Denken gat-
tungsmäßig geschaffen hat, bildet die Evolution der menschlichen Erfahrung die
Grundlage und den Ausgangspunkt für dieses Denken in der individuellen
Biografie. Wir müssen daher von wenigstens zwei unterschiedlichen Logiken
ausgehen, in welchen menschliche Erfahrung und menschliches Denken organisiert werden: eine evolutionäre und eine rationale Logik. Die evolutionäre ist
der letzteren vorgeordnet, denn sie schafft die Ausgangsbedingungen dafür, dass
diese sich entwickeln kann. Die Entwicklung unserer Kultur seit der Renaissance
hat uns dazu verführt, die evolutionäre Logik in unserem täglichen Erleben und
Denken der rationalen Logik gegenüber zu vernachlässigen. Es ist aber die Logik, welche lebendige Entwicklungsprozesse und damit u.a. auch die frühkindlichen Erfahrungen leitet (vgl. Eigen/Winkler 1975; Maturana/Varela 1987; Edel-
mann/Tononi 2002). Die wichtigsten Prozesse, die sich dabei abspielen, sind die
folgenden:

- Erfahrungen werden in **Handlungsmustern** gesammelt, die für neue Erfahrungen zur Verfügung stehen. Diese Muster enthalten kognitive, emotionale, ästhetische, motorische, biologische, soziale und kulturelle Anteile,
  weil Handlungen aus eben diesen Dimensionen bestehen.
- Losgelöst von konkreten Handlungen können diese komplexen Muster auch
  ,gedacht' werden. Das heißt, sie können als ,**Gedanken**' gleich welcher
  Art, **verändert** und **variiert** werden. Für diese Variationen sorgen nicht zuletzt die Gedanken anderer.
- Darüber hinaus können sie zu neuen Ideen zusammengesetzt werden. Doch
  dieses neue Zusammensetzen ist nicht nur willkürlich, sondern **Einschränkungen** (vgl. Bateson 1981) unterworfen. Im Falle dieser Kinder geschieht
  dies nicht durch rationale Logik, sondern durch die Sinnhaftigkeit von Geschichten, die den Kindern plausibel erscheinen. Diese Einschränkungen
  sind nicht deterministisch.
- Die Geschichten, die dabei entstehen, hängen also ab von jeweiligen
  Handlungs- und Gedankenmustern sowie ihren Variationen, die sowohl individuell als auch im sozialen Zusammenspiel erzeugt werden können.
  Durch die Einschränkungen werden aus den Variationen **Auswahlen** getroffen, die kindlichen Prämissen folgen.
- Im Rahmen dieser Auswahlen können sie zu neuen Gedanken zusammen-
  fasst und ausgestaltet werden. **Sammeln, Variieren, Einschränken, Um-
  gestalten** sind also die entscheidenden Prozesse dieses Denkens.

- In dieser Form orientiert es sich an einer **evolutionären Logik**, wie sie unter anderen Maturana/Varela oder Edelman beschrieben haben. Danach ist es das Zusammenspiel eines Driftens[5] und von Einschränkungen, welche die Variationsbreite dieses Driftens begrenzen. Das Neue, das entsteht, entsteht also im Rahmen der Variationsbreite der Ausgangsbedingungen und der Einschränkungen des Feldes in dem Driften stattfinden kann.
- Eigen und Winkler (a.a.O.) haben gezeigt, dass dieses Zusammenwirken von Variationen und Eingrenzungen als **nicht deterministisches Spiel** verstanden werden kann. Komplexe Lebensprozesse sind in dieser Weise organisiert.
- Aber auch das Beispiel der Geschichten der Kinder an der Bärenhöhle folgt diesem evolutionären Spielprinzip: Die Ideen der Kinder geben eine Variationsbreite ihrer Gedanken vor, die durch mögliche vorgestellte oder reale Sinnzusammenhänge eingeschränkt werden. Im Rahmen dieser Variationsbreite und Einschränkungen – über den die Kinder selbst mitbestimmen können – entstehen neue Geschichten.

10 Gibt es eine Kultur der Kinder in der frühen Kindheit?

10.1 Eine Kultur der Kinder, für sich genommen, gibt es nicht

Um von einer **Kultur der Kinder** zu sprechen, muss man sie für möglich halten. Sonst kann man sie nicht finden. Damit möchte ich gleichzeitig die Frage bejahen, dass es eine solche Kultur der Kinder bereits in den frühesten Jahren geben kann, wenn bestimmte Voraussetzungen geschaffen werden. Einige davon sollen im Folgenden genauer ausgeführt werden:

- Die **Kultur der Erwachsenen** spielt dabei eine nicht unerhebliche Rolle, wie die obige Geschichte mehr als deutlich macht. Die Geschichten der Kinder entzünden sich an Medienberichten, Wissen aus Büchern, Filmen und was sie sonst noch von Erwachsenen, auf die eine oder andere Weise, mitbekommen haben. Sie verwenden diese Anleihen jedoch auf eigene Art, halten sich nicht an die Diskurs- und Denkregeln der Erwachsenen, behandeln die Anleihen wie **Spielmaterial**.
- Ich würde daher nicht von Aneignungsprozessen sprechen, sondern von Prozessen der Variation, der Umdeutung und der Ausgestaltung. Kinder

---

5 So beschreiben Maturana/Varela den Prozess der Variation.

machen etwas Eigenes daraus. Dieser von ihnen **geschaffene Eigen-Sinn** ist die Grundlage einer Kultur der Kinder.

- Das bedeutet aber auch: Trotz Eigen-Sinn führt eine Kultur der Kinder kein isolierbares Eigenleben. Sie ist nichts, was man unabhängig von der Kultur der Erwachsenen erfassen könnte. Sie ist etwas **Relationales** zwischen den Generationen. **Erst im Spiegel der Nichtkinder wird Kultur der Kinder wirklich.**
- Das bedeutet, wir können sie nur erfassen, wenn wir uns dabei auch selbst in den Blick nehmen. Wenn wir sie so mit unserem eigenen Erleben wahrnehmen, erscheint sie uns, weil sie ja eigenwillig mit unseren kulturellen Mustern umgeht, als **etwas Fremdes.**
- Es ist an uns, die Kultur der Kinder mit einem ethnografischen Blick, mit der Suche nach einem Verständnis für etwas uns Fremdes, zu erfassen. Sie bedarf also einer **Anerkennung durch die Erwachsenen.** Nur so kann sie als Abweichung zum Vorschein kommen.

10.2 Besondere Schwierigkeiten, Kinderkultur zu erfassen

Die kulturellen Äußerungen der Kinder sind nichts Festes. Es handelt sich eher um **Gedanken zum Weiterdenken**, Momente eines Prozesses, von dem man nicht genau wissen kann, wohin er führt und wann er zum Stillstand kommt. Anders als in der Erwachsenenkultur, finden wir keine kulturellen Endprodukte. Für sich genommen, aus dem Zusammenhang gerissen, sind einzelne Erzeugnisse zumeist kaum verständlich.

Außerdem sind es **nicht nur Geschichten in Wörtern**. Die **Mimik** vertieft das Gesprochene in das Verständnis des Körpers und seiner Gefühle. Die **Gesten** wenden sich an die Anderen. Die **Bewegungen** folgen den Geschichten wie getreuliche Schatten.

Man kann sich nun fragen, wozu es gut sein soll, leicht flüchtige, kulturelle Prozesse dingfest zu machen? – Man muss sie festhalten, damit man sie genauer betrachten und untersuchen kann. Und diese Untersuchung ist wiederum notwendig, wenn wir etwas vom **eigenwilligen Beitrag der Kinder zu ihren Lern- und Bildungsprozessen** erfassen wollen.

Unsere Auffassungen von dem, wie Kinder lernen und wie sie sich bilden, hängen sehr stark davon ab, wie wir ihren eigenen Beitrag dazu einschätzen. Schätzen wir ihn gering, werden wir ihnen die Welt vermitteln, sie belehren. Verstehen wir etwas von ihrer eigenen kulturellen Tätigkeit, werden wir möglicherweise geneigt sein, diese stärker zu unterstützen. Aber man kann nur unterstützen, was man kennt. Deswegen ist die Frage nach der kulturellen Tätigkeit der Kinder für eine **frühkindliche Bildungsforschung** von einiger Bedeutung.

Aber sie hat einige Schwierigkeiten, weil sie sich auf Beziehungs- und Verständigungsprozesse zwischen Erwachsenen und Kinder bezieht, die in weiten Bereichen nicht sprachlich verfasst sind. Wir müssen also, wenn wir Kinderkulturen entdecken und unterstützen wollen, bildliche, mimische, gestische und szenische Äußerungen der Kinder als ihre kulturellen Produkte verstehen lernen.

11   Ein Gedächtnis für die kulturelle Tätigkeit der Kinder

11.1 Vom Nutzen externer Gedächtnisse

Voraussetzung für dieses Festhalten der kindlichen kulturellen Tätigkeit ist ein **wahrnehmendes Beobachten**, ein Beobachten, welches versucht, die Intentionen von Kindern zu erfassen. Ähnlich, wie vor hundert Jahren die Zeichnungen der Kinder, fangen wir heute an, ihre Geschichten zu sammeln.

11.2 externe Gedächtnisse

... als Grundlage von Kinderkulturen
So, wie damals Papier und Stifte ihre Produkte festhielten, sind es heute **Mikrofone**, **Fotoapparate** und **Kameras**, welche die leicht flüchtigen Produkte eines Zusammentreffens von Ideen aus einer Vielzahl von kindlichen Köpfen in einem externen Gedächtnis speichern. Und es sind die **PCs** und **Laptops**, die es uns ermöglichen, diese Materialien aufzubereiten und schnell verfügbar zu machen. Es hat dieser neuen, leicht zu handhabenden elektronischen Werkzeuge bedurft, dass man nun Prozesse wahrnehmen, speichern und sammeln kann, die sich vorher als zu flüchtig erwiesen, weil unser Gedächtnisse nicht dafür gebaut sind, allzu viele Details festzuhalten. Dieses Festhalten ist aber eine Vorbedingung dafür, dass sich Kulturen der Kinder bereits im frühen Kindesalter entwickeln können.

... als Bildsprache der Kinder
Sie erweisen sich auch noch unter einem anderen Aspekt als hilfreich. Damit sich kulturelle Prozesse einstellen können, müssen die Gedanken der Kinder über den Augenblick hinaus nicht nur festgehalten, sondern auch in einer ‚**Schrift**' verfasst werden, **die von den Kindern selbst wieder ‚gelesen' werden kann.**

Vornehmlich ist es die Sprache der Bilder, die dafür genutzt werden kann, so lange Kinder noch nicht lesen und schreiben können. Sich in Werken bildlichen Gestaltens auszudrücken, bleibt bei den Kindern ein wesentlicher Bereich des Denkens und der Äußerung, auch wenn sie längst sprechen können.

... als Anknüpfungspunkt zum Denken

Mit Hilfe der moderne Medientechnologien, mit welchen wir die flüchtigen kulturellen Äußerungen der Kinder fixieren, ist es genauso leicht möglich, Bildmaterialien zu erzeugen, die sehr rasch den Kindern vor Augen gestellt oder in die Hand gegeben werden können. Vorübergehende oder dauerhafte Sammlungen oder Ausstellungen bewahren aber noch reichere sinnliche Erfahrungen auf, als dies Bilder tun können. Dabei sind es sowohl die Fundstücke der Kinder als auch ihre Erzeugnisse, die in diese Sammlungen und Präsentationen eingehen, dort vielleicht nebeneinander stehen und zum vergleichenden Nachdenken herausfordern.

... als Realisierung einer gemeinsam geteilten Geschichte

Ein vierter Grund für den Gebrauch externer Gedächtnisse liegt darin, dass dadurch aus gemeinsam erzählten Geschichten eine gemeinsam geteilte Geschichte werden kann. Die Kultur der Kinder ist die Spur dieser Geschichte. Eine gemeinsame Geschichte ist aber auch ein wesentlicher Grundstein für das individuelle Selbstbewusstsein.

12   Zusammenfassung

- Die Kinder in dem Beispiel denken alle in einer ähnlichen Weise. Sie denken in Geschichten. Sie setzen erfahrene Geschichten ein, um eine Frage zu klären, die sie sich stellen. Für Erwachsene ist es nicht immer möglich, auf der gleichen Denkebene mit einer Geschichte zu antworten.
- Es geht um mehr als um gedankliche ‚Konstruktionen‘. Es geht um Beziehungen, um Akzeptanz, um Engagement, um Neugier, Interesse, die Suche nach Bedeutungen und wahrscheinlich noch um Weiteres. Dieses ‚Mehr-als-Gedankenkonstruktionen‘ drückt sich in Geschichten aus, die die Kinder innerlich bewegen.
- Das Pingpong der Geschichten trägt den Charakter eines Spiels, in dem die verschiedensten Dimensionen von Antwortmöglichkeiten nach dem Motto ‚Was wäre, wenn ... ‘ virtuell ausgelotet werden.
- Das Denken in Geschichten zwingt die Kinder (noch) nicht, ihre Gedanken in der Sprache eines Erwachsenendenkens (in unserer Kultur) zu formulieren. Die Geschichten, die sie mit anderen Kindern teilen und die – wie hier

an vielen Stellen deutlich wird – von (‚halb- oder unverdauten') Geschichten der Erwachsenen ausgehen, ermöglichen den Kindern einen Horizont auf der Ebene einer lokalen Kinderkultur, in den sie sich mit ihrem Denken einfügen können und der ihnen eine Verständigung auf der Ebene der Peers eröffnet.

- Damit wird eine wichtige Funktion der Peers deutlich: Sie ermöglichen den Kindern einen gemeinsam geteilten Erlebnis- und Erfahrungsraum, in dem sie ihre eigenen Erfahrungen mit denen Anderer in Verbindung bringen können: Zum einen synchronisieren sie damit ihre Erfahrungen auf der Ebene einer selbst maßgeblich mitgestalteten Kinderkultur (der selbst erzählten erfahrenen oder fiktiven Geschichten). Zum anderen bereichern sie ihre eigenen Geschichten durch die der anderen. Drittens werden sie dazu herausgefordert, ihre Geschichten zu verändern und weiter zu denken, um zu neuen Geschichten zu gelangen.

- Es wäre eine wichtige Funktion der Erwachsenen,
  - den Rahmen zu gewährleisten, in welchem eine Kultur der Gedanken-Spiele entstehen kann;
  - sich beispielsweise durch Beobachtung, Dokumentation, Sammlungen, Ausstellungen usw. als externes Gedächtnis zur Verfügung zu stellen, an das die Gedanken der Kinder immer wieder anknüpfen können;
  - ihnen kulturelle Bereiche zu öffnen und zugänglich zu machen, die ihnen ermöglichen, ihre eigenen Geschichten weiter zu bearbeiten und zu bereichern.

- Professionelle Erwachsene könnten als Vermittler zwischen einer Kultur der Kinder und einer Kultur für Kinder betrachtet werden.

- Es ergibt sich aber auch die Frage, in wie weit eine Erwachsenenkultur es zulässt, dass sich Kinder einen eigenständigen Rahmen aus Geschichten schaffen, eine erzählte und erzählbare Kultur der Kinder, die ihnen eigenständige Denkprozesse auf der Ebene des Geschichtenerzählens und -erfindens ermöglicht.

- Eine Kultur der Kinder für sich allein gibt es daher nicht. Wie das Beispiel und die Überlegungen belegen, wird sie zusammen mit den Erwachsenen erzeugt. Gedanken-Spiele sind ein Ergebnis dieser Kooperation.

Literaturverzeichnis

Bateson, Gregory (1981): Kybernetische Erklärungen. In: Ders.: Ökologie des Geistes. Frankfurt/Main, 515 - 529.
Bruner, Jerome S. (1997): Sinn, Kultur und Ich-Identität. Heidelberg.

Edelman, Gerald M.; Tononi, Giulio (2002): Gehirn und Geist: Wie aus Materie Bewusstsein entsteht. München.

Fonagy, Peter u.a. (2004): Affektregulierung, Mentalisierung und die Entwicklung des Selbst. Stuttgart.

Maturana, Humberto R.; Varela, Francisco J. (1987): Der Baum der Erkenntnis. Bern; München; Wien.

Nelson, Katherine (Hrsg.) (1989): Narratives from the Crib. Cambridge, London.

Schäfer, Gerd E. (2006): Bildungsprozesse von Anfang an denken. In: von der Beek, Angelika; Schäfer, Gerd E.; Steudel, Antje: Bildung im Elementarbereich – Wirklichkeit und Phantasie. Weimar; Berlin, 57 – 71.

Schäfer, Gerd E. (2008a): Das Denken lernen – Bildung im Krippenalter. In: Betrifft Kinder, H. 8/9, 6 – 15.

Schäfer, Gerd E. (2008b): Anfängergeist – Über Bildung und Beteiligung im frühen Kindesalter. In: Betrifft Kinder, H. 10, S. 6 - 17.

Scheuerl, Hans (1994): Das Spiel. Bd. 1. Weinheim, Basel.

Tomasello, Michael (2002): Die kulturelle Entwicklung des menschlichen Denkens. Frankfurt/Main.

„GHOUL S'N GHOSTS" – Spielstrukturen in Videospielen[1]

Gisela Wegener-Spöhring

1 Videospiele – eine fremde Welt

Spielgeräte in öffentlichen Spielotheken: Vereinsamte Spieler sind vorgefertigten Spielsequenzen ausgeliefert; die Bewegungen hektisch, die Gesichter angespannt, das Schweigen nur von gelegentlichen Kraftausdrücken durchbrochen und vom endlosen Computer-Singsang überlagert. So ist das Bild der öffentlichen Meinung, so auch das vorrangige Bild einschlägiger Wissenschaft (vgl. beispielhaft und extrem: Knapp 1984). – Wo bleiben Phantasie und Einfallsreichtum, wo Souveränität und Leichtigkeit des entspannten Feldes, wo die schwebende Balance zwischen Ambivalenzen? Wo bleibt all das, worüber wir das Spiel beschreiben? Und wenn die deutsche Automatenindustrie mit dem berühmten Schiller-Wort wirbt – „Der Mensch ist nur da ganz Mensch, wo er spielt" –, so hat manch einer schon bedauert, daß das Zitat nicht mehr urheberrechtlich geschützt ist, und die Verrohung des Spiels beklagt.

Nun ist das Spiel über die Jahrhunderte oft gescholten worden, und Verbote waren nicht selten (vgl. Dirx 1981, 79 ff.): „Spiel mag gar selten sin on Sünd, ein Spieler ist nit Gottes Fründ, die Spieler sind des Tüfels Kind."

So eine mittelalterliche Prediger-Meinung (Dirx a.a.O., 85). Das Spiel hat dieses und ähnliches überdauert. In seinen vielfältigen Manifestationen ist es so bunt wie das Leben und entzieht sich jedem eingefahrenen Verständnis. Wir müssen uns ihm deshalb stets neu nähern. – Es wäre doch möglich, daß sich das Spiel auch einer computerisierten Technik bedienen, sie überhöhen oder konterkarieren kann. Und so behaupte ich: Was an den Spielgeräten wirklich geschieht, das wissen wir nicht. Es gibt Häufigkeitsauszählungen, Befragungen und Interviews (vgl. z. B. Emsbach u. a. 1988, Fritz u. a. 1983/84, Knoll u. a. 1986, Spanhel 1986) – aber das „Spiel" hat niemals jemand beobachtet. Ihm wende ich mich im Folgenden zu. Profitiert habe ich dabei wesentlich von Turkles Ansatz und Vorgehensweise; sie schreibt: „Mein Ziel ist es, Computerkulturen zu untersuchen, indem ich in ihnen lebe" (1984, 19).

---

1   Dieser Beitrag erschien zuerst in: Spielmittel 1991/1, 103-106. Wiederabdruck mit freundlicher Genehmigung der Autorin.

Ich komme jetzt zu den Angaben über das zu referierende Forschungsprojekt.

2 Das Projekt: Formale Angaben

Zusammen mit meinen Assistentinnen Betina Bringmann, Claudia Janetzko und Stefanie Rahn habe ich bisher 23 Stunden und 30 Minuten in einer großen Göttinger Spielothek beobachtet und das Geschehen protokolliert. Der Zeitaufwand für die Auswertung einer Spielsequenz von 60 Minuten ist für zwei Auswerterinnen bei etwa 12 bis 13 Stunden anzusetzen. Nach Abschluß der ersten Untersuchungsphase sind weitere Beobachtungen in der Praxis geplant.

Die Geschäftsleitung billigt unsere Anwesenheit in der Spielothek. Das fördert die Akzeptanz bei den Spielern, die wir allerdings auch durch unsere zurückhaltend-fragende und um Verstehen bemühte Haltung gewinnen. Wir bitten, ob wir beim Spiel zuschauen und ein wenig fragen dürfen. Erklärend sagen wir, daß wir über Videospiele einen Artikel schreiben werden. Das leuchtet ein, wir werden gut aufgenommen, besonders da wir nicht vorgeben, schon alles zu wissen. Ich denke, daß Offenheit im Feld noch immer eine der bewährtesten Forschungsstrategien ist, auch wenn ich die damit gegebenen Verfälschungen nicht verkenne. Mir geht es jedoch um Spielstrukturen.

Ein standardisiertes quantitatives Verfahren wird hier kaum greifen. Ich rekurriere im Folgenden auf die vorliegenden Ansätze qualitativer Sozialforschung (vgl. Spöhring 1989).

3 Verstehen als Grundlage und ein qualitativer Forschungsansatz

Kleining formuliert in seinem „Umriß zu einer Methodologie qualitativer Sozialforschung" (1982) vier Regeln. Regel 2 über das Objekt, den Gegenstand, besagt: Zu Beginn der Arbeit kennen wir den Gegenstand nicht, er kann sich im Verlaufe der Arbeit ändern und wird „erst zu Ende seine wahre Gestalt zeigen" (233). Und Regel 3 über das Handeln führt aus: Der Gegenstand soll von „allen" Seiten angegangen werden. „Die Alternative zur einseitigen Betrachtung ist nicht die – eine – Gegenposition, sondern alle möglichen Betrachtungsweisen" (234). Vor allem aber muß der Forscher sein Vorverständnis über den Forschungsgegenstand überwinden (Regel 1; 232).

Mir schien, es sei gerade der Spielforschung angemessen, einer Forderung qualitativer Sozialforschung zu entsprechen, die ich pointiert bei Glaser/Strauss lese, der Forderung nämlich, „... die erforschte soziale Welt so lebensnah zu beschreiben, daß der Leser ihre Bewohner buchstäblich sehen und hören kann" (1979, 103). Sehen und hören kann „aus der Perspektive des theoretischen Bezugsrahmens" freilich (ebd.). Doch betonen die Autoren andererseits die „Gleichzeitigkeit der Sammlung und Analyse von Daten" (92), den hermeneutischen Zirkel von Beobachtung und Interpretation. Und sie ermutigen in der Darstellung zu einem „umfangreichen Arsenal von Verfahren, das persönliche Erfahrungen des Autors ausdrücklich miteinschließt" (103). So nähere ich mich dem Phänomen einfühlend-beschreibend.

Denn: Die Aufgabe des Forschers ähnelt „in sehr vielem dem, was ein Verfasser von realistischen Romanen tut" (110). Der qualitative Forscher läßt den „gegenstandsbezogenen Konzepten und Hypothesen zunächst einmal die Chance, von sich aus in Erscheinung zu treten". Er verhält sich gegenüber den Daten verantwortungsvoll und biegt sie nicht zurecht (111). Mein Anliegen ist es, ein „sinnvolles" Bild spielerischer Situationen zu entwerfen unter Verwendung „empfindlich machender" (sensitizing) Begriffe (103). Und mein Anliegen ist die Analyse von Spielstrukturen. Kleinings Regel 4 über das Bewerten zielt darauf ab: „Aus verschiedenen Aussagen Identitäten herauszufiltern, die Aussagen nämlich, die Gleichheiten aufweisen, bezeichnet den Prozeß der Analyse auf Gemeinsamkeiten und führt zur Struktur" (Kleining a. a. O., 239).

So tritt die Theorie nach Glaser/Strauss gleichsam aus den Daten hervor, sie „emergiert". Eine solche Theorie gilt zunächst nur begrenzt, „gegenstandsbezogen" für den Bereich, aus dem sie gewonnen wurde. Ob sie sich als Baustein in eine umfassendere formale Theorie einfügen wird, ist später zu entscheiden. Versuchen wir zunächst einmal also das Naheliegende: Eine gegenstandsbezogene Teiltheorie, die bezüglich der Spielsituation in Spielotheken greift. Ich möchte dazu beitragen, daß wir allererst einmal verstehen, bevor wir urteilen.

Dabei bleibt mein Umgang mit Daten und Theorie ein wenig tentativ-spielerisch. Ermutigt wurde ich dazu durch das Studium vorliegender Ansätze qualitativer Sozialforschung im englischsprachigen Raum, die selbstbewußt-experimentierfreudig vorgehen. Ich zitiere nochmals Glaser/Strauss: „Der Feldforscher weiß, daß er weiß, nicht nur, weil er selbst im Feld gewesen ist und weil er seine Hypothesen sorgfältig verifiziert hat, sondern weil er zutiefst vom Wert seiner abschließenden Analyse überzeugt ist ... Wenn er am sozialen Leben seiner Untersuchungsobjekte teilgenommen hat, zählt dies noch mehr . . . Diese Überzeugung (in die Richtigkeit seiner Theorie) bedeutet freilich nicht, daß seine Analyse die einzig plausible wäre, die durch diese Daten begründet werden könnte (100). So werden die Kollegen die Auffassung des Forschers korrigieren und ergänzen" (103f.).

Der Leser mag also gern diese Rolle einnehmen, und mich auf die Brüche und Kanten in meiner Argumentation hinweisen. Ich bin noch dabei zu lernen. –

Für genauere Ausführungen über das angewandte Interpretationsverfahren verweise ich auf meine vorausgegangenen Arbeiten zum Kinderspiel (vgl. Wegener-Spöhring 1989a, b).

Ich komme zurück zu dem Projekt und beginne mit einer Spielbeschreibung.

4   „Ghoul s'n Ghosts"– eine Spielbeschreibung

Vorab der Inhalt des Spiels: Ein Ritter läuft unermüdlich, atemlos und mit durch keine Gefahr zu brechendem Eifer seiner vom Drachen entführten Braut nach. Angesichts mörderischer Monster, die ihm in großer Zahl und auf die unterschiedlichsten Weisen nach dem Leben trachten, rennt er behende vor und zurück, springt und duckt sich, erklettert er Leitern und balanciert auf schwebenden Inseln. Vor allem aber erschießt er mit atemberaubender Geschwindigkeit die auftauchenden Feinde, die sofort und klaglos in Nichts zergehen, selbst die fürchterlichen Supermänner, die er fünfmal treffen muß, bevor sie fallen. Ein Ritter gegen den Rest der Welt im Kampf um seine Braut – es hat etwas Anrührendes.

Hans[*] spielt „Ghoul s'n Ghosts". Er spielt es mit Meisterschaft, spielt meist dieses Spiel, weil er es beherrscht und weil er so mit nur einer Mark sehr lange Zeit spielen kann. Ich beobachte, daß er dreimal bis an die Pforten vordringt, hinter denen das Spiel enden wird. Doch kann er jedesmal nicht eintreten, weil er die dafür notwendige Zauberwaffe nicht errungen hat. Er kann aber nochmals, ohne erneut zu bezahlen, seine Abenteuer bestehen; es ist also prinzipiell möglich, einfach die Wunderwaffe unterwegs nicht aufzusammeln, und so praktisch endlos zu spielen.

Ob Hans das so will, weiß ich nicht genau. Er ärgert sich jedenfalls während des Spiels offensichtlich, wenn er Fehler macht. Doch hat man ja auch hier mehrere Leben zur Verfügung, kann abhandengekommene Rüstungen und Waffen durch neue ersetzen, wenn man geschickt die im Spielgeschehen aufgestellten Schatztruhen nutzt – wissen muß man dabei freilich, daß jede zweite Schatztruhe einen Geist oder ein Monster beherbergt. „Ich spiele schlecht heute. Was mache ich denn! Sowas Blödes!" sagt Hans, wenn er einen Fehler macht. „Bin ich denn blöd, hier in das Gestrüpp zu springen." Dennoch macht er nur gerade so viele Fehler, daß er sie noch kompensieren kann, daß er jedesmal wieder zu den Pforten des Geheimnisses vordringt. Hier freilich weist ihn, wie schon erwähnt,

---

[*] Name geändert

der riesige weißbläuliche Zauberer zurück, und Hans kann die Spielsequenz aufs Neue spielen – vielleicht weil er es so möchte. Das Spiel hat verschiedene Ebenen. Die erste präsentiert ein Szenario mit Galgen, Totenköpfen, Kreuzen. Hans durchschreitet es lässig; es bietet ihm kaum Schwierigkeiten. Rasch erringt er eine goldene Rüstung (die ihn schwerer verletzlich macht), einen Zaubermantel und eine Zauberwaffe, die effektiver schießen kann. An späteren Stellen des Spieles werde ich sehen, daß Hans sein Männchen sogar zu verdoppeln vermag, dann, als zwei Personen also, die Gegner in rasender Geschwindigkeit vernichtet. Freilich hindert das nicht, daß ihn auch in dieser Zweigestalt die tödlichen Schüsse treffen können, so daß er beim ersten Schuß die Rüstung verliert (und dann rührend in der Unterhose dasteht), beim zweiten Schuß zusammensackt und sich selbst als Skelett anblickt. Freilich sind da noch die weiteren Leben, die zum Einsatz zu bringen sind.

Zwischendurch hält Hans das Spiel an. Er sieht, dass er innerhalb dieser Spielsequenz noch Zeit hat (jede Ebene ist innerhalb einer bestimmten Zeit zu durchlaufen, die in der linken oberen Ecke des Bildschirmes angezeigt wird), er läßt deshalb das Männchen nicht weitergehen, sondern vernichtet in Ruhe die immer wieder erscheinenden langen Baumarme, die ihm, wie er sagt, viele Spielpunkte einbringen. Erst wenn es ihm opportun erscheint, geht er weiter – durch ein Gewitter, in dem riesige Monster erscheinen.

Ebene 2 zeigt eine Landschaft mit schiefem Haus und Hängebrücken, durch die rosa Insekten schweben. Geflügelte Teufel kommen über Totenschädelberge, Feuer fallen vom Himmel, Feuer, über die Hans das Männchen mühelos zu springen lassen vermag. In Ebene 3 erscheinen grüne Fliegenmonster und runde schwebende Fische, die Hans nur der einzusammelnden Punkte wegen vernichtet. Er könnte sie andernfalls geschickt geduckt einfach vorbei lassen und so Spielkraft sparen. Hans hat noch Kraft genug, er schießt sie alle ab und sammelt die Punkte ein.

Jetzt erscheinen sich bewegende, wachsende und wieder verschwindende rosa Äste, über die Hans das Männchen exakt springen läßt, weil er vorher weiß, wie in etwa sie erscheinen werden. Auch in die Spalten zwischen den fliegenden Inseln stürzt er keinesfalls; Hans beherrscht den Joystick meisterhaft. Das Szenarium ändert sich: Wolkenmonster, blaugewandete Sensenmänner auf Gletschern. Riesige Hände und Dornen.

Hier macht Hans, wie schon erwähnt, einen Fehler: „Warum springe ich nur ins Gestrüpp?" Hans hat noch Leben (Männchen) gut, das Spiel geht weiter. Eine riesige Gestalt tut nichts, Hans weiß das vorab und kann sie deshalb ignorieren. Bei dem nächsten Kampf wählt er „Messer", weil er aufgrund seiner Spielerfahrung weiß, daß diese hier besonders effektiv sind. Es ist seine Wahl, er könnte sich auch andere Waffen aussuchen. Ein Drache aus Ornamenten, ein

Schwein, wieder Feuer, Sperren, und jetzt die riesigen langhalsigen grünen Monster, die er mit seiner Spezialwaffe (die er unterwegs errungen hat) abzuschießen vermag. Ein Schild blinkt einladend. Doch wird Hans es nicht einsammeln, da er weiß, daß eben dieses Schild ihn hindern wird, am Schluß die erwünschte Zauberwaffe zu bekommen. Auch dies weiß er nur aufgrund seiner Spielerfahrung.

An der fürchterlichen Ungestalt am Schluß, die ich kaum beschreiben kann, scheitert er schließlich doch. Er setzt sein letztes Leben ein, dringt vor bis zu den Pforten, in die er – wie anfangs gesagt – nicht eindringen darf; und er beginnt von Neuem, nicht ganz am Anfang, sondern irgendwo in der Mitte des Spiels. – So spielt er scheinbar endlos: ich bin erschöpft vom Zusehen, von der Fülle und Schnelligkeit der Reize, der umgebenden Hitze des Raumes bin ich todmüde, trotzdem aufgeregt und schlafe schlecht in der Nacht.

5   Spielstrukturen und „sensibilisierende Begriffe": Interpretationen

Ziel war zunächst, den Spieler und sein Spiel so zu beschreiben, daß der Leser alles „buchstäblich sehen und hören kann" (Glaser/Strauss, 1979). Ich gebe jetzt im ersten Zugriff unsere Interpretation, wie sie aus den Daten „emergiert". Die „sensibilisierenden Begriffe" sind jeweils *kursiv* gesetzt. Wir haben sie im hermeneutischen Zirkel von Beobachtung und Interpretation gewonnen und einem Vorschlag Mayrings entsprechend anhand von „Ankerbeispielen" definitorisch festgelegt (vgl. Mayring 1985). (Genauer zum Interpretationsverfahren vgl. Wegener-Spöhring 1990, 1991).

- Der Spieler (S.) ist in der Lage, über das Spiel während des Verlaufes einen ständigen *Spielkommentar* abzugeben; er erklärt der Beobachterin die Spielstrukturen, die sie andernfalls gar nicht verstanden hätte. Das zeigt seine hohe *Spielkompetenz* vorab.
- Aufgrund seiner hohen Spielkompetenz kann S. *Spielentscheidungen* treffen (Anhalten/Fortführen der Spielsequenz).
- *Spielfehler* kann er durch vorher erworbene *Spielgratifikationen* (Bonuspunkte, „Leben") ausgleichen.
- S. wählt eine offensive *Spielstrategie* (Vernichten der Baumarme); diese kann er sich aufgrund seiner vorher „eingespielten" Zeit leisten: *Spielkompetenz*. Er könnte sich auch durch Abwarten und Ausweichen defensiv verhalten oder rasch durch die Spielsequenz gehen.

- Am Schluß wählt S. eine Endlos-Strategie, die das Spiel perpetuiert: Er vermeidet, das spielentscheidende Element zu erwerben: *Spielentscheidung* (wahrscheinlich).
- Aufgrund *vorausschauenden Spielwissens* kann S. *Spielgratifikationen* erwerben (goldene Rüstung, Zaubermantel, Zauberwaffe): Nur jede zweite Schatztruhe enthält eine solche Gratifikation; das aber steht in keiner Spielregel beschrieben.
- Aufgrund vorausschauenden Spielwissens kann S. *Spielaufgaben* bewältigen: Antizipation von *Spielelementen* (z. B. Abgründe).
- Aufgrund *vorausschauenden Spielwissens* kann S. kraftsparendes Spielverhalten zeigen: Ignorieren der bedeutungslosen „riesigen Gestalt", trotz deren visualisierter Gefährlichkeit; Ignorieren eines Spielelementes mit spielhindernden Eigenschaften, trotz dessen visualisierter Nützlichkeit (Schild).
- Die Äußerung seiner *Spielfrustration* bei Spielfehlern bleibt spielerisch-lässig; S. wahrt die *Spielbalance.* Grundsätzlich ist er von seiner Spielkompetenz überzeugt; er bleibt letztlich Meister der Situation.
- Er bedient sich der *Spielsprache* der in-group: „Gestrüpp" ist der Name für ein Symbol im Video-Kartenspiel MaYong, das die Gruppe zu ihrer Verständigung erfunden hat. S. bedient sich einer *Spielverfremdung,* die eine gewisse Distanz zum aktuellen Spiel herstellt.

Ich resümiere: Der Spieler spielt ein wirkliches „Spiel", so wie ich es einleitend beschrieben habe. Ich hebe abschließend das Merkmal der „Spielentscheidung" heraus, das den Spieler als Subjekt erscheinen läßt, der über sein Spiel in Freiheit befindet. Ich verkenne nicht die technisch gesetzten Grenzen dieser Freiheit; doch gibt es *immer* Spielregeln, die Grenzen setzen. Wir haben solche eigenständigen Spielentscheidungen oft beobachtet. Daß diese an Spielkompetenz gebunden sind, verwundert nicht. Stets setzt das Spiel eine gewisse Beherrschung der Umwelt voraus; „Bewältigungsverhalten" („mastery") müsse dem Spieler eine gewisse Akkomodation an die Umwelt ermöglichen, bevor Spiel möglich sei, so beispielhaft Sutton-Smith (1975, 326). Unter dieser Voraussetzung realisiert sich das entspannte Feld des Spiels – auch bei Videospielen.

Im zweiten Zugriff wende ich mich dem Spielinhalt zu, um nochmals zu fragen: Ist das, was ich in der Spielbeschreibung „Ghoul s'n Ghosts" geschildert habe, ein „Spiel"?

6 „Ghoul s'n Ghosts": Ein „Spiel"?

Ghoul s'n Ghosts präsentiert eine phantastische Spielwelt mit deutlicher, ja unübersehbarer Distanz zur Alltagswelt, die innerhalb eines begrenzten räumlichen und zeitlichen Rahmens eine reduzierte, vereinfachte, karikierte Quasi-Realität (Heckhausen 1973, 135) präsentiert, die niemand mit der Alltagsrealität verwechseln wird: Spiel als eine „caricatur" sozialen Lebens (vgl. Coleman 1966; nach Lehmann 1975, 59).

Die Ereignisse sind verfremdet und handhabbar gemacht durch die spieltypischen Mittel: Isolierung eines Aspektes, Vergrößerung eines Aspektes, Abstraktion vom Kontext, Beschränkung auf wenige Alternativen, Beschränkung auf die unmittelbar Beteiligten, Beschränkung auf das Typische und Allgemeine (ebd.).

Zu ähnlichen Aussagen kommt Sutton-Smith, wenn er sagt: „... that games can be seen as models of problems in adaption ... They reduce that problem to a scale that is managable. They reproduce the two sides of the problem (to capture or not to capture; to have luck or not to have luck; to deceive or to be deceived) and also the excitement that goes with the uncertainty of not knowing what the outcome will be. Yet, because they are only games, they reduce the insecurity that might go with that excitement if it was real life" (Sutton-Smith 1986a, 64). Sutton-Smith betont die Wichtigkeit dieses deutlichen Kontrastes zur Alltagswelt (ebd., 249) und plädiert an anderer Stelle für möglichst phantastische Spielarrangements und Spielzeuge: „There is a strong argument here for toys which are clearly fantastic" (1986b, 6). Es helfe den Kindern, Realitätsebenen unterscheiden zu lernen sowie in einer hochvermittelten, symbolischen Informationskultur zu leben. Was wir als Erwachsene oft nicht sehen: Spiel ist Transformation (vgl. Sutton-Smith 1980b, 1988). Der Spielende wird Spielarrangements und Spielzeuge seinen individuellen phantastischen Spielwünschen anpassen und sich dabei zwangsläufig von jedem kruden Realismus entfernen – jedenfalls, wenn er wirklich „spielt": „Play is a kind of assimilation of objects to the subjective world of the players ..." (Sutton-Smith 1986a, 250). Die oben beschriebene verfremdete Einfachheit von Spielarrangements und Spielzeugen ist dabei hilfreich, auch bei Videospielen. In dieser eingegrenzten und überschaubaren Spielrealität handeln die Spieler flexibel, variabel, ingeniös, einfallsreich, abstrus, ungewöhnlich, phantasievoll.

Auch ich habe „Ghoul s'n Ghosts" gespielt, in einer leichteren Variante („Ghosts and Goblins") in meinem Urlaubshotel, und ich habe weitere Spielmerkmale gefunden. Zunächst gestehe ich hier ohne Scheu: Es macht mir Spaß, erzeugt bei mir „spontanes Engagement" (Goffman 1937, 41) und „lebhafte persönliche Teilnahme" (Sutton-Smith 1975, 329). – Was ist es, das Spaß macht? Es ist die Schnelligkeit, die Spannung, die durch den raschen Wechsel von „Aktivierungszirkeln" (Heckhausen 1973, 137) erzeugt wird: Schießen und Treffen, Anspannung und Lösung. Es ist die skurrile Verfremdung, die Vereinfachung der Muster auf unkomplizierte Antinomien, Verfolgen – Fangen, Zielen – Treffen/Zerstören, wie ich sie auch in meinen Forschungen zum Kriegsspielzeug gefunden habe (vgl. Wegener-Spöhring 1986, 805). Es sind die simulierten Prozesse von Konflikt, Gefahr und Strategie (vgl. Sutton-Smith 1986a, 73). Es ist das unmittelbare Feedback für richtiges oder falsches Spielverhalten (ebd., 74). Es ist das Gefühl, gegen eine „mächtige Maschine" zu kämpfen (73) – das Spielmerkmal der Antithetik, die Herausforderung durch eine Aufgabe oder einen Gegner, die Spannung und Ungewißheit schafft (vgl. dazu Huizinga 1956, 52f.). – Im Sinne der Theorie ist „Ghoul's'n Ghosts" also durchaus ein „Spiel". Auch die vorgelegte Spielbeschreibung und ihre Interpretation hat m.E. gezeigt, daß Hans, der Spieler, ein „Spiel" realisiert hat, ein gutes Spiel sogar. Um das zu erkennen, war es notwendig, sich verstehend ins Feld zu begeben und den Forschungsgegenstand – im Sinne Kleinings (s. o.) – vorurteilsfrei und von „allen" Seiten zu betrachten. Leicht hätten wir sonst auch das eingangs angeführte Bild des vereinsamten und hektischen Video-Spielers finden können. Erst zu Ende der Arbeit zeigt der Gegenstand „seine wahre Gestalt"; hier ist es das Spiel, das Spiel an einem Video-Spielgerät in einer öffentlichen Spielothek. – Im Verlaufe der Untersuchung haben wir mehr davon beobachtet und interpretiert. Nach ihrem Abschluß werde ich weitere Analysen vorlegen sowie ein erweitertes Interpretationsraster „sensibilisierender" Begriffe, die uns helfen zu verstehen, was geschieht. Ziel ist eine gegenstandsbezogene Theorie des Video-Spiels, und ich hoffe, hier einen ersten Schritt getan zu haben.

7 Abschließende Spielbeschreibung

Fasziniert beobachte ich am Spielautomaten meines Urlaubshotels ein Mädchen, das jeden Abend ihr Spiel mit „Ghoul's'n Ghosts" spielt. In der Spielsequenz mit den schwebenden Monstern, deren Pfeilen man im Grunde nur auszuweichen brauchte, verweilt sie, hält das Spiel an, obwohl es weder dem Spielfortgang dient, noch Spielpunkte bringt. Ihr Spiel ist: Sie bückt sich, sie läßt die Monster vorbei, dreht sich dann herum, springt hoch und schießt sie ab – alles in einem einzigen Spielzug. Dies spielt sie in zunehmender Meisterschaft und in zunehmender zeitlicher Ausdehnung – bis schließlich doch ein Pfeil sie trifft. Sie spielt es immer so und nur so.

Literaturverzeichnis

Braun, Claude M.; Giroux, Josette (1989): Arcade Video Games: Proxemic, Cognitive and Content Analyses. In: Journal of Leisure Research, Vol. 21, No. 2., 92-105.

Dirx, Ruth (1981): Das Buch vom Spiel. Gelnhausen.

Emsbach, Michael; Schneekloth, Hans; Stoffers, Manfred (1988): Computer-Freizeit. Elektronische Spiele und Computer in der Jugendarbeit. Erkrath.

Fritz, Jürgen; Dorst, Brigitte; Metzner, Joachim (1983/1984): Video-Spiele – Regelbare Weiten am Draht. In: Spielmittel 1983/2-5 und 1984/1-2.

Glaser, Barney G.; Strauss, Anselm L. (1979): Die Entdeckung gegenstandsspezifischer Theorie: eine Grundstrategie qualitativer Sozialforschung. In: Hopf, Christel; Weingarten, Elmar (Hrsg.): Qualitative Sozialforschung. Stuttgart, 91-111.

Goffman, Erving (1973): Interaktion: Spaß am Spiel. Rollendistanz. München.

Heckhausen, Heinz (1973): Entwurf einer Psychologie des Spielens. In: Flitner, Andreas (Hrsg.): Das Kinderspiel. München, 133-149.

Huizinga, Johan (1956): Homo Ludens. Vom Ursprung der Kultur im Spiel. Hamburg.

Kleining, Gerhard (1982): Umriss zu einer Methodologie qualitativer Sozialforschung. In: Kölner Zeitschrift für Soziologie und Sozialpsychologie 34, 224-253.

Knapp, Gottfried (1984): Vom Flipperkasten zum Computerspiel. In: Kursbuch 75: Computerkultur. Berlin, 153-160.

Knoll, Joachim u.a. (1986): Das Bildschirmspiel im Alltag Jugendlicher. Opladen.

Lehmann, Jürgen (1975): Das Simulationsspiel in der Erziehung. Weinheim.

Mayring, Philipp (1985): Qualitative Inhaltsanalyse. In: Jüttemann, Gerd (Hrsg.): Qualitative Forschung in der Psychologie. Weinheim; Basel, 187-211.

Spanhel, Dieter (1987): Jugendliche vor dem Bildschirm. Weinheim.

Spöhring, Walter (1989): Qualitative Sozialforschung. Stuttgart.

Sutton-Smith, Brian (1975): Forschung und Theoriebildung im Bereich von Spiel und Sport. In: Zeitschrift für Pädagogik, 21. Jg., H. 3, 325-334.

Sutton-Smith, Brian (1986a): Toys as Culture. New York; London.

Sutton-Smith, Brian (1986b): Our Responsibility to Safeguard Children's Play. Vortrag auf der „Conference of Educators for Social Responsibility", Hunter College, New York.

Sutton-Smith, Brian (1988): War Toys and Childhood Aggression. In: Play and Culture 1, 57-69.

Turkle, Sherry (1984): Die Wunschmaschine. Der Computer als zweites Ich. Reinbek.

Wegener-Spöhring, Gisela (1986): Die Bedeutung von „Kriegsspielzeug" in der Lebenswelt von Grundschulkindern. Unterrichtsgespräche mit 4. Grundschulklassen. In: Zeitschrift für Pädagogik, 32. Jg., H. 6, 797-810.

Wegener-Spöhring, Gisela (1988): Statement zur Podiumsdiskussion – Automatenspiele. In: Fromme, J.; Stoffers, M. (Hrsg.): Freizeit im Lebensverlauf. Bielefeld; Erkrath, 284-288.

Wegener-Spöhring, Gisela (1989a): War Toys and Aggressive Games. In: Play and Culture 2, 35-47.

Wegener-Spöhring, Gisela (1989b): Aggressive Spiele bei Kindern – Beobachtung und Interpretation von Freispielszenen. In: Bildung und Erziehung, 42. Jg., H. 1, 103-120.

Wegener-Spöhring, Gisela (1990): Gaming in Games. In: Play and Culture.

Wegener-Spöhring, Gisela (1991): Beobachtung und Interpretation von Spielsequenzen an Video-Spielgeräten. Ein qualitatives Forschungsprojekt. In: Zeitschrift für internationale erziehungs- und sozialwissenschaftliche Forschung. 8. Jg., H.2, 347-362.

L2P. Spielstrukturen in *World of Warcraft*

Benedikta Neuenhausen

1   Einleitung

Computerspiele sind ein Thema im öffentlichen und wissenschaftlichen Diskurs, spieltheoretisch werden sie dabei allerdings selten in den Blick genommen. Angeregt durch Gisela Wegener-Spöhrings Artikel ‚Ghoul s'n Ghosts' werde ich im Folgenden eben diese Perspektive einnehmen und dabei Spielinhalt und -kompetenz fokussieren. Im ersten Teil wird die Fragestellung an sich beleuchtet und in den Diskurs um Computerspiele eingebettet. Wegener-Spöhring greift in ‚Ghouls'n Ghosts' zur Bestimmung des spielerischen Charakters auf die Ebene des Spielinhalts in seiner Beziehung zum Alltag sowie auf die Spielkompetenz zurück. In Anlehnung an Sutton-Smith betont sie die Bedeutung des Kontrastes zur Alltagswelt sowie die Wichtigkeit des Phantastischen im Spiel: Über diese Unterschiede werden gerade die Grenzen der Realität erfahrbar gemacht. Daher werde ich im zweiten Teil in das Spielen in virtuellen Welten einführen (MMORPGs = Massively Multiplayer Online Role Playing Games, kurz MMOs) sowie das Verhältnis von Spielinhalt und Alltagswelt am Beispiel des größten MMO ‚World of Warcraft' (WoW)darstellen.

Zur Spielkompetenz gehört die Fähigkeit, Entscheidungen im Spiel zu treffen, die auf Wissen über Spielhandlung, -ablauf und über zentrale Merkmale sowie Einzelheiten beruhen. Die Spielkompetenz für ‚Ghoul s'n Ghosts' wird beim Spielen erworben. Im vierten Abschnitt erläutere ich die erforderlichen Kompetenzen sowie deren Erwerb am Beispiel WoW. Hinzu kommen als Merkmale von Spiel der sich im spontanen Engagement und in lebhafter persönlicher Teilnahme zeigende Spielspaß und das Wechselspiel von An- und Entspannung verbunden mit Herausforderungen. Abschließend wird der Ertrag einer solchen Perspektive für die erziehungswissenschaftliche Diskussion über Computerspiele aufgezeigt.

2   Computerspiele zwischen Medialität, Sozialität und Spiel

Die Fragestellung, der von Wegener-Spöhring in ihrem Artikel nachgegangen wurde, ist aus heutiger Sicht ungewöhnlich: Auch wenn sich die Automatenspiele längst zu hochkomplexen, grafisch anspruchsvollen virtuellen Umgebungen entwickelt haben, in denen ein wesentliches Element medial vermittelte soziale Interaktionen ist, wurde die Frage nach dem ‚Spiel' im Computerspiel im öffentlichen und auch im wissenschaftlichen Diskurs selten gestellt. Gleichwohl sind Computerspiele in beiden Diskurshorizonten regelmäßig wiederkehrende Themen. Allerdings erfolgt die Auseinandersetzung eher im Hinblick auf Themen wie Gewalt, Sucht und Eskapismus oder, wenn auch seltener, im Hinblick auf Bildungs-, Lern-, Erfahrungs- und Kulturräume. Dieser erste Diskurshorizont um Gewalt, Sucht und Eskapismus steht in der Tradition der Mediendiskussionen, der hier inhaltlich der Diskussion der Wirkung von Medien, insbesondere Fernsehen, folgt und diese Linie linear fortsetzt. Das heißt, dass in der thematischen Auseinandersetzung der Fokus bislang vor allem auf der Medialität und dem Inhalt, nicht jedoch auf der Performanz[1] im Spiel liegt. So werden Computerspiele auch in erster Linie als Thema der Medienpädagogik und vielleicht noch der Jugendforschung betrachtet, aber nicht als Gegenstand der Spiel- und Freizeitpädagogik oder auch der pädagogischen Anthropologie, wo wir bislang den Diskurs über das Spiel wiederfinden können. Und: Performative Perspektiven finden sich bislang eher in kulturwissenschaftlichen Arbeiten; hier wären beispielhaft die Arbeiten von Natascha Adamnowsky und Mark Butler zu nennen.

Auch wenn die Medialität ohne Zweifel das Spielerlebnis, die Spielkompetenz und die Spielmöglichkeiten erheblich beeinflusst, ist sie nur ein Merkmal von Computerspielen. So wie das Kinder- vom Gesellschaftsspiel anhand des eingesetzten Mediums unterscheidbar ist, muss eine solche Unterscheidung auch in Bezug auf das Computerspiel möglich sein, um sich anschließend den Spielaspekten und -merkmalen zuzuwenden. Einschränkend muss gesagt werden, dass Medialität einen schwer zu greifenden Charakter hat, der beispielsweise Immersion[2] erst ermöglicht und der das Spielgeschehen in wesentlich größerem Umfang determiniert als dies zum Beispiel bei Gesellschaftsspielen der Fall ist. Weiterhin bedarf es bereits gewisser Medienkompetenzen, um überhaupt ein Computerspiel spielen zu können.[3]

---

1   Eine ausführliche Erläuterung der *performance* im Spiel findet sich beispielsweise bei Adamnowsky 2000, Frankfurt.
2   Immersion bezeichnet das Eintauchen in virtuelle Welten und damit hier auch das Eintauchen in die Spielwelt.
3   Diesen Punkt werde ich in Abschnitt 4 weiter ausführen.

Eine weitere Schwierigkeit liegt in der Bestimmbarkeit von Spielen selbst: Spiel kann als Gegenwelt verstanden werden, die sich dann, häufig idealistisch aufgeladen, vor allem von der Arbeit abgrenzt und somit Freiheit statt Zwang ermöglicht. In einem sehr weiten Spielbegriff ist einfach alles Spiel, das ganze Leben wird Spiel. Unter beiden Perspektiven verliert sich die Trennschärfe. Der Wirklichkeitsraum von Spiel entzieht sich hier der Bestimmbarkeit. Vor allem Letzterer verwischt die Realitäten, denn es bleibt immer noch ein Unterschied, ob ich mein Geld im Monopoly oder an der Börse verliere, auch wenn die Handlungen möglicherweise zumindest deskriptiv gleich sind. Zudem erreicht die Beobachterperspektive eine Grenze: Beobachte ich Kinder beim Spiel, wie sie Alltagsgegenstände in Haustiere, Waffen, Werkzeuge o.Ä. transformieren, kann es sich um Spiel handeln, es kann aber ebenso gut ein eher pathologischer Zustand der Wirklichkeitsverzerrung, Schizophrenie o.Ä. vorliegen. Das heißt: Spiel ist es nur dann, wenn das Kind selber bestimmt hat, dass es Spiel ist.

Die Frage danach, was Spiel eigentlich ist und was es ausmacht, welche Merkmale es erfüllen muss, um als Spiel zu gelten, ist nicht neu – und ‚Merkmalskataloge‘ von Spiel gibt es einige. Letzten Endes aber entzieht sich das Spiel der Definition, da das Spielen selber eine das Spiel erzeugende Tätigkeit ist. Neben der Zweckfreiheit und dem Raum des *Nicht-wirklich-nicht-Wirklichen* ließe sich möglicherweise das Erzeugen des ‚Als-ob‘ als kleinster gemeinsamer Nenner von Spielbestimmungen finden.

Eine solche vom Spiel ausgehende Betrachtung von Computerspielen stößt aber auf zwei Schwierigkeiten: Zum einen sind die Bestimmung der Medialität sowie deren besonderer Einfluss auf das Spielerleben nicht hinreichend eingrenzbar, Spiel und Medium sind eng miteinander verwoben. Zum anderen ist allein eine Bestimmung der Wesensmerkmale von Spiel immer nur in Annäherung erreichbar. Trotz dieser Schwierigkeiten sind die Grundannahmen und damit auch die Perspektive, die eingenommen wird, unterschiedlich und ermöglichen andere Zugänge.

3 Von LAN und MUDs zu MMOs

Moderne Computerspiele unterscheiden sich erheblich voneinander. Dies betrifft nicht nur den Spielinhalt, sondern u.a. das Handeln im Spiel, die Spielziel und vor allem die soziale Dimension. Eine Unterscheidung nach Genres, wie sie lange Zeit vorgenommen wurde (z.B. Strategiespiel, Shooter, Adventure etc.), erübrigt sich ebenfalls mittlerweile, da die Grenzen in den einzelnen Spielen verwischen und die meisten Spiele Merkmale verschiedener Genres aufweisen.

Grundsätzlich aber werden Computerspiele seit einigen Jahren häufig im Mehrspielermodus gespielt, der ein wichtiges Kriterium für die langfristige Bindung und den Spielspaß ist. Spiele, die den Mehrspielermodus zumindest auch ermöglichen, scheinen daher am ehesten den Wünschen der Spieler zu entsprechen. Möglichkeiten mit oder gegen andere Spieler zu spielen, gibt es einige, z.b. via LAN oder eben auch über das Internet. Bei beiden Möglichkeiten interagieren Avatare miteinander – und es handelt sich um medienbasierte soziale Interaktion. Der Unterschied liegt aber vor allem im sozialen Raum: Während internetbasierte Spiele alle Optionen und Restriktionen webbasierter Interaktion und Kommunikation beinhalten, kommt bei LAN-basierten Spielen noch die gleichzeitige physische Anwesenheit im selben Raum hinzu. In einem Local Area Network (LAN) werden mehrere Computer miteinander verbunden, anders als beim Internet also lediglich lokal. Es kann sich dabei um zwei oder auch zweitausend Computer handeln. (Eine Verbindung zum Internet ist nicht erforderlich.) Das heißt, dass sich beispielsweise eine Gruppe treffen kann, um gemeinsam mit- und gegeneinander zu spielen. Handelt es sich um ein von einem Veranstalter organisiertes Treffen, spricht man von einer LAN-Party.[4] Organisiert werden LAN-Parties von enthusiastischen Amateuren, professionellen Organisatoren oder einer Gruppe junger Erwachsener selber, die sich häufig in einem Clan organisiert haben. Die übliche Größe lag vor einigen Jahren, zur Hoch-Zeit der LAN-Parties, zwischen 60 und 250 Teilnehmern. Die zunehmende Etablierung und Verbreitung des Internets hat jedoch in den letzten Jahren das Spielen via LAN zurückgedrängt. Ein Grund dürfte die Bequemlichkeit sein: Während man zu einer LAN-Party seine Hardware transportieren muss, bleibt man für internetbasiertes Spielen zu Hause.

In einem ersten Schritt wurden eher Spiele, die man von LANs kannte auch via Internet gespielt.[5] Bei der Entwicklung zu heutigen MMOs wurden diese Spiele um eine weitere Spielvariante ergänzt: Das Rollenspiel. Online-Rollenspiele wiederum haben ihren Ursprung in den bereits gegen Ende der 70er Jahre entwickelten Multi-User-Dungeons (MUDs), die noch textbasiert waren. Die ersten MUDs wurden an Universitäten entwickelt, allerdings im Rahmen von technischer Forschung. Unter MUDs versteht man im Allgemeinen „Spiel- und Kommunikationsräume im Internet, die sich durch synchrone Kommunikationsmodalitäten auszeichnen" (Götzenbrucker 2001, 11). Neben diesen MUDs zählen heute v.a. die MMORPGs (Massively Multiplayer Online Role Playing Games), die sich aus den textbasierten MUDs entwickelt haben, zu den Online-

---

4   Eine der größten in Deutschland war 2003 die „The summit" mit knapp 1000 Teilnehmern und
     Teilnehmerinnen in Osnabrück (www.the-summit.de).
5   Eine der erfolgreichsten Spieleschmieden weltweit (Blizzard) hatte hier schon früh das ‚Battle-
     net' etabliert, über das man Warcraft3 spielen konnte.

Rollenspielen. Da der Rollenspielaspekt unterschiedlich stark ausgeprägt sein kann, werden Computerspiele, die von mehreren tausend Spielern gleichzeitig gespielt werden, online als MMOs bezeichnet (vgl. Chan/Vorderer 2006, 79).

Bereits die ersten MUDs wiesen Elemente auf, die wir heute noch in MMOs finden: das Lösen von Aufgaben für die es Erfahrungspunkte gibt, die Anforderung, Aufgaben gemeinsam zu bewältigen sowie das Erstellen eines virtuellen Charakters bzw. Avatars, der auf unterschiedliche Weise gestaltbar sein sollte. – Nach Elaine Chan und Peter Vorderer zählen insbesondere die folgenden fünf charakteristischen Eigenschaften zu den verbindenden Merkmalen der MMOs: die Persistenz (Persistence), die Gegenständlichkeit oder Dinglichkeit der virtuellen Spielewelt (Physicality), die soziale Interaktion (social Interaction), der Avatar (Avatar-Mediated Play) sowie der vertikale Spielverlauf und die Endlosigkeit (Vertical Game Play and Perpetuity) (vgl. Chan/Vorderer 2006, 82). Das Konzept der MMOs geht davon aus, dass

> „der Spieler bestimmte Ziele erreichen möchte. Dazu gehört in der Regel das Entdecken von neuen Gebieten (die anfangs meist nicht ohne weiteres zugänglich sind), das Erlernen neuer Fähigkeiten (wofür meist Erfahrung gesammelt werden muss), sehr häufig auch das Absolvieren von Missionen" (Schmitz 2007, 9).

Das größte und erfolgreichste MMO ist aktuell WoW. Es ist nicht das erste MMO, aber es hat diese massentauglich gemacht. Während die Vorgänger (wie z.B. Ultima Online) weltweit ca. 250 000 Spieler hatten (vgl. Schmitz 2007, 14), wurden von WoW bereits am ersten Verkaufswochenende im Februar 2005 europaweit 250.000 Exemplare verkauft. Heute gibt der Spielehersteller eine Zahl von 11.000.000 aktiven Spielern weltweit an.

3.1 World of Warcraft

Die Welt von WoW ist eine Welt, in der das Gute gegen das Böse kämpft (z.B. gegen Drachen, Untote, und böse Magier). Bilder, die uns vertraut sind aus Mythen und Märchen, sind hier zu einer eigenen Geschichte mit eigenen Protagonisten vermischt, die zur Belustigung der Spieler an einigen Stellen Gestalten aus der ‚wirklichen' Welt leicht verfremdet einfließen läßt (so gibt es eine Handtaschenverkäuferin namens Haris Pilton). Die zu erfüllenden Aufgaben folgen dem roten Faden der Hauptgeschichte, aber es gibt auch eine Vielzahl von Nebengeschichten. Alle Aufgaben lassen weitgehend die für das Spielerleben wichtige moralische Legitimierung zu, dass der Spieler selber letzten Endes auf der Seite des Guten kämpft.[6]

WoW ist Strategiespiel, Rollenspiel, Wirtschaftssimulation, Chat und ‚normales' Computerspiel zugleich. Das heißt, dass es eine soziale virtuelle Welt ist, vergleichbar mit Second Life, bei der das gemeinsame Spiel im Vordergrund steht. Die Vielfalt der Möglichkeiten, das Spiel zu spielen, erklärt möglicherweise auch bereits die Faszination für die oben genannte Vielzahl an Spielern, da individuelle Vorlieben und Ansprüche an das Spiel formuliert werden können. Die Einbettung der Spielgeschichte in die Welt der Mythen, Sagen und Märchen erfüllt die Forderung nach inhaltlicher Distanz zum Alltag. Auch die Spieler selber verfügen über magische Fähigkeiten.

Die Geschichte beginnt im Spiel ‚Warcraft', setzt sich hier bereits über verschiedene Erweiterungen fort und ist mittlerweile in Buchform erhältlich. Sie wird zudem konstant weiterentwickelt, wobei die Schlüssigkeit der Entwicklungen von einem Teil der Spielerschaft intensiv diskutiert wird, was wiederum hohe Kenntnis des Spielinhalts und der -geschichte voraussetzt. Verstärkt wird die märchenhafte Atmosphäre durch die eher comicartige grafische Darstellung, die als typisch für Spiele dieses Herstellers gilt.

Die Spielwelt selber steht dabei unterteilt in zahlreiche Server zur Verfügung, das heißt, dass nicht alle 11.000.000 Spieler die Chance haben, aufeinander zu treffen, sondern dass es reichlich Duplikate der Spielwelt gibt, die sich jeweils einige tausend Spieler teilen.

Bereits vor dem ersten Betreten der Spielwelt muss der Spieler eine Vielzahl von Entscheidungen treffen: Will er im Spiel den Rollenspielaspekt stark machen, muss er sich für einen entsprechenden Server entscheiden (RP), will er den immer mal wieder auflodernden Kampf zwischen den beiden Fraktionen Horde und Allianz durchgehend kämpferisch austragen können, muss er sich für einen P(erson)vP(erson)-Server entscheiden. Ist dieser Aspekt für ihn nicht wichtig, entscheidet er sich für einen P(erson)vE(nvironment)-Server. Zwischen den eben genannten Fraktionen Horde und Allianz muss er sich ebenfalls entscheiden; und: Aus jeder Entscheidung folgen Konsequenzen für die nächste. So kann ein Hordler beispielsweise zwischen den Rassen Ork, Untot, Blutelf, Troll und Taure wählen, während ein Allianzler sich für Mensch, Gnom, Nachtelf, Drainei oder Zwerg entscheiden muss. Diese Entscheidung wiederum ist mit der Klassenwahl verwoben. So können z.B. Druiden nur von Nachtelfen (Allianz) und Tauren (Horde) gespielt werden und wer sich für einen Gnom

---

6   So kann beispielsweise gegen eine Abholzung der Wälder oder für den Artenschutz gekämpft werden oder aber der Spieler hilft einer computergenerierten Gruppe bei der Verteidigung ihrer Lebensweise.

entscheidet, kann keinen Priester spielen.[7] Des Weiteren muss der Spieler sich für ein Geschlecht entscheiden und sein Aussehen gestalten (Frisur, Gesicht, Haarfarbe, Hautfarbe, Schmuck), bevor er seinem Charakter einen Namen geben kann. Dann endlich darf die Spielwelt betreten werden. Hier wird er durch Symbole (große gelbe Ausrufezeichen) zu seinen Auftraggebern geleitet. Die Erledigung von Aufgaben wird mit Erfahrungspunkten, Gold und/oder Ausrüstungsgegenständen belohnt. Wurden genügend Erfahrungspunkte gesammelt, steigt der Charakter ein Level auf, wodurch er neue oder stärkere Fähigkeiten erhält. Ab der Levelstufe zehn gibt es zusätzlich noch einen Talentpunkt für jedes neue Level. Diese Punkte können in den drei Talentbäumen verteilt werden und ermöglichen so verschiedene Spezialisierungen des Charakters. Zusätzlich kann der Charakter noch Fähigkeiten wie Schneidern, Schmieden, Lederverarbeitung, Alchemie und Inschriftenkunde oder Sammelberufe wie Kräuterkunde, Bergbau und Kürschnern erlernen. Zuletzt gibt es noch drei so genannte sekundäre Fähigkeiten, die erlernt werden können: Kochen, Angeln und Erste Hilfe (als Fähigkeit, sich mit Verbänden zu heilen).

Der Großteil der anfallenden Aufgaben läßt sich allein bewältigen, aber es gibt auch einige, für die mindestens ein weiterer Spieler benötigt wird. Zudem gibt es so genannte instanzierte Bereiche, die man als Gruppe von fünf Spielern betritt. Instanzierungen reservieren einen Teil der Spielwelt nur für diese Gruppe. In diesen Bereichen finden sich meist schwierigere Aufgaben und höherwertige Belohnungen. Auf die Aufgaben bezogen, läßt sich das Sozialleben in ‚allein‘, ‚mit bis zu fünf weiteren Spielern (Gruppe)‘ und ‚mit bis zu 25 (früher 40) weiteren Spielern (Schlachtgruppe)‘ unterteilen. Organisiert wird dies im Spiel über besondere Chatkanäle oder auch über eine weitere soziale Struktur, die Gilde (Zusammenschlüsse von Spielern). Dies können zehn, aber auch 200 Spieler sein, die gemeinsam spielen wollen und sich zumeist bei ihren Aufgaben unterstützen. Die Kommunikation und Interaktion im Spiel können synchron erfolgen (flüstern, Gruppe, Schlachtzug, allgemein, Handel, Gruppensuche) oder asynchron (Post, Auktionshaus). Die Kommunikation kann auch außerhalb der Spielwelt fortgesetzt werden. Dies erfolgt dann in Foren im Internet.

Diese Ausführungen sollen einen Eindruck der Komplexität der Möglichkeiten des Spiels geben. Die inhaltliche Distanz zum Alltag markiert die Verankerung in der Welt der Mythen, Sagen und Märchen, was sich beispielsweise auch in den Berufen noch einmal widerspiegelt. Die grafische Darstellung unterstützt diese Distanz. Die Spielgeschichte ist so aufgearbeitet, dass jeder Spieler, unabhängig von vorangegangenen Entscheidungen, sich auf der Seite des Guten sehen kann. Letzten Endes kämpfen Horde und Allianz gemeinsam gegen das

---

7 Die verfügbaren Klassen sind Magier, Hexer, Priester, Schurke, Paladin, Krieger, Druide, Jäger und, seit November 2008, als neue Heldenklasse, der Todesritter.

Böse, so dass die Spielhandlungen auch moralisch zu rechtfertigen sind. Gleichzeitig wurden bereits erste Anforderungen an Spieler deutlich: sich mit der Geschichte und den Möglichkeiten vertraut zu machen, um notwendige Entscheidungen treffen zu können. Auch macht die Einbettung in eine soziale Welt Interaktion und Kommunikation notwendig und setzt entsprechende Kompetenzen
beim Spieler voraus. Hinzu kommen weitere spezifische Kompetenzen, über die
Spieler verfügen müssen, um langfristig ‚erfolgreich' spielen zu können.

4   Spielkompetenz zwischen Spielbeherrschung und Sozialität

Zu unterscheiden ist zwischen Kompetenzen, die bereits vor Beginn des Spielens
notwendig sind, Kompetenzen, die durch das Spielen für das weitere Spielen
erworben werden sowie Kompetenzen, die im Spiel erworben werden und über
das Spiel hinaus in die ‚wirkliche' Wirklichkeit reichen können.

Virtuelle Welten ermöglichen Immersion, das Eintauchen in künstliche
Welten, in denen der Teilnehmer in Handlungen eingebunden ist. Im Gegensatz
zum Fernsehen erfordern virtuelle (Spiele-)Welten „Konzentration, Geschick-
lichkeit, Erkundungsverhalten und Entwicklung von Problemlösungsstrategien"
(Rötzer, 1995, 60). Böhle nennt fünf Kompetenzen, die für das Spielen am
Computer notwendig sind bzw. dabei erworben werden: Medienkompetenz im
Hinblick auf allgemeine Kenntnisse und Fertigkeiten im Umgang mit dem
Computer, wie z.B. Kenntnisse über die Installation von Programmen etc., sowie
die Fähigkeit der Unterscheidung von virtueller und realer Welt (vgl. Böhle
2007, 118). Letzteres würde ich zur Rahmungskompetenz im Sinne von Jürgen
Fritz verallgemeinern wollen, also als die Fähigkeit, grundsätzlich unterscheiden
zu können, in welcher Wirklichkeit man sich gerade bewegt.[8] Weitere Kompetenzen, die Fritz Böhle aufzählt, sind die räumliche Vorstellungskraft, Konzentration, Gedächtnis, logisches Denken und Problemlösung sowie ein besonderes
strategisches Denken und Handeln bis hin zu bestimmten Persönlichkeits-
kompetenzen wie der Bewältigung von Misserfolgen und Frustrationen (vgl.
Böhle 2007, 118f.). Die soziale Dimension von MMOs ist bei Böhle allerdings
noch ausgeklammert. Zudem müssen die jeweiligen Kompetenzen für das
jeweilige Spiel spezifiziert werden.

Die manuelle Fertigkeit, sprich die entsprechende Fähigkeit im Umgang mit
Tastatur und Maus, ist sozusagen die Mindestanforderung. Auch wenn es hier
durchaus noch komplexere Fähigkeiten zu erwerben gilt, wie z.B. die Arbeit mit
programmierten Tasten bzw. mit einer zu programmierenden Kombination von

---

8   Zu nennen wären hier auch die Traumwirklichkeit, die mentale Wirklichkeit, die literarische
     Wirklichkeit oder andere mediale Wirklichkeiten.

Tastatur und Mausklicks, bleibt dies die Basiskompetenz, die als Grundfertigkeit mittlerweile für das Spielen vorausgesetzt werden muss. Es muss dann räumliche Vorstellungskraft hinzukommen.

Auf diese Fertigkeit aufbauend kommt als zweite Komponente die Kenntnis des Spiels hinzu, wie ich sie bereits im vorangegangenen Kapitel ausgeführt habe. Für diese Kompetenz lassen sich in Bezug auf WoW diverse Abstufungen finden:

- Kenntnis des Spiels zu Beginn: Klassen, Rassen, Aufgabenerledigung, Talentverteilung, Aufbau der Spielwelt in verschiedenstufige Zonen (beispielsweise lowlvl durch highlvl Gebiet), PvP- vs. PvE-Struktur etc. Diese Kenntnisse sind durch das Lesen des Handbuchs erwerbbar, weisen aber auch viele Parallelen zu ‚normalen' Computerspielen auf, so dass Einsteiger mit diesen schnell vertraut sind. Zudem hat der Spielhersteller sich dem Grundprinzip ‚easy to learn, hard to master' verschrieben, um den Einstieg jedem zu ermöglichen.
- Kenntnisse über Aufgabenverteilungen im Gruppenspiel: So bedarf es immer mindestens eines Spielers, der den computergenerierten Gegner an sich bindet und die ‚Schläge einsteckt' (Tank). Dieser Spieler muss von einem weiteren Spieler dabei geheilt werden (Heiler), während die restlichen Mitglieder ihre magischen Fähigkeiten einsetzen, um den Gegner zu besiegen (DD) oder um zeitweise andere Gegner am Kämpfen zu hindern (Crowd Control). Diese Kenntnisse können im Spiel durch Interaktion mit anderen Spielern erworben werden.
- Kenntnisse über die Spielmechaniken: Dies fängt dabei an, erkennen zu können, in welchem Abstand sich computergenerierten Gegner genähert werden darf, ohne angegriffen zu werden (Aggro Range). Es hört bei teilweise komplexen mathematischen Berechnungen zu den Werten einzelner Ausrüstungsgegenstände auf, die in den entsprechenden Foren des Spielherstellers diskutiert werden. Hier verbinden sich Kenntnisse aus der Alltagswelt mit der Spielwelt.
- Kenntnis von Erweiterungsprogrammen (AddOns): Diese können innerhalb und außerhalb des Spiels durch Interaktion mit anderen Spielern erworben werden.
- Kenntnis der Fachsprache: Leetspeak, Gamerslang und WoW-Slang.

Insbesondere der letzte Punkt gehört möglicherweise zum offensichtlichsten Bereich der Andersheit von MMOs, da Fachsprachen zumindest teilweise zum Verständnis des Spiels notwendig sind. Thematisiert wird dies mittlerweile nicht nur in den Sprachwissenschaften[9], sondern durchaus auch von den Spielern selber. Ein verstärkter Gebrauch der spielinternen Sprache, die sich in extremen Abkürzungen zeigen kann, wird in den entsprechenden Foren kontrovers diskutiert.

Die genannten Kenntnisse können alle im Spiel erworben werden. Kenntnisse über Spielmechaniken und Aufgabenverteilungen bieten sich dann insbesondere zum Transfer auf neue Spielaufgaben an. Hier kann auf die von Böhle genannten Fähigkeiten logisches Denken und Problemlösung zurückgegriffen werden, welche sich mit der Kenntnis der Spielmechaniken verweben. Ist die jeweilige Aufgabe eingebettet in schwere Herausforderungen, die zum Beispiel eine große Anzahl an Mitspielern erfordern (Schlachtzug = 25 Spieler), kommt die soziale Dimension hinzu, denn eine solch große Gruppe erfordert ein gewisses Maß an Organisation und Teamfähigkeit von allen Spielern. Meist geben sich diese Gruppen ein Regelwerk nach dem zum Beispiel die ‚Beute‘ verteilt wird – und sie sind auf langfristiges gemeinsames Spielen ausgerichtet. Der Spieler unterwirft sich also nicht nur freiwillig den Regeln des Spiels, sondern auch den Regeln der Gruppe, an die er sich mehr oder weniger langfristig bindet. Die Regeln des sozialen Miteinanders unterliegen dabei konstanten Aushandlungsprozessen, Regelverstöße können geahndet werden, zum Beispiel durch Ausschluss aus der Gruppe. Im Spielverlauf wird ein Sozialisationsprozess durchlaufen, der zum einen mit den sozialen Regeln vertraut macht, zum anderen mit den entsprechenden Aushandlungsprozessen. Darüber, inwieweit diese sozialen Kompetenzen bereits vor dem Spiel vorhanden sein müssen oder auch über das gemeinsame Spiel hinausgehen, kann an dieser Stelle nur spekuliert werden.

Zuletzt gehört zum Spielen eines MMOs noch die Kompetenz, das Spiel wieder zu verlassen. Die Persistenz, das heißt die Eigenschaft von virtuellen Welten, sich unabhängig vom Spieler „weiter zu drehen", stellt hier die besondere Herausforderung dar:

> „So gesehen erweist sich das Spielen am Computer als ein Erfahrungs- und Lernfeld
> für einen selbstorganisierten und flexiblen Abgleich zwischen verschiedenen Tätig
> keiten und Anforderungen. Die eigentliche Kompetenz besteht dabei darin, nicht
> durch äußeren Zwang, sondern durch ein ‚inneres‘ Empfinden wieder aus dem Spiel
> heraus zu treten, (...). Damit verbindet sich die Annahme, daß ein grenzenloses
> Spielen letztlich ebenso wenig menschlichen Bedürfnissen entspricht, wie grenzen
> lose Arbeit (...). Und so wird es auch im Arbeitsbereich gerade bei wissensintensiven
> und anspruchsvollen Tätigkeiten zunehmend zu einer wichtigen Kompetenz, selbst

---

9   Vgl.: Giers, Katharina (2006): „Klappstuhlkommando" und andere sprachlich-wunderliche
     Phänomene in der MMORPG-Welt. Kulturelles und semantisches Wissen am Beispiel des
     Computerspielbestsellers „World of Warcraft".

die Grenzen zu erkennen und zu ziehen, die für die psychisch-physische Regeneration sowie Berücksichtigung anderer Anforderungen und Interessen in der Lebensgestaltung notwendig sind." (Böhle 2007, 116)

Was dagegen beim Computerspiel nach Böhle fehlt, ist die sinnliche Erfahrung, die gerade sonst das Spielen auszeichne. Das Handeln im Spiel sowie die möglichen erwerbbaren Kompetenzen weisen für ihn eine starke Nähe zur Arbeit sowie ganz grundsätzlich zu unserer rationalen Gesellschaft auf, die leiblich-sinnliche Erfahrung geringschätze. Dies liege vor allem daran, dass Computerspiele bislang noch hinter ihren technischen Möglichkeiten zurückbleiben würden (vgl. Böhle 2007, 124-127). Dies bedeutet jedoch nicht, dass Computerspiele völlig entsinnlicht sind, wenn man vom Sehsinn einmal absieht. Auch in Computerspielen entstehen Emotionen und Leidenschaften, also eine Art des Sich-selber-Spürens. Der Computer nun ermöglicht uns

„Zugang zu Situationen, in denen wir nicht sind. Wir sind in Wahrnehmung und Kommunikation nicht länger an die Situation unseres leiblichen Aufenthaltes gebunden. Die mediale Erfahrung wird hier zu der Erfahrung einer leiblich unerreichbaren Welt innerhalb der leiblich erreichbaren Welt" (Seel 1998, 259).

Die Dimensionen von Kompetenz beim Spielen von MMOs beziehen sich zusammenfassend auf vier Gebiete: Beherrschung der technischen Ausstattung sowie Kenntnis derselben, Kenntnis des Spielinhalts und der Spielmechaniken verbunden mit dem Transfer auf neue Situationen, also logisches Denken und Problemlösung sowie soziale Kompetenz und die Kompetenz, die eigenen Grenzen zu erkennen und danach zu handeln.

5 Zusammenfassung und Ausblick

Der Spielcharakter von MMOs konnte anhand der inhaltlichen Distanz zur Alltagswelt sowie des Erwerbs spezifischer Spielkompetenzen aufgezeigt werden. Die Unterschiede zum ‚normalen' Spiel liegen vor allem in der Medialität begründet und bedürfen noch weiterer Betrachtung. Spontanes Engagement und starke persönliche Teilnahme werden durch die soziale Dimension des Spiels zusätzlich zum Spielerleben unterstützt. Distanz zum Alltag wird durch die Geschichte sowie die grafische Darstellung markiert.

Der Blick auf Kompetenzen, die erworben oder auch vertieft werden, birgt aber immer auch Gefahren, da wir Pädagogen doch dazu neigen, alles zu vereinnahmen, was uns zur Erreichung pädagogischer Ziele sinnvoll und hilfreich erscheint. Dass es sich in diesem Fall um eine Instrumentalisierung des an sich zweckfreien Spiels handelt, bedarf hier keiner weiteren Ausführung. Die Betonung dieses Kompetenzerwerbs soll also nicht als Suche nach neuen methodisch-didaktischen Strategien missverstanden werden, sondern als Verdeutlichung der Möglichkeiten, die Computerspielen für die Entwicklung des Einzelnen beinhaltet. Diese Perspektive muss den notwendigen Gegenpol darstellen zur Diskussion um Gewalt, Sucht und Eskapismus. Eine solche spieltheoretische Perspektive ermöglicht aber auch erst den Blick auf die komplexen Strukturen, die hinter dem – zumeist als erstes wahrgenommenen – Spielinhalt stehen. Der bloße Blick auf einzelne Inhalte bleibt also an der Oberfläche. Und wenn es so ist, dass Medien nicht nur Übermittler von Wirklichkeit sind, sondern an der Bestimmung von Wirklichkeit durch ihre spezifischen Charakteristika beteiligt sind und „die Modalitäten unseres Denkens, Wahrnehmens, Erfahrens, Erinnerns und Kommunizierens" (Krämer 1998, 14) prägen, hilft der Blick auf die Beziehung von Spielinhalt und Alltagswelt sowie auf die notwendigen Spielkompetenzen, um diese Modalitäten näher in den Blick zu nehmen zu können. Folgen wir im Weiteren der Annahme, dass zwischen der internen Ordnung des Spiels und der Ordnung der Gesellschaft, in der es inszeniert und aufgeführt wird, ein mimetisches Verhältnis besteht (vgl. Wulf 2005, 16), muss dieses Verhältnis auch in Bezug auf Computerspiele durchdacht werden und in die Diskussion um Gewalt, Sucht und Eskapismus integriert werden.

Literaturverzeichnis

Adamnowsky, Natascha (2000): Spielfiguren in virtuellen Welten. Frankfurt/Main.

Böhle, Fritz (2007): Computerspiele – nicht zu viel sondern eher zu wenig Spiel. Eine Betrachtung aus kultur- und arbeitssoziologischer Sicht. In: Pias, Claus; Holtorf, Christian (Hrsg.): ESCAPE! Köln, 107-127.

Butler, Mark (2007): Would you like to play a game? Die Kultur des Computerspielens. Berlin.

Chan, Elaine/ Vorderer, Peter (2006): Massively Multiplayer Online Games. In: Vorderer, Peter; Bryant, Jennings (Hrsg.): Playing video games: motives, responses, and consequences. Mahwah, New Jersey, 77-88.

Fritz, Jürgen/Fehr, Wolfgang (Hrsg.) (2003): Computerspiele – virtuelle Spiel- und Lernwelten, CD-Rom, Bonn: Bundeszentrale für politische Bildung.

Götzenbrucker, Gerit (2001): Soziale Netzwerke und Internet-Spielewelten. Eine empirische Analyse der Transformation virtueller in realweltliche Gemeinschaften am Beispiel von MUDs (Multi User Dimensions). Wiesbaden.

Krämer, Sybille (Hrsg.) (1998): Medien – Computer – Realität. Wirklichkeitsvorstellungen und Neue Medien. Frankfurt/Main

Krämer, Sybille (1998): Das Medium als Spur und als Apparat. In: Dies. (Hrsg.): Medien – Computer – Realität. Wirklichkeitsvorstellungen und Neue Medien. Frankfurt/Main, 73-94.

Krämer, Sybille (1998): Was haben die Medien, der Computer und die Realität miteinander zu tun? In: Dies. (Hrsg.): Medien – Computer – Realität. Wirklichkeitsvorstellungen und Neue Medien. Frankfurt/Main, 9-26.

Krämer, Sybille (2000): Subjektivität und neue Medien. In: Sandbothe, Mike/Marotzki, Winfried (Hrsg.): Subjektivität und Öffentlichkeit. Köln, 102-116.

Rötzer, Florian (1995): Interaktion – das Ende herkömmlicher Massenmedien. In: Bollmann, Stefan (Hrsg.) (1995): Kursbuch Neue Medien. 2., durchges. Aufl. Mannheim, 57-78.

Schmitz, Tobias (2007): Spielewelten. Geschichtliche Entwicklung. In: Lober, Andreas (Hrsg.): Virtuelle Welten werden real. Second Life, World of Warcraft & Co: Faszination, Gefahren, Business. Hannover, 7-62.

Seel, Martin (1998): Medien der Realität und Realität der Medien. In: Krämer, Sybille (Hrsg.): Medien – Computer – Realität. Wirklichkeitsvorstellungen und Neue Medien. Frankfurt/Main, 244-268.

Wegener-Spöhring, Gisela (1991): ‚Ghoul s'n Ghosts'. Spielstrukturen in Videospielen. In: Spielmittel 1. 103-106.

Wulf, Christoph (2005): Spiel. Mimesis und Imagination, Gesellschaft und Performativität. In: Ders.; Bilstein, Johannes; Winzen, Matthias (Hrsg.): Anthropologie und Pädagogik des Spiels. Weinheim, 15-21.

Bildung

„Die Menschen stärken und die Sachen klären" – Bildung in der Grundschule heute[1]

Gisela Wegener-Spöhring

1 Die pädagogische Trendwende

Die schöne Formulierung des ersten Teils des Themas stammt leider nicht von mir, sondern von Hartmut von Hentig. Viele von Ihnen kennen das Zitat; aber möglicherweise haben Sie dabei doch ein kleines Detail nicht bemerkt: Es hieß zunächst: „Die Menschen stärken, die Sachen klären", also ohne das verbindende ‚und' und nur mit einem Komma in der Mitte.[2] Hentig fügte dieses ‚und' in seinem jüngsten Buch mit dem Titel „Bildung" (1996) ein, weil das Wort seiner Meinung nach missverstanden worden sei. Ich habe es als Thema meiner Vorlesung gewählt, weil ich mich in einem meiner Hauptpunkte mit Hentigs neuem Buch kritisch auseinandersetzen möchte.

„Die Menschen stärken und die Sachen klären" – das impliziert einen Dualismus. Wir verhandeln ihn in der Grundschulpädagogik mit den Begriffen „Kind- und Sachorientierung" bzw. „Kind- und Wissenschaftsorientierung". Man könnte auch ein anderes Begriffspaar anwenden: Mit den Termini „Subjekt- und Instruktionsorientierung" bezeichnete Ramseger 1993 einen grundsätzlichen Dualismus in der Didaktik, eine „Grundspannung". Es hat in der Nachfolge eine vergleichsweise streitbare Debatte in der Zeitschrift für Pädagogik darüber gegeben, weil die Vertreter der instruktionsorientierten Richtung[3] – Klaus Prange und Jürgen Diederich – sich nicht in die vermeintlich schlechtere Ecke stellen lassen, nicht als „fossile Jünger eines ‚instruktionsorientierten Unterrichts'" gelten wollten (Diederich 1995, 339). Horst Rumpf, der Vertreter der subjekt-orientierten Seite, hat sich in diesem Streit nicht geäußert; er sah keine Vertei-digungsnotwendigkeit. Das könnte sich nun freilich ändern, denn dass die instruktionsorientierte die schlechtere Ecke sei, darüber hat sich offensichtlich die Meinung gewandelt: Der Trend geht zu den Sachen und weg vom Subjekt, vielleicht auch weg von Unterrichtsöffnung zu größerer Geschlossenheit: Die

---

1   Dieser Beitrag erschien zuerst in: Bildung und Erziehung 51/1998/3, 329-346. Wiederabdruck mit freundlicher Genehmigung der Autorin.
2   Hentig, Hartmut von (1993): Die Schule neu denken. 3. Aufl. München, 177.
3   Genau heißt es bei Ramseger *eher* instruktionsorientiert, *eher* subjektorientiert.

Erziehungsaufgaben von Schule geraten in neuesten Publikationen in den Hintergrund. Das Pendel schlägt zurück, so wie es in der Geschichte der Pädagogik schon öfter geschah; Reble und Böhm haben auf diesen Sachverhalt hingewiesen.[4]

Ich möchte dieser angenommenen Trendwende in einigen neuen Publikationen zum Thema nachgehen. Zuvor ist jedoch zu fragen, welche gesellschaftliche Situation die Folie dafür bietet. Und hier finden wir einen merkwürdigen Kontrapunkt: Wir leben gerade nicht in einer Welt der sachlichen Sachen und der Instruktion, sondern in einer Welt der Erlebnisse und der Gefühle, wir leben in einer „Erlebnisgesellschaft." – Im folgenden stelle ich diese gesellschaftliche Situation mit Rekurs auf das empirisch fundierte Buch gleichen Titels des Soziologen Gerhard Schulze (1992) vor. Auf diesem Hintergrund wende ich mich neueren Publikationen zur allgemeinen Bildung und zur Grundschulbildung zu und versuche abschließend, Grundschulbildung als eine Bildung in der Erlebnisgesellschaft auszudifferenzieren.

2   Das „Projekt des schönen Lebens": Der Gesellschaftsentwurf von Gerhard Schulze (1992)[5]

Im Zentrum von Schulzes Argumentation steht das „Projekt des schönen Lebens" (1993, 52),[6] mit dem Anspruch möglichst häufigen und intensiven Erlebens. Die Einlösung dieses Anspruchs ist, so Schulzes Hauptthese, eine neue Lebensaufgabe der Moderne. Die Lebensaufgaben früherer Jahrhunderte – die Erlangung des Existenzminimums sowie das Erreichen von Rang und Distinktion (die Unterscheidung von anderen) sind in der Überflussgesellschaft obsolet geworden: „Von der Überlebensorientierung zur Erlebnisorientierung" (55). Nicht mehr der Nutzen ist folglich das Ziel einer Handlung, sondern das Erlebnis; „Man will etwas, weil es mit einem bestimmten Gefühl verbunden ist" (164). Und dieses wird uns vom „Erlebnismarkt" verkauft. Dabei ist es nach Schulze völlig unerheblich, ob es sich um die Produkte der Trivial- oder der Hochkultur handelt; das Publikum konsumiert alles gleichermaßen anspruchslos (516).

Status- und Bildungsunterschiede spielen in dieser Situation nach Schulze kaum mehr eine Rolle – jeder kann alles haben. In den Schoß fallen dem modernen Menschen die Gratifikationen des Lebens dennoch nicht: Das „Projekt des schönen Lebens" ist labil, ständig vom Scheitern bedroht und zudem in seinem Erfolg schwer zu messen. Wie soll man beurteilen, ob man genug erlebt,

---

4   vgl. Böhm 1994, 24.
5   Die folgenden Ausführungen sind gekürzt entnommen aus: Wegener-Spöhring 1994, 548ff.
6   Die Seitenangaben i.f. beziehen sich auf die Studienausgabe von 1993.

und ob dieses Erleben dann auch intensiv genug ist? So produziert der Zwang zum fortgesetzten Erleben erhebliche Enttäuschungsrisiken und Ängste: Je vorbehaltloser nämlich Erlebnisse zum Sinn des Lebens schlechthin gemacht werden, desto größer wird die Angst vor ihrem Ausbleiben (65), ein Ausbleiben, das man sich zudem selbst zuschreiben müsste; denn Erlebnisse hängen nicht nur von der Qualität der Erlebnisangebote ab, „sondern vor allem von unserer persönlichen Leistung beim Aufbau von Bedeutungen" (116). Um sich hier vor allzu unangenehmen Erfahrungen zu schützen, schließen sich die meisten Menschen Kollektivformen ästhetischen Erlebens an, die Sicherheit versprechen: Stilen (93ff.) und alltagsästhetischen Schemata (125ff.).

Die beschriebenen Entwicklungen begründet Schulze mit gesellschaftlichen Relevanzverschiebungen:

Innenorientierung gewinnt an Bedeutung gegenüber Außenorientierung, Genuss gegenüber Distinktion und Lebensphilosophie. Der Modus des Wählens wird in Handlungssituationen wichtiger als die Modi des Begrenzens, Nahelegens, Auslösens, Einwirkens und Symbolisierens (203ff.). Die „Weltverankerung" bei der Art und Weise, die Welt zu sehen (existentielle Anschauungsweise), tritt zurück gegenüber der „Ich-Verankerung" (237). Anstelle der früheren ökonomischen Semantik finden wir die neue psychophysische oder innenorientierte Semantik (251ff.).

Ein Trend also hin zum Subjektiven. – Durch diese Relevanzverschiebungen gewinnt das Subjekt eine neue makrosoziologische Bedeutung (182), denn es nimmt durch sein Wählen und Erleben entscheidenden Einfluss auf gesellschaftliche Gruppierungen: Milieus, Szenen, Publika. Das Modell der „Beziehungswahl" hat das der „Beziehungsvorgabe" abgelöst (175ff.). Wir haben eine neue gesellschaftliche Situation. Auf diese Situation gilt es, pädagogische Antworten zu finden. Ob es sinnvoll ist, mit Instruktion, Lernen und Bildung dagegen zu halten, ist zu prüfen. Auf jeden Fall müssen wir das Subjekt mit seiner Erlebnisfähigkeit ernstnehmen und qualifizieren.

Ich wende mich nun an neue Publikationen, zunächst zur Schulbildung allgemein und dann zur Grundschulbildung, um der eingangs herausgestellten Trendwende nachzugehen.

3 Kontemporäre pädagogische Positionen

3.1 Der „Fehlschluss", dass sich die Schule sozialpädagogisieren müsse:
Hermann Giesecke (1995)

Mein Göttinger Kollege Hermann Giesecke schrieb im letzten Jahr einen
beachteten und kontrovers diskutierten Artikel mit dem Titel „Wozu ist die
Schule da?" Auf das Faktum der Erlebnisgesellschaft reagiert Giesecke explizit:
Schule sei auf eine falsche Weise „kindgerecht" geworden. Ihre Aufgabe sei es
nicht, möglichst „Spaß" zu machen und damit die Maximen der „Erlebnisgesellschaft" in ihren Mauern zu reproduzieren. „Vielmehr muss sie die Idee des
aufklärenden Unterrichts .... zur Geltung bringen ..." (99). Es sei folglich ein
Fehlschluss, dass sich die Schule sozialpädagogisieren müsse; dafür sei die
Jugendhilfe besser ausgestattet. Die Aufgabe der Schule bestehe im Unterricht
und in der Ermöglichung von Lernen (97). Ziel sei die Bereitstellung des
chancengleichen Zuganges zu ihren Leistungsanforderungen; „daran gemessen
muss jede Sozialromantik zurückstehen ..." (97f.); gemeint sind offensichtlich so
hochgehandelte Dinge wie Integration und Offenheit. Folglich sei es auch nicht
die Aufgabe der Schule, noch kindgerechter zu werden. Erstens könne die Schule
nicht die Anstrengung eliminieren, die für die optimale Nutzung ihrer Angebote
notwendig sei. Und zweitens müsse die Schule die Unterrichtsfähigkeit der
Schüler in einem gewissen Ausmaß voraussetzen und dazu die Eltern (ggfs. mit
Hilfe der Jugendhilfe) in die Pflicht nehmen (94). Die Konsequenz ist: „Nicht
unterrichtsfähige" Kinder kann der Lehrer nicht in die Schule aufnehmen. –
Daneben wird der Herrschaftscharakter von institutionalisierter Bildung unge-
schminkt deutlich: „Alles Nachdenken über Schule muss ... bei ihrer *gesell-*
schaftlichen Funktion ansetzen, und es darf nicht von den individuellen Bestrebungen der Schüler ausgehen" (97). Der Grund dafür ist, so Giesecke, lapidar:
Das Schulwesen kostet die Gesellschaft so viel Geld, dass diese von der Schule
erwarten muss, ihre Zwecke auch durchzusetzen – notfalls gegen die Schüler und
mit Sanktionen und Strafmaßnahmen (S. 99). Die Frage, wozu die Schule
eigentlich da ist, „muss offensichtlich gegen den Zeitgeist neu beantwortet werden" (103).

Mit Giesecke befinden wir uns klar auf der Seite der Sachen und der
Instruktion; Subjektorientierung wird aufgegeben, Offenheit bleibt auf der
Strecke, die Aufgabe, die Menschen zu stärken, an andere Institutionen delegiert.
Ungeklärt bleibt dabei die Frage, was mit den „nicht unterrichtsfähigen" Kindern
geschehen soll. Bleiben sie einfach zu Hause, ohne Schulbildung? Überlassen
wir sie der Sozialisation der Straße? Ich habe kürzlich in Londoner Schulen
hospitiert, in Schulen, in denen Kinder, die aufgrund der Zugehörigkeit zu so

vielen völlig unterschiedlichen Kulturen und Rassen nach britischen Maßstäben erst einmal nicht schulfähig sind, die Mehrheit bilden. Was wollte eine Lehrerin mit Gieseckes Votum dort wohl anfangen; sie müsste gut die Hälfte der Kinder nach Hause schicken und an die Eltern (bzw. an die Jugendhilfe) appellieren, dass sie die Schulfähigkeit der Kinder herstellen mögen. Man sieht hier, wie problematisch dieser Standpunkt in einer multikulturellen Gesellschaft ist. Dennoch war Hermann Giesecke immer schon gut dafür, das frühzeitig und pointiert zum Ausdruck zu bringen, was sozusagen „in der Luft liegt", was sich als Trend anbahnt.

Ich wende mich nun an den Klassiker der kontemporären Pädagogen, an Hartmut von Hentig. Die Lektüre seines jüngsten Buches hatte ja den Anstoß zu dieser Vorlesung gegeben; ich behandele es deshalb ausführlicher. „Wir müssen es mit den Lebensproblemen der Schüler aufnehmen, bevor wir ihre Lernprobleme lösen können ..."; das sagt Hentig in klarer Gegenposition zu Giesecke. Das aber sagte er 1994 (190). Und was steht in seinem neuesten Werk: „Bildung" von 1996?

3.2 „Die ‚Rückkehr' zur Bildung ist pädagogisch geboten – ein Fortschritt": Hartmut von Hentig 1996

Das Buch beginnt so: „Die Antwort auf unsere behauptete oder tatsächliche Orientierungslosigkeit ist Bildung." (15). Und es endet im gleichen Tenor: „Bildung ist nicht nur wichtiger als der Jäger 90, die Schwebebahn und der Ausbau des Autobahnnetzes, sie ist auch wichtiger als die uns gewohnte Veranstaltung Schule." (209).

Im Folgenden entwirft Hentig sechs Maßstäbe und zehn geeignete Anlässe für Bildung. Erstere sind (71ff.):

1. Abscheu und Abkehr von Unmenschlichkeit
2. Die Wahrnehmung von Glück
3. Die Fähigkeit und der Wille, sich zu verständigen
4. Ein Bewusstsein von der Geschichtlichkeit der eigenen Existenz
5. Wachheit für letzte Fragen
6. Die Bereitschaft zur Selbstverantwortung und Verantwortung in der res publica.

Diese Maßstäbe sind, so Hentig, „unpraktisch", d.h. sie leiten nicht zu direktem Handeln an, sondern „sie sollen helfen, ... in die richtige Richtung zu schauen" (99).

Als geeignete Bildungsanlässe werden genannt (101ff.):

1. Geschichten	2. Das Gespräch	3. Sprache und Sprachen
4. Theater	5. Naturerfahrung	6. Politik
7. Arbeit	8. Feste feiern	9. Die Musik
10. Aufbruch.		

Dass dies den eingangs behaupteten Umschwung impliziert, wird erst an anderer Stelle deutlich: Viele Pädagogen suchen, so Hentig, das Heil ausschließlich in einer anderen Richtung als in der hier gemeinten Bildung, nämlich: „beim offenen, freien, situativen Lernen, bei Sinnlichkeit, Ästhetik, Spiel, im Projekt ..." (56). Ich ergänze: Diese LehrerInnen praktizieren also einen Unterricht, der die Erscheinungsformen der Erlebnisgesellschaft aufnimmt, der, so würde Giesecke sagen, auf eine falsche Weise kindgerecht ist. Die Kinder, so Hentig weiter, gedeihen dabei. „Aber etwas, was man zu allen Zeiten mit Bildung hatte leisten wollen – die Übersicht, die Wahrnehmung des historischen und systematischen Zusammenhangs, die Verfeinerung und Verfügbarkeit der Verständigungs- und Erkenntnismittel – kommt darüber oft zu kurz..." (ebd.). Wir finden Gieseckes „aufklärenden Unterricht" und die gleiche Abwendung von Offenheit. Und noch deutlicher: „Habe ich bisher gesagt: ‚Wenn die Schule nicht ‚pädagogisch' wird, kann sie ihre Bildungsaufgabe nicht erfüllen', möchte ich heute hinzufügen: ‚Und wenn sie dabei nicht die ‚Bildung neu denkt', wird sie bald keine Schule mehr sein, sondern ein sozialpädagogisches Heim einerseits und eine Berufsvorbereitungsanstalt andererseits'" (58). Wir finden Gieseckes „Fehlschluss" von der Sozialpädagogisierung der Schule – eine deutliche Trendwende. Hentig sagt, er sei missverstanden worden mit dem Wort „Die Menschen stärken, die Sachen klären" (1994, 177), und er füge deshalb heute das „und" dazwischen (57). Ich merke an: Es ist auch in dieser Form ein schönes Wort geblieben, und die eben aufgezeigte Trendwende spiegelt es nur sehr bedingt. Aus diesem Grunde habe ich es zur Überschrift dieser Vorlesung gewählt: Ich stimme ihm uneingeschränkt zu.

Das Ausgangsproblem der Pädagogik wird von Hentig so wie 1994 beschrieben: „Die Kinder und vor allem die Jugendlichen beteiligen sich nicht mehr am pädagogischen Prozess. Die Folgen sind vielfältig: Hoyerswerda und Chaostage, Drogen und Eintauchen in die PC-Welt, Technomusik ..." (1996, 54). Als Lösung empfiehlt Hentig, wie seit dem Beginn des Buches zu erwarten ist, Bildung: eine Bildung nach den aufgestellten Maßstäben. Wie wird diese Bildung aber von den Betroffenen, den Kindern und Jugendlichen, akzeptiert werden? Bildung ist nämlich für Hentig, das wird immer wieder deutlich, die hohe, die klassische Bildung; ein Beispiel ist die Musik (9. Bildungsanlass). Die einschlägige Jugendmusik ignoriert Hentig, nur irgendwo ist einmal die Rede von Leuten, die sich das Gehör verderben; Technomusik war eben schon ein Negativbeispiel. Ein gleiches gilt für die neuen Medien, die Hentig kulturpessimistisch beurteilt: „Und die neuen Medien helfen bei der Routinisierung, Banalisierung, Entpersönlichung kräftig mit" (55). Kein Wort von den Chancen und Möglichkeiten und ihrer pädagogischen Erschließung; die Erlebnisgesellschaft wird ignoriert. Und ebenso ignoriert wird die Rede von einer „Alltagskultur", einer „Soziokultur",[7] die uns die Ausschließlichkeit der Mittelschicht-Bildung vergessen lassen will.

Die Wahrnehmung von Glück (2. Bildungsmaßstab, 78ff.) könnte ein Rekurs auf die Erlebnisgesellschaft sein – „Das Projekt des schönen Lebens". Gut und nahegehend gesagt ist: „Wo keine Freude ist, ist auch keine Bildung, und Freude ist der alltägliche Abglanz des Glücks" (78). In der Folge wird es allerdings gleich wieder klar: Es ist das Glück, dessen Schmied wir sind, und nicht das der „Beglückten, der passiven Empfänger" (80). Es ist nicht das Glück des „schönen Lebens" in der Erlebnisgesellschaft, sondern das der hochkulturellen Bildung. Schulze hatte demgegenüber gnadenlos herausgestellt, wie die Produkte der Trivial- und der Hochkultur vom Publikum gleichermaßen anspruchslos konsumiert werden (a.a.O., 516), ein Faktum, das die Unterschiede zwischen Hoch- und Alltagskultur ziemlich undeutlich werden lässt. Wir müssen aufpassen, dass wir mit Hentig nicht gegen Windmühlenflügel kämpfen.

Was, so frage ich nochmals, wenn die Kinder und Jugendlichen dieser Hentig-Bildung nicht folgen wollen? Liefe die Position Hentigs dann auf die von Giesecke hinaus: Sind diese Kinder und Jugendliche im schulischen Bildungsprozess nicht brauchbar? Natürlich sagt Hentig das nicht, er meint es auch nicht; vermutlich sieht er eine solche Möglichkeit gar nicht. Hentigs eigene Bildung ist, das zeigt das hier behandelte Buch, so überwältigend, dabei so uneitel selbstverständlich, dass man nur eines wünscht: Selbst auch eine solche Bildung zu besitzen. Einem solchen Vorbild folgen Kinder und Jugendliche willig. Ich bezweifle aber, dass das für uns normale PädagogInnen gleichermaßen gelten kann. Wir werden uns mit den Folgen der Erlebnisgesellschaft anders auseinandersetzen müssen. – An Lösungsvorschlägen empfiehlt Hentig Bekanntes: „Man muss die Schule ... zur *polis* machen, in der man im kleinen die Versprechungen und Schwierigkeiten der großen *res publica* erfährt ... " (128). Wir haben damals schon zugestimmt zu diesem schönen Gedanken, und was sollte man dagegen auch aufrichten wollen! Nur, dass wir in diesem Buch von Hentigs Politikbegriff erfahren, und vom domestizierten jugendlichen Aufbruch, der zahm in pädagogisch vorgeformten Bahnen verläuft. Ja, dann freilich ist eine Schul-*polis*

---

7   vgl. Wegener-Spöhring 1988.

auszuhalten. Ich sage nicht, dass Hentig es sich bequem macht; jeder weiß, dass er das nicht tut. Ich zeige nur die Konsequenzen seiner Argumentation auf.

Kritikwürdig ist für mich in diesem Zusammenhang das kurze Kapitel über den „Aufbruch" als letzter der „Bildungsanlässe" (136f.). Domestizierung und Pazifizierung der Kinder, sagt Hentig richtig, geschieht gerade durch die gute Schule, so dass die Kinder nicht mehr an Rebellion denken (136). Deshalb fordert er: „Lasst die Kinder ausbrechen ...!" Allerdings soll es ein „geordneter Aufbruch" sein, denn Hentig will nicht nur der „Angepasstheit", er will auch ihrem Gegenteil, dem „Ausbrechen", vorbeugen (137). Es ist der Aufbruch der Schüleraustausche und der Erasmus-Auslandsstudien – wichtig genug – aber innerhalb des pädagogischen Systems verbleibend. Jugendkultur hat sich jedoch noch nie in die pädagogische Intentionalität zwingen lassen; es ist ja gerade ihr Sinn, dass sie dazu quer liegt, dass sie sich mit dieser Intentionalität anlegt. Der amerikanische Psychologe und Spielforscher Brian Sutton-Smith berichtet von Spielen der Jugendlichen, bei denen sich uns alle Haare sträuben.[8] Der Sinn dieser Spiele liegt in der spielerischen Distanzierung auch und gerade von der Pädagogik, in der Provokation; das müssen Erwachsene erst einmal ein gutes Stück weit aushalten. Bei den Kindern ist es übrigens das Spiel, das sie oft genug gegen die Erwachsenenwelt aufrichten. Ich habe bei meinen Spielbeobachtungen archaische, wilde und aufmüpfige Spiele gesehen, die ihren Sinn im pädagogisch unkontrollierten Widerstand haben.[9] Und gerade deshalb muss Pädagogik Raum geben für solche Spiele, darf sie Aufbrüche nicht einseitig „domestizieren",[10] muss sie Ausbrüche ertragen.

Und wie hält es Hentig mit der Politik? Bildung, so sagt er, sei notwendig politische Bildung: (98f, 205). Als Machtfrage mag er Bildung dennoch nicht verstehen, und ironisch und diskussionslos grenzt er sich von Heydorns – ich zitiere wörtlich – „schneidiger Formulierung" ab: „Bildungsfragen sind Machtfragen"[11] (20). Ich muss dagegenhalten: Natürlich sind Bildungsfragen Machtfragen. Mit dem „Widerspruch von Bildung und Herrschaft", dem Widerspruch also zwischen der Selbstbestimmtheit von Bildung und ihrer notwendigen Institutionalisierung im Sinne der Mächtigen, hat Heydorn eine unhintergehbare Dimension herausgearbeitet: „Institution und Mündigkeit geraten in einen unüberbrückbaren Gegensatz" (1979, 317). Hentig sagt: „Nicht hinnehmbar ...ist: wenn Bildung das eine beansprucht (die Werte, die Kultur ..., die Mündigkeit ...), und das andere betreibt (die Bedienung der Wirtschaft, ... das Fitmachen für die

---

8   Sutton-Smith 1983, 61f.
9   vgl. Wegener-Spöhring 1995, 254ff.
10   Ich habe die Formulierung von Sutton-Smith übernommen, der das Gleiche für das Spiel fordert (1990, 68).
11   Über den Widerspruch zwischen Bildung und Herrschaft 1979, 337.

Laufbahn ...)" (59). Ich halte nochmals dagegen: Natürlich betreibt Schule beides
– Bildung *und* Selektion/Allokation;[12] wir müssen das aushalten. Giesecke hatte
sich bündig zu den gesellschaftlichen Funktionen von Schule geäußert: Schule
bedient sie und damit Schluss. Bei Hentig bleibt dieser Punkt unklar. Diese
Unklarheit ruht auf der Basis eines positiven, ja geradezu idealistischen
Politikverständnisses: „‚Politik' als die große Erfindung des Abendlandes (führt;
W-S) zur immer neuen, beweglichen Herstellung von Frieden, Freiheit, Gerech-
tigkeit – des Spielraums für Kultur und des Gegenbildes zu Herrschaft" (207).[13]
Das kann nur jemand mit Hentigs Lebenslauf schreiben, den er mit großer
Offenheit selbst wie folgt kennzeichnet: „*ich* mit meiner liberal-bürgerlichen ...
im Ganzen entbehrungs- und enttäuschungslosen BRD-Biographie" (86).

Bei Hentigs Plädoyer für eine sich als politisch verstehende Bildung ist
schwer zu verstehen, dass er die Beteiligung Jugendlicher an der Politik ablehnt
und dass er die Diskussion um Kinderrechte und Politik für Kinder gar nicht
erwähnt (130). Deshalb sei hier immerhin angeführt, dass die Vereinten Nationen
1985 das „Übereinkommen über die Rechte des Kindes" verabschiedeten, das
1991 von der Bundesrepublik ratifiziert wurde. Hentig argumentiert stattdessen
im vertrauten Muster: In der Schule als *polis* sollen sich Kinder und Jugendliche
verantwortungsvoll bewähren. Das sei genug.

In meinen beiden nächsten Punkten möchte ich die beiden neuen großen
(Grund)-Schulpublikationen mit ihren Äußerungen zum Thema betrachten.
Zunächst zitiere ich die Denkschrift 1995 der Bildungskommission NRW:
Zukunft der Bildung – Schule der Zukunft, die im letzten Jahr in allen Medien
Rezeption fand, was in einer Erlebnisgesellschaft viel über ihre gesellschaftliche
Bedeutung aussagt.

3.3 Das „Haus des Lernens": Denkschrift 1995

In der Denkschrift '95 wird die Analyse des Status quo der Erlebnisgesellschaft
ernst genommen: Die gesellschaftlichen Veränderungen (23ff.) und die Veränderungen heutiger Kindheit (34ff.) werden ausgewogen und nicht kulturpessimistisch herausgearbeitet, die neuen Medien werden auch in ihren Chancen und
in ihrer pädagogischen Herausforderung gesehen (25f.). Auf dieser Grundlage

---

12   Die gesellschaftlichen Funktionen von Schule: Qualifikation, Selektion/Allokation, Integration;
      vgl. Fend 1976. Vgl. dazu auch Rolff 1967 - ein Buch, das interessanterweise gerade neu auf-
      gelegt wird.

13   Wir finden hier eine seltsame Nähe zur Diktion Huizingas vom „Spielraum der Kultur" (1956),
      unter der Huizinga - neben einer schönen Theorie des Spiels - wenig bekannte reaktionäre und
      kriegsverherrlichende Ideen vertritt (vgl. Wegener-Spöhring 1995, 21ff.).

fordern die Autoren grundlegende Veränderungen im Schulsystem: Bildung müsse sich auf die neuen Entwicklungen beziehen (31).

Die Stichworte der Autoren sind ‚Bildung' und ‚Lernen'. Die Schule wird als ein ‚Haus des Lernens' bestimmt (86) und mit den folgenden, wie ich finde schönen und nahegehenden Worten beschrieben: Schule

- „ist ein Ort, an dem alle willkommen sind, die Lehrenden wie die Lernenden in ihrer Individualität angenommen werden, die persönliche Eigenart in der Gestaltung von Schule ihren Platz findet,
- ist ein Ort, an dem Zeit gegeben wird zum Wachsen, gegenseitige Rücksichtnahme und Respekt vor einander gepflegt werden,
- ist ein Ort, dessen Räume einladen zum Verweilen, dessen Angebote und Herausforderungen zum Lernen, zur selbsttätigen Auseinandersetzung locken,
- ist ein Ort, an dem Umwege und Fehler erlaubt sind und Bewertungen als Feedback hilfreiche Orientierung geben,
- ist ein Ort, wo intensiv gearbeitet wird und die Freude am eigenen Lernen wachsen kann,
- ist ein Ort, an dem Lernen ansteckend wirkt."

Die Engländer nennen so etwas ‚mission statement': Ein Ausdruck der Werte und eine Leitlinie des Handelns für alle Beteiligten. Wir sollten so etwas viel öfter in der Pädagogik haben!

In dieser Schule soll aber nun nicht nur gelernt werden. Schule soll ein „Lern- und *Lebens*raum" sein (61), ein „Lern- und *Sozial*raum"[14] (237). Im Einklang damit steht die Forderung, die Schule in bisher außerschulische Bereiche zu erweitern (80), weil Pädagogik als „Beziehungsarbeit" notwendiger und schwieriger werde (39); „gegenüber der unterrichtsorientierten Arbeit ... (müssen; W-S) erzieherische Probleme und Ziele in den Vordergrund" treten. Aber die geforderte engere Verknüpfung von Lebenssituation und Unterricht wird doch eher vorsichtig formuliert: „Schüler müssen ihre Schule *auch* (Hervorhebung W-S) als Lebensraum erfahren können. Schule lebt insofern *auch* (Hervorhebung W-S) aus der Vielfalt der Begegnungsmöglichkeiten innerhalb der Schule und in ihrer Beziehung zum schulischen Umfeld" (40). Von Sozialpädagogik in der Schule ist nicht die Rede. – Wenn die Schulen zum Aufbau eines stabilen innerschulischen Systems individueller und sozialer Verantwortung ermutigt werden (41), finden wir uns an Hentigs *polis* erinnert.

---

14   Heraushebung W-S.

War in den vorangegangenen Punkten eine Dualität zwischen den Menschen und den Sachen deutlich geworden, so bleibt diese in der Denkschrift undeutlicher. Allerdings, so meine ich, neigen auch die Autoren sich im Sinne des hier aufgezeigten Trends eher der Seite der Bildung, der Instruktion, des Lernens zu – trotz und gerade weil sie das Lernen in so nahegehenden Worten beschreiben (vgl. o.). Lernen wird als das „Zentrum schulischer Arbeit" bezeichnet (81), „Lernkultur" (81ff.) hervorgehoben, Lernkompetenz als zentrales Ziel (71, 89f.) bezeichnet. Jedenfalls ist für die Autoren Bildung im Sinne Hentigs die Lösung der Zukunft: Das Konzept einer öffentlich verantworteten Bildung werde immer wichtiger, je weiter sich die Schere zwischen technischer Perfektion und menschlichem Unvermögen auftue (71f.). „Wissenschaft und Technik schreiten voran – die Reflexion ihrer Folgen und der Versuch, die durch sie angestoßenen Entwicklungen verantwortlich zu gestalten, kommen hinterher." Darauf müsse sich ein moderner Bildungsbegriff beziehen (31). Zur inhaltlichen Bestimmung sind Klafkis Schlüsselprobleme leitend.[15]

Uns muss nun im Rahmen des Themas interessieren, wie die Autoren des Nachfolgegutachtens für die Grundschule, das im Auftrage des Arbeitskreises Grundschule erstellt wurde, sich zu dem erörterten Problemkreis stellen.

3.4 „Die Zukunft beginnt in der Grundschule": Faust-Siehl, G./Garlichs, A./Ramseger, J./Schwarz, H./Warm, U. 1996.

Das Votum der Autoren ist klar und vom bisher Behandelten durchaus unterschiedlich: Die Grundschule ist nicht nur eine Unterrichtseinrichtung, „sondern auch eine *sozialpädagogische* (Heraushebung W-S) Institution" (14). Als gesellschaftliche Basisinstitution sei sie für die Zeit des Schulbesuches *die* zentrale Lebens- und Lernstätte der Kinder. Lebens- und Lernstätte werden gleichrangig gesehen, so wie wir es aus dem früheren Hentig-Zitat kennen: „Ihrer Aufgabe als *Lern*ort kann die Grundschule nur gerecht werden, wenn sie eine dem *Leben* der Kinder bekömmliche Stätte ist" (27).[16] Die Folgerung ist konsequent: „Die sozialpädagogische Funktion der Grundschule muss bei Schulplanung und Schulgestaltung gleichrangig mit bedacht werden" (ebd.). Wenn im Folgenden die Neueinrichtung von vielen tausend Erzieherstellen im Schulwesen gefordert wird (280), so soll hier nicht die Realisierbarkeit diskutiert werden. In

---

15 Hentig hatte sich übrigens von den Schlüsselproblemen Klafkis kritisch abgesetzt (vgl. 1996, 76).

16 Was Hentig sicherlich auch heute nicht bestreiten würde; nur dass er eben den Akzent anders setzt.

diesem Zusammenhang interessiert: Es ist eine explizit andere Sichtweise als bei den bisher behandelten Autoren.

Der Bildungsauftrag der Grundschule umfasse, so Faust-Siehl u.a., drei untrennbar verwobene Aufgaben:

- den erzieherischen Auftrag: Lernen in der Gemeinschaft mit anderen möglich machen;
- den staatsbürgerlichen Auftrag: Demokratie erfahrbar machen;
- den Unterrichtsauftrag: Aneignung der Welt ermöglichen (14ff.).

Das klingt doch gleichgewichtig – die Menschen, die Sachen und die Politik. Man sollte hierzu allerdings fairerweise anmerken: Eine solche Ausgewogenheit ist für das Grundschulalter leichter zu bewerkstelligen als für ältere Kinder; später setzen sich die gesellschaftlichen Zwänge härter durch. Freilich bezahlen wir diesen Vorzug mit einer geringeren gesellschaftlichen Anerkennung: Grundschule wird als nicht so wichtig angesehen.

Erstmals formulieren die Autoren den Status quo so, wie wir es der Analyse von Schulze entnommen haben: „Traditionelle Rollen, die Vorgaben des Geschlechts und der Schichtzugehörigkeit und weltanschauliche Bindungen haben ihre dominierende Kraft verloren. Dem einzelnen sind eine Vielzahl von Entwürfen für das eigene Selbst- und Weltverständnis zugänglich" (17f.). Das „Projekt des schönen Lebens" taucht implizit auf – das Bedürfnis nach Spontaneität und nach geteilten Sinnorientierungen und die Sehnsucht nach Glück (18) – und wird in einer Spannung zu rational ausgerichteten Lebenswünschen und Bildungsvorstellungen gesehen (ebd.). Die Folgerung der Autoren, „die Akzeptanz der personalen Einzigartigkeit jedes Menschen ... (wird) zu einer wichtigen Sinnorientierung" (ebd.), bleibt dann jedoch ein wenig unverbindlich; wer wollte im Übrigen die Forderung bestreiten! Wir sollten uns mit unseren Bildungsentwürfen den Folgen der Erlebnisgesellschaft noch expliziter zuwenden. – Ich möchte dies in meinem letzten Punkt tun: Grundschulbildung in der Erlebnisgesellschaft.

4   (Grundschul-)Bildung in der Erlebnisgesellschaft

4.1 Die Bildung der Erlebnisfähigkeit

Wenn wir Schulze (a.a.O.) folgen wollen, haben subjektives Wählen und Erleben durch ihren konstituierenden Einfluss auf Großgruppen-Segmentierungen gesamtgesellschaftliche Relevanz erhalten. Damit ist eine brisante pädagogische

Aufgabe entstanden; lehnen wir sie ab, dann wird der Markt sie übernehmen. Das wäre die Konsequenz von Gieseckes und auch von Hentigs Position. Wenn verunsicherte Menschen zum Zwecke dieses Wählens und Erlebens die suggestiven Strategien des Erlebnismarktes kaufen und benutzen, werden wir mit einem herkömmlichen Bildungsbegriff allein nicht weiterkommen. Es muss unser Ziel sein, das „Projekt des schönen Lebens" zu humanisieren.

Es führt durchaus weiter, uns bei den Theorien allgemeiner Bildung über dies Vorhaben zu vergewissern. Klafki nennt in seinem Aufsatz zur heutigen Bedeutung der klassischen Bildungstheorien vier „Dimensionen" des Bildungsbegriffs, die moralische, die kognitive, die ästhetische und die praktische (1986, 466 ff.). Mit der ästhetischen Dimension wird Schillers Theorie über das Spiel angeführt:

> „Erfahrung des Glücks, menschlicher Erfüllung, erfüllter Gegenwart, in der doch zugleich immer eine über den gegenwärtigen Moment in die Zukunft reichende Erwartung, eine Hoffnung, eine zukünftige Möglichkeit des noch nicht realisierten ,guten Lebens' humaner Existenz aufscheint" (Klafki a.a.O., 470).

Und bei Heydorn lesen wir: Bildung ist „Bildung zur Universalität" an (1972, 150), die den Menschen „zur vollen Entfaltung seiner Organe, zur Kunst des Lebens" „befreit" (1979, 331).

Das „gute Leben" also und das „schöne" gleichermaßen: Glück, Sinnlichkeit und erfüllte Gegenwart – wir finden die Erlebnisfähigkeit und das „Projekt des schönen Lebens" ernstgenommen. Wir sehen: Ein solcher Gedanke war im universell gemeinten Bildungsbegriff stets angelegt – es war ja doch die Bildung von „Kopf, Herz und Hand"[17] gemeint – faktisch aber ist Bildung in erster Linie kognitive und moralisch-ethische Bildung geblieben.[18]

Wir sind in der Erlebnisgesellschaft auf die Differenzierung und Humanisierung der Erlebnisfähigkeit des Menschen verwiesen – durch Bildung im Sinne der Heydornschen Universalität und im Sinne von Schillers Utopie des „guten Lebens". Ziel muss es sein, den Menschen ihr Erleben in die eigene Verfügung zurückzugeben; wir brauchen eine dafür eine neue Bildung, eine Bildung der Erlebnisfähigkeit. In einer neueren Publikation meiner Göttinger Kollegen[19] hat Hoffmann einen Rahmen für eine so verstandene Bildung in ausdrücklichem Bezug zur Erlebnisgesellschaft entworfen: Der Konsum von Erlebnissen, so Hoffmann, könne keine Bildung konstituieren: „Ohne zu wissen warum' – das

---

17 Pestalozzi, Johann Heinrich (1944): Wie Gertrud ihre Kinder lehrt (1801), 306.
18 Vgl. Mollenhauer 1987, 8: Der traditionellen Vorstellung von Vorgang und Ergebnis der Bildung „blieb der Körper, das Sinnliche ... ziemlich fremd."
19 Hoffmann/Strey/Wallraven (Hrsg.): „FreizeitLernen" (1993).

ist der Zustand, der das Erlebnis kennzeichnet, das nicht zur Erfahrung vervoll-
ständigt und nicht in Bildung aufgehoben wird" (1993, 25). Notwendig sei es
also, Erlebnisse in pädagogischer Weise so zu arrangieren, dass sie zu kulturellen
Bildungs- und Erfahrungsangeboten werden können (vgl. a.a.O., 19).

Daran möchte ich mit meinem folgenden Szenario anknüpfen. Ich wähle
dazu ein Beispiel, das zwar aus dem Grundschulalter, nicht aber aus der Schule
stammt, sondern aus dem außerschulischen pädagogischen Bereich: Mini-München, die Kinderstadt. Obwohl ein bayerisches Projekt ist es dennoch vielleicht
aufgrund seiner außerschulischen Herkunft nicht allgemein bekannt.

4.2 Szenario: Mini-München, die Kinderstadt

Mini-München hat inzwischen achtmal stattgefunden, jeweils während der
Sommerferien in einer Halle des Olympia-Parkes in München. Veranstalter ist
eine Vereinigung von Spiel- und KulturpädagogInnen.[20] Es kamen jeweils täglich
bis zu 2 000 und insgesamt zwischen 30 000 und 40 000 Kinder: Mini-München
kann sich auf dem Erlebnismarkt behaupten. Es „ist eine Stadt der Kinder und
für Kinder, in der es wie in einer richtigen Stadt zugeht: fast wie im richtigen
Leben!", schreiben die Veranstalter in einem Prospekt.[21] „Aber in Mini-München
kann man auch dies und das anders und besser machen". Und damit ist bereits
das Wichtigste gesagt: Eine „Schule des Lebens"[22] und doch eine Utopie und ein
Spiel. Ich war zusammen mit Horst Rumpf und Hans Scheuerl zur Beobachtung
und Beschreibung geladen. Wir waren beeindruckt:[23] Eine Stadt, in der „offenes,
ungeplantes Lernen hervorgelockt und ermutigt wird", so Horst Rumpf (1989,
65). – Ich möchte kurz aus der Spielstadt berichten.[24]

Eine halbe Stunde nach Öffnung ist Mini-München trotz der Hitze bereits
voll. Die meisten Kinder sind im Besitze einer vom Arbeitsamt ausgegebenen
Berufsrolle und gehen ihrer Tätigkeit nach. Die Taxis fahren, Müllmänner
transportieren ihre roten Tonnen, schildertragende Ausrufer und laufende Boten,
der Stadtrat versammelt sich zur Sitzung, im Café werden die ersten MiMüs (die
Stadtwährung) ausgegeben, schon drei Fälle fürs Gericht. Das Leben pulsiert,
geordnet dennoch von den Regeln und Strukturen der Spielstadt. Neben dem
Zusammenhang von Arbeit – Lohn – Konsum sind dies die Regeln einer idealen

---

20   „Kultur und Spielraum", München.
21   Spielstadt Mini-München '88. Veranstalter: Stadt München/Stadtjugendamt, Pädagogische
     Aktion.
22   So der Untertitel des von Grüneisl/Zacharias 1989 herausgegebenen Buches zu Mini-München.
23   Wir alle haben dann unsere Impressionen in dem Grüneisl/Zacharias herausgegebenen Buch
     beschrieben.
24   vgl. dazu Wegener-Spöhring 1989.

Demokratie: Gleicher Lohn für alle (auch Studieren wird bezahlt!), gleicher Zugang zu den Ressourcen (Baumaterialien und Maschinen, Kostüme und Spielacessoires, Videogeräte und Computer), gleiche Zugangschancen zu einflussreichen Spielstadtämtern (BürgermeisterIn, Referentinnen für alles Mögliche, verantwortlicher Fernsehreporter bei MüTiVi, dem Stadtfernsehen). Unterdrückung und Streit sah ich kaum. Und mit den Dingen gehen die Kinder verantwortlich um; nur selten geht etwas kaputt, kaum verschwindet etwas. Das ist in einer Halle mit über tausend Kindern schon bemerkenswert. Mini-München, ein geordnetes Spiel. – Und die Seite der nicht-domestizierten Spiele, die Seite der unbotmäßigen Aufmüpfigkeit? Es gibt „Gegenspiele", mit denen die Kinder dem von den Erwachsenen ersonnen Arrangement ein Schnippchen schlagen – z. B. Falschgeld (natürlich in MiMüs) in Umlauf bringen. Das alles fädelt sich ins Spiel ein und muss in aller Regel nicht sanktioniert werden. Es ist nicht notwendig, dass die PädagogInnen stets alles im Griff haben. Bei Klaus Giel, einem der Väter des Mehrperspektivischen Unterrichts, las ich übrigens die folgende Empfehlung, die das hier Gemeinte auf die Schule wendet (1988, 107ff.): Der Lehrer möge den Unterricht als „Szene" verstehen, die Lehrer und SchülerInnen gleichberechtigt konstruieren, und sich selber als „magister ludi", als einen Lehrer des Spiels.

Mini-München ist ein Spiel, und doch werden die Kompetenzen der Wirklichkeit ernstgenommen. Ein Physikstudent leitet die Kinder im Physiklabor an, ein Graphiker ist in der Kunstwerkstatt und ein Schreinermeister in der Tischlerei. In der Autoreparaturwerkstatt findet ein Vater, der Oldtimer sammelt und repariert, die Verbindung seines Hobbys mit einer erzieherischen Aufgabe. Und in der „Hochschule" geben alle diejenigen Lektionen, die über eine Sache gut Bescheid wissen: „Alles über den Wald" bei Florian, „Jonglieren" bei Beate, und „Italienisch" bei Oliver. Dass Lernen hier ein wenig stetiger Prozess ist, wird dabei akzeptiert.

Anders und besser als im wirklichen Leben: Das „gute Leben" in Mini-München und auch das „schöne" Leben. Die Menschen/die Kinder und die Sachen treten über das pädagogische Arrangement in eine eindrückliche Verbindung. Erlebnisse werden Erfahrungen, jedermann versteht warum oder hat zumindest die Chance dazu. Konsumieren durchaus erlaubt, Einflussnahme erwünscht und gesellschaftspolitischer Durchblick ein Ergebnis nebenbei – eine politische Pädagogik.[25] Über die Kinderrechte der UN wird übrigens jedes Kind

---

25 Dass ein Projekt wie Mini-München nur von politisch sehr erfolgreich agierenden PädagogInnen durchgesetzt werden kann, versteht sich von selbst. Es ist ein Mut-machendes Beispiel für das, was möglich ist.

durch eine kindgerechte Broschüre informiert;[26] und die in der Spielstadt erworbenen Kompetenzen kommen oftmals im Münchener Kinderparlament zur Geltung, dem Kinder- und Jugendforum.[27] Mini-München könnte man etwas kühn mit Hentigs polis vergleichen, in der der einzelne Verantwortung trägt – gemildert durch den Zauber des Spiels und den Spaß des guten pädagogischen Arrangements. Den Maximen der Erlebnisgesellschaft wird Rechnung getragen; sie werden jedoch nicht abgebildet, sondern pädagogisch transformiert, so wie es Hoffmann gefordert hatte (a.a.O.). Das Ergebnis ist eine Bildung der Erlebnisfähigkeit im hier geforderten Sinne. – Ich komme zu einem kurzen Fazit.

4.3 Fazit

Und die Relevanz für die Grundschule? Für eine instruktionsorientierte Grundschule à la Giesecke ist diese gar nicht, für eine bildungsorientierte Schule Hentigscher Prägung nur marginal gegeben. Eine Grundschule im Sinne des Grundschulgutachtens aber, die zudem ihre neuen Aufgaben in der Erlebnis- gesellschaft ernst nimmt, kann hier nur profitieren. Die Notwendigkeit von Bildung, aufklärendem Unterricht und Instruktion bestreite ich damit keines- wegs. Ich sage ja nicht, dass wir die Erlebnisgesellschaft kritiklos bedienen sollen. Ich bin noch nicht einmal der Ansicht, dass Lernen pausenlos Spaß machen muss. Ich bin aber der Überzeugung, dass wir gesellschaftliche Entwick- lungen zur Basis unseres Handelns machen müssen, weil sie sich sonst hinter unserem Rücken durchsetzen und unsere Ziele verkehren.[28] Erst in Kenntnis der Fakten, der Begrenzungen und der Möglichkeiten wird Bildung, wird auch Grundschulbildung, gesellschaftspolitisch wirksam. Ich plädiere für eine Erweiterung des Bildungsbegriffes durch eine Bildung der Erlebnisfähigkeit; ob wir dafür Sozialpädagogik in den Schulen brauchen, möchte ich an dieser Stelle nicht entscheiden.[29] Und ich plädiere für eine politische Pädagogik im Sinne Heydorns: „Es ist das Ziel aller Bildung, Macht aufzuheben, den freigewordenen Menschen an ihre Stelle zu setzen" (Heydorn 1979, 336).

---

26   Übereinkommen über die Rechte des Kindes. UN- Kinderrechtskonvention. Hrsg.: Münchner
      Kinder- und Jugendforum. München 1996 (2. überarb. Aufl.).
27   Vgl. dazu: Kommunale Kinderpolitik 1993, 50ff.
28   Wie das selbst mit „unschuldigen Humanitätsidealen" in erschreckender Weise passieren kann,
      zeigt Meyer-Drawe mit einer Rezeption der Publikationen Foucaults in der letzten Zeitschrift
      für Pädagogik auf (1996).
29   Mir scheint, dass die Freizeitpädagogik mit Paradigmen wie Variabilität, Authentizität und
      Zeiterleben hier besser geeignet ist. Vgl. dazu Wegener-Spöhring 1992.

Literaturverzeichnis

Böhm, Winfried (1994): Das Unbehagen an der Schule und der Ruf nach Alternativen. In: Götz, Margarete: (Hrsg.): Leitlinien der Grundschularbeit. Langenau; Ulm, 13 - 30.

Diederich, Jürgen (1995): Bildung zwischen Instruktion und Erfahrung. In: Zeitschrift für Pädagogik 41. Jg., H. 3, 335 - 340.

Faust-Siehl, Gabriele u.a. (1996): Die Zukunft beginnt in der Grundschule. Empfehlungen zur Neugestaltung der Primarstufe. Reinbek.

Fend, Helmut (1976): Gesellschaftliche Bedingungen schulischer Sozialisation. Weinheim; Basel.

Giesecke, Hermann (1904): Wozu ist die Schule? In: Neue Sammlung 36. Jg., H. 3, 93.

Giel, Klaus (1988): Pädagogische Verantwortung. In: Röbe, Edeltraud (Hrsg.): Schule in der Verantwortung für Kinder. Ulm, 97 - 109.

Grüneisl, Gerd, Zacharias, Wolfgang (Hrsg.) (1989): „Die Kinderstadt". Eine Schule des Lebens. Reinbek.

Hentig, Hartmut von (1994): Die Schule neu denken. Eine Übung in praktischer Vernunft. Eine zornige, aber nicht eifernde, eine radikale, aber nicht utopische Antwort auf Hoyerswerda und Mölln, Rostock und Solingen. München; Wien. 3. bearb., erw. Aufl.

Hentig, Hartmut von (1996): Bildung. Ein Essay. München; Wien.

Heydorn, Heinz-Joachim (1979): Zu einer Neufassung des Bildungsbegriffs. Frankfurt/Main.

Heydorn, Heinz-Joachim (1979): Über den Widerspruch von Bildung und Herrschaft. Bildungstheoretische Schriften Bd. 2. Frankfurt/Main.

Heydorn, Heinz-Joachim (1980): Ungleichheit für alle. Zur Neufassung des Bildungsbegriffs. Bildungstheoretische Schriften Bd. 3. Frankfurt/Main.

Hoffmann, Dietrich; Strey, Gernot; Wallraven, Klaus-Peter (Hrsg.) (1993): „FreizeitLernen". Intentionen und Dimensionen pädagogischer Kulturarbeit.

Hoffmann, Dietrich (1993): Von der Unmöglichkeit einer Beendigung der Erziehung und der Notwendigkeit einer Veränderung der Bildung. In: Hoffmann, Dietrich u.a. (Hrsg.): „FreizeitLernen". Weinheim, 11 - 33.

Huizinga, Johan (1956): Homo Ludens. Vom Ursprung der Kultur im Spiel. Hamburg.

Klafki, Wolfgang (1986): Die Bedeutung der klassischen Bildungstheorien für ein zeitgemäßes Konzept allgemeiner Bildung. In: Zeitschrift für Pädagogik 32. Jg., H. 4, 455 - 476.

Kommunale Kinderpolitik (Hrsg.) (1993): Arbeitskreis „Kinderforen". München.

Meyer-Drawe, Käte (1996): Versuch einer Archäologie des pädagogischen Blicks. In: Zeitschrift für Pädagogik 42. Jg., H. 5, 655 - 664.

Mollenhauer, Klaus (1987): Korrekturen am Bildungsbegriff? In: Zeitschrift für Pädagogik 33. Jg., H. 1, 1 - 20.

Pestalozzi, Johann Heinrich (1801): Wie Gertrud ihre Kinder lehrt. In: Ders. (1944): Gesammelte Werke, Bd. 9. Zürich, 49 - 322.

Prange, Klaus (1995): Die wirkliche Schule und das künstliche Lernen. In: Zeitschrift für Pädagogik 41. Jg., H. 3, 327 - 333.

Ramseger, Jörg (1993): Unterricht zwischen Instruktion und Eigenerfahrung. In: Zeitschrift für Pädagogik 39. Jg., H. 5, 825 - 836.

Rolff, Hans-G. (1967): Sozialisation und Auslese durch die Schule. Heidelberg.

Rumpf, Horst (1989): Ernstes Spiel – Mini-München, etwas anderes als eine Kinderbelustigung. In: Grüneisl, Gerd, Zacharias, Wolfgang (Hrsg.): „Die Kinderstadt". Reinbek, 58 - 65.

Scheuerl, Hans (1989): Impressionen aus Mini-München. In: Grüneisl, Gerd, Zacharias, Wolfgang (Hrsg.): „Die Kinderstadt". Reinbek, 148 - 152.

Schulze, Gerhard (1993): Die Erlebnisgesellschaft. Kultursoziologie der Gegenwart. Frankfurt/Main; New York (Originalausgabe: Frankfurt/M. 1992).

Sutton-Smith, Brian (1983): Die Idealisierung des Spiels. In: Grupe, Ommo; Gabler, Hartmut; Göhner, Ulrich (Hrsg.): Spiel – Spiele – Spielen. Schorndorf, 60 - 75.

Sutton-Smith, Brian (1990): Spiel zwischen den Generationen. In: Spielmittel, 60 - 70.

Übereinkommen über die Rechte des Kindes. UN- Kinderrechtskonvention (Hrsg.) (1996): Münchner Kinder- und Jugendforum. München (2. überarb. Aufl.).

Wegener-Spöhring, Gisela (1988): Freizeitpädagogik und Kulturarbeit als öffentliche Aufgabe. Bericht über das Saarbrücker Symposion. In: Zeitschrift für Pädagogik, 23. Beiheft, Weinheim, 283 - 290.

Wegener-Spöhring, Gisela (1989): Mini-München zwischen Spiel und Realität. In: Grüneisl, Gerd; Zacharias, Wolfgang (Hrsg.): Die Kinderstadt. Eine Schule des Lebens. Handbuch für Spiel, Kultur, Umwelt. Reinbek, 374 - 389.

Wegener-Spöhring, Gisela (1992): Spiel als freizeitpädagogisches Paradigma. In: Vahsen, Friedhelm G. (Hrsg.): Paradigmenwechsel in der Sozialpädagogik. Bielefeld, 142 - 174.

Wegener-Spöhring, Gisela (1994): Hopper und andere. Neue Dimensionen der Bildung in der Erlebnisgesellschaft. In: Neue Sammlung, 34. Jg., H. 4, 547 - 560.

Wegener-Spöhring, Gisela (1995): Aggressivität im kindlichen Spiel. Grundlegung in den Theorien des Spiels und Erforschung ihrer Erscheinungsformen. Mit einem Geleitwort von Hans Scheuerl. Weinheim.

Wegener-Spöhring, Gisela; Schulze, Gerhard (1995): Die Erlebnisgesellschaft. Rezension. In: Freizeitpädagogik 17. Jg., H. 1, 92- 95.

Zukunft der Bildung, Schule der Zukunft (1995). Denkschrift der Bildungskommission NRW. Neuwied.

„Dem Einzelnen gerecht werden" – Zur aktuellen Diskussion um Standards, Standardüberprüfung, Unterrichtsentwicklung und Individualisierung in der Grundschule

Rainer Peek (†)

Leistungen messen, beurteilen und rückmelden ist seit je ein zentrales Thema der Schule. Mit Veröffentlichung der KMK-Standards für die Lehrerbildung in Bildungswissenschaften (vgl. KMK 2004) wird dem für alle Schulstufen und Schulformen auch weiterhin hohe Bedeutung zugewiesen.

Dabei wird insbesondere in der Grundschulpädagogik eine mit den aktuellen Anforderungen verbundene Problematik gesehen: Inwieweit passen die beiden Paradigma der Standards und der Individualisierung von Lernen mit Unterrichtsentwicklung und Schülerbeurteilungen zusammen? Inwieweit kann es gelingen, die mit der Aufarbeitung der KMK-Bildungsstandards für den Primarbereich (vgl. z.B. Köller 2008, 2009) verbundene Diskussion um das Erreichen von definierten Kompetenzerwartungen im fachlichen Lernen mit der Anforderung an individuelle Förderung (vgl. z.B. Hanke 2006; Schulgesetz NRW 2006) so zu verkoppeln, dass sie schulpädagogisch tragfähig geführt werden kann?

1 Standards im Kontext der aktuellen Diskussion um Qualitätsentwicklung im Schulwesen

In der aktuellen Diskussion um Schulentwicklung, die primär mit der Zielrichtung ergebnis- bzw. kompetenzoriente (Fach-)Unterrichtsentwicklung geführt wird (vgl. z.B. Lersch 2007, Peek 2007), nehmen die beiden Kenngrößen Standardsetzung und Standardüberprüfung einen hohen Stellenwert ein. Eine tragende Rolle spielt hier die nachhaltige Auseinandersetzung mit zentralen Aussagen der Expertise *Zur Entwicklung nationaler Bildungsstandards* von Klieme et al. (2003), in der – ausgehend von den PISA-2000-Ergebnissen – die Forderung nach Bildungsstandards bzw. zentralen Bildungszielen und nach Ausarbeitung von Verfahren gestellt wird, mit denen die Einhaltung angemessen überprüft und Qualitätsentwicklungsstrategien in Schulen befördert werden können (vgl. zur Debatte um die Implementation von Bildungsstandards vor allem Oelkers & Reusser 2008). Als eine wesentliche Kernaussage der Expertise gilt, dass Bildungsstandards festlegen, welche Kompetenzen die Schülerinnen und Schüler bis zu einer bestimmten Jahrgangsstufe mindestens erworben haben sollen.

Die Entwicklung nationaler Bildungsstandards und deren Normierung am Institut für Qualitätsentwicklung im Bildungswesen (IQB) an der Humboldt-Universität zu Berlin (vgl. Köller 2007) bzw. die Entwicklung von Kerncurricula als bundeslandspezifische Operationalisierungen von Kompetenzerwartungen und darauf bezogene standardisierte Testverfahren, die in Schulleistungsstudien bzw. zentralen Vergleichsarbeiten eingesetzt werden, nehmen die Empfehlungen der Expertise im Grundsatz auf. Entgegen den Forderungen der Expertise werden sie zurzeit allerdings als Regel-, nicht als Mindeststandards formuliert; sie werden in der Sekundarstufe I teilweise schulformspezifisch ausgearbeitet und entgegen ihrer Zielsetzung der Qualitätsentwicklung als Kontrollinstrumente genutzt, ohne in ein umfassendes Konzept der ergebnisorientierten Schul- und Unterrichtsentwicklung eingepasst zu sein (vgl. dazu z.b. Böttcher 2005; Oelkers & Reusser 2008).

Die amerikanische Historikerin Ravitch (1995) hat einen breiter gefassten Vorschlag dargelegt, was unter ‚Standards' im Blick auf schulische Curricula begrifflich verstanden werden sollte. Sie unterscheidet drei Merkmale oder Dimensionen, nämlich Festlegungen der

- Gehalte (*content standards*),
- Leistungsniveaus (*performance standards*) und
- Ressourcen, von denen die Möglichkeiten des Lernens bestimmt werden (*opportunity-to-learn* standards).

Die Standarddiskussion wird in der Bundesrepublik bislang nahezu exklusiv mit der Perspektive auf empirisch nachweisbare *performance standards* geführt[1]. Überhaupt hat infolge der einzelschulübergreifenden Standardsetzung die Frage des Testens als Standardüberprüfung in der Diskussion eine Schlüsselposition bekommen.

---

1   Diese engere Sicht auf Standards wird in der grundschulpädagogischen Diskussion zunehmend erweitert durch Initiativen wie z.B. den reformpädagogisch orientierten Schulverbund *Blick über den Zaun*, der in erweiternder Perspektive zusätzlich Standards nach den folgenden Vorgaben differenziert: 1. Individuelle Zuwendung, Betreuung; 2. Individualisierung des Lernens; 3. Förderung/Integration; 4. Feedback, Lernbegleitung, Leistungsbewertung (vgl. dazu Brügelmann & Seydel 2007).

2   Schulleistungsstudien und Vergleichsarbeiten

In Deutschland hat sich infolge internationaler Vergleichsstudien wie z.b. TIMSS und PISA im Bereich der Sekundarstufe I oder IGLU/PIRLS im Grundschulbereich (vgl. z.b. Bos et al. 2007a) seit Mitte der 1990er-Jahre eine „empirische Wende" vollzogen (vgl. Goy et al. 2008). Kern dieses Wandels ist die – international seit Jahrzehnten geltende – Auffassung, dass die Qualität eines Bildungssystems über seinen Ertrag anhand der empirisch feststellbaren Wirkungen beurteilt werden sollte. Diese als Output- oder Ergebniskontrolle bezeichnete Vorstellung zeigt sich in zahlreicher werdenden Evaluationsstudien zum fachlichen Leistungsstand von Schülerinnen und Schülern. Prominente Beispiele im Grundschulbereich sind die Länderprojekte LAU 5 (vgl. Lehmann & Peek 1997) und KESS 4 in Hamburg (vgl. Bos & Pietsch 2006; Bos et al. 2007b) oder QuaSUM in Brandenburg (vgl. Lehmann et al. 2000), bei denen es in erster Linie darum geht, stichprobenbasiert mehr (Bildungs-)Systemwissen für planerisches Handeln zu erhalten (Systemmonitoring; vgl. z.b. Bos & Postlethwaite 2001).

Daneben führen infolge der sog. *Klieme-Expertise* aus dem Jahr 2003 aktuell alle Bundesländer zentrale Vergleichsarbeiten in der Grundschule durch, die stärker darauf abzielen, Lehrerinnen und Lehrer zu unterstützen, die Leistungen ihrer Schülerinnen und Schüler an Kriterien bzw. Standards zu messen, eine schulübergreifende Standortbestimmung vornehmen zu können und Ansatzpunkte für die Weiterentwicklung ihres Unterrichts zu liefern. Leitend ist der Grundgedanke einer Professionalisierung des fachlichen Diskurses innerhalb von Schulen zu mehr ergebnisorientierter Schul- und Unterrichtsentwicklung (vgl. u.a. Hosenfeld et al. 2006; Peek 2009; Zimmer-Müller et al. 2008).

Die Vergleichsarbeiten werden zentral gestellt, in den Schulen nach einheitlichen Vorgaben von Lehrkräften administriert und ausgewertet; die Ergebnisse werden internetbasiert eingegeben. Die Daten werden dann wiederum zentral aufbereitet und den Schulen mit landesweiten bzw. länderübergreifenden Vergleichswerten (auch unter Berücksichtigung schulischer Kontextbedingungen adjustiert) und auf der Folie der in den Bildungsstandards/Kernlehrplänen formulierten Kompetenzerwartungen kommentiert rückgemeldet. Primärer Adressat sind die Lehrkräfte und die Fachkonferenzen der beteiligten Schulen. Sie sind aufgefordert, mit den externen Evaluationsdaten einen professionellen Diskurs über erreichte und erreichbare Standards zu führen und empiriegestützt kompetenzorientierte Unterrichtsentwicklung zu forcieren (vgl. ausführlich Peek & Dobbelstein 2006).

Den Schulen wird bei den Vergleichsarbeiten mit den zurückgemeldeten Testergebnissen eine zusätzliche Datengrundlage zur Verfügung gestellt, die pädagogisch und didaktisch genutzt werden soll. In diesem Sinne sind sie als ein

Instrument zur weiteren Implementation der Bildungsstandards bzw. der Kern-lehrpläne sowie der Unterrichtsentwicklung konzipiert und können im Sinne einer weiteren Professionalisierung des Diskurses Bestandteil einer fachlichen Evaluationskultur werden. In der Verknüpfung von systematischen Leistungsver-gleichen mit der Gewährung von schulischer Autonomie – so die vor allem aus der Bildungsökonomie geäußerte Befürwortung dieser Strategie – sei demnach als der beste Weg für die Optimierung von Bildungssystemen zu sehen (vgl. z.B. Schütz et al. 2008).

3   Ergebnisrückmeldungen aus Schulleistungsstudien und Rückwirkungen auf Schulen

Während es in Deutschland auf Systemebene inzwischen großen Konsens über die Notwendigkeit einer empirischen Bestandsaufnahme und Rechenschafts-legung gibt, tritt die Frage der Nutzung der ermittelten Leistungsdaten für die Schul- und Unterrichtsentwicklung vor Ort erst allmählich in den Fokus theoretischer Überlegungen (vgl. z.B. Rolff 2001) und praktischer Strategien (vgl. Oelkers & Reusser 2008).

Zur Verarbeitung internationaler Leistungsvergleiche im Rahmen nationaler Steuerungsversuche liegen inzwischen zahlreiche Befunde vor, die sich ins-besondere auf die Auswirkungen der PISA-Studien beziehen (vgl. z.B. Moser 2002; Döbert et al. 2004; van Ackeren 2007; van Ackeren et al. 2007; Goy et al. 2008, Oelkers & Reusser 2008). Im Rahmen dieser Studien hat die Frage der Dauerbeobachtung des Systems in Gestalt des Systemmonitorings zusehends an Gewicht gewonnen. Ein wichtiger weiterer Punkt in der Diskussion ist die Aus-sagekraft und Interpretationsbedürftigkeit von Schul- und Schülerdaten: Was wissen wir bisher darüber, inwieweit externe Evaluationsdaten über fachliche Leistungen aus Schulleistungsstudien wie PISA & Co. in den beteiligten Schulen in dem gemeinten Sinn genutzt werden? Hier lohnt zunächst ein Blick auf solche Studien, die sich systematisch damit auseinander gesetzt haben, wie Schulen mit schul- und klassenbezogenen Ergebnisrückmeldungen im Kontext der groß an-gelegten vergleichenden Leistungsstudien IGLU/PIRLS (vgl. Schwippert 2004), LAU (vgl. Klug & Reh 2000), MARKUS (vgl. Schrader & Helmke 2004), PISA (vgl. Watermann & Stanat 2004) und QuaSUM (vgl. Peek 2004) umgegangen sind.

Übergreifend gilt nach den Befunden dieser Studien, dass die erfolgreiche Rezeption und Umsetzung von Evaluationsergebnissen von einer Vielzahl von Bedingungen abhängt. Herauszuheben sind dabei Voraussetzungen in der Ge-staltung der Rückmeldungen, Vorwissen, Einstellungen, Motivation und Handlungskompetenz der Lehrkräfte in den Schulen und schließlich Unterstützungsleistungen aufseiten der eine Schule begleitenden Institutionen (insbesondere Schulaufsicht und Fortbildungseinrichtungen). Die Kernergebnisse der Rezeptionsstudien konzentrieren sich auf folgende Punkte (vgl. Peek 2009; Kanders & Rösner 2006; Kohler 2005; van Ackeren 2007):

- Es hat sich nahezu durchgängig gezeigt, dass Lehrpersonen Schulleistungstests zwar grundsätzlich befürworten, deren Nutzen für eine Verbesserung ihres Unterrichts jedoch eher kritisch beurteilen.
- Die Schülerleistungen werden in der Regel als schul- oder klassenweise aggregierte Werte oder als Verteilungen innerhalb der Klasse wiedergegeben, wobei die Gesamtwerte zum Teil durch differenzierte Leistungsprofile ergänzt werden. Die Darstellung der Werte wird dabei in der Regel so gewählt, dass der Standort einer Klasse im Rahmen einer größeren Gruppe von Klassen erkennbar wird. Durchgesetzt hat sich die Strategie, wonach im Sinne der Fairness ebenfalls Vergleiche mit Klassen mit ähnlichen Kontextbedingungen angeboten werden. Zusätzlich zu dieser vergleichenden Information (soziale Bezugsnorm) werden Auskünfte darüber gegeben, was die Schülerinnen und Schüler schon können bzw. noch nicht können (kriteriale Bezugsnorm). Die Ergebnisrückmeldungen werden – bei aller Neugierde und aller Spannung gegenüber den (fairen) empirischen Vergleichswerten – von Lehrerinnen und Lehrern deutlich eher dann als Ansatzpunkt für die Reflexion über geleistete Arbeit und Handlungsnotwendigkeiten angenommen, wenn zusätzlich und möglichst dominierend kriteriale Vergleichsmaße angeboten werden.
- Ein erhebliches Problem ergibt sich bei der Vermittlung von Testergebnissen: Lehrpersonen sind in der Regel nicht hinreichend ausgebildet, um die Resultate zu interpretieren und daraus Schlüsse für das eigene Handeln zu ziehen. Die in den Rückmeldestudien zum Teil aufwändig gestalteten Auswertungs- bzw. Interpretationsanleitungen und ausführlichen Glossare setzen ein Grundverständnis von empirischer Sozialforschung voraus, das in der Lehrerschaft ganz offensichtlich (noch) nicht durchgängig vorhanden ist. Es ist zweifelhaft, inwiefern die angesprochenen Lehrkräfte aufgrund fehlender methodischer und statistischer Grundkenntnisse die schriftlichen Rückmeldeformate angemessen rezipieren. Insbesondere gilt das für eine mögliche Unter- oder Überschätzung von Differenzen zwischen dem eigenen Klassenwert und zentralen Vergleichswerten.
- Die Verantwortung für den Umgang mit den Ergebnissen ist bei allen bislang angesprochenen Studien in die Verantwortung der Schulen gelegt, wobei besonders qualifizierte Moderatorinnen und Moderatoren für Leis-

tungsuntersuchungen und die Schulaufsicht als Berater hinzugezogen werden konnten. Die Schulen haben dieses Unterstützungsangebot bei den großen Leistungstests kaum bis gar nicht angenommen. Es ist zu vermuten, dass hier Fragen des Vertrauensschutzes und der zugebilligten Kompetenz bei der Beurteilung der externen Evaluationsdaten über die eigene Schule eine entscheidende Rolle spielen, ob Schulen auf Beraterteams zurückgreifen[2].

Nach Visscher und Coe (2002) sind für die Nutzung von Feedback vor allem Anlage und Inhalt der Rückmeldung sowie schulische Rahmenbedingungen bedeutsam. Da die schulbezogenen Feedbacks standardisiert erfolgen und nicht zielgruppenspezifisch aufbereitet sind, führt das auf schulischer Seite zu Unter- und auch Überforderungen.

Bislang sind die Rückmeldeformate unterschiedlich gestaltet; es gibt keine Festlegungen und Standards, statt dessen wird an vielen Stellen kopiert und ausprobiert, Entscheidungen werden aufgrund von Plausibilitäten, persönlichen Erfahrungen und Alltagsannahmen getroffen (Kohler & Schrader 2004; Schrader & Helmke 2003). In der Regel werden in Balkendiagrammen die Vergleiche mit dem Mittelwert der Gesamtstichprobe und eventuell Streuungsmaße angeboten. Das Lesen und Interpretieren von empirischen Ergebnissen gehört – das zeigt sich in den Rezeptionsstudien – nicht zum Standardrepertoire der geisteswissenschaftlich orientierten Lehrerbildung, weswegen z.B. Schwippert (2004) vor einer zu komplizierten Ergebnisdarstellung warnt. Die Informationsaufnahme aus Rückmeldungen wird dadurch erschwert, dass ein ausgereiftes Grundverständnis empirisch orientierter Verfahren und Begriffe nötig ist (Peek & Dobbelstein 2006).

---

2   Die Reaktionen der unmittelbar beteiligten Lehrkräfte, deren Klassen in die Studien einbezogen waren, pendeln zwischen Interesse und Abwehr und spiegeln eine breite Diversität. Die Rezeptionsstrategien spiegeln Befunde von Stamm (2003), die 18 Evaluationsstudien in der deutschsprachigen Schweiz im Zeitraum von 1995 bis 1998 nach „Evaluationstypen" klassifiziert hat: Stamm zeigt, dass Studien, die dem Typ der „Blockade" zuzuordnen sind, sich dadurch auszeichnen, dass sie vor allem der Überprüfung und Kontrolle dienen und kaum mit Nutzung des Evaluationswissens aufwarten können. Der zweite Studientyp, als „Innovation" bezeichnet, umfasst Studien, die stark rezipiert und genutzt werden und vorrangig der Entwicklung und Optimierung dienen sollen. Die Typen „Alibi" und „Reaktion" befinden sich zwischen diesen beiden Extrempolen und dienen im ersten Fall („Alibi") vor allem der Legitimation von bereits bekanntem Wissen (und können oder wollen somit auch keine Evaluationsfolgen nachweisen). Die „Reaktions"-Studien dienen vorrangig der Kontrolle, können aber trotzdem eine klare Rezeption und Nutzung der Ergebnisse vorweisen. Für spätere Studien kann diese Klassifikation sicherlich auch für die Bildung von Rezeptionstypen in der Lehrerschaft nutzbar gemacht werden.

Über- und Fehlinterpretationen – so das einmütige Urteil der bisherigen Rezeptionsstudien – sollten möglichst vermieden werden, weswegen gekennzeichnet werden sollte, welche Abweichungen zwischen beobachteten und erwarteten Werten als bedeutsam gelten können. Die statistische Signifikanz mit einer Irrtumswahrscheinlichkeit von einem oder fünf Prozent ist hierfür oft als ein sehr strenges Maß anzusehen, da der Fehler erster Art (fälschlicherweise Unterschiede rückmelden, die nicht da sind) zwar minimiert wird, der Fehler zweiter Art (fälschlicherweise keine Unterschiede rückmelden, obwohl sie vorliegen) aber sehr groß werden kann (vgl. Watermann & Stanat 2004). Bei IGLU/PIRLS wird der Bericht von plus/minus einer Standardabweichung als „für die gesamte Klasse typischer Leistungsbereich" beschrieben, der die meisten in der Klasse untersuchten Schülerinnen und Schüler (nämlich 68 Prozent) umfasst (vgl. Schwippert 2004). Letztlich sollten Rückmeldungen eine Sprache sprechen, „die es den Lehrern erlaubt, sich selbst das nötige Verständnis zu schaffen" (Peek 2004, S. 111).

Ditton, Merz und Edelhäußer (2002) untersuchten nicht die Rezeption einer bestimmten Studie, sondern fragten im Rahmen des Projekts QuaSSU allgemein nach der Einstellung von Lehrkräften zu „Testuntersuchungen". Insgesamt könne man von einer „Einsicht in die allgemeine Notwendigkeit überregional vergleichender Testuntersuchungen" (S. 30) bei der Mehrzahl der Befragten ausgehen. Außerdem betonen die Autoren die Notwendigkeit, die Ergebnisse aus solchen Studien nicht nur zu wissenschaftlichem Erkenntnisgewinn und Systemmonitoring-Zwecken zu nutzen. Vielmehr sollte die Teilnahme für alle Beteiligten informativ und gewinnbringend sein, um einer ‚Test-Aversion' keinen Vorschub zu gewähren.

Eine weitere Analyse im Rahmen von QuaSSU durch Ditton & Arnoldt (2004) zeigte, dass Lehrkräfte, die sich häufig fortbilden, oft mit Kolleginnen und Kollegen kooperieren und eine höhere berufliche Zufriedenheit berichten, mehr von Rückmeldung profitieren als ihre Kolleginnen und Kollegen, bei denen dies nicht der Fall ist. Wenn die Berufszufriedenheit von den Befragten hoch und die berufliche Belastung als gering wahrgenommen wurden, wurde die Verwertbarkeit der Ergebnisse höher eingeschätzt. Hingegen scheinen stärker belastete und wenig zufriedene Lehrkräfte zu wenige Ressourcen, Bereitschaft oder auch Kompetenz zu haben, sich überhaupt mit der Rückmeldung auseinanderzusetzen. Eine positive Einschätzung der Verwendbarkeit der Ergebnisse korreliert in der Studie mit der Anzahl der Fortbildungstage, der Wichtigkeit eines Schulprofils, dem Ausmaß an Kooperation mit Fachkollegen und der Qualität des Verhältnisses zwischen Lehrkraft und Klasse. Schlechte Ergebnisse scheinen die Akzeptanz zu reduzieren und somit den Blick auf Veränderungspotenziale zu verstellen.

Für Helmke und Schrader (2001) sieht eine intelligente Form von Ergebnisrückmeldung so aus: Sie sollte an der jeweiligen Zielgruppe orientiert und
differenziert sein, idealerweise sollten Profile anstelle von Summenscores auf
Klassenebene rückgemeldet werden. Außerdem sollten neben der Leistung und
Motivation der Schülerinnen und Schüler auch Prozessvariablen erhoben und
rückgemeldet werden: „In der Erhebung und Rückmeldung von Facetten des
eigenen Unterrichts, der Lehrer-Schüler-Interaktion, des Klassenklimas und der
Klassenführung liegt vermutlich das größte Potenzial für Veränderungen"
(Helmke & Schrader, 2001, S. 601). Auch Peek (2004) betont, dass die Unter-
richtssituation im Vordergrund stehen sollte und Evaluation in erster Linie
Informationen zu Stärken und Schwächen des Unterrichts sowie differenzierte
Profile der einzelnen Schulklasse bieten sollte.

Die Berücksichtigung des Kontextes und das Vermeiden von Rankings
spielt für Schrader und Helmke (2004) eine zentrale Rolle. In ihrem Projekt
WALZER, der Rezeptionsstudie des Projektes MARKUS, wurden diese Dinge
umgesetzt und systematisch untersucht. Leider hatte diese Studie – wie nahezu
alle hier referierten Rezeptionsstudien – mit dem Problem des geringen Rück-
laufs zu kämpfen. Das zentrale Ergebnis lautete: Die Akzeptanz von Rückmeldung steht in Beziehung mit der Einstellung zu externer Evaluation, dem
Innovationspotenzial und Aktivitätsniveau der Befragten sowie dem inhaltlichen
Interesse an pädagogischen Fragen.

Als Fazit kann hier das eher ernüchternde Ergebnis festgehalten werden,
dass Evaluationsergebnisse aus Systemmonitoring-Studien in der Regel nicht
direkt genutzt, sondern – wie Stamm (2002) es beschreibt – eher „nicht ge-
braucht, uminterpretiert, relativiert oder trivialisiert" (S. 195) werden. Neugierde
und die grundsätzliche Bereitschaft zur vergleichenden Auseinandersetzung mit
den Lernergebnissen der eigenen Schülerinnen und Schüler sind zwar durchweg
hoch. Dagegen steht allerdings auch, dass in der aktuellen Schullandschaft, in
der Lernen weniger als kumulativer Prozess gesehen wird, der sich über Jahre
hinweg zu erreichten Kompetenzen aufbaut, sondern eher als etwas, das unmittelbar auf den gerade erteilten Unterricht einer bestimmten Lehrkraft bezogen
wird, ein produktiver Umgang mit externen Evaluationsergebnissen problematisch erscheint. Ein schulöffentlicher Umgang mit Klassenergebnissen ist dann
schwierig und führt zu Abwehrreaktionen bei den betroffenen Lehrkräften, wenn
eine Analyse in doppelter Hinsicht ‚Privatsache' bleibt: Privatsache, indem sich
die beteiligte Lehrkraft allein mit den Ergebnissen der eigenen Klasse beschäftigt; Privatsache auch, indem die Ergebnisse allein den gerade unter-
richtenden Kolleginnen und Kollegen zugeschrieben werden.

In der Auseinandersetzung mit der insgesamt noch eher schmalen Daten-
basis aus bundesdeutschen Rezeptionsstudien muss insbesondere die amerikani-

sche Diskussion mitberücksichtigt werden, wonach eine über *high-stakes testing* strukturierte Bildungskonkurrenz die Schul- und Unterrichtsqualität zu ruinieren drohe und im Hinblick auf die Lehrpersonen zu einer Deprofessionalisierung führe (vgl. vor allem Berliner & Biddle 1995; Nichols & Berliner 2007; Jones & Egley 2007). Amerikanische Erfahrungen zeigen in der Tat, dass der Zusammenhang zwischen Standardisierung und *Testing* nicht unproble matisch ist (vgl. z.B. Orfield & Kornhaber 2001; Schirp 2006). Rigide Testprogramme können die Ungleichheit verstärken und die ohnehin gegebene Benachteiligung bestimmter Gruppen erhöhen. Gute Testprogramme – so die internationalen Befunde – müssen aufwändig entwickelt werden. Und der Aufwand macht nach Ansicht der einbezogenen Schulen nur Sinn, wenn er – über die Unterstützung einzelschulischer Entwicklungsmaßnahmen hinaus – auch bei den politischen Entscheidungsprozessen zur Verbesserung der Rahmenbedingungen genutzt wird.

4   Ergebnisrückmeldungen aus Vergleichsarbeiten und Rückwirkungen auf Schulen

Deutlicher als Schulleistungsstudien wie IGLU/PIRLS, LAU oder QuaSUM zielen Vergleichsarbeiten darauf, mittels empirischer Daten zu erreichten bzw. erreichbaren Leistungen von Schülerinnen und Schülern in Schulen dateninduziert Schul- und Unterrichtsentwicklung zu befördern. Vergleichsarbeiten beziehen sich, wie die Schulleistungsstudien, auf umfassendere Lern- bzw. Kompetenzentwicklungen (bisher erreichte Fertigkeiten, Fähigkeiten, Kenntnisse) und nicht wie Klassenarbeiten auf das unmittelbar vorangegangene Unterrichtsgeschehen. Damit steht die Überprüfung kumulativen, systematisch vernetzten Lernens, wie es in der Expertise *Zur Entwicklung nationaler Bildungsstandards* (vgl. Klieme et al. 2003, S. 17ff.) gefordert wird, im Mittelpunkt. Die Argumentation, dass Vergleichsarbeiten eher als extern administrierte Schulleistungsstudien zur Unterrichtsentwicklung beitragen, folgt weitgehend diesen Überlegungen (vgl. Peek 2009): Schulen administrieren die Tests nach standardisierten Durchführungsanleitungen selbst, sie werten die Schülerarbeiten nach vorgegebenen Auswertungsanleitungen selbst aus, geben die Daten via Internet in Eingabemasken ein und rufen ihre Ergebnisse und die von Vergleichsgruppen dort ab. Die Testhefte verbleiben in den Schulen und sind schulintern öffentlich.

Die Erwartung ist, dass sich Nachhaltigkeit aus den Rückmeldeverfahren weniger auf der Ebene der einzelnen Lehrkräfte als auf der Ebene der Fachgremien abzeichnet. Aus den Erfahrungen der Rezeptionsstudien zu QuaSUM (vgl. Peek 2004) und vor dem Hintergrund der vorliegenden Befunde zu Gelingensbedingungen bei Schulentwicklungsprozessen (vgl. z.B. Rolff 2001) sind die Fachkonferenzen und Fachgruppen an den Schulen zum primären Adressatenkreis der Ergebnisse aus zentralen Vergleichsarbeiten geworden. – Dies geschieht in der Überzeugung, dass an einer Schule zuallererst aus diesen Gremien heraus datenbasierte Unterrichtsentwicklung in den Fächern erfolgen kann. In dem Sinne ist Nachhaltigkeit für die Schul- und Unterrichtsentwicklung aus Feedback-Strategien auch insbesondere in den Schulen zu erwarten, in denen kooperative Arbeitsformen bereits etabliert sind.

Der Vorteil von Vergleichsarbeiten liegt – so das Konzept – in der Ermöglichung eines ‚erweiterten Blicks' auf das Leistungsprofil der Schülerschaft der eigenen Schule mit curriculum-orientierten (kriteriale Bezugsnorm) und bezugsgruppenorientierten (soziale Bezugsnorm) Vergleichsmöglichkeiten, die im Schulalltag normalerweise nicht zur Verfügung stehen. Hosenfeld (2005) betont in seiner Rezeption der Forschungslage zu schulischen Strategien im Umgang mit Leistungsdaten – insbesondere im Kontext von VERA 3 (vgl. z.B. Helmke et al. 2007) –, dass der erste Schritt der pädagogischen Nutzung eine möglichst umfassende und systematische Analyse der förderlichen und hinderlichen Bedingungen sein sollte, um potenzielle Ursachen für das erzielte Ergebnis zu ermitteln. Die Logik des Vorgehens orientiert sich im Idealfall an der Wissenschaft: Im Anschluss an die Eingrenzung möglicher Ursachen geht es darum, Verbesserungsmaßnahmen zu planen, durchzuführen und schließlich auf ihre Wirksamkeit hin zu untersuchen. Dieser Schritt ist leichter, wenn er gemeinsam vollzogen wird, weil so das Wissen und die Erfahrungen einer Gruppe (Fachgruppe, Kollegium) genutzt werden können. Hinweise, in welchen Bereichen eine vertiefte Beschäftigung besonders Gewinn bringend sein dürfte, können seiner Einschätzung nach auch aus dem Vergleich der eigenen, noch vor der Durchführung möglichst konkret formulierten Erwartungen mit den tatsächlichen Ergebnissen gewonnen werden. Auf dieser Grundlage stellen sich für die einzelne Fachlehrkraft wie auch für die Fachgruppe bzw. die Fachkonferenz einer Schule Fragen, die Grundlage für gezielte unterrichtliche Schwerpunktsetzungen sein können (vgl. dazu z.B. Dobbelstein & Peek 2008).

Zur Wahrnehmung von Vergleichsarbeiten durch Lehrpersonen hat Tresch (2007) eine Studie vorgelegt, die auf die Rezeption und den Einsatz von „Check 5" – einer freiwilligen Vergleichsarbeit für die 5. Klassen der Primarschule – im Kanton Aargau bezogen ist. Im Längsschnitt zeigt sich, dass die Schweizer Lehrpersonen die Notwendigkeit von Leistungstests zusehends stärker bejahen, wiewohl sie deren faktischen Nutzen im Zeitverlauf weniger euphorisch beurteilen.

Es gibt auch im deutschsprachigen Raum inzwischen eine Reihe von Studien zur Rezeption von Feedback aus Vergleichsarbeiten (vgl. z.B. die Herausgeberwerke von Hosenfeld & Groß Ophoff, 2007; Kuper & Schneewind, 2006 sowie Maier 2008).

In VERA 3 wird die Rezeption und Nutzung der Ergebnisrückmeldung formativ (also projektbegleitend) evaluiert (vgl. z.B. Groß Ophoff et al. 2006a; Groß Ophoff et al. 2006; Groß Ophoff et al. 2007; Koch et al. 2006). Die Untersuchungen gehen der Frage nach, ob und wie die Ergebnisse der Kompetenzmessung von den beteiligten Lehrpersonen rezipiert und für die Unterrichtsentwicklung genutzt werden.

Die Daten zum Umgang mit der Rückmeldung werden anonymisiert online erhoben, in den Jahren 2004 und 2005 beteiligten sich ca. 1500 Lehrpersonen daran. Die Ergebnisse der Studien zeigen, dass nach anfänglichen Implementationsproblemen die Akzeptanz der Beteiligten von Jahr zu Jahr steigt und die Ergebnisse in vielfältiger Weise zur Unterrichtsentwicklung genutzt werden: Im Durchführungsjahr 2005 gaben 88 Prozent der Befragten an, infolge von VERA Maßnahmen der Unterrichtsentwicklung eingeführt bzw. durchgeführt zu haben. Dabei handelt es sich um Maßnahmen, die sich auf Inhalt und Gestaltung des eigenen Unterrichts beziehen. Durch VERA scheinen vor allem Maßnahmen verstärkt zu werden, die vorher schon da waren. Innovative Formen der Zusammenarbeit werden hingegen eher selten eingeführt. Ernüchternd zeigt sich, dass die Auswertung der Ergebnisse eher selten im Team erfolgt. Hier gelingt die Kooperation nicht, welche für eine tiefe Verarbeitung der Ergebnisse sicher hilfreich wäre.

Ein weiteres Ergebnis der Untersuchungen zeigt, dass die Bedeutung der Rückmeldung für die Unterrichtsentwicklung ganz offensichtlich durch die Einschätzung der Nützlichkeit vermittelt wird (vgl. für die Sekundarstufe I dazu auch Bonsen et al. 2006). Die Nützlichkeit fällt für Personen höher aus, die sich intensiv mit den zur Verfügung gestellten Materialien auseinandersetzen und bereits ein grundlegendes Verständnis für Rückmeldungen entwickelt haben. Auch Unterstützungsangebote zum Umgang mit den Ergebnissen werden von den Lehrkräften genutzt und scheinen einen positiven Effekt auf ergebnisorientierte Unterrichtsentwicklung zu haben, wenn die Unterstützung kontinuierlich angeboten wird und thematisch eng an die Ergebnisse aus VERA geknüpft ist.

Groß Ophoff et al. (2007) konnten unter den Lehrkräften drei Rezeptionstypen herausarbeiten, die sich erstens darin unterscheiden, für wie nützlich und verständlich sie die einzelnen Teile der VERA-Rückmeldung halten und wie intensiv sie sich damit auseinandersetzen. Zweitens verhalten sie sich unterschiedlich hinsichtlich der Unterrichtsentwicklungsmaßnahmen, die sie aufgrund der Rückmeldung realisieren: Typ 1 realisiert mehr und andere Maßnahmen als Typ 2 und dieser wiederum mehr als Typ 3. Leider liegen keine Kontextinformationen über die Lehrkräfte vor, die eine nähere Klassifikation der Typen ermöglichen würden.

Insgesamt unterstützen die Befunde zur VERA-Rezeption – bei aller Zurückhaltung aufgrund der doch eher eingeschränkten Datenlage – die eingeschlagenen Strategien, dass die rückgemeldeten Ergebnisdarstellungen neben sozialen Vergleichen (dem Vergleich mit anderen) auch kriteriale Vergleiche (die Orientierung an Bildungsstandards und Kernlehrplänen) ermöglichen und somit zwei Bezugsnormen bereit stehen, um Ergebnisse der eigenen Schülerschaft für die Unterrichtsentwicklung zu nutzen. Die Grundschulbefunde korrespondieren mit Rezeptionsbefunden zu Vergleichsarbeiten in der Sekundarstufe I, nach denen Leistungsvergleiche eher dann für fachliche Diskurse genutzt werden, wenn den Lehrkräften bzw. Schulen Benchmarking als allgemeine Standortbestimmung und eine vergleichende Orientierung an erreichten und erreichbaren Durchschnitts- oder Spitzenwerten ermöglicht werden (vgl. Kühle & Peek 2007). Die Rezeptionsforschung hat bislang einmütig gezeigt, dass geschriebene Kommentare als Feedback nützlicher sind als einfache Kennwerte (vgl. Hattie & Timperley 2007).

5   Zur Reichweite von Schulleistungsstudien und Vergleichsarbeiten

Zentrale Vergleichsarbeiten in der Grundschule finden seit 2009 bundesweit in allen dritten Klassen mit ganz ähnlichen Test- und Aufgabenformaten wie bei den vergleichenden Schulleistungsstudien *sensu* IGLU/PIRLS statt. Die Gültigkeit der Ergebnisse wird vor allem auf Klassenebene und damit auch für die einzelne Schule beansprucht: Inwieweit werden für ausgewählte Bereiche der Fächer Deutsch und Mathematik in den Bildungsstandards bzw. Kernlehrplänen definierte Kompetenzerwartungen erreicht? Wie verteilen sich die erreichten Lernstände in der eigenen Klasse bzw. im eigenen Kurs im Vergleich zu anderen Lerngruppen innerhalb der Schule und im Vergleich zu anderen Schulen? Darüber hinaus werden die Ergebnisse landesweit aufgearbeitet, um sie zusätzlich für die Systemsteuerung nutzen zu können.

Anders als bei den Tests aus Schulleistungsstudien bleiben die Testhefte mit den Aufgaben sowie die Auswertungsanleitungen und didaktische Hinweise dazu in den Schulen. Die Auswertung der Tests erfolgt durch die Fachlehrerinnen und Fachlehrer vor Ort. Dadurch können sie nachvollziehen, bei welchen konkreten Aufgaben einzelne Schülerinnen und Schüler oder ganze Schülergruppen Schwierigkeiten hatten, bei welchen sie problemlos zurechtkamen.

6   Grenzen der Leistungsmessung auf Individualebene

Die Beurteilung bzw. Bewertung der Schülerinnen und Schüler und die damit verbundenen Selektionsentscheide gehören zu den kontrovers diskutierten Themen der Schule. Im Gegensatz zu Beurteilungen mit Noten oder mit Worten, bei denen sich Lehrpersonen in der Regel am Klassenverband orientieren, bieten Leistungstests die Möglichkeit, die eigene Beurteilungspraxis zu überprüfen und auf Grund der Leistungen einer größeren Vergleichsgruppe und an Standards für die Fachleistungen anzupassen. Die Ergebnisse in Leistungstests können Schülerbeurteilungen unterstützen, so die allgemeine Einschätzung, jedoch nicht ersetzen (vgl. dazu die seit Ingenkamp 1971 geführte Diskussion).

Das Ergebnis in einem Test entspricht einer Momentaufnahme des Leistungsstandes in einem ausgewählten fachlichen oder fachübergreifenden Bereich. Obwohl Leistungen mit Tests objektiv und zuverlässig gemessen werden können, besteht die Gefahr, dass ein Testergebnis den Leistungsstand einer Schülerin oder eines Schülers ungenau abbildet. Beispielsweise kann ein Testergebnis durch die Tagesform beeinflusst sein. Bos & Voss (2008) haben auf Grundlage der IGLU/PIRLS-Daten aufgezeigt, dass – insofern jeder Schüler bzw. jede Schülerin mit einer überschaubaren Anzahl von Aufgaben eines Themengebietes getestet wird – es sich bei den Testergebnissen aus Leistungsvergleichsstudien auf Individualebene um fehlerbehaftete Schätzungen für die wahren Schülerkompetenzwerte handelt. Hier können statistische Mess- und Schätzfehler vorliegen: Bestimmte Rahmenbedingungen am Testtag (eine Aufgabenstellung wurde vielleicht missverstanden oder die Schülerin bzw. der Schüler war an dem Testtag einfach ‚nicht gut drauf' etc.) können ein Einzelergebnis stark beeinflussen – ein Effekt, der sich bei Gruppen ‚ausmittelt'.

Vor allem, wenn Tests nur ausgewählte Bereiche überprüfen, können sie dem gesamten Leistungsprofil einer Schülerin oder eines Schülers kaum gerecht werden. Ein einzelnes Testergebnis soll – so die Konsequenz aus diesem Ergebnis – deshalb auf Individualebene nicht überbewertet werden, vor allem deshalb nicht, wenn es auf Grund anderer Leistungsüberprüfungen und -bewertungen im Schuljahr als wenig plausibel erscheint.

Verantwortungsbewusstes Handeln im Dienste eines einzelnen Kindes bedeutet, dass das Analysieren der Testergebnisse – auch der VERA-Testergebnisse – in Kenntnis sämtlicher relevanter Informationen erfolgt. Dazu gehören zum einen gesichertes Wissen über die Wirksamkeit von Unterricht, zum andern aber auch praktische Erfahrungen und die genaue Kenntnis der Lehr-Lern-Bedingungen im eigenen Unterricht: Welche Ziele wurden verfolgt? Welche Kompetenzen wurden erwartet? Welche Lehr-Lern-Formen wurden eingesetzt?

Welche Schwierigkeiten sind aufgetreten? Welche Bedeutung hat die soziale Zusammensetzung der Klasse für das Ergebnis?

Da Testergebnisse – wie auch die Ergebnisse anderer Evaluationsinstrumente – immer mit einem Messfehler behaftet sind, ist es notwendig, die Bewertung der Schülerinnen und Schüler auf der Basis unterschiedlicher Leistungsüberprüfungen, die auch verschiedene Teilleistungsbereiche berücksichtigen, vorzunehmen. Ein einzelnes Ergebnis darf nie abschließend interpretiert werden. Weisen allerdings mehrere Ergebnisse in die gleiche Richtung, dann wird eine zuverlässige Interpretation möglich.

7   Lernstandserhebungen, Unterrichtsentwicklung und Schülerbewertung – passt das?

Bei Vergleichsarbeiten in der Klassenstufe 3 geht man in einigen Bundesländern – so z.B. Nordrhein-Westfalen – den Weg, Schülerergebnisse in die Leistungsbewertung einfließen zu lassen. Auf der einen Seite bleiben dabei die Grundsätze und zentralen Ziele der Vergleichsarbeiten bestehen: Sie sollen der Qualitätsentwicklung und Qualitätssicherung der schulischen Arbeit dienen, indem sie die langfristig erworbenen Kompetenzen der Schülerinnen und Schüler überprüfen. Die Aufgaben der Vergleichsarbeiten orientieren sich an den in den Lehrplänen beschriebenen Fachleistungsstandards, wobei das Instrument der Vergleichsarbeiten Lehrkräfte dabei unterstützen soll, die Leistungen ihrer Schülerinnen und Schüler an diesen Standards zu messen und eine schulübergreifende Standortbestimmung der erreichten Leistungen vorzunehmen. Die Ergebnisse dienen also weiterhin primär als Grundlage für die Weiterentwicklung des Unterrichts.

Auf der anderen Seite sollen die Ergebnisse – nach dem Erlass des nordrhein-westfälischen Schulministeriums vom 20. Dezember 2006 – im Rahmen der Leistungsbewertung neben den Beurteilungsbereichen „Schriftliche Arbeiten" und „Sonstige Leistungen im Unterricht" bei der Festlegung der Halbjahresnote ergänzend berücksichtigt werden (vgl. dazu RdErl. des MSW vom 20.12.2006 – 521-6.01.04-46815). So kann die in der Lernstandserhebung gezeigte Leistung bei Schülerinnen und Schülern, die zwischen zwei Zensuren stehen, den Ausschlag für die Zeugnisnote geben. Dazu muss – so die Erlasslage – die Lehrkraft die individuelle Schülerleistung im Test vor dem Hintergrund der bisherigen Leistungen der Schülerin bzw. des Schülers interpretieren und in besonderer Weise berücksichtigen, welche Schwierigkeit die Testaufgaben angesichts des in der Klasse erteilten Unterrichts haben. Dieses Vorgehen ist aus pragmatischer Sicht nachvollziehbar, vor dem Hintergrund der skizzierten Anfälligkeit des Testverfahrens und der Reichwerte von Schülerbeurteilungen für

Bildungskarrieren gegen Ende der Grundschulzeit auf Einzelschülerebene aber problematisch.

Nicht zur Leistungsbenotung, aber im Sinne pädagogischen Handelns bekommen die individuellen Ergebnisse Bedeutung, wenn die Leistungsergebnisse – in Form von Aussagen über erreichte Kompetenzniveaus ausgewertet – als Lernausgangslagenbestimmung weiteren Lernens genutzt werden. Sie können im Kontext einer breiteren Diagnostik fachlicher Stärken und Schwächen als ein zusätzlicher Ausgangspunkt bei der Festlegung individueller Fördermaßnahmen berücksichtigt werden.

Aus dem Gesamtergebnis einer Schülerin oder eines Schülers in einem Test lässt sich also nicht bruchlos ableiten, dass dieses Kind einem bestimmten Kompetenzniveau zugeordnet werden kann – wohl aber, dass es mit hinreichender Sicherheit am Testtag Aufgaben gelöst hat, die für das Fähigkeitsniveau stehen. Dennoch gibt die Zuordnung zu einem Kompetenzniveau einen ernst zu nehmenden Hinweis darauf, über welche Kompetenzen die Schülerin bzw. der Schüler mit hoher Wahrscheinlichkeit verfügt. Die individualbezogene Rückmeldung ist also im Kontext der sonstigen diagnostischen Informationen, über die Lehrkräfte aufgrund ihrer pädagogischen Praxis verfügen, zu sehen.

Einer Illusion sollte man sich jedoch nicht hingeben: Mit der Rückmeldung von Testergebnissen allein – sei es aus Schulleistungsstudien oder aus Vergleichsarbeiten – ist noch kein Unterricht erfolgreicher geworden. Testergebnisse orientieren Lehrpersonen über den Leistungsstand ihrer Schülerinnen und Schüler. Doch wozu können diese Ergebnisse genutzt werden? Wie sollte auf Grund von Mittelwerten, Prozentangaben und fachlichen Kommentierungen der Unterricht verbessert werden? Was machen Lehrpersonen, deren Klasse unterdurchschnittliche Leistungen erreicht? Solche Fragen lassen sich nicht allgemein beantworten, sondern nur in Kenntnis des Kontextes, in dem Unterricht stattfindet. Testergebnisse führen auch nicht zu neuen Anforderungen für die Lehrpersonen. Sie bieten ihnen einzig eine Unterstützung in ihrem verantwortungsbewussten Handeln im Dienste der Schülerinnen und Schüler. Denn Leistungen zu messen und zu beurteilen, Schülerinnen und Schüler individuell zu fördern und Unterricht zu verbessern sowie über das eigene Handeln zu reflektieren, das alles bildet die Grundlage für die Optimierung der Schul- und Unterrichtsqualität.

Literaturverzeichnis

Ackeren, Isabell van (2007): Nutzungen großflächiger Tests für die Schulentwicklung. Erfahrungen aus England, Frankreich und den Niederlanden. Bonn.

Ackeren, Isabell van et al. (Arbeitsgruppe ‚Internationale Vergleichsstudie') (2007): Schulleistungen und Steuerung des Schulsystems im Bundesstaat. Kanada und Deutschland im Vergleich. Münster.

Berliner, David C.; Biddle, Bruce J. (1995): The manufactured crises. Myths, fraud, and the attack on America's public schools. Reading, Mass.

Bonsen, Martin; Büchter, Andreas; Peek, Rainer (2006): Datengestützte Schul- und Unterrichtsentwicklung. Bewertungen der Lernstandserhebungen in NRW durch Lehrerinnen und Lehrer. In: Bos, Wilfried u.a. (Hrsg.): Jahrbuch der Schulentwicklung. Band 14. Daten, Beispiele und Perspektiven. Weinheim; München, 125-148

Bos, Wilfried u.a. (Hrsg.) (2007a): IGLU 2006. Lesekompetenzen von Grundschulkindern in Deutschland im internationalen Vergleich. Münster.

Bos, Wilfried, Gröhlich, Carola; Pietsch, Marcus (Hrsg.) (2007b): KESS 4 – Lehr- und Lernbedingungen in Hamburger Grundschulen. Münster.

Bos, Wilfried; Pietsch, Marcus (Hrsg.). (2006): KESS 4 – Kompetenzen und Einstellungen von Schülerinnen und Schülern am Ende der Jahrgangsstufe 4 in Hamburger Grundschulen. Münster.

Bos, Wilfried; Postlethwaite, T. Neville (2001): Internationale Schulleistungsforschung. Ihre Entwicklungen und Folgen für die deutsche Bildungslandschaft. In: Weinert, Franz E. (Hrsg.), Leistungsmessungen in Schulen. Weinheim; Basel, 251-267

Böttcher, Wolfgang (2005): Soziale Auslese und Bildungsreform. In: Politik und Zeitgeschichte. Beilage zur Wochenzeitung Das Parlament, H. 12, 7-13.

Brügelmann, Hans & Seydel, Otto (2007): Beobachten, bewerten, beraten. Verfahren und Werkzeuge für eine andere Evaluation (hrsg. v. Schulverbund Blick über den Zaun. Institut für Schulentwicklung). Überlingen.

Ditton, Hartmut; Arnoldt, Bettina (2004): Schülerbefragungen zum Fachunterricht – Feedback an Lehrkräfte. In: Kohler, Britta; Schrader, Friedrich Wilhelm (Hrsg.): Ergebnisrückmeldung und Rezeption. Von der externen Evaluation zur Entwicklung von Schule und Unterricht. Empirische Pädagogik 18,Themenheft, 115-139.

Ditton, Hartmut; Merz, Daniela; Edelhäußer, Tanja (2002b): Einstellungen von Lehrkräften und Schulleiter/innen zu zentralen Testuntersuchungen an Schulen. Empirische Pädagogik, 16. Jg., H. 1, 17-33.

Dobbelstein, Peter; Peek, Rainer (2008): Diagnostisches Potential von Lernstandserhebungen. In: Kliemann, Sabine (Hrsg.): Diagnostizieren und Fördern in der Sekundarstufe I. Schülerkompetenzen erkennen, unterstützen und ausbauen. Berlin, 46-56

Döbert, Hartmut u.a. (International Comparative Study Working Group) (Eds.) (2004): Features of Successful School Systems. A Comparison of Schooling in Seven Countries. Münster.

Goy, Martin; Ackeren, Isabell van; Schwippert, Kurt (2008): Ein halbes Jahrhundert internationale Schulleistungsstudien. Eine systematisierende Übersicht. In: Tertium Comparationis, 14. Jg., H. 1, 77-107.

Groß Ophoff, Jana u.a. (2006a): Vergleichsarbeiten für die Grundschulen – und was diese daraus machen (können). In: Journal für Schulentwicklung, 10. Jg., H. 4, 7-12.

Groß Ophoff, Jana u.a. (2006b): Ergebnisrückmeldungen und ihre Rezeption im Projekt VERA. In: Kuper, Harm; Schneewind, Julia (Hrsg.): Rückmeldung und Rezeption von Forschungsergebnissen. Zur Verwendung wissenschaftlichen Wissens im Bildungsbereich. Münster, 19-40

Groß Ophoff, Jana; Hosenfeld, Ingmar; Koch, Ursula (2007): Formen der Ergebnisrezeption und damit verbundene Schul- und Unterrichtsentwicklung. In: Hosenfeld, Ingmar; Groß Ophoff, Jana (Hrsg.): Nutzung und Nutzen von Evaluationsstudien in Schule und Unterricht. Empirische Pädagogik, H. 21, Themenheft, 411-427

Hanke, Petra (2006): Grundschule in Entwicklung – Herausforderungen und Perspektiven für die Grundschule heute. Einführung. In: Hanke, Petra (Hrsg.): Grundschule in Entwicklung. Herausforderungen und Perspektiven für die Grundschule heute. Münster, 7–14

Hattie, John; Timperley, Helen (2007): The Power of Feedback. In: Review of Educational Research, 77. Jg., H.1, 81 - 112.

Helmke, Andreas u.a. (2007): Erfassung, Bewertung und Verbesserung des Grundschulunterrichts: Forschungsstand, Probleme und Perspektiven. In: Möller, Kornelia u.a. (Hrsg.): Qualität von Grundschulunterricht entwickeln, erfassen und bewerten. Jahrbuch Grundschulforschung. Bd. 11. 17-34

Helmke, Andreas; Schrader, Friedrich Wilhelm (2001): Von der Leistungsevaluation zur Unterrichtsentwicklung – Neue Herausforderungen für die pädagogische Psychologie. In: Silbereisen, Rainer K.; Reitzle, Matthias (Hrsg.): Psychologie 2000: Bericht über den 42. Kongress der Deutschen Gesellschaft für Psychologie in Jena. Lengerich, 594-606

Hosenfeld, Ingmar (2005): Rezeption – Reflexion – Aktion. Wie lassen sich Lernstandserhebungen und Vergleichsarbeiten pädagogisch nutzen? In: Becker, Gerold u.a. (Hrsg.): Standards. Unterrichten zwischen Kompetenzen, zentralen Prüfungen und Vergleichsarbeiten. Friedrich Jahresheft XXIII, 112 - 114

Hosenfeld, Ingmar; Groß Ophoff, Jana (Hrsg.) (2007): Nutzung und Nutzen von Evaluationsstudien in Schule und Unterricht. Empirische Pädagogik 21, Themenheft.

Hosenfeld, Ingmar; Groß Ophoff, Jana; Bittins, Petra (2006): Vergleichsarbeiten und Schulentwicklung. Schulmanagement Handbuch 118. München.

Ingenkamp, Karlheinz (Hrsg.) (1971): Die Fragwürdigkeit der Zensurengebung. Weinheim.

Jones, Brett D.; Egley, Robert J. (2007): Learning to take tests or learning for understanding? Teachers´ beliefs about test-based accountability. In: The Educational Forum, vol. 71, 232-248.

Kanders, Michael; Rösner, Ernst (2006): Das Bild der Schule im Spiegel der Lehrermeinung – Ergebnisse der 3. IFS-Lehrerbefragung 2006. In: Bos, Wilfried u.a. (Hrsg.): Jahrbuch der Schulentwicklung. Band 14. Weinheim; München, 11-48

Klieme, Eckhard u.a. (2003): Zur Entwicklung nationaler Bildungsstandards. Eine Expertise. Frankfurt/Main.

Klug, Christian; Reh, Sabine (2000): Was fangen die Schulen mit den Ergebnissen an? In: Pädagogik, 52. Jg., H. 12, 16-21.

KMK (2004): Standards für die Lehrerbildung: Bildungswissenschaften (Beschluss der Kultusministerkonferenz vom 16.12.2004); Online im Internet: http://www.kmk.org/ fileadmin/veroeffentlichungen_beschluesse/2004/2004_12_16-Standards-Lehrerbildung.pdf. (Stand 15.05.2009).

Koch, Ursula u.a. (2006): Von der Evaluation zur Schul- und Unterrichtsentwicklung – Ergebnisse der Lehrerbefragungen zur Auseinandersetzung mit den VERA-Rückmeldungen. In: Eder, Ferdinand; Gastager, Angela; Hofmann, Franz (Hrsg.): Qualität durch Standards? Beiträge zur 67. Tagung der Arbeitsgruppe der Empirischen Bildungsforschung (AEPF). Münster, 187-199.

Kuper, Harm; Schneewind, Julia (Hrsg.) (2006): Rückmeldung und Rezeption von Forschungsergebnissen. Zur Verwendung wissenschaftlichen Wissens im Bildungsbereich. Münster.

Kohler, Britta (2005): Rezeption internationaler Schulleistungsstudien. Wie gehen Lehrkräfte, Eltern und die Schulaufsichten mit Ergebnissen schulischer Evaluationsstudien um? Münster.

Köller, Olaf (2007): Standards und Qualitätssicherung zur Outputsteuerung im System und in den Einzelinstitutionen. In: Buer, Jürgen van; Wagner, Cornelia (Hrsg.): Qualität von Schule. Ein kritisches Handbuch. Frankfurt/Main, 93-102.

Köller, Olaf (2008): Bildungsstandards in Deutschland: Implikationen für die Qualitätssicherung und Unterrichtsqualität. In: Zeitschrift für Erziehungswissenschaft, 10 Jg., Sonderheft 9, 47-59.

Köller, Olaf (2009): Bildungsstandards. In: Tippelt, Rudolf; Schmidt, Bernhard (Hrsg.): Handbuch Bildungsforschung. 2. Aufl. Wiesbaden, 529-548.

Kühle, B.; Peek, Rainer (2007): Lernstandserhebungen in Nordrhein-Westfalen. Evaluationsbefunde zur Rezeption und zum Umgang mit Ergebnisrückmeldungen in Schulen. In: Hosenfeld, Ingmar; Groß Ophoff, Jana (Hrsg.): Nutzung und Nutzen von Evaluationsstudien in Schule und Unterricht. Empirische Pädagogik 21, Themenheft, 428-447

Lersch, Rainer (2007): Unterricht und Kompetenzerwerb. In 30 Schritten von der Theorie zur Praxis kompetenzfördernden Unterrichts. In: Die deutsche Schule, 99. Jg., H. 4, 434-446.

Lehmann, Rainer H. u.a. (2000): QuaSUM – Qualitätsuntersuchung an Schulen zum Unterricht in Mathematik. Ergebnisse einer repräsentativen Untersuchung im Land Brandenburg. Schulforschung in Brandenburg, H. 1. Potsdam.

Lehmann, Rainer H.; Peek, Rainer (1997): Aspekte der Lernausgangslage von Schülerinnen und Schülern der fünften Klassen an Hamburger Schulen. Bericht über die Untersuchung im September 1996 (hrsg. v. der Behörde für Bildung und Sport). Hamburg.

Maier, Uwe (2008): Rezeption und Nutzung von Vergleichsarbeiten – Ergebnisse einer Lehrerbefragung in Baden-Württemberg. In: Zeitschrift für Pädagogik, 54. Jg., H. 1, 95-117.

Moser, Urs (2002): Bildungssysteme messen und beurteilen. In: Rhyn, Heinz (Hrsg.): Beurteilung macht Schule. Leistungsbeurteilung von Kindern, Lehrpersonen und Schulleitungen. Zürich; Chur, 95-107

Nichols, Sharon L.; Berliner, David C. (2007): Collateral Damage. How High-Stakes Testing Corrupts America's Schools. Cambridge, Mass.

Oelkers, Jürgen; Reusser, Kurt (2008): Expertise: Qualität entwickeln – Standards sichern – mit Differenz umgehen (hrsg. v. Bundesministerium für Bildung und Forschung (BMBF); Bildungsforschung Band 27). Bonn; Berlin.

Orfield, Gary; Kornhaber, Mindy L. (Eds.) (2001): Raising Standards or Raising Barriers? Inequality and High-Stakes Testing in Public Education. New York.

Peek, Rainer (2004): Qualitätsuntersuchung an Schulen zum Unterricht in Mathematik (QuaSUM). Klassenbezogene Ergebnisrückmeldungen und ihre Rezeption in Brandenburger Schulen. In: Kohler, Britta; Schrader, Friedrich Wilhelm (Hrsg.): Ergebnisrückmeldung und Rezeption. Von der externen Evaluation zur Entwicklung von Schule und Unterricht. Empirische Pädagogik 18, Themenheft, 82-114

Peek, Rainer (2007): Zentrale Dimensionen der Schulqualitätsdebatte: Unterrichtsentwicklung oder Schulentwicklung? In: Arnold, Karl-Heinz (Hrsg.): Unterrichtsqualität und Fachdidaktik. Bad Heilbrunn, 261-272

Peek, Rainer (2009): Dateninduzierte Schulentwicklung. In: Buchen, Herbert; Rolff, Hans-Günther (Hrsg.): Professionswissen Schulleitung. 2. Aufl. Weinheim, 1343-1367.

Peek, Rainer; Dobbelstein, Peter (2006): Zielsetzung. Ergebnisorientierte Schul- und Unterrichtsentwicklung. Potenziale und Grenzen der nordrhein-westfälischen Lernstandserhebungen. In: Böttcher, Wolfgang; Holtappels, Heinz Günther; Brohm, Michaela (Hrsg.): Evaluation im Bildungswesen. Eine Einführung in Grundlagen und Praxisbeispiele (Grundlagentexte Pädagogik). Weinheim; München, 177-194.

Ravitch, Diane (1995): National Standards in American Education. A citizen's guide. Washington, D.C.

Rolff, Hans-Günther (2001): Was bringt die vergleichende Messung von Schulleistungen für die pädagogische Arbeit in Schulen? In: Weinert, Franz E. (Hrsg.): Leistungsmessungen in Schulen. Weinheim; Basel, 337–352.

Schirp, H. (2006): "Like the Fishermen in the Maelstrom!?" Central Quantirtative Performance Tests and Qualitative School Development in the USA. In: Dobbelstein, Peter; Neidhardt, Thomas (Eds.): Schools for Quality – What Data-based Approaches Can Contribute. CIDREE/DVO Yearbook 6. Brussels, 167-180

Schrader, Friedrich Wilhelm; Helmke, Andreas (2004): Von der Evaluation zur Innovation? Die Rezeptionsstudie WALZER. Ergebnisse der Lehrerbefragung. In: Kohler, Britta; Schrader, Friedrich Wilhelm (Hrsg.): Ergebnisrückmeldung und Rezeption. Von der externen Evaluation zur Entwicklung von Schule und Unterricht. Empirische Pädagogik 18, Themenheft, 140-161

Schulgesetz für das Land Nordrhein-Westfalen (Schulgesetz NRW – SchulG) vom 15. Februar 2005 (GV. NRW. S. 102) zuletzt geändert durch Gesetz vom 24. Juni 2006 (GV. NRW. S. 486) Online im Internet: http://www.ler-nrw.de/gesetze/ SchulG_Text.pdf. (Stand 15.05.2009)

Schütz, Gabriela; Ursprung, Heinrich W.; Wößmann, Ludgar (2008): Education Policy and Equality of Opportunity. In: Kyklos, 61. Jg., H. 2, 279-308.

Schwippert, Kurt (2004): Leistungsrückmeldungen an Grundschulen im Rahmen der Internationalen Grundschul-Lese-Untersuchung (IGLU). In: Kohler, Britta; Schrader, Friedrich Wilhelm (Hrsg.): Ergebnisrückmeldung und Rezeption. Von der externen Evaluation zur Entwicklung von Schule und Unterricht. Empirische Pädagogik 18, Themenheft, 62-81

Stamm, Margrit (2002): Evaluation und ihre Folgen: Eine unterschätzte pädagogische Herausforderung. In: Zeitschrift für Berufs- und Wirtschaftspädagogik, Jg. 98, H.2, 181-196.

Stamm, Margrit (2003): Evaluation und ihre Folgen für die Bildung: eine unterschätzte pädagogische Herausforderung. Münster.

Tresch, Sarah (2007): Potenzial Leistungstest. Wie Lehrerinnen und Lehrer Ergebnis-rückmeldungen zur Sicherung und Steigerung ihrer Unterrichtsqualität nutzen. Bern.

Visscher, Andrie J.; Coe, Robert (Eds.) (2002): School improvement through performance feedback (Contexts of learning. Classroom, schools and society.). Lisse.

Watermann, Rainer, Stanat, Petra (2004): Schulrückmeldungen in PISA 2000. Sozial-norm- und kriteriumsorientierte Rückmeldeverfahren. Landau, 40-61.

Zimmer-Müller, Michael; Groß Ophoff, Jana; Hosenfeld, Ingmar; Helmke, Andreas (2008): Vergleichsarbeiten in der Grundschule: Wieso, weshalb, warum? In: Grund-schulzeitschrift, 22. Jg., H. 215,216, 12-17.

I Watch You And the Way You Move –
Wilhelm Meister und das pädagogische Experiment

Rebecca Hoffmann

> Der Bühne wollte ich meine ganze Tätigkeit widmen,
> auf ihr mein Glück und meine Zufriedenheit finden.
>
> Goethe, *Wilhelm Meisters Lehrjahre*[1]

1 Einleitung

In diesem Beitrag versuche ich zwei Forschungsinteressen von Gisela Wegener-Spöhring zu verbinden: Kindheit und Bildung. Allerdings greift meine Untersuchung nicht Gisela Wegener-Spöhrings wissenschaftliche Arbeiten auf, sondern ein privates Interesse, welches sie immer wieder in ihre Forschungsarbeiten einfließen lässt: literarische Texte.

Es ist Wilhelm Meister, der in Goethes – als Prototyp des Bildungsromans geltenden Werk – *Wilhelm Meisters Lehrjahre* den eingangs zitierten Ausspruch tätigt. Schon als Kind beginnt er sich für das Theater zu interessieren, und trotz der elterlichen Einwände, besonders des Vaters, lässt er sich nur schwerlich von dieser Leidenschaft abhalten. Obwohl Wilhelm sich zunächst mehreren Theatergruppen anschließt, wählt er schlussendlich doch einen anderen Weg als die Theaterlaufbahn. Er folgt somit nicht seinen Leidenschaften.

Friedrich Schiller, der erste Rezipient der Lehrjahre, hielt fest: „Meisters Lehrjahre sind keine bloß blinde Wirkung der Natur, sie sind eine Art von Experiment." (zit. n. Egger 1997, 69)

Dass nämlich Wilhelm sich vom Theater abwendet, ist nicht allein seinem fehlenden Talent auf der Bühne geschuldet, sondern den Impulsen einer Geheimgesellschaft, dem Turm, die Wilhelms Bildungsweg im Verborgenen leitet.

Ich möchte an dieser Stelle dem pädagogischen Experiment[2], dem Wilhelm Meister unterzogen wird, anhand der literarischen Versuchsbeschreibung nach-

---

1   Goethe, Johann Wolfgang: Wilhelm Meisters Lehrjahre, Ersterscheinungsdatum 1795/96, Deutscher Taschenbuch Verlag (9. Auflage), München 1999, 33 (nachfolgend zit. als Lj.).
2   Goethe verwendete den Begriff ‚Experiment' synonym zu ‚Versuch'. Vgl. dazu: van der Laan: Der Versuch als Vermittler von Objekt und Subjekt. Über Goethe, Essays und Experimente, in:

gehen, und dabei Verbindendes zwischen Experiment und Pädagogik im ausgehenden 18. Jahrhundert aufzeigen.

2   Das Irrenlassen des Zöglings

Als sich das spätere Liebespaar Natalie und Wilhelm kennenlernt und Natalie Wilhelm bittet, ihr von seiner Vergangenheit zu berichten, meint dieser nichts anderes vorbringen zu können außer „Irrtümer auf Irrtümer, Verirrungen auf Verirrungen" (zit. nach Pethes 2007, 307). Ganz anders verhält sich Wilhelm noch zu Beginn der Lehrjahre, als er seiner Jugendliebe, der Schauspielerin Mariane, von seiner Kindheit berichtet. Ausführlich schildert er ihr sein Kinderspiel mit dem Puppentheater, detailliert beschreibt er die eigenen kleinen Theater-Inszenierungen, die er im Kreise von Freunden und Verwandten aufführte. In seiner Kindheit, in diesen ersten kindlichen Erfahrungen, sieht er seine Leidenschaft für das Theater begründet. Wilhelm ist sogar überzeugt davon, in den kindlichen Erlebnissen seine berufliche Bestimmung erkennen zu können. Er berichtet der Geliebten derart leidenschaftlich seine Kindheitserfahrungen mit dem Puppentheater, dass er in seinem Eifer nicht einmal bemerkt, wie sie über seinen Erzählungen einschläft (Lj, 31). Der Kontrast zu Wilhelms späterem Beisammensein mit Nathalie ist frappant: Was ist in der Zeit zwischen diesen Begegnungen vorgefallen?

Mit dem Begraben seines Traums von einem Leben am Theater – und der damit einhergehenden Dekonstruktion der als sicher geglaubten Zukunft – wird Wilhelms Rückgriff auf seine Vergangenheit unsicher. Die Aussage, er habe nichts außer „Verirrungen auf Verirrungen" zu berichten, bestätigt aber auch Wilhelms vermeintliches Scheitern, und somit das pädagogische Experiment, dem er unterzogen wurde (vgl. Pethes 2007, 307).

2.1 Die pädagogische Versuchsanordnung

Das Motiv des Irrenlassens der Zöglinge ist wesentlich für die Pädagogik der Klassik (vgl. Flittner 1948, 208). Demnach taucht das Motiv des Irrens in den Lehrjahren nicht nur aufgrund der Technik des Romans auf, vielmehr spiegelt es die Pädagogik der Zeit Goethes wider.

Krause, Markus/Pethes, Nicolas (Hg.): Versuch Erfahrung Möglichkeit. Literarische Experimentalkulturen des 19. Jahrhunderts, Würzburg 2005, 217-224.

So sieht auch Schiller im „Umweg über den Irrtum [...] didaktisches Potenzial". Von einer „feinere[n] Menschenforschung"[3] erhofft er sich Erkenntnisse über das Innere des menschlichen Wesens und ist somit dem (literarischen) Menschenversuch nicht abgeneigt.

Mit dem Erziehungskonzept des Abbé – dem Erzieher der Turmgesellschaft, einer an den Geheimbund der Illuminaten erinnernden Gemeinschaft – gestaltet Goethe, so entdeckt es zumindest Natalie Wilhelm, „pädagogische[...] Versuche" (Lj, 559). Der Abbé sähe es lieber, dass Kinder auf ihren Wegen irrten, als dass sie „auf fremde[n] Wege[n] recht wandeln". Erziehung solle nicht die Vermittlung eines schematischen Regelsystems sein, sondern auf die „selbstkorrigierende Kraft der angeborenen Fähigkeiten" bauen (Pethes 2007, 301).[4]

Die Leser erfahren im Laufe der Romanhandlung, dass die Lehrjahre des Protagonisten gelenkt werden und Wilhelm stets unter Beobachtung der Turmgemeinschaft steht. Bis zum Schluss bleibt aber unklar, ab welchem Zeitpunkt Wilhelm in den Fokus des Turms rückt. Der erste belegbare Eingriff der Gesellschaft erfolgt als Wilhelm zehn Jahre alt ist (vgl. Lj, 68).

Wilhelms Ausflug zum Theater dauert ungewöhnlich lange. Dabei bleiben seine Verirrungen nicht etwa ungesteuert, vielmehr sucht der Turm durch das Setzen von Impulsen Wilhelm „zu seinem eigenen Weg" zu führen (Pethes 2007, 306). Der Turm sendet durch seine „Emissäre" (Haas 1975, 39ff.) kleine Zeichen, die Wilhelms Weltsicht infrage stellen, aber nie korrigieren. So wird Wilhelm langsam sein fehlendes schauspielerisches Talent selbst erkennen, diese Erkenntnis wird ihm nicht oktroyiert.

Als Wilhelm entdeckt wird, dass er durch die Turmgesellschaft beobachtet wurde, widerspiegelt seine Reaktion das Erziehungsprinzip des Abbé und des Turms[5]: Täuschung.

> „Es ist sonderbar, sagte Wilhelm, daß dieser merkwürdige Mann [der Abbé, RH] auch an mir teil genommen und mich, wie es scheint, nach seiner Weise, wo nicht geleitet, doch wenigstens eine Zeitlang in meinen Irrtümern gestärkt hat. Wie er es

---

3 Einen Erziehungsentwurf legt Schiller in „Über die ästhetische Erziehung des Menschen in einer Reihe von Briefen" vor (ebd.: Über die ästhetische Erziehung des Menschen in einer Reihe von Briefen, in: ders. Sämtliche Werke, Band 5, Hamburg 1980, 570-669); zu seiner Wertschätzung des *Irrenlassens* vgl. Pethes, Nicolas, Zöglinge der Natur, Göttingen 2007, 299.

4 Nach ihrer Darstellung des Erziehungskonzepts des Abbé äußert Nathalie – wie schon an anderer Stelle im Roman – aber auch ihren Zweifel an dem Erfolg dieser Pädagogik. Denn ihren Bruder Friedrich bezeichnet Nathalie als Opfer ebendieser Versuche des Erziehers. (Lj, 559).

5 Dass es der Abbé ist, durch den der Turm lernt, Menschen zu beobachten und ihren Bildungsprozess zu protokollieren, berichtet Jarno: „Der Abbé kam uns zur Hilfe und lehrte uns, daß man die Menschen nicht beobachten müsse, ohne sich für ihre Bildung zu interessieren, und daß man sich selbst eigentlich nur in der Tätigkeit zu bebachten und zu erlauschen im Stande sei." (Lj, 589.)

zukünftig verantworten will, daß er, in Verbindung mit mehreren, mich gleichsam zum besten hatte, mußte ich wohl mit Geduld erwarten." (Lj, 559)

Wie ein naturwissenschaftliches so beinhaltet auch dieses pädagogische[6] Experiment[7] die Observation und die Dokumentation des Versuchs. Das Motiv der Überwachung – von der Wilhelm bis zu seiner Aufnahme in die Turmgesellschaft nichts ahnt[8] – spielt eine tragende Rolle, denn es zieht sich leitmotivisch durch den Roman.

3   Beobachten und Protokollieren

3.1 Begegnungen I

Die erste explizite Situation, in der der junge Meister auf ein Mitglied des Turms stößt stellt die Begegnung mit einem Fremden dar, als er im Auftrag des Vaters auf Geschäftsreise ist. Zu diesem Zeitpunkt ist Wilhelm bereits erwachsen, der Unbekannte, den er nach einem Gasthaus befragt, verwickelt ihn in ein Gespräch über die Kunstsammlung, die einmal Wilhelms Großvater gehört hat. Der Wilhelm unbekannte Mann ist beim Verkauf der besagten Sammlung behilflich gewesen, und er erinnert sich noch sehr genau an den damals Zehnjährigen. Besonders ist ihm dessen Vorliebe für ein Gemälde aus der Sammlung im Gedächtnis geblieben: „Sie hatten, wenn ich mich recht erinnere, ein Lieblingsbild darunter, von dem sie mich gar nicht weglassen wollten." (Lj, 74) Es wird nicht deutlich, ob die Begegnung eine zufällige oder bereits vom Turm herbei-

---

6   Auch Per Ohrgaard bezeichnet die *Lehrjahre* als Versuch. Vgl. ebd.: Roman, Bildung, Experiment, in: Jahrbuch des Freien Deutschen Hochstifts, 62/2000, 27-59.

7   Friedrich A. Kittler legt schon 1977 dar, dass der Diskurswandel der Kindheit zu Beginn des 19. Jahrhunderts in einem bedeutenden Zusammenhang zu *Wilhelm Meisters Lehrjahre* steht. Zum einen erfolgt „Sozialisation als ein Ritual der Literatur", zum anderen interessieren Kittler „Sozialisationsspiele" im Hinblick auf die „Medien und Diskurse [...], ohne die sie [die Sozialisationsspiele; RH] nicht hätten sein können." Vgl. ebd./Kaiser, Gerhard: Dichtung als Sozialisationsspiel. Studien zu Goethe und Gottfried Keller, Göttingen 1977, 13-124. Irmgard Egger weist anhand der *Lehr- und Wanderjahre* den Wandel im gesellschaftlichen Diskurs am Wendepunkt zur Neuzeit hin zu einem wissenschaftlichen Diskurs des Experiments, nach. Vgl. ebd.: „... eine Art von Experiment.", in: Jahrbuch des Freien Deutschen Hochstifts 1997, 69-92. Veränderungen im gesellschaftlichen Diskurs im ausgehenden 18. und beginnenden 19. Jahrhundert sollten ebenfalls festgehalten werden, können jedoch in diesem Rahmen nicht weiter verfolgt werden.

8   Beobachtet und überwacht werden auch andere Romanfiguren, wie Mignon und der Harfner, doch an dieser Stelle ist es nicht möglich, alle von Goethe aufgeführten Akte der Überwachung darzustellen. Daher werde ich mich auf Wilhelm Meister als Objekt des pädagogischen Versuchs und der Überwachung beschränken.

geführte ist, für den weiteren Verlauf des Geschehens bleibt sie alles andere als zufällig. Die Auslassungen des Fremden über Kunst nehmen erheblichen Einfluss auf den weiteren Bildungsweg Wilhelms. Auf den pädagogischen Versuch bezogen, kann man hier von einer Reizausübung sprechen. Die Reaktionen des Probanden auf denselbigen werden, so wird es Wilhelm vor seiner Aufnahme in den Turm entdeckt, beobachtet und aufgezeichnet. Hier wird der erste Hinweis auf die „Figur des Zufalls" (Pethes 2007, 304), die Wilhelms Leben mitbestimmen wird, gegeben. Wilhelm und der Fremde beginnen eine Diskussion über das Schicksal und die Vernunft, in der ihre gegensätzlichen Ansichten deutlich zutage treten. Während Wilhelm noch an die Fügung des Schicksals glaubt, hält ihm der Unbekannte die Möglichkeit menschlichen Eingreifens in das Schicksal durch Vernunft entgegen:[9]

> „Das Gewebe dieser Welt ist aus Notwendigkeit und Zufall gebildet; die Vernunft des Menschen stellt sich zwischen beide, und weiß sie zu beherrschen; sie behandelt das Notwendige als den Grund ihres Daseins; das Zufällige weiß sie *zu lenken, zu leiten* und *zu nutzen,* [Herv. RH] und nur, indem sie fest und unerschütterlich steht, verdient der Mensch ein Gott der Erde genannt zu werden." (Lj, 75)

3.2 Begegnungen II

Wilhelm ist bereits festes Mitglied einer Theatergruppe, als er bei einem Ausflug abermals auf einen Unbekannten trifft. Dieser wird seinem Auftreten nach als „Geistliche[r]" erkannt (Lj, 126). Im improvisierten Stück der Theatergruppe übernimmt er „die Rolle eines Landgeistlichen" (Lj, 127).[10] Erneut wird Wilhelm in ein Gespräch mit einem Unbekannten verwickelt und wieder wird er von dem Fremden belehrt. Diese Parallele widerlegt die Möglichkeit einer zufälligen Begegnung. Auch die Inhalte der Belehrung durch den Fremden ähneln der, die der Unbekannte im Gasthof gegenüber Wilhelm ausgesprochen hat. Während der junge Meister an die Kraft eines aus sich selbst schöpfenden Genies glaubt, setzt der ‚Landgeistliche' ihm die Notwendigkeit von Bildung, als Ausbildung der

---

9   In dem nachfolgenden Zitat wird eine weitere Besonderheit des Turms ebenfalls deutlich, nämlich der utilitaristische Zug, der in der Nutzbarmachung (zu nutzen) der Vernunft zum Ausdruck kommt und die Ausrichtung der Turmgesellschaft kennzeichnet. Franziska Schößler führt die „utilitaristische Nutzbarkeitsdoktrin" für den ökonomischen, den medizinischen sowie für den Diskurs über Liebesbeziehungen aus. Schößler, Franziska: Goethes Lehr- und Wanderjahre. Eine Kulturgeschichte der Moderne, Tübingen, Basel 2002, 152.

10   Zu einem späteren Zeitpunkt stellt sich heraus, dass es sich bei dem ‚Landgeistlichen' um den Abbé handelte. (Lj, 555ff.)

Vernunft, entgegen (Lj, 128ff.). Und der Unbekannte betont insbesondere die Bedeutung von Bildung, die bereits in früher Kindheit stattfindet:

> „Sollte aber nicht, versetzte Wilhelm, ein glückliches Naturell, als das Erste und Letzte, einen Schauspieler, wie jeden andern Künstler, ja vielleicht wie jeden Menschen, allein zu einem so hochaufgesteckten Ziele bringen?
> Das Erste und Letzte, Anfang und Ende möchte es wohl sein und bleiben; aber in der Mitte dürfte dem Künstler manches fehlen, wenn nicht *Bildung* das erst aus ihm macht, was er sein soll, und zwar *frühe Bildung* [Herv. RH]; denn vielleicht ist derjenige, dem man Genie zuschreibt, übler daran als der, der nur gewöhnliche Fähigkeiten besitzt; denn jener kann leichter verbildet und viel heftiger auf falsche Wege gestoßen werden, als dieser." (Lj, 128)

Bedeutsam ist an diesem Aufeinandertreffen, dass Wilhelm seine Schicksalsgläubigkeit noch nicht abgelegt hat: „Glücklich sind diejenigen daher, deren sich das Schicksal annimmt, das jeden nach seiner Weise erzieht!"(Lj, 129). Während der ‚Landgeistliche' dagegen sehr deutlich die Notwendigkeit von Erziehung und Bildung hervorhebt und dabei die Vorstellungen der Turmgesellschaft diesbezüglich ausführt, nämlich die, dass Vernunft eine korrektive Funktion einnehmen kann: „Das Schicksal [...] ist ein vornehmer, aber teurer Hofmeister. Ich würde mich immer lieber an die Vernunft eines menschlichen Meisters halten." (Lj, 129)

Bezüglich des Überwachungsmotivs ist diese Szene von besonderem Interesse, denn hier wird erstmals deutlich, dass der Turm über intimes Wissen verfügt. Anhand eines scheinbar zufällig gewählten Beispiels führt der Fremde seine Meinung aus:

> „Gesetzt, das Schicksal hätte einen zu einem guten Schauspieler bestimmt, (und warum sollt' es uns nicht auch mit guten Schauspielern versorgen?) unglücklicherweise führte der Zufall aber den jungen Mann in ein Puppenspiel, wo er sich früh nicht enthalten könnte, an etwas Abgeschmacktem teil zu nehmen, etwas Albernes leidlich, wohl gar interessant zu finden, und so die jugendlichen Eindrücke, welche nie verlöschen [...] von einer falschen Seite zu empfangen."(Lj, 130)

Dieses Beispiel assoziiert nicht nur der Leser oder die Leserin mit der für Wilhelm prägenden Begebenheit aus dessen Kindheit, auch Wilhelm selbst ruft „mit einiger Bestürzung" aus: „Wie kommen Sie aufs Puppenspiel?" (ebd.) Dieser Einblick des ihm unbekannten Mannes in seine Biographie entsetzt ihn. Auch wenn der ‚Geistliche' nach Wilhelms Einwurf ein anderes Beispiel anführt, so sind doch die Parallelen zu Wilhelm unverkennbar. *Er* ist der Schauspieler, von dem im Gespräch die Rede ist.

Die beiden Begegnungen ähneln sich in der Unvermitteltheit ihres Anfangs und Endes. So überraschend wie die Emissäre auftauchen, verschwinden sie auch wieder. Dabei wird deutlich, dass es dem Turm jederzeit möglich ist, in die Entwicklungen einzugreifen, ohne erkannt zu werden (Lj, 327).

3.3 Begegnungen III

Als zum Ende der Lehrjahre die Liebesbeziehungen „geordnet" werden sollen, greift der Turm auch bei deren Arrangement auf das probate Mittel der Überwachung zurück: „Wir wurden einig, Natalie und sie zu beobachten" (Lj, 650), gesteht ein Mitglied des Turms Wilhelm.

Es ist der Turm, der sich mit seiner Heiratspolitik durchsetzt, dies wird von Wilhelm bitter kommentiert: „Ich dächte, man überließe die Liebhaberei, Heiraten zu stiften, Personen die sich lieb haben." (Lj, 594)

Das Moment der Überwachung wird jedoch gebrochen, da die Rolle, die die Aufzeichnungen der Überwachung noch in der Turmgesellschaft spielen, von den Mitgliedern selbst herabgesetzt werden, indem sie diese als „Reliquien von einem jugendlichen Unternehmen" (Lj, 588) bezeichnen, was ebenfalls Wilhelms Unwillen erregt:

> „Also mit diesen würdigen Zeichen und Worten spielt man nur [...] man führt uns mit Feierlichkeit an einen Ort, der uns Ehrfurcht einflößt, man läßt uns die wunderlichsten Erscheinungen sehen, man gibt uns Rollen voll herrlicher geheimnisreicher Sprüche, davon wir freilich das wenigste verstehn, man eröffnet uns, daß wir bisher Lehrlinge waren, man spricht uns los, und wir sind so klug wie vorher." (Lj, 588)

4   Das Archiv

Mit dem Beobachten eines Experiments geht in der Regel das Führen eines Protokolls über den Versuchsablauf einher. Dieses Protokoll stellt für die Turmgesellschaft der *Lehrbrief* dar. Nicolas Pethes sieht „innerhalb dessen die Beobachtung des Menschen an seine Bildung und seine Bildung an ein ‚Archiv' gekoppelt" (2007, 310). Auch Wilhelm, als Objekt der Beobachtungen, entwickelt zeitweise ein „Aufschreibsystem" (ebd.).

4.1 Observieren/Protokollieren I

Wilhelms Wunsch nach Bildung, den er unter anderem in einem Brief an seinen Jugendfreund Walter äußert, folgt einer humanistischen Bildungsvorstellung und dem damit verbundenen Konzept der Ganzheitlichkeit. Nicht nur Wissen soll erworben, ebenso sollen die sozialen, moralischen und körperlichen Eigenschaften ausgebildet werden.

Seinem Freund, der ihm das Angenehme eines bürgerlichen Lebens vor Augen hält und an die kaufmännischen Pflichten erinnert, hält Wilhelm programmatisch entgegen (vgl. Košenina 2008, 93-97): „Daß ich dir's mit einem Worte sage, mich selbst, ganz wie ich da bin, auszubilden, das war dunkel von Jugend auf mein Wunsch und meine Absicht." (Lj, 311)

Wilhelm unternimmt eigene Anstrengungen, um diesem postulierten Ziel näher zu kommen. Da er seine persönlichen Erfahrungen als unzureichend betrachtet, beginnt er, Schilderungen und Erlebnisse seiner Freunde aufzuschreiben und zu archivieren. Das Beobachtungsobjekt, das einer beinahe panoptischen Kontrolle durch den Turm unterliegt, hält also wiederum eigene Beobachtungen schriftlich fest. Auf der narrativen Ebene wird dieses Vorhaben jedoch als kontraproduktiv zu seinem Wunsch nach Bildung und Ganzheit beschrieben:

> „So entfernte sich Wilhelm, indem er mit sich selbst einig zu werden strebte, immer mehr von der heilsamen Einheit, und bei dieser Verirrung ward es seinen Leidenschaften um so leichter, alle Zurüstungen zu ihrem Vorteil zu gebrauchen, und ihn über das, was er zu tun hatten nur noch mehr zu verwirren." (Lj, 306f.)

4.2 Observieren/Protokollieren II

Die Turmgesellschaft verfügt über ein weitaus elaborierteres System der Archivierung von ‚Daten' als Wilhelm. Das Archiv der Lehrbriefe, das die Turmgesellschaft anlegt, hält eigene und fremde Beobachtungen, sowie den Entwicklungsprozess der Individuen fest.

Jarno, ein weiteres Turmmitglied, ‚übersetzt' Wilhelm bei dessen Eintritt in die Turmgesellschaft seinen Lehrbrief, mit dem dieser zunächst wenig anfangen kann:

> „Haben Sie das Pergament nicht bei der Hand? fragte Jarno, es enthält viel Gutes: denn jene allgemeinen Sprüche sind nicht aus der Luft gegriffen; freilich scheinen sie demjenigen leer und dunkel, der sich keiner *Erfahrung* [Herv. RH] dabei erinnert." (Lj, 588)

Wilhelm kann sich den Sinn seines eigenen Lehrbriefs nicht erschließen, weil er sich beim Lesen keiner Erfahrung erinnert. Eben durch dieses Fehlen von erinnerten Erfahrungen erhalten die Lehrbriefe ihre Funktion als Gedächtnisspeicher. Und sie halten den Entwicklungsprozess nicht nur schriftlich fest, sondern sind durch Wilhelms fehlende Erinnerungen selbst das „Medium der Sozialisation" (Pethes 2007, 311). Das Archivieren zeigt, wie die Wissenschaft vom Menschen an Techniken des Schreibens und Sammelns gekoppelt ist. Das dabei entstehende Bild des Individuums ist ein Produkt der Kopplung, die an die Stelle des lebendigen Gedächtnisses das Archiv als neue ‚Textsorte' treten lässt (vgl. Kittler 1977, 101).

Somit „gewinnt" das Subjekt, das hervorgebracht wird, „seinen Status aus dem Protokoll von Irrwegen und Normabweichungen" (Pethes 2007, 312). Dieses Subjekt wird normalisiert.

Mit Wilhelms Einführung in die Turmgesellschaft und dem Ende des pädagogischen Experiments gehen Pflichten einher, die er im Sinne der Gemeinschaft ausführen soll. So muss er sein unbedingtes Streben nach Selbstverwirklichung zugunsten der Gemeinschaft aufgeben (vgl. Wagner 2008, 72). Mit Wilhelms Initiation beendet der Turm seine pädagogische Versuchsreihe, man hat sich längst anderen Projekten verschrieben. Selbst die Rolle des Turms als „Archivierungsbehörde" existiert schon nicht mehr, als man diese Wilhelm entdeckt. Der „alte" Turm ist verabschiedet, es bleiben „nur noch Reliquien von einem jugendlichen Unternehmen" (Lj, 588). Lothario löst den Erzieher Abbé an der Spitze der Gemeinschaft ab, dessen pädagogischer Traum wird ersetzt durch eine neue Konzeption des Turms:

> „Es ist gegenwärtig nichts weniger als rätlich nur an einem Ort zu besitzen, nur einem Platze sein Geld anzuvertrauen, und es ist wieder schwer an vielen Orten Aufsicht darüber zu führen; wir haben uns deswegen etwas anderes ausgedacht: aus unserm alten Turm soll eine Sozietät ausgehen, die sich in alle Teile der Welt ausbreiten, in die man aus jedem Teile der Welt eintreten kann. Wir assekurieren uns untereinander unsere Existenz, auf den einzigen Fall, daß eine Staatsrevolution den einen oder den andern von seinen Besitztümern völlig vertriebe." (Lj, 604)

Mit der Neubestimmung der Ziele des Turms geht eine Internationalisierung der Gemeinschaft einher. Der Ausspruch eines Mitgliedes verdeutlicht die Ausrichtung des Turms, nämlich das Verfolgen vorwiegend wirtschaftlicher Interessen. Um im Falle möglicher Revolutionen die finanziellen Verluste gering zu halten, soll das Geld zukünftig an „vielen Orten" verwaltet werden. Die Ausbreitung des Turms über verschiedene Kontinente erfolgt nach dem Prinzip der ökonomischen Nützlichkeit. Abschließend rät der Turm in seinem Dienste Wilhelm zu einer möglichst weiten Reise, eine solche sei „für einen jungen Mann äußerst nützlich." (Lj, 605)

Gestaltet sich Wilhelms ‚Auszug' aus dem bürgerlichen Elternhaus noch unter der Prämisse der ganzheitlichen Bildung des Subjekts, so wird dieser Bildungsgedanke nun der Nützlichkeitsdoktrin des Turms untergeordnet. Denn an erster Stelle steht die Verwertbarkeit einer Reise Wilhelms, im Sinne der ökonomischen Interessen des Turms.

Somit ist das Ideal, in dessen Sinne Wilhelm das Ziel der Selbstverwirklichung zugunsten der Gemeinschaft ablegt, ein von ökonomischen Interessen bestimmtes. Stellte die Geheimgesellschaft vormals noch eine philanthropische Gemeinschaft dar, so wandelt sie sich in eine „international konzipierte Gruppe", deren Interessen rein ökonomisch sind (Fetzer, 670f.).

5   Resümee

Goethe betrachtet die naturwissenschaftlichen Anstrengungen seiner Zeit kritisch und äußert in *Der Versuch als Vermittler von Object und Subject* von 1793 Bedenken gegen die Annahme, man könne aus der Beobachtung von Experimenten gesetzmäßige Schlussfolgerungen über die Wirklichkeit ziehen:

> „[W]enn er [der beobachtende Wissenschaftler; RH] auch da, wo er von niemand so leicht kontrolliert werden kann, sein eigner strengster Beobachter sein und bei seinen eifrigsten Bemühungen immer gegen sich selbst mißtrauisch sein soll; so sieht wohl jeder wie streng diese Forderungen sind und wie wenig man hoffen kann sie ganz erfüllt zu sehen (Goethe 1950, 11)."

Dass man durch Beobachtung der Dinge deren Wahrheit erkennen könne, dieser Glaube scheint Goethe doch zweifelhaft zu sein.

In dieser Lesart lässt sich auch der Erfolg des pädagogischen Experiments betrachten, denn die Erfolge, die der Turm mit seinem letzten Initianten erzielt sind mäßig. Zwar lässt Wilhelm von einer Theaterkarriere ab, fügt sich in die vom Turm intendierte Ehe mit Natalie, und stimmt einer Reise im Auftrag des Turms zu, doch tut er dies beinahe pflichtschuldig und demütig.

> „Ich kenne den Wert eines Königreichs nicht, versetzte Wilhelm, aber ich weiß, daß ich ein Glück erlangt habe, das ich nicht verdiene, und das ich mit nichts in der Welt vertauschen möchte." (Lj, 653)

Literaturverzeichnis

Primärliteratur

Goethe, Johann Wolfgang (1999): Wilhelm Meisters Lehrjahre. Ersterscheinungsdatum 1795/96. Deutscher Taschenbuch Verlag (9. Auflage). München.
Goethe, Johann Wolfgang (1950): Der Versuch als Vermittler von Subjekt und Objekt. In: Hamburger Ausgabe in 14 Bänden, textkritisch durchgesehen und mit Anmerkungen versehen von Erich Trunz (Hg.). Bd. XIII, Hamburg, 10-20.

Sekundärliteratur

Egger, Irmgard (1997): „...eine Art von Experiment". In: Jahrbuch des Freien Deutschen Hochstifts 59, 69-92.
Flitner, Wilhelm (Hg.) (1948): Goethes pädagogische Ideen. Bonn.
Haas, Rosemarie (1975): Die Turmgesellschaft in Wilhelm Meisters Lehrjahren. Bern; Frankfurt/Main.
Košenina, Alexander (2008): Literarische Anthropologie. Berlin.
Kittler, Friedrich A. (1978): Über die Sozialisation Wilhelm Meisters. In: Ders.; Gerhard Kaiser: Dichtung als Sozialisationsspiel. Studien zu Goethe und Gottfried Keller. Göttingen, 13-124.
Laan, J.M. van der (2005): Der Versuch als Vermittler von Objekt und Subjekt. In: Krause, Markus; Pethes, Nicolas (Hg.): Literarische Experimentalkulturen, Würzburg, 217-224.
Ohrgaard, Per (2000): Roman, Bildung, Experiment. In: Jahrbuch des Freien Deutschen Hochstifts, 62, 27-59.
Pethes, Nicolas (2007): Zöglinge der Natur. Göttingen.
Schößler, Franziska (2002): Goethes Lehr- und Wanderjahre. Tübingen; Basel.

Grundschule

Aufmüpfigkeit und Freude unerwünscht – Lebensweltliche Kinderinteressen im Sachunterricht[1]

Gisela Wegener-Spöhring

1   Fragestellung und grundlegende Begriffe

Der Junge meldet sich, und als die Lehrerin ihn aufruft sagt er: „Ich melde mich doch gar nicht. Das ist meine Radioantenne." – Das ist ein wenig frech, aufmüpfig wie wir sagen, und widerständig. Das ist aber auch eigenständig, spielerisch und kreativ: Der Junge bietet eine Wirklichkeitskonstruktion, eine Szene an, die der von der Lehrerin vorgebrachten entgegensteht. Wollen wir so etwas im Unterricht? Die Lehrerinnen und Lehrer, die wir beobachtet haben, wollen so etwas jedenfalls nicht. – Die Fragestellung unserer qualitativen Studie war: Wie können sich Kinder mit ihren lebensweltlichen Erfahrungen, mit ihren Interessen und mit spielerischen und widerständigen Anteilen in den Unterricht einbringen und das Arrangement der Lehrperson kontrapunktieren?

Ich erläutere kurz die für die Anlage der Untersuchung grundlegenden Begriffe[2]. – Der Begriff der *Lebenswelt* steht für das Bemühen, die Welt so zu erfahren, wie die Menschen, die Kinder sie verstehen, und nicht so, wie sie nach Meinung der PädagogInnen und ForscherInnen aussehen müsste.[3] Vielmehr kommt das Insgesamt von Alltags-Wirklichkeiten der an der Unterrichts-Interaktion Beteiligten in den Blick.[4] Die Lebenswelt ist vortheoretisch, sie ist offen, und sie ist dem handelnden Subjekt in der Regel nicht voll bewusst;[5] sie ist allerdings in „ihrer imperativen Gegenwärtigkeit ... unmöglich zu igno-

---

1   Dieser Beitrag erschien zuerst in: Korte, Petra (Hrsg.) (2004): Kontinuität, Krise und Zukunft der Bildung. Analysen und Perspektiven. Münster, 135-152. Wiederabdruck mit freundlicher Genehmigung der Autorin und des LIT-Verlages.

2   Vgl. dazu auch: Wegener-Spöhring, Gisela (2000): Lebensweltliche Kinderinteressen im Sachunterricht – ein qualitatives Forschungsprojekt. In: Jaumann-Graumann, Olga; Köhnlein, Walter (Hrsg.): Lehrerprofessionalität – Lehrerprofessionalisierung. Jahrbuch Grundschulforschung Bd. 3. Bad Heilbrunn, 326-333.

3   vgl. dazu (1988): Der lebensweltliche Forschungsansatz. In: Neue Praxis 18. Jg., H. 6, 499.

4   vgl. Hitzler, Ronald; Honer, Anne (1984): Lebenswelt - Milieu - Situation. Terminologische Vorschläge zur theoretischen Verständigung. In: Kölner Zeitschrift für Soziologie und Sozialpsychologie, 36. Jg., H. 4, 60.

5   vgl. Heinze, Thomas (1987): Qualitative Sozialforschung. Opladen, 17.

rieren".[6] Das gilt für jede Interaktion; im Grundschulunterricht sollten wir eine solche Ignorierung ohnehin keinesfalls versuchen.

In einem zweiten Begründungsstrang möchte ich das Kind als Mitgestalter vom Unterricht in den Blick nehmen. Ich wende mich dazu an eine theoretische Richtung, die immer schon die Kinder ins Zentrum ihrer Betrachtungsweise gestellt hat: An die *Theorie des Spiels*. Allerdings wähle ich sie hier in einer didaktischen Einbindung: *Szenemachen*. Ich beziehe mich hier auf einen Aufsatz von Klaus Giel von 1988.[7] Giels Anliegen ist es, die Möglichkeiten einer gleichberechtigten Kommunikation mit Kindern im Unterricht herauszuarbeiten. Die Methoden der Disputation und des Diskurses nützen wenig, vielmehr müsse die Dialogfähigkeit der Kinder „inszeniert" werden. In der Folge versteht er Unterricht als „Szenemachen", die Schülerinnen und Schüler als gleichberechtigte Akteure und den Lehrer als „magister ludi".

2   Anlage der Untersuchung

2.1 Die Voruntersuchung

Erhoben wurden 6 Unterrichtsprotokolle von Sachunterrichtsstunden (in Bayern ‚Heimat- und Sachkunde') in den Klassen 1 - 4. Je zwei Protokollantinnen fertigten soweit möglich vollständige Mitschriften an. Interpretiert wurden diese in jeweils 2 Durchgängen von je 2 Interpretinnen. Angewendet wurde die Methode der dokumentarischen Interpretation (vgl. dazu 2.3). Die Voruntersuchung erbrachte folgende Ergebnisse: Unterricht erscheint als detailliert geplantes und hochstrukturiertes Geschehen, in dem kaum etwas dem Zufall überlassen bleibt. Die lebensweltlichen Kinderinteressen und -erfahrungen haben nur ornamentale Funktion, ein Szenemachen im Sinne Giels fand nirgendwo statt. Dafür fanden wir ein umso häufigeres „im Sinne des Lehrers antworten oder handeln" und „Vermuten und Raten in bezug auf Lehrerfrage oder -impuls". Insbesondere die in Bayern vertretene Lehrmeinung, die Kinder müssten das Thema selbst formulieren, führt zu mitunter absurden Dialogen, die zehnminutenlang dauern können, bis ein Kind das Thema durch Zufall oder Geschick geraten hat. Besonders im naturwissenschaftlich-technischen Bereich wird nicht immer vollends präzise unterrichtet. Ein Paradethema über die Klassenstufen hinweg ist dagegen die

---

6   Berger/Luckmann 1972, 24; zit. n. Heinze a.a.O., 16.
7   Giel, Klaus (1988): Pädagogische Verantwortung. In: Röbe, Edeltraud (Hrsg): Schule in der Verantwortung für Kinder. Ulm, 97-109. - Die Idee geht zurück auf die szenische Rekonstruktion von Alltagswirklichkeit im „mehrperspektivischen Curriculum" in den 70er Jahren.

„Vogelfütterung im Winter": Jeder weiß schon alles über etwas, das ökologisch gar nicht sinnvoll ist.

An einem Forschungsprojekt, das solchen Frage nachgeht, wird kaum eine Lehrerin/ein Lehrer teilnehmen wollen. So war es gut, dass sich die lebensweltlichen Kinderinteressen, bei denen das Spiel impliziert ist, als Fokus herauskristallisiert hatten.

2.2 Die Hauptuntersuchung

Trotz dieser thematischen Fokussierung war es schwierig, LehrerInnen zur Beteiligung am Forschungsprojekt und später zum Dabeibleiben zu bewegen; sie sind eine empfindliche Klientel. Die Genehmigung der unterfränkischen Regierung – wenngleich unumgänglich – hat zudem bei den an häufige Kontrollen gewöhnten bayerischen Lehrerinnen und Lehrern ein Übriges getan, die Beteiligten zu erschrecken. Dennoch konnten wir die Datenerhebung vor der Sommerpause abschließen: In der ersten Jahreshälfte 1998 wurden im Unterricht der Heimat- und Sachkunde der Klassen 1 - 4 in Würzburg Stadt und in der näheren Umgebung Würzburgs (plus eine Klasse in Nürnberg, mit der wir schließlich die gewünschte Zahl komplettieren konnten) in jeder Klassenstufe 10 Unterrichtsstunden beobachtet, insgesamt also 40 Unterrichtsstunden. Bestimmte Themen waren dafür – so unsere Vorgabe – nicht notwendig; jedoch sollte auf eine gewisse Themenvielfalt geachtet werden.

Je zwei Beobachterinnen (die Versuchsleiterin und geschulte Hilfskräfte)[8] fertigten in möglichst wörtlicher Mitschrift Protokolle an über die Kinderäußerungen zu sieben Schlüsselkategorien (vgl. dazu 2.3). In der Regel war es allerdings möglich, fast alle einschlägigen Kinderäußerungen wörtlich zu erfassen; Übung macht hier wirklich den Meister. Die LehrerInnen- Äußerungen sowie didaktische Schritte wurden bei rasch wechselndem Geschehen nur stichpunktartig notiert. Vermerkt wurde außerdem jeder Kontakt zu den Beobachterinnen. Eine Aufzeichnung mit Mikrophonen hätte meines Erachtens kaum bessere Ergebnisse erbracht. Da man mehrere Mikros benötigt hätte, wären Aufwand und Störung des Geschehens erheblich gewesen. Dennoch hätte mit Sicherheit auch dieses technische Arrangement nicht ermöglicht, alle Kinderäußerungen verständlich aufzuzeichnen; jedenfalls nicht im 1. und 2. Schuljahr, wenn die Kinderstimmen noch stark verhaucht sind.[9]

---

8   wissenschaftliche und studentische Hilfskräfte: Cornelia Kampe, Jeanette Lang, Anja Herbst
9   Das lehrt die Erfahrung mit der Aufzeichnung von Spielszenen (vgl. Wegener-Spöhring, Gisela (1986): Die Bedeutung von „Kriegsspielzeug" in der Lebenswelt von Grundschulkindern. In: Zeitschrift für Pädagogik, 32. Jg., H. 6, 797 - 810) durch ein professionelles Fernsehteam der

Über die Rolle der Protokollantinnen wurde bereitwillig Auskunft gegeben, das Geschriebene auf Wunsch auch vorgezeigt: „Unsichtbarkeit durch Sichtbarkeit".[10] Dies erwies sich als eine gute Strategie; Kontakte zu den Beobachterinnen haben wir insgesamt nur 8mal notiert, davon zwei in einer Notsituation der Kinder, als sie mit einer Gruppenarbeitsaufgabe überfordert waren. Die anderen 6 Kontakte waren von rascher Natur und unerheblich.[11] Kinderwünsche nach Distanzierung hätten wir akzeptiert; sie kamen allerdings nicht vor.

Die Mitschriften wurden anschließend von jeweils zwei AuswerterInnen interpretiert.[12] Ich schildere dieses Vorgehen im nächsten Punkt anhand der Methode der Dokumentarischen Interpretation, wobei ich Elemente des Kodierens aus der Grounded Theory mit einbeziehe.[13]

2.3 Die Methode der Dokumentarischen Interpretation und die Handhabung der Kategorien

Die *Dokumentarische Interpretation*, ursprünglich zurückgehend auf Karl Mannheim, zielt „auf einen systematischen, methodisch kontrollierbaren Zugang zu milieuspezifischen oder auch individuellen Sinnwelten";[14] an dieser Stelle sind mit den „Sinnwelten" die lebensweltlichen Sichtweisen der Forschungssubjekte, der Kinder, zu unterrichtlichen Themen gemeint. Grundlagen sind die Ethnographie und die Grounded Theory.

Zu interpretierende Dokumente werden gesammelt bzw. produziert;[15] mittels Dokumentarischer Interpretation werden dann Sachverhalte, Ereignisse

---

ARD. Die Technik versagte bei den leisen Kinderstimmen, und es musste auch hier mitgeschrieben werden: Aggressive Spiele bei Kindern. ARD 23.12.1986.

10   Krappmann, Lothar; Oswald, Hans (1995): Unsichtbarkeit durch Sichtbarkeit. Der teilnehmende Beobachter im Klassenzimmer. In: Behnken, Imbke; Jaumann, Olga (Hrsg.): Kindheit und Schule. Weinheim, 39 - 50.

11   z. B. Mädchen zeigt Beobachterin ihren Füller; Mädchen guckt auf das Blatt, auf das die Beobachterin schreibt; Junge fragt: „Schreibst du alles auf, was die sagt?"

12   zum Verfahren vgl. Wegener-Spöhring, Gisela (1995): Aggressivität im kindlichen Spiel. Weinheim, 222ff.

13   vgl. Strauss, Anselm; Corbin, Juliet (1996): Grounded Theory: Grundlagen Qualitativer Sozialforschung. Weinheim, 39ff.

14   Bohnsack, Ralf (1993): Rekonstruktive Sozialforschung. Opladen, 65.

15   vgl. Köckeis-Stangl, Eva (1980): Methoden der Sozialisationsforschung. In: Hurrelmann, Klaus; Ulich, Dieter (Hrsg.): Handbuch der Sozialisationsforschung. Weinheim/Basel, 321-370; 357.

oder Handlungen auf ein zugrundeliegendes Muster hin analysiert.[16] In seinem klassischen Text zum normativen und interpretativen Paradigma formuliert Wilson diesen Sachverhalt wie folgt: „Dokumentarische Interpretation besteht darin, dass ein Muster identifiziert wird, das einer Reihe von Erscheinungen zugrunde liegt; dabei wird jede einzelne Erscheinung als auf dieses zugrunde liegende Muster bezogen angesehen, – als ein *Ausdruck,* als ein *‚Dokument‘* des zugrunde liegenden Musters".[17]

Wir haben unsere Protokolle zum Sachunterricht als zu interpretierende Dokumente benutzt, und analysiert haben wir Muster – wie lebensweltliche Äußerungen, Aufmüpfigkeit und Äußerungen des Spiels und der Freude – die die kindlichen Unterrichtswelten bestimmen, auch wenn sie nicht notwendig im Bewusstsein der Kinder explizit abgebildet sind.[18] Ich gebe dazu ein Beispiel: In einer der protokollierten Stunden brechen die Kinder häufig und bei relativ nichtigen Anlässen in Jubel aus: „Yeah!" und „Juhu, Hefte raus!" Sie tun das, weil sie subjektiv gern ein wenig „jubeln", d. h. sich geräuschvoll verhalten möchten. Sie tun das ferner, weil die Lehrerin kaum etwas gegen dieses geräuschvolle Verhalten einwenden kann, weil es als Zustimmung zum Unterricht daherkommt. Sie verhalten sich aber nicht deshalb so, weil sie diesen Zusammenhang, wie hier dargestellt, durchschauen.

Ein solches Vorgehen ist im Verständnis der Dokumentarischen Interpretation durchaus möglich, denn „Texte sind als Dokumente praktischen Handelns wie diese selbst interpretierbar, sie sind objektivierte Sinngebilde, die unabhängig von der Kenntnis der Intentionen ihrer Autoren verstehbar sind ...".[19] Ähnlich formuliert Köckeis/Stangl: Dokumentarische Interpretation muss darauf abzielen, „nicht explizit gemachte, gleichsam unter der Oberfläche liegende Sinnstrukturen, Deutungsmuster und Handlungsregeln der Akteure aufzudecken".[20] Bohnsack fasst den Sachverhalt wie folgt: „Wir interpretieren dokumentarisch, indem wir diese Beschreibungen und Erzählungen (die wir im Rahmen eines Protokolls erfasst haben; W-S) hinsichtlich ihres metaphorischen Gehaltes ausloten. D. h. wir versuchen theoretisch-begrifflich das zu erfassen,

---

16   vgl. Bergmann, J. R. (1984): Interpretation (dokumentarische Methode). In: Haft, Henning; Kordes, Hagen: Methoden der Erziehungs- und Bildungsforschung. Enzyklopädie Erziehungswissenschaft, Bd. 2. Stuttgart, 419-421; 419.

17   Wilson, Thomas P. (1973): Theorien der Interaktion und Modelle soziologischer Erklärung. In: Arbeitsgruppe Bielefelder Soziologen (Hrsg.): Alltagswissen, Interaktion und gesellschaftliche Wirklichkeit, Bd. 1. Reinbek, 54-79; 60.

18   Bohnsack (a.a.O., 90) unterscheidet unterschiedliche Niveaus der Latenz.

19   Matthes-Nagel, Ulrike (1984): Objektiv-hermeneutische Bildungsforschung. In: Haft, Henning; Kordes, Hagen (Hrsg.): Methoden der Erziehungs- und Bildungsforschung. Enzyklopädie Erziehungswissenschaft, Bd. 2. Stuttgart, 283-300; 285f.

20   Köckeis-Stangl a.a.O., 359

was uns zunächst ‚atheoretisch' gegeben ist ...".[21] Hier liegt der „Unterschied zur Interpretation des intentionalen Ausdruckssinns als dem verstehenden Nachvollzug subjektiver Intentionen".[22] Dramaturgische Höhepunkte nehmen dabei eine Schlüsselfunktion ein: Es ist hilfreich, diese Sinnstrukturen von ihrem Fokus her zu begreifen, von den Höhepunkten des Engagements, der Intensität und der Dichte.[23]

Entscheidend für die Gewinnung der genannten Muster ist im Verfahren der Dokumentarischen Dokumentation, dass diese in vorläufiger Form aus den Daten emergieren, während sie noch erhoben werden, dass sie auf der anderen Seite auf den fortlaufenden Erhebungsprozess korrigierend zurückwirken und so selber eine ständige Korrektur erfahren; entscheidend ist die „Gleichzeitigkeit der Sammlung und Analyse von Daten."[24] So haben wir schon während der Datenerhebung mit der Interpretation begonnen, um die gewonnenen Muster ständig erweitern und korrigieren zu können. Ich werde im Folgenden forschungspraktisch von *Kategorien* sprechen. Anselm Strauss spricht ebenfalls von Kategorien und von „Kodes", mittels derer der zu analysierende Text, das Dokument, geordnet und interpretiert wird.[25] Das Verfahren der Dokumentarischen Interpretation beschreibt er folgendermaßen:

Der Forschungsprozess beginnt mit einer chaotisch erscheinenden Situation: „Die ersten Daten, die erhoben werden, können dem Forscher verwirrend vorkommen; er ist vielleicht von ihrem Reichtum und ihren oft rätselhaften und herausfordernden Eigenschaften beeindruckt".[26]

Für Unterricht als eine hochstrukturierte Situation gilt diese Verwirrung allerdings in geringerem Ausmaß als sonst üblich. Dennoch nahmen auch in unseren Protokollen die kindlichen Sichtweisen erst allmählich im Interpretationsprozess verstehbare Konturen an. Die theoretischen Kategorien, die diese Ordnung und Analyse der Daten erlauben, werden im Sinne der Grounded Theory im Untersuchungsprozess generiert und wie oben beschrieben permanent revidiert. Forschungspraktisch erscheinen die Kategorien als Kodes beim Vorgang des Kodierens;[27] dabei wird zunächst offen kodiert, dann axial, wobei

---

21   Bohnsack a.a.O., 47
22   ebd., 55
23   vgl. ebd., 85f
24   Glaser, Barney G.; Strauss, Anselm L. (1979): Die Entdeckung gegenstandsbezogener Theorie: Eine Grundstrategie qualitativer Sozialforschung. In: Hopf, Christel; Weingarten, Elmar (Hrsg.): Qualitative Sozialforschung. Stuttgart, 91-111; 92. Wir finden das Prinzip des hermeneutischen Zirkels.
25   Strauss, Anselm L. (1991): Grundlagen qualitativer Sozialforschung. Datenanalyse und Theoriebildung in der empirischen soziologischen Forschung. München.
26   a.a.O., 56
27   Beim Kodieren werden die Daten „nach der Relevanz für die Phänomene, auf die durch eine gegebene Kategorie verwiesen wird, kodiert." (Strauss a.a.O., 57). Kodieren bedeutet, „dass

die Kodes in Beziehung gesetzt werden und schließlich selektiv, wenn die Kernkategorie(n)/die Schlüsselkategorie(n) bestimmt worden sind.[28] Strauss nennt die folgenden Kriterien, mittels derer eine Kategorie als eine bedeutsame Schlüsselkategorie identifiziert werden kann:

1. sie muss zentral sein;
2. sie muss häufig im Datenmaterial vorkommen;
3. sie muss sich mühelos in Bezug setzen lassen zu anderen Kategorien;
4. sie muss klare Implikationen im Hinblick auf eine formale Theorie besitzen.[29]

In der *Voruntersuchung* waren 177 Kodes emergiert:

- LehrerInnen-Verhaltensweisen (z. B. didaktisches So-tun-als-ob, Nikolaus-effekt einsetzen und Auffordern zum Vermuten/Raten, um nur einige markante Beispiele zu nennen. Daneben natürlich Impuls geben, Veranschaulichen, Ermutigen u.a.m.)
- SchülerInnen-Verhaltensweisen (neben den für die Hauptuntersuchung ausgewählten z. B. im Sinne des Lehrers antworten/handeln, Präsentieren von Arbeitsergebnissen, Abstecken von Terrain, Dominanz +/- u.a.m.)
- organisatorische Maßnahmen (Unterrichtsschritte, Verfügbarkeit von Materialien, Ambiente u.a.m.).

Für die *Hauptuntersuchung* haben wir 7 (Schlüssel-)Kategorien ausgewählt[30] und so Beobachtungen und Interpretationen fokussiert:

- Lebensweltliche Äußerungen der Kinder
  a)   als kurze Assoziation zu einem didaktischen Gegenstand
  b)   als eigenständiges Thema der Kinder
  c)   als Assoziation zum Unterrichtsgegenstand, doch verbunden mit eigenen Vorstellungen, Erfahrungen, Gefühlen, Wünschen

---

man über Kategorien und deren Zusammenhänge Fragen stellt und vorläufige Antworten (Hypothesen) darauf gibt. Ein Kode ist ein Ergebnis dieser Analyse (ob nun Kategorie oder eine Beziehung zwischen zwei oder mehreren Kategorien)" (ebd., 48f.).

28   vgl. dazu Strauss/Corbin a.a.O., 43ff
29   ebd., 67f
30   Eine Begründung ist oben bereits vorgetragen worden.

- Besondere Inhalte (z. B. Phantastisches/Irrationales, Beängstigendes)
- Interesse, Erstaunen, Sich-Wundern
- Originelle/Kreative Äußerungen
- Aufmüpfigkeit
- Szene-machen
- Spielerische Elemente (z. B. So-tun-als-ob, Lautmalerei, Singsang, Wortspielerei, Verfremdung, Rough-and-Tumble Play)[31]
- Freude

Definitorisch festgelegt haben wir die Kategorien, einem Vorschlag Mayrings[32] entsprechend, anhand von sogenannten „Ankerbeispielen". Ich konkretisiere dies Vorgehen exemplarisch an den Kategorien zur „Lebenswelt". Das Ankerbeispiel zum „Szene-machen" ist einleitend bereits zitiert worden.

Lebenswelt a): als Assoziation zu einem Unterrichtsgegenstand
p0903lgm: 3/Erstellen einer Skizze; S. 1, Z. 20g[33]
(Beschreibung einer Wegeskizze in der Schule der Kinder.)[34]
Juka[35]: Man muss zum Haupteingang rein und dann die Treppe hoch. An der Tür, wo „Mittagsbetreuung" steht, rechts rein.
- kommt ständig vor; die Kinder assoziieren eine eigene kurze Erfahrung zum Unterrichtgegenstand. Damit wird lediglich deutlich, dass die Kinder den Gegenstand aus ihrer Lebenswelt kennen.

Lebenswelt b): als eigenes Thema der Kinder
Aus der Voruntersuchung: pr1e: 1/Haltbarmachen von Obst, S. 9, Z. 41ff
(Die Kinder füllen ein Arbeitsblatt zum Thema aus.)
Ju: Spricht von seiner Schwester (nicht genau erfasst).
Ju: Du hast 'ne Schwester?
Ju: Ja, was ist daran so schlimm?
Mä: Ich hab zwei Brüder die nerven.
- kommt so gut wie nicht vor; möglicherweise ein Artefakt der Information der LehrerInnen über das Untersuchungsziel.

---

31   Tobespiele, kämpferische Spiele; vgl. Wegener-Spöhring 1995 a.a.O., 146ff
32   Mayring, Philipp (1983): Qualitative Inhaltsanalyse. Grundlagen und Techniken. Weinheim; Basel. - Mayring, Philipp (1994): Qualitative Inhaltsanalyse. In: Jüttemann, Gerd (Hrsg.) (1985): Qualitative Forschung in der Psychologie. Weinheim; Basel, 187 - 211.
33   Protokollname, Jahrgangsstufe, Stundenthema, Angabe der Textstelle mit Seite/Zeile
34   punktueller inhaltlicher Unterrichtszusammenhang
35   ggfs. Kennzeichnung des Kindes durch ein Merkmal; hier „Juka" für „Junge mit karierter Kleidung".

Lebenswelt c): als Assoziation zum Unterrichtsgegenstand, doch verbunden mit eigenen Vorstellungen, Erfahrungen, Gefühlen, Wünschen.
p0203lgp: 1/Verschiedene Uhren; S. 3, Z. 15ff.
(Es geht um die Frage, ob eine Parkuhr auch eine Uhr ist.)
Jubr: Wenn man zu lange parkt, dann kommt die Polizei. Meine Mama hat schon mal zwei Strafzettel hintereinander bekommen ... . Sie hat den Polizist beschimpft und gleich noch 'nen Strafzettel bekommen.
- relativ häufig

Ich referiere nun einige Ergebnisse. Zunächst wird ein tabellarischer Überblick gegeben.

3   Ergebnisse

3.1   Ergebnisse im Überblick

Kategorie	Häufigkeiten gesamt
Lebenswelt a) (Le a)	767
Lebenswelt b) (Le b)	8
Lebenswelt c) (Le c)	282
Interesse (In)	268
Desinteresse (In-)	10
Freude (Fr)	89
Szene-machen (Sz)	8
Aufmüpfigkeit (Au)	70
Kreative, Äußerungen (Kr)	51
Phantastische, Inhalte (Ph)	33
Beängstigende Inhalte (Be)	103
Angeleitetes Spiel (a-Sp)	4
Spiel als Nebenbeschäftigung (Sp-N)	17
Wortspielerei (Wo)	12
So-tun-als-ob (So)	19
Verfremdung (Ver)	2
Rough-and-Tumble/Rough-and-Tumble-Play (Rat/RatP)	36
Lautmalerei (Lm)	163
Singsang (Sisa)	7
Lebenswelt Lehrerin (LeL)	25
Beängstigende Inhalte LehrerIn (Be L)	2
Freude Lehrerin (Fr L)	1

Folgen wir dieser zusammenfassenden Auszählung, so ergibt sich ein eher positives Bild der beobachteten Unterrichtsstunden. Ein lebensweltlicher Bezug kommt häufig und in allen Stunden vor; d. h. Grundschulunterricht erfüllt das Postulat, an die Lebenswelt der Kinder anzuknüpfen. Auch Interesse wird sehr oft und in fast jeder Stunde beobachtet; d. h. Grundschulunterricht erfüllt ebenfalls das Postulat, das Interesse der Kinder aufzugreifen bzw. zu erzeugen. Kreativität finden wir allerdings nur sehr selten, fantastische Inhalte sind noch seltener, und das Spiel ist auch nicht viel häufiger; sogar das unter den Kindern dieser Altersstufe übliche Rough-and-Tumble Play findet kaum statt – geschuldet der vorwiegend am Platz und sitzend vollzogenen Lernmethode. Nur als Lautmalerei ist das Spiel problemloser in den Unterricht einzubringen und wird folglich häufiger beobachtet. Freude ist auch nicht allzu häufig, wird aber immerhin gesehen. Auffällig ist die relativ häufige Nennung beängstigender Inhalte. Mit der widerständigen Seite ist es jedoch schlecht bestellt: Taucht die schlichtere Form der Aufmüpfigkeit noch hin und wieder auf, so finden wir die komplexere Form des Szene-machens kaum. – Dieser insgesamt eher positive Eindruck hält allerdings der Interpretation im Einzelnen keinesfalls stand.

3.2 Einige Detail-Ergebnisse: Interpretationen zu den Kategorien meines Themas

3.2.1 Lebenswelt a) und c)

Die Kategorie *Lebenswelt a)* (Le a) meint eine kurze Assoziation zu einem Unterrichtsgegenstand seitens der Kinder mit Bezug zu ihrer Lebenswelt. Wir beobachteten sie 767 mal, pro Stunde durchschnittlich 19mal. Le a) ist damit die weitaus häufigste Kategorie; sie kommt zudem in jeder Stunde vor. Das bedeutet: Nach der Lebenswelt fragt eine Grundschullehrerin/ein Lehrer immer und unabhängig vom Thema. Die Kinder antworten bereitwillig. Zum Fortgang der Stunde tragen die Antworten in der Regel nichts bei, was allerdings niemanden zu stören scheint. – Die Kategorie *Lebenswelt b)* (Le b) als Äußerung zu einem vom Unterrichtsinhalt abgelösten Thema der Kinder kam, wie bereits angemerkt, so gut wie nicht vor.

Die Kategorie *Lebenswelt c)* (Le c) meint eigenständige Geschichten der Kinder, eigene Gefühle, Erfahrungen, Einstellungen, Wünsche, die jeweils mit dem Unterrichtsgegenstand verbunden bleiben. Wir haben sie 282 mal und pro Stunde durchschnittlich 7mal beobachtet. Auch Le c) kommt also noch recht oft vor und ist in den meisten Stunden vorhanden; allerdings in 6 Stunden (knapp ein Siebtel) eben auch nicht. – Häufig wird nach Lebenswelt c) gefragt;

insbesondere die kleineren Kinder erzählen aber auch ungefragt aus ihrer Lebenswelt und mitunter recht private Dinge. Die Lehrerin/der Lehrer geht allerdings weiterführend nur selten darauf ein; zum Fortgang der Stunde trägt das Erzählte fast nie etwas bei. Das scheint wiederum – wie schon bei der Kategorie Le a) – niemanden zu stören. Hier verwundert dieses Faktum allerdings mehr, da ausführlichere Dinge der Lebenswelt zur Sprache kommen, Dinge die die Kinder berühren, erschrecken, erfreuen – jedenfalls beschäftigen.

Was fällt bei einer *Zusammenstellung lebensweltlicher Themen* auf?

- Gerne assoziieren die Kinder ihre *Familie* oder *Nachbarn*, wenn das möglich ist. Bei den Ankerbeispielen war schon die Assoziation von Uhr, Parkuhr und Mamas zwei Strafzetteln berichtet worden. Und bei den Nachbarn gibt es Erfahrungen mit netten und mit weniger netten: Einer, der Süßigkeiten schenkt und einer, der „Krawall macht" oder den Fußball wegnimmt.
- Begeisterung (s. Interesse), Lautmalereien (viele: jam, jam; äh, ih; oj, oj, oj; lecker, ah) und lebensweltliche Assoziationen löst in der Regel jegliche Erwähnung von <u>Essbarem</u> aus.
- Auffällig ist, dass eine Ablehnung des Unterrichtsgegenstandes bzw. die Äußerung negativer Gefühle darüber nur äußerst selten vorkommen; dies wird durch die Ergebnisse zu der Kategorie Interesse – bestätigt. Erstes Beispiel ist das Thema <u>Schule</u> (behandelt wurden „Zeugnisse" und „unsere Schule früher"); ich komme darauf zurück. Negative Erfahrungen und Gefühle werden zunächst völlig ausgespart. Die Kinder haben gelernt: Wenn überhaupt, wird in der Schule Positivem zugehört.
- Ein Gleiches gilt für das Thema *Waschen und Zähneputzen* – ein Drama in vielen Familien, wie jeder weiß, besonders letzteres, das Zähneputzen. Beides wird in zwei Stunden ausführlich thematisiert. Die Kinder erzählen wie selbstverständlich vom Waschen und freudigem Zähneputzen zweimal oder gar dreimal am Tag (pr0403lg), ein Junge will sich sogar mit Parfum einsprühen (pr0403lg).
- Ähnlich ist es beim Thema *Verkehr*; keine Rede ist von den Gefährdungen und leidvollen Spielverboten, von dem Gefühl der Unterlegenheit und der Maßregelung. Freilich wird es auch nur in recht formaler Weise behandelt: Verkehrsschilder, Verkehrsregeln.
- Bei *naturwissenschaftlichen Inhalten*, z. B. beim Thema „Schwimmen und Sinken", werden vergleichsweise viele lebensweltliche Erfahrungen eingebracht: Es geht um verschiedene Materialien, und Styropor kennen die Kinder, weil Spielzeug von Nintendo darin eingepackt ist. Erwähnung finden ferner die Schwimmflügel im Schwimmbad und das mit Wachs eingerie-

bene Papierboot. Ein Junge sagt: „Ich kann ein bisschen auf dem Wasser laufen, nämlich auf einem Schiff kann man herumlaufen" (s. fantastische Inhalte). Eingegangen wird darauf allerdings nicht (pr0602ws).

- Viele lebensweltliche Erfahrungen sind erwartungsgemäß beim Thema *Tiere* zu verzeichnen. Die vielen beängstigenden Vorkommnissen beim Thema „Hund" (Hunde laufen weg, werden überfahren und dürfen beim Verlassen des Landes (hier: Kasachstan) nicht mitgenommen werden) bleiben unbearbeitet, ja sogar unkommentiert.

- Auffällig und erstaunlich ist, dass die Kinder überhaupt nicht über *Fernseh- und Computererfahrungen* sprechen. Sie haben offensichtlich verstanden, dass das in der Schule als Thema nicht erwünscht ist.

- Ein gleiches gilt für das Thema *Werbung*, und das *Spiel* sowie die Freizeitgesellschaft finden ebenfalls nur eine marginale Spiegelung.

Es scheint uns so, als richten die Kinder ihre Berichte und Erzählungen von lebensweltlichen Erfahrungen stark an den Normalitätserwartungen von Schule aus. Sie bringen nur das in den Unterricht ein- so kann vermutet werden -, was sie als mit den Wünschen und Vorstellungen der LehrerInnen kompatibel erachten. Die Folge ist eine gewisse Lebensferne und Künstlichkeit schulischen Lernens, der die Kinder mit „Schule spielen" begegnen: Sie tun in der Schule das, was von ihnen erwartet wird, auch wenn dies mit ihren lebensweltlichen Interessen nur wenig zu tun hat.

3.2.2 Interesse

Interesse kommt nach Lebenswelt a) am zweithäufigsten vor, in fast jeder Stunde. Das ist, wie bereits angemerkt, zunächst ein positives Ergebnis. Erstaunlich ist allerdings, dass nur 10mal insgesamt ausdrückliches Desinteresse (In-) gezeigt wird. Es ist kaum vorstellbar, dass selbst in einem guten Unterricht nicht mehr Themen die Kinder zumindest punktuell langweilen oder nicht interessieren. Möglicherweise wissen die Kinder: Das behält man besser für sich, das ist nicht erwünscht. Möglicherweise wissen die Kinder ebenfalls: Demonstration von Interesse ist das, was die Lehrerin erwartet, und folglich bieten sie es ihr an. Möglicherweise „spielen" die Kinder hier einfach Schule.

Was interessiert die Kinder? – Dass Kinder etwas interessant finden, was ein anderes Kind sagt oder tut, ist selten. Meist ist das Interesse auf die Lehrperson gerichtet.

Im methodischen Arrangement interessiert es die Kinder, wenn sie *Einfluss nehmen können*; häufig ist dies ein wechselseitiges Aufrufen. Das ausgeprägte und längerfristige sachgebundene Interesse ist da zu beobachten, wo die Kinder im Experiment eigenaktiv sein können (p02012lg, protkist) und/oder den Unterrichtsgegenstand betrachten/anfassen können zum Beispiel, einen ausgestopften Maulwurf (pr0602lg) oder das in den Klassenraum geschobene Fahrrad. Auch wenn die Lehrerin ein anschauliches Experiment vorführt, kann sie sich des Interesses des Kinder ziemlich sicher sein. (pr1405lk). Dazu ein Beispiel, eine Stunde über das Thermometer, in der in einem Gruppenexperiment Wasser in einem Röhrchen über einer Flamme erhitzt wird (protkist). Schon die Ankündigung löst großes Interesse mit Oh- und Ah-Rufen aus. Die Gruppenarbeit ist dann wunderbar:

M bl: Da muss die Kerze drunter. (M bu stellt die Kerze zurecht)
M bu: Des muss glaub ich erst richtig warm werden. Es steigt, es steigt, es steigt!
M bl: Boah, es steigt!
M bu: Jetzt ist es fast ganz oben.
M bl: Vielleicht quillt's dann da oben raus?
M bu: Da is aber kein Loch!
M bl: Doch! Schnell zuhalten! Frau Meier, des läuft gleich über! Woah! Schnell alle weg! Oohh! Schnell ausblasen!
In der Klasse herrscht allgemeine Aufregung.

Es ist fast rührend, wie sich diese verwöhnte Computer- und Fernsehgeneration dankbar und begeistert auf das bescheidene Arrangement einer Kerze und eines Röhrchens einlässt. Die Kinder sind sowohl im Klassenverband als auch in der Gruppenarbeit eigenaktiv und involviert beteiligt; lautmalerisch beschreiben sie das Steigen und Sinken der Wassersäule. Auffällig ist vor allem auch, dass sie hier an den Äußerungen und Demonstrationen der anderen Kinder interessiert sind und darauf eingehen.

Es stellt ein methodisches Problem dar, dass wir nur das demonstrierte Interesse beobachten können; das ruhige interessierte Arbeiten kommt viel seltener in den Blick und ist als „Interesse" eben nur schwer auszumachen. Das erklärt sicherlich zum Teil den hohen Anteil beobachteten Interesses bei den praktisch- experimentellen Tätigkeiten; insofern haben wir hier Verzerrungen. *Dass* aber bei den praktisch- experimentellen Tätigkeiten so viel Interesse geäußert wird, ist ein wichtiges Ergebnis.

3.2.3 Freude

Freude ist mit 89 Beobachtungen eine Kategorie im Mittelfeld der Häufigkeiten. Allerdings bedeutet das doch nur zweimal im Stundendurchschnitt, und in 10 Stunden, d. h. in einem Viertel der Stunden, haben wir Freude gar nicht gesehen: Gefreut wird sich nicht viel in deutschen Grundschulen? Natürlich stellt sich hier dasselbe Problem wie bei der Kategorie Interesse; nur die deutlich (als Lachen, Grinsen oder freudige Äußerungen) demonstrierte Freude ist beobachtbar und kann hier einfließen, was für die stille Freude etwa bei der Bearbeitung eines Unterrichtsthemas nicht gilt. – Was ist es, das sichtbare Freude bei Kindern evoziert?

Man kann nicht umhin festzustellen, dass die *Schadenfreude* über Missgeschick (sowohl bei anderen Kindern als auch bei der Lehrerin) und Bloßstellen anderer mit 23 Beobachtungen die weitaus häufigste Ursache zur Freude im Unterricht ist. „Hahaha. Du musst vieles ausradieren!", freut sich ein Junge angesichts der (Fehl-)Leistung eines Mädchens (pr1602lg). Gelächter der Kinder haben wir auch dann beobachtet, wenn die Lehrerin ein Kind bloßstellt: Beim Thema: „Was alles braucht ein Meerschweinchen?" antwortet ein Junge „Liebe" – völlig korrekt übrigens. Er muss sich daraufhin von der Lehrerin fragen lassen: „Wie sieht die Liebe aus? Stellst du dich da vor den Käfig hin und sagst: Ich liebe dich?" Die anderen Kinder kichern, man kann's sich vorstellen (p1103lgs).

Die zweithäufigste Ursache für demonstrierte Freude ist mit 15 einschlägigen Beobachtungen das *Lachen über einen Scherz*. Immerhin sind hier 10 Kinderscherze dabei – was freilich angesichts von 40 Unterrichtsstunden wenig ist. Mitunter empfinden Kinder wörtliche Erklärungen und Wortspielereien als witzig und lachen darüber: „Salami-Bad" sagt ein Kind zu einem Würzburger Freibad mit dem Namen „Adami-Bad". (p1003lgk). Und im Verkehrsunterricht wird die „verengte" Fahrbahn zu einer „verrenkten" Fahrbahn (pr0303lg).

Ebenso häufig haben wir Lachen und Freude dann beobachtet, wenn etwas passiert (im Sinne von *Aktion*) oder wenn ein Gegenstand erscheint bzw. verfügbar gemacht wird: So erwarten die Kinder beim Thermometer-Versuch, dass etwas platzt oder explodiert und reagieren darauf mit geballter Freude (achtmal) (vergl. o.; protkist).

Natürlich gibt es noch weitere Dinge, die Freude bei den Kindern evozieren, doch sind sie der Menge nach nicht mehr bedeutsam. Der rational-kognitive Charakter des Unterrichts – kaum Spiel, kaum fantastische Elemente – findet in der recht einseitig erscheinenden Freude seine Entsprechung. – Noch schlechter ist es um die widerständige Seite des Unterrichts bestellt.

3.2.4 Aufmüpfigkeit

Aufmüpfigkeit als die eher punktuelle Widerständigkeit gegen die Autorität der Lehrerin/der Lehrers haben wir 70 mal beobachtet; in 29 Stunden, d. h. in immerhin zwei Drittel der Stunden kam sie vor und in 11 Stunden nicht. Aufmüpfigkeit bleibt in aller Regel ohne Folgewirkung, ohne Ansteckung anderer Kinder: Die Lehrerin/der Lehrer hat also alles – wie man so sagt – fest im Griff.

Aufmüpfigkeit gibt es eigentlich nur bei den Jungen. Versucht ein Mädchen einen Versuch dazu, wird es scharf getadelt: Auf die Frage der „Lehrerin: ‚Kann man sagen, dass die Schokolade gefrieren muss?'"[36] antwortet ein Mädchen: ‚Sonst kann man ja drauf Schlittschuh laufen.' – eine harmlose Antwort und allenfalls ein ganz kleines bisschen frech. Die Lehrerin aber sagt scharfen Tones: „Nicole, das find ich jetzt aber gar nicht witzig" (pr0202lg). Das stärkste Beispiel für Aufmüpfigkeit ist die in der Einleitung bereits zitierte Äußerung des Jungen mit der „Radioantenne", mit der er sein Melden spielerisch uminterpretiert (pr2601lg). Auch diese kurze Szene erfährt keine Unterstützung bei den anderen Kindern: Niemand lacht darüber; sie hat keine Folgewirkung. Später stimmt der Junge ein Lied an, das von den anderen Kindern aufgegriffen werden kann, weil er es als Begrüßung für die Gäste deklariert. Dem muss die Lehrerin nolens volens nachgeben (pr2601lgs; vgl. Punkt 3.2.5: Szene-machen).

Ein wenig Aufmüpfigkeit zeigt sich in von der Lehrerin/vom Lehrer nicht erwarteten oder gebilligten Tätigkeiten, z. B. ein Unterrichtsbild hinter dem Rücken des Lehrers vorab zu sehen versuchen (p0203lgm). Raffinierter ist der oben beschriebene „Jubel" bei eher unbeliebten Tätigkeiten: „Juhu, Hefte her!" (pr2505lk). Die Aufforderung der Lehrerin/des Lehrers wird so ins Lustige/ Lächerliche gezogen; die Grenze zu Szene-machen ist fließend. Ähnlich hörten wir in zwei Stunden eine Fülle von „Yeah"-Rufe, mit der die Kinder (unverhältnismäßige) Begeisterung ausdrücken und so eine Möglichkeit zu lärmender Lautmalerei finden, die in dieser Form von der Lehrerin nicht als Störung bezeichnet werden kann, da sie ja listigerweise als Zustimmung zum Unterricht daherkommt.

Wir finden ferner spielerische Elemente wie Wortspielereien und Verdrehungen von Tatsachen. Ferner kann die Lehrerin bzw. die Frage/Aufgabe der Lehrerin kritisiert bzw. sich darüber lustig gemacht werden, doch geschieht das nur sehr selten. So stellt ein Junge den Unterricht spielerisch als unangenehm dar und sagt: „Ich brauch 'ne Gasmaske", als beim Kerzenausblasen ein wenig Qualm entsteht (pr0202lg).

---

36 Es geht um eine Kuchenglasur.

Es sind nur einzelne und wenige Kinder, die aufmüpfiges Verhalten in etwas stärkerem Maße zeigen.[37] Diese Kinder gelten offensichtlich nicht als besonders eigenständig, sondern scheinen eher das Stigma eines schwierigen Kindes zu tragen. (Dies ist freilich nur ein Eindruck: wir haben die Fragestellung in dieser Form nicht untersucht.) Bei den Lehrerinnen und Lehrern war es nur eine, bei der Aufmüpfigkeit häufiger auftrat. Uns hat die dadurch entstandene gelockerte Atmosphäre gut gefallen. Sie selber hat das Auftreten von Aufmüpfigkeit wohl eher als peinlich empfunden. Auch die anderen Lehrerinnen und Lehrer haben sich für das das seltene Auftreten von Aufmüpfigkeit nach der Stunde mitunter entschuldigt; als ein Zeichen von didaktischer Stärke hat es – so schien es uns – niemand gesehen. Wir folgern: Aufmüpfigkeit ist nicht eingeplant, ist nicht erwünscht; sie wird nicht positiv gesehen (als Eigenständigkeit), sondern negativ als unerwünschte Abweichung. Insofern wird sie nicht gewürdigt und verstärkt sondern abgewehrt.

3.2.5 Szene-machen

Im Gegensatz zur Aufmüpfigkeit meinen wir mit Szene-machen einen etwas elaborierteren Sachverhalt, eine *Szene* eben, die in der Regel Konsequenzen hat, die Folgewirkungen hervorruft: Kinder erscheinen als Akteure der Unterrichtswirklichkeit.[38] Ein solches Szene-machen haben wir nur 8 mal gesehen. Es tauchte nur in 5 Stunden auf, und in 35 Stunden, d. h. in über zwei Drittel der beobachteten Stunden, war es nicht vorhanden; Szene-machen gehört somit zu den Raritäten. Wie schon Aufmüpfigkeit wird auch Szene-machen eher als Unbotmäßigkeit ausgelegt und als unerwünscht behandelt. Mitunter sind die Kinder aber wiederum so geschickt, die Szenen auf eine Weise in die Stunden einzufügen, dass die Lehrerin nichts dagegen unternehmen kann. Hier offenbart sich Kreativität und soziale Kompetenz; ein wenig Frechheit natürlich auch – aber sollte diese im Unterricht nicht einen Platz haben?

Als Beispiel für Szene-machen möge das bereits erwähnte Thema „Zeugnisse",[39] genauer „Zeugnisse und soziales Verhalten", dienen (pr1302lg). – Im Sinne des Stundenthemas möchte die Lehrerin „soziales", faires und freundliches Verhalten angesichts der nahen Zeugnisse einüben. Die Kinder des 4. Schuljahres entsprechen dieser Lehrerinnen- Erwartung in völlig ungebrochener Weise fast eine ganze Stunde lang: Sie wollen andere mit schlechteren Zensuren ermutigen, trösten, aufmuntern, aufbauen. Und ein Mädchen sagt: „Wenn ich ein

---

37   Jstr/p09031gm, Jrot/pr0902lg, Jbei/pr2601lg
38   nach Giel 1988; s. o.
39   s. Punkt 3.2.1

(schlechtes) Zeugnis bekommen würde, würde ich mich hinsetzen und überlegen, was ich falsch gemacht habe." Kein Wort von: Blöde Zeugnisse, ungerechte Zensuren, Ärger zu Hause oder auch üppigen Belohnungen. Kein Wort also davon, worum es wirklich geht.

Ganz am Schluss der Stunde aber lässt die Lehrerin zwei Rollenspiele zum Thema „Gutes Zeugnis – schlechtes Zeugnis" spielen (eines der wenigen angeleiteten Spiele, die wir gesehen haben). Die beiden Rollenspiele verkehren nun die Intention der Lehrerin in das komplette Gegenteil. Jetzt wird der „schlechte Schüler" in beiden Gruppen kräftig vorgeführt; die vorher nicht-verbalisierten negativen Gefühle und Einstellungen finden ziemlich ungebrochenen ihren Ausdruck:

(Geschrieen): „Hört mal alle her, die Stefanie hat in Mathe eine Fünf! Wie ist dein Notendurchschnitt, häh?... Die Sachaufgaben kapierst du nicht. Und trotzdem hast du ein schlechteres Zeugnis als ich." „Ach geh doch du weg!" „Geh doch selber weg!"

Die Lehrerin hatte diesen Verlauf offensichtlich in keiner Weise antizipiert; sie kann die Spiele deshalb nur mit einem kraftlosen Hinweis auf eine hoffentlich bessere Realität abbrechen. Zu den Einstellungen und Verhaltensweisen der Kinder wird nichts mehr gesagt; es war auch Schluss der Stunde. Dass die Kinder das Rollenspiel in dieser Form ausführen zeigt, dass sie sich eben doch nicht nur an die Erwartungen der Lehrerin anpassen, sondern die gegebene Möglichkeit nutzen, ihr groteskes und aggressives Spiel zu spielen. Sie benutzen das didaktische Arrangement des angeleiteten Spiels zu einem Szene-machen und führen hinter dem Rücken der Lehrerin ihr Spiel ein, das diese nicht verhindern kann.

In den weitaus meisten der beobachteten Stunden hat ein für Szene-machen geeignetes Arrangement nicht bestanden. Wenn Szene-machen denn überhaupt auftritt, ist keine der Lehrpersonen, die wir beobachtet haben, daran interessiert. So bleiben die hier implizierten eigenständigen und kreativen Kinderanteile der Didaktik ungenutzt und damit eine Möglichkeit, Kinder als Akteure der Unterrichtswirklichkeit[40] zu verstehen.

Die Ergebnisse zu den weiteren Kategorien greife ich hier nicht auf; ich hatte meine Einschränkung mit der Themenformulierung vorgestellt. – Als kurzes Fazit ergibt sich:

---

40   im Sinne Giels

4   Fazit: LehrerInnenprofessionalität?

Das Zentrum der Lehrerprofessionalität[41] wird nach Ulrich Oevermann[42] von der Fähigkeit gebildet, ein „pädagogisches Arbeitsbündnis" zwischen Lehrer und Kind zu etablieren. Das Kind ist bei diesem Arbeitsbündnis ganz und gar nicht als bildungsunwilliges und widerspenstiges Kind zu sehen; vielmehr ist das Kind „neugierig und wissensdurstig" und erklärt sich selber „auf der Folie dessen, was es über die Welt schon weiß", als ein Subjekt, das vieles wissen möchte (1996, S. 153). Der professionelle Lehrer ist nun in der Lage, dem Kind ein „schlüssiges Angebot" zu machen, ein Angebot also, das dieser Neugier und diesem Wissensdurst entgegenkommt.[43] Dazu ist der Lehrer allerdings nur dann in der Lage, wenn er zwei Dinge kann: Er muss die Folie der kindlichen Welt verstehen und das Kinderhandeln stellvertretend deuten können;[44] eben daran bemisst sich seine Professionalität.

Die Ergebnisse der vorgestellten Untersuchung lassen es zweifelhaft erscheinen, dass eine solche Professionalität den Alltagsunterricht im Sachunterricht der Grundschule bestimmt. Vielmehr erscheint Unterricht als einseitig von der Lehrerin/dem Lehrer strukturiertes Geschehen, in dem die Vorstellungen, Erfahrungen und Interessen der Kinder nur wenig Bedeutung haben widerständige, die Lehrersicht kontrapunktierende Anteile abgewehrt werden. Zwar werden die Kinder durchaus nach ihrer Lebenswelt gefragt, auch zeigen sie durchaus Interesse, doch verkommt dieses zur Farce, indem die Kinder auf der Ebene des heimlichen Lehrplans erfahren, dass ihre Antworten keinerlei Bedeutung haben, dass ihre Fragen nicht beantwortet und ihre Ängste nicht thematisiert werden. Von einen „schlüssigen Angebot" auf der Folie ihrer kindlichen Weltsicht kann keine Rede sein. Dass Kinder dennoch dem Unterricht willig folgen, muss über weite Strecken als eine schulische Anpassungsleistung und als ein „Schule spielen" interpretiert werden. Die braven bayerischen Kinder lassen sich darauf ein; die Kölner übrigens auch – so weit ich das in zehn von den Studierenden meines Seminars angefertigten Protokollen entnehmen kann. Das ist erstaunlich; aber wir alle wissen ja, dass dies hier noch vorhandene Interesse an der Schule schon bald versiegen wird. Es wundert nicht.

---

41   Die weibliche Form benutzt Oevermann nicht, und ich zitiere ihn i. f. ebenso
42   Theoretische Skizze einer revidierten Theorie professionalisierten Handelns. In: Combe, Arno; Helsper, Werner (1996): Pädagogische Professionalität. Frankfurt/Main, 70 - 182.
43   und zwar mit einer sokratischen Hinführung zur selbsttätigen Einsicht (a.a.O., 157).
44   Oevermann bezeichnet dies als ein „mäeutische bzw. sokratische Pädagogik", die er einer „Trichterpädagogik" gegenüberstellt (a.a.O., 156ff.).

Zum Schluss sei betont und herausgestellt: Es gab auch positive Beispiele, so wie die Lehrerin, die Aufmüpfigkeit und Szene-machen ertrug (wenngleich vielleicht nicht ganz freiwillig), und wie die Lehrerin, die ihre Klasse mit dem oben dargestellten Versuch zum Thermometer hinriss. Es waren durchaus noch mehr. Doch war dies eine Minderheit. Ich schließe mit einem Beispiel von der Mehrheit der Lehrpersonen.

5   Ein Beispiel: Der Frosch[45]

In einer 3. Klasse wird der Frosch behandelt. *Als im ersten Teil der Stunde ein Junge lebensweltliche Erfahrungen berichtet* – über einen Kaulquappenschwarm am kleinen Arbersee – *geht die Lehrerin darauf ein:* Sie fragt nach und nimmt zu der Äußerung Stellung: Wie viele? Das kann hinkommen.

Im weiteren Verlauf der Stunde haben die Kinder allerdings kaum mehr eine Chance, mit ihren lebensweltlichen Erfahrungen und ihrem häufig kindlich und originell formulierten Wissen das Konzept der Lehrerin auch nur geringfügig zu verändern. So geht es einem Mädchen mit der folgenden Formulierung einschlägigen Wissens: Das Weibchen merkt, wenn sie Eier kriegt. Sie hat so 'nen Sinn dafür. <u>Kr</u> Sie geht zu dem Tümpel, wo sie als Kaulquappe war.

Die Lehrerin verweist nur auf ihr Konzept: Wir waren jetzt bei der Larve im Ei. *Der Verlauf der Stunde weist etliche ähnliche Zurückweisungen durch die Lehrerin auf.*

Später werden die Merkmale des Frosches erarbeitet. Auf die Frage, wozu der Frosch Schwimmhäute braucht, verbalisiert ein Mädchen einschlägiges Wissen originell und kindgemäß: Er kann besser anschieben. <u>Kr.</u> Wenn er Löcher hätte, dann geht das Wasser durch, und er könnte nicht so gut schwimmen.

Wahrscheinlich überträgt sie hier eigene lebensweltliche Erfahrungen mit dem Thema Antriebskraft. Auf jeden Fall hat sie sich nach Meinung der Interpretinnen sehr intensiv hineingedacht. Aber auch dieses übergeht die Lehrerin komplett. Sie besteht auf der Verfolgung des Unterrichtskonzeptes und sagt: Es fehlen noch zwei Merkmale.

Weitere Merkmale werden erarbeitet, schließlich die Ohren. Als das Trommelfell zur Sprache kommt, sagt ein Junge: Ach so, der hört dann schneller. <u>Kr.</u> *Auch diese originelle kindliche, wenngleich sicherlich falsche Formulierung bleibt unerörtert.*

Schließlich erweitert ein Mädchen das Thema um eine eigene lebensweltliche und sehr beängstigende persönliche Erfahrung: Das (gemeint ist das

---

45   pr1806lk:3. Die Interpretationen sind jeweils kursiv gesetzt.

Trommelfell) ist bei mir schon geplatzt. Le c), Be. *Aber selbst dies ignoriert die Lehrerin. Es ist nur ein Junge, der mitfühlend nachfragt.* Die Lehrerin beendigt ungerührt ihre Stunde nach Plan: Wir brauchen noch die letzte Zeile.

Die Kinder verübeln der Lehrerin die fast vollständige Ignorierung ihrer lebensweltlichen Erfahrungen und ihres originell formulierten Sachwissens offensichtlich nicht. Sie nehmen sie vielmehr widerspruchslos hin und scheinen sich nicht darüber zu wundern. Darüber hinaus folgen sie dem Unterricht willig und sehr interessiert. Ein solcher Unterricht wird auf den ersten Blick gewiss als gut und gelungen beurteilt, besonders auch da er seine Planung perfekt einlöst.

Diesen ersten Blick wollte ich mit meinen Ergebnissen erschüttern.

Literaturverzeichnis

Bergmann, J. R. (1984): Interpretation (dokumentarische Methode). In: Haft, Henning; Kordes, Hagen: Methoden der Erziehungs- und Bildungsforschung. Enzyklopädie Erziehungswissenschaft, Bd. 2. Stuttgart, 419-421; 419.

Bohnsack, Ralf (1993): Rekonstruktive Sozialforschung. Opladen, 65.

Combe, Arno; Helsper, Werner (1996): Pädagogische Professionalität. Frankfurt/Main, 70 - 182.

Giel, Klaus (1988): Pädagogische Verantwortung. In: Röbe, Edeltraud (Hrsg): Schule in der Verantwortung für Kinder. Ulm, 97 - 109. – Die Idee geht zurück auf die szenische Rekonstruktion von Alltagswirklichkeit im „mehrperspektivischen Curriculum" in den 70er Jahren.

Glaser, Barney G.; Strauss, Anselm L. (1979): Die Entdeckung gegenstandsbezogener Theorie: Eine Grundstrategie qualitativer Sozialforschung. In: Hopf, Christel; Weingarten, Elmar (Hrsg.): Qualitative Sozialforschung. Stuttgart, 91-111; 92. Wir finden das Prinzip des hermeneutischen Zirkels.

Hitzler, Ronald; Honer, Anne (1984): Lebenswelt – Milieu – Situation. Terminologische Vorschläge zur theoretischen Verständigung. In: Kölner Zeitschrift für Soziologie und Sozialpsychologie, 36. Jg., H. 4, 60.

Heinze, Thomas (1987): Qualitative Sozialforschung. Opladen, 17.

Köckeis-Stangl, Eva (1980): Methoden der Sozialisationsforschung. In: Hurrelmann, Klaus; Ulich, Dieter (Hrsg.): Handbuch der Sozialisationsforschung. Weinheim/ Basel, 321-370; 357.

Krappmann, L.othar; Oswald, Hans (1995): Unsichtbarkeit durch Sichtbarkeit. Der teilnehmende Beobachter im Klassenzimmer. In: Behnken, Imbke; Jaumann, Olga (Hrsg.): Kindheit und Schule. Weinheim, 39 - 50.

Matthes-Nagel, Ulrike (1984): Objektiv-hermeneutische Bildungsforschung. In: Haft, Henning; Kordes, Hagen (Hrsg.): Methoden der Erziehungs- und Bildungsforschung. Enzyklopädie Erziehungswissenschaft, Bd. 2. Stuttgart, 283-300; 285f.

Mayring, Philipp (1983): Qualitative Inhaltsanalyse. Grundlagen und Techniken. Weinheim; Basel.

Mayring, Philipp (1994): Qualitative Inhaltsanalyse. In: Jüttemann, Gerd (Hrsg.) (1985): Qualitative Forschung in der Psychologie. Weinheim; Basel, 187 - 211.

Strauss, Anselm L. (1991): Grundlagen qualitativer Sozialforschung. Datenanalyse und Theoriebildung in der empirischen soziologischen Forschung. München.

Strauss, Anselm; Corbin, Juliet (1996): Grounded Theory: Grundlagen Qualitativer Sozialforschung. Weinheim, 39ff.

Wegener-Spöhring, Gisela (2000): Lebensweltliche Kinderinteressen im Sachunterricht – ein qualitatives Forschungsprojekt. In: Jaumann-Graumann, Olga; Köhnlein, Walter (Hrsg.): Lehrerprofessionalität – Lehrerprofessionalisierung. Jahrbuch Grundschulforschung Bd. 3. Bad Heilbrunn, 326 - 33.

Wegener-Spöhring, Gisela (1988): Der lebensweltliche Forschungsansatz. In: Neue Praxis 18. Jg., H. 6, 499.

Wegener-Spöhring, Gisela (1986): Die Bedeutung von „Kriegsspielzeug" in der Lebenswelt von Grundschulkindern. In: Zeitschrift für Pädagogik, 32. Jg., H. 6, 797 – 810

Wegener-Spöhring, Gisela (1995): Aggressivität im kindlichen Spiel. Weinheim, 222ff.

Wilson, Thomas P. (1973): Theorien der Interaktion und Modelle soziologischer Erklärung. In: Arbeitsgruppe Bielefelder Soziologen (Hrsg.): Alltagswissen, Interaktion und gesellschaftliche Wirklichkeit, Bd. 1. Reinbek, 54-79; 60.

Das große Hin und Her. Zur Vereinbarkeit von individueller Förderung und Standardisierung in der Grundschule

Marcel Klaas

In der Schule sind zahlreiche Widersprüche und Spannungsfelder auszumachen, das gilt ebenso und an manchen Stellen insbesondere auch für die Grundschule. In ihrem Text *Die Menschen stärken und die Sachen klären* nimmt Gisela Wegener-Spöhring (1998) den Dualismus Kind und Sache in den Blick. Dabei geht sie eingangs ein auf eine Debatte um den Kontrast zwischen den Perspektiven einer Subjekt- und einer Instruktionsorientierung im Bezug auf den Unterricht. Die instruktionsorientierte Sichtweise hat hier schließlich die Nase vorn, „das Pendel schlägt zurück" (ebd., 330).

Dieser Text soll zunächst der Frage nachgehen, wie sich das Pendel weiterhin bewegt hat. Ist dieser Widerstreit nicht längst überkommen? Sind heute nicht beide Perspektiven gestärkt und ist nicht längst klar, dass nur beide Sichtweisen im Zusammenspiel Sinn ergeben? – In der jüngsten Ausgabe der *Grundschule* ist im Beitrag Hackers folgendes zu lesen

> „aktuelle Diagnoseinstrumente lassen schon sehr früh erkennen, dass die für den schulischen Lernprozess notwendigen Vorläuferfähig- und -fertigkeiten in den natürlichen Lernprozessen nicht mehr selbstverständlich von allen Kindern erworben werden. [...] Wichtig ist deshalb nicht nur eine erste Bildungsstufe im Kindergarten, sondern eine gezielte Frühförderung wichtiger Bildungsinhalte" (2009, 53).

Das scheint so, als sei die Debatte immer noch im Gange und nicht hinreichend geklärt, ob nun Kinder oder Inhalte gefördert werden sollen.

Die Pendelbewegung aus dem Text von Wegener-Spöhring aufgreifend, werde ich zunächst der Frage nachgehen, wie sich die Entwicklung bis heute fortgesetzt hat. Da bildungspolitische Prozesse für die Schulpraxis von besonderer Bedeutung sind, werden diese im Vordergrund stehen, wenn ich einen Blick auf die unterstellte gegenläufige Entwicklung werfe und der Frage nachgehe, wie sich diese im Bildungsort Schule niedergeschlagen hat. Da sich in erster Linie die Grundschule mit der Etikette einer Kindzugewandtheit versieht, werde ich rückblickend auf die Entwicklung der Grundschule fokussieren. Anschließend möchte ich die Perspektive der Kinder hinzuziehen und einen Blick darauf werfen, ob die wahrgenommenen Entwicklungen bei Kindern ‚ankommen'.

1   Zur (Un)Vereinbarkeit der Orientierungen an Kind und Sache

Wegener-Spöhring bezieht den Dualismus Kind und Sache auf die didaktische Debatte um eine Subjekt- bzw. Instruktionsorientierung in der Didaktik, die zurzeit der Entstehung des Textes in der Fachdisziplin geführt wurde (vgl. 1998, 329f.). In dieser Debatte verschwimmen nun aber zumindest zwei Ebenen. Mit dem Begriffspaar Kind und Sache in Bezug auf Schule wird zunächst der Zusammenhang mit der Didaktik des Sachunterrichts hergestellt. Aus dieser Perspektive wird Schule zur Vermittlerin zwischen beiden, Schule soll Kinder und Sachen zusammenbringen.

Deutlicher zeigen sich Gegensätze und Unvereinbarkeiten von Sichtweisen in der Debatte um eine eher subjekt- bzw. instruktionsorientierte Herangehensweise, die mehr in der Allgemeinen Didaktik zu verorten sind. Sollen die Kinder an die Sachen oder die Sachen an die Kinder herangeführt werden? Soll Schule Kindern bestimmte Sachen vermitteln oder soll sie die Sachen, die Kinder benötigen werden, didaktisch aufbrechen und verständlich machen? Unterstützt und erweitert Schule dabei die Interessen und Herangehensweisen der Kinder? Oder versteht sich Schule als Wissensvermittlerin im Dienste einer Wissenschaftsorientierung, die an die Kinder herangetragen wird – mit vorgegebenen Inhalten und Methoden der Bearbeitung?

Ein Blick auf die Entwicklungslinien zeigt, dass diese Debatte in den letzten 40 Jahren mit unterschiedlichen Begrifflichkeiten auf verschiedenen Ebenen immer wieder neu geführt wurde und gelegentlich nach wie vor geführt wird. Dabei kommen insbesondere Fragen um Inhalte und Vermittlung zum tragen. Welche Inhalte sind wesentlich? Wer legt die Auswahl fest? Können, dürfen oder sollen Kinder in diesen Fragen mitentscheiden? Wie lassen sich Zugänge an die Sachen gestalten? Wie steht es um die Qualität von Vermittlung?

Bei den Versuchen, Antworten auf diese Fragen zu finden, fällt man zwangsläufig auf weitere Fragen zurück: Wozu ist Schule eigentlich da? Dürfen nun die Kinder oder darf die Gesellschaft berechtigte Forderungen an Schule stellen? Wer ist die Zielgruppe institutionalisierter Bildungsprozesse? Um klären zu können, was Kinder lernen sollen und um klären zu können, wie sie es lernen sollen, muss geklärt sein, wozu das Lernen dienen soll. Da wir – abgesehen von der aufgeregten PISA-Schock-Debatte – kaum einen nennenswerten öffentlichen

Diskurs um Bildung und Schule haben, lässt sich diese Frage mit dem Blick auf die Gesellschaft nur über die bildungspolitischen Programme der Parteien klären, die in unserer Form der parlamentarischen Demokratie regelmäßig zur Wahl stehen. Zwar stellen diese Programme nur einen Punkt unter vielen dar, mit denen sich die Parteien profilieren, aber spätestens seit dem Abschneiden des deutschen Bildungssystems bei PISA und TIMSS lässt sich feststellen, dass die Bildungspolitik einen Schwerpunkt in der Öffentlichkeitsarbeit der politischen Parteien einnimmt. Dabei werden für beide Perspektiven respektive einer Vermittlung zwischen ihnen jeweils zeittypische Argumente angeführt.

Während eine Debatte um eine eher subjekt- oder instruktionsorientierte Didaktik im Wesentlichen auf der Bühne der Bildungswissenschaften stattfindet, so folgt sie doch in weiten Teilen den Entwicklungen der Bildungspolitik, da diese massive Einflussmöglichkeiten auf Schulwirklichkeit hat, die von der Bildungswissenschaft wiederum beobachtet, beschrieben, bewertet wird. Beide Ebenen haben also großen Anteil und sind deshalb einzeln zu betrachten. Die Eingebundenheit von Schule in bestimmte Zweckorientierungen bestimmt dabei meine Perspektive auf die Problematik.

2   Bildungspolitische Entwicklungslinien

Verweist Wegener-Spöhring 1998 mit Bezug auf Böhm (vgl. 1994, 23ff.) noch auf einen Trend, der hin „zu den Sachen und weg vom Subjekt" (Wegener-Spöhring 1998, 330) gehe, lässt sich heute mit einem Blick in die aktuellen Schulgesetze festhalten, dass beide Gesichtspunkte eine Stärkung erfahren haben. Dabei hat sich die Begrifflichkeit wieder ein Stück weit verschoben: Standardisierung und Individualisierung markieren bildungspolitisch aktuell die Perspektiven, die einerseits den inhaltlichen Rahmen und andererseits die Situation der Kinder sichern.

2.1   Zur aktuellen Situation – individuelle Förderung und Standardisierung

Bildungsstandards

Zu Beginn des 21. Jahrhunderts stand die Bildungspolitik aufgrund der Veröffentlichung der TIMMS- und PISA-Ergebnisse und der nachfolgenden öffentlichen Debatte um das Bildungssystem unter enormen Handlungsdruck. Im Frühjahr 2002 beschloss die KMK, „für ausgewählte Schnittstellen der allgemeinbildenden Schulen [...] Bildungsstandards zu erarbeiten" (KMK 2004, 3). Im

Jahr darauf wurden die Bildungsstandards für den Mittleren Schulabschluss, Ende 2004 Bildungsstandards für die Primarstufe und den Hauptschulabschluss verabschiedet (vgl. ebd.).

Den installierten Bildungsstandards kommen dabei vorrangig zwei Funktionen zu: Sie sollen erstens über die Ländergrenzen der föderalistisch aufgebauten Bundesrepublik geltende, verbindliche Ziele formulieren. Auf ihrer Basis soll zweitens eine Erfassung und Bewertung der Lernergebnisse ermöglicht werden (vgl. Klieme u.a. 2007, 9f.). Dabei wurde für die Zielformulierung die bisherige *Input*-Orientierung durch eine Orientierung am *Output* ersetzt. Die im Rahmen von Bildungsstandards formulierten Curricula geben also nicht mehr vor, was gemacht werden soll, sondern welche Ziele erreicht werden sollen (vgl. ebd., 11f.). Über die Vergleichbarkeit innerhalb der Bundesrepublik hinaus wird damit ebenso Anschlussfähigkeit an internationale Bildungssysteme angestrebt.

In den Ländern wurden die Beschlüsse der KMK anerkannt und umgesetzt. Während die Implementierung von Bildungsstandards die Inhalte und Ziele der Schule im Fokus hat – eben die Sachen –, folgte kurze Zeit später eine Festschreibung von individueller Förderung in den Schulgesetzen der Länder, was eine Orientierung an den Subjekten schulischer Bildungsprozesse nahe legt (in NRW ab 2006).

Individuelle Förderung

Die internationalen Vergleichsstudien haben neben den Leistungsvergleichen ebenso deutlich gezeigt, dass das Schulsystem der Bundesrepublik

> „Disparitäten [...] kennzeichnen: zwischen Regionen, zwischen Kindern aus unterschiedlichen sozialen Schichten, zwischen in Deutschland Aufgewachsenen und Zugewanderten. Die Studien belegen die Bedeutung des sozialen und familiären Kontextes für den Schulerfolg" (Klieme u.a. 2007, 11; vgl. hierzu auch Baumert/Köller 2005).

So wurde bereits im September 2004 eine Fachtagung der KMK um „Fördern und Fordern" von der Präsidentin der KMK mit einer Rede um die Bedeutung individueller Förderung eröffnet (vgl. Ahnen 2004). Allein in NRW lässt sich seitdem eine geradezu inflationäre Zunahme an Bezügen zur individuellen Förderung im Zusammenhang mit bildungspolitischen Aktivitäten verzeichnen. Der Ministerpräsident verwendet die Begrifflichkeit seit 2006 in einer Unzahl von Reden, 2007 fand in Essen ein bildungspolitischer Kongress zur individuellen Förderung statt, auf dem das – seitdem jährlich verliehene – *Gütesiegel Individuelle Förderung* erstmalig verliehen wurde. Ebenfalls 2007 fand der

Jahreskongress der Stiftung Partner für Schule – eine Stiftung zur Zusam-
menarbeit von Wirtschaft und Schulen – unter dem Motto der individuellen
Förderung statt. Wirtschaftlich spielt individuelle Förderung auch weiterhin eine
Rolle, und stellt beispielsweise auch das Motto der Didacta 2007 in Köln dar. Ein
Recht auf individuelle Förderung ist seit 2006 durch § 1 des Schulgesetzes NRW
festgeschrieben, im Jahr vorab wurde sie zumindest als Zielorientierung für die
damals eingerichtete Eingangsstufe erwähnt. Im gemeinsamen Bericht von
BMBF und KMK zur Bildung in Deutschland im Jahr 2007 wurde die
Bedeutung individueller Förderung besonders herausgehoben.

Bemerkenswert dabei ist, dass zwar in den Vorträgen zur individuellen
Förderung stets von allen Kindern die Rede ist, und dass merklich die individuelle Förderung als zentrales Thema in der bildungspolitischen Debatte
herausgehoben wird. Aber in der Konkretisierung, etwa bei den Vergabekriterien
des Gütesiegels in NRW oder auf dem NRW-Portal zur individuellen Förderung[1]
von individueller Förderung stets nur im Zusammenhang mit bestimmten,
eingegrenzten Feldern der Schulpädagogik die Rede ist: der Sprachförderung,
der Förderung von Menschen mit Migrationshintergrund, von Bildungsbenach-
teiligten oder von Hochbegabten. Zumindest für NRW lässt sich insofern
festhalten, dass hier nicht von einer Förderung jedes Kindes in individuellen
Bereichen, sondern von der Förderung individueller Kinder in bestimmten Bereichen ausgegangen wird (vgl. hierzu auch Ratzki 2007).

Es zeigt sich auch, dass sich die beiden zentralen Themen der Bildungspolitik – die im Übrigen in größeren Reformierungszusammenhängen stehen –
zwar unmittelbar aus den Ergebnissen der TIMSS- und der PISA-Studien
ableiten lassen, diese jedoch in der Debatte um das deutsche Bildungssystem
keineswegs neu sind. In der letzten Phase großer Bildungsreformen, den 70er
Jahren des letzten Jahrhunderts, wurde bereits sowohl die Forderung nach
individueller Förderung als auch die nach standardisierter Leistungsbeurteilung
vorgetragen.

2.2 Die Bildungsreformphase der 70er Jahre

Ein wichtiges Jahr in der Phase der Bildungsreformen war zweifellos 1970. Im
Frühjahr veröffentlichte der fünf Jahre vorab installierte Deutsche Bildungsrat
den Strukturplan für das Bildungswesen. Der Deutsche Bildungsrat löste den
Deutschen Ausschuss für das Erziehungs- und Bildungswesen ab und wurde als
politisch einflussreiches Gremium mit zwei Kommissionen eingerichtet. Die

---

1   www.schulministerium.nrw.de/chancen

Bildungskommission, die als Expertengremium zu verstehen war, wurde mit Vertretern aus den Bereichen Wissenschaft, Politik und Verwaltung besetzt. Der Strukturplan für das Bildungswesen umfasste dem Auftrag gemäß „Empfehlungen für eine langfristige Planung auf den verschiedenen Stufen des Bildungswesens" (Bulletin 1965, 982), ergänzt durch zahlreiche Gutachten und Studien, die zwischen 1965 und 1975 veröffentlicht wurden. Um eine möglichst umfassende Expertise liefern zu können, wurden die Mitglieder der Bildungskommission im Bereich Wissenschaft aus zahlreichen Disziplinen berufen. Ergänzt wurde das Gremium um eine Reihe von Ausschüssen, die zu Teilbereichen arbeiteten. Im Vorfeld der Gründung des Bildungsrates wurden Versorgungsengpässe durch das deutsche Bildungssystem prognostiziert – u.a. in der Veröffentlichung *Die deutsche Bildungskatastrophe* von Georg Picht, die sicherlich in der Öffentlichkeit am deutlichsten wahrgenommen wurde (vgl. Picht 1964).

Vier Monate nach Verabschiedung des Strukturplans veröffentlichte die damalige Bundesregierung den *Bildungsbericht '70*. Es war der erste Bericht einer Bundesregierung, in den das Schulwesen in einer Gesamtschau über Ländergrenzen hinweg aufgenommen wurde. Der *Bildungsbericht '70* berücksichtigt die Empfehlungen der Bildungskommission des Deutschen Bildungsrates (vgl. 1970, 15) und übernimmt über weite Strecken dessen Argumentation. Er wird dargestellt als ein Versuch, Bildungspolitik als gesamtstaatliche Aufgabe von Bund und Ländern zu betrachten (ebd., 17). Der Bildungsbericht schildert die Lage des Bildungswesens in Deutschland, stellt es in einen internationalen Zusammenhang und formuliert Ziele. Er umfasst den gesamten Bildungsbereich, also das Schulwesen, die Universitäten und die Weiterbildungsmaßnahmen.

Sowohl der Strukturplan als auch der *Bildungsbericht '70* standen unter dem Motto Chancengleichheit und Bildungsplanung. Die Bildungsbenachteiligung innerhalb des deutschen Schulsystems war bereits 1970 ein bekanntes Problem – und der deutsche Bildungsrat argumentierte ebenso wie die damalige Bundesregierung diesbezüglich wie folgt:

> „Die Grundsätze der Chancengleichheit und der bestmöglichen Förderung des Einzelnen verlangen, dass die unterschiedlichen Interessen, Motivationen und Fähigkeiten der Lernenden von allen Bildungseinrichtungen zu berücksichtigen sind" (Bildungsrat 1970, 36).

Für den Primarbereich wurde die Forderung aufgestellt, dass die Individualisierung[2] durch eine „Anpassung des schulischen Angebots in Inhalt und Form an

---

2   Der Begriff Individualisierung wurde damals noch synonym mit dem der individuellen Förderung verwendet. Heute grenzt man eher die Förderung des Einzelnen (individuelle För-

individuelle Lerndispositionen, Lernumwelt und Lerngeschichte" erfolgen soll
(ebd., 135). Dazu müsse

> „das Prinzip der Integration, das die Weimarer Grundschule geprägt hat – Kinder
> aller Schichten besuchen eine gemeinsame Schule –, [...] durch das Prinzip der
> Differenzierung – jedes einzelne Kind soll individuell gefördert werden – erweitert
> werden" (ebd.).

Auch ein Bewusstsein für das Konfliktpotential der hier konstatierten Grundsätze
ist im Bildungsbericht auszumachen: „Die Individualisierung hat ihre Grenzen
darin, dass allen Lernenden in der Schule eine gemeinsame Grundbildung zu
vermitteln ist" (ebd., 37).

Es finden sich im Strukturplan auch Vorläufer der Standardisierungsfor-
derung. Unter der Überschrift Lernzielkontrolle, Notengebung, Zeugnisse gibt es
den Hinweis, Leistungstests

> „sind in zweierlei Form zu entwickeln: Als informelle und als standardisierte
> Leistungstests. Die informellen [...] können gezielt auf das spezifische Curriculum
> und die spezifischen Lernprozesse und Lernziele einer Gruppe ausgerichtet werden.
> [...] Die standardisierten Leistungstests, deren Aufgaben durch Fachleute ausgewählt
> und erprobt wurden, können von Lehrenden in regelmäßigen Abständen benützt
> werden; auf diese Weise können sie in überregionale Leistungs- und Gütemaßstäbe
> Einblick erhalten" (ebd., 88).

Im Vordergrund der Fokussierung auf das Inhaltliche steht allerdings das Curri-
culum-Problem. Nicht nur wurden die Lehrpläne als veraltet wahrgenommen,
einem neu zu strukturierenden Schulsystem mussten auch die Curricula ange-
passt werden, insbesondere wenn die Einzelnen stärkere Berücksichtigung finden
sollten:

> „Ein besonders enger Zusammenhang besteht zwischen Struktur-Veränderungen und
> Curriculum-Veränderungen. In einem auf individuelle Förderung angelegten Bil-
> dungssystem wird nicht unverändert dasselbe wie bisher gelehrt werden können. Es
> geht außerdem darum, den veränderten Bedingungen in der Gesellschaft und den
> Wissenschaften bei der Einrichtung des Bildungswesens gerecht zu werden" (1970,
> 27).

---

derung) ab von einer soziologischen Perspektive auf die Pluralisierung von Lebenswelten in
modernen Gesellschaften (Individualisierung) (vgl. Heinzel 2005, 56).

Der Bildungsbericht ist stärker von dem Ziel geprägt, strukturelle Veränderungen anzubahnen. Hier wird verstärkt auch international vergleichend über Bildungsplanung und -ausgaben berichtet; es geht weniger um grundlegende Sichtweisen. Unter dem Aspekt der Primarstufe wird allerdings auch erwähnt, dass „Reformen im Grundschulbereich [...] mehr Raum als bisher für die freie Entwicklung und individuelle Förderung schaffen" sollen (ebd., 43). Auch für die Sekundarstufe formuliert die Bundesregierung ihre Zielvorstellung, es stehe „nicht Auslese, sondern individuelle Förderung [...] im Mittelpunkt" (ebd., 55). Auch die Frage der Curriculumentwicklung wird im Bildungsbericht thematisiert. Neben der Feststellung, dass die bisherigen Lehrpläne nicht mehr zeitgemäß seien (130ff.; 56; 42), wird die Forderung aufgestellt, dass

> „Curriculumentwicklung [...] auch unter dem Gesichtspunkt der Steigerung der Effizienz des Unterrichts gesehen werden [muss]. Dazu gehört u.a., dass Lernziele exakt definiert und Tests entwickelt werden, die eine Lernzielkontrolle erlauben" (ebd., 134).

In die sich anschließende Debatte innerhalb der Bildungswissenschaften wurde die Frage der individuellen Förderung allerdings kaum aufgenommen. Jedoch finden sich zahlreiche Aufsätze zu anderen Themen, die dem Strukturplan entstammen, etwa Bildungsplanung, das Verhältnis der Erziehungswissenschaft zur Bildungspolitik, Erziehungswissenschaft und Öffentlichkeit und insbesondere die Revision der Curricula.

Exkurs: OECD-Länderexamen 1971

Im Zusammenhang mit den aktuellen Debatten um die PISA-Studie, die von der OECD in Auftrag gegeben wurde, mag interessant erscheinen, dass die OECD im Jahr 1971 ein Länderexamen in der Bundesrepublik durchgeführt hat. Die Ergebnisse waren wenig positiv. Die Prüfer formulierten damals die Grundzüge einer modernen Schule, die „die individuellen Fähigkeiten und bevorzugten Fächer der Kinder [...] durch Beratung und Differenzierung innerhalb der Schulen berücksichtigt" (Hüfner 1973, 60). Zur Curriculumentwicklung hatte die OECD das Folgende vorgebracht:

> „Moderner Schulunterricht beginnt mit der Erkenntnis, dass Kinder unterschiedlich veranlagt sind: einige lernen langsam, andere schneller; einige haben eine Vorliebe für diese Unterrichtsfächer, andere für jene. Folglich ist das Schulcurriculum nicht eine einzige Zwangsjacke, in die alle Kinder nach einem vorgeschriebenen Stundenplan hineingepresst werden müssen. Hier besteht nämlich die Gewissheit, dass die meisten Kinder lernmüde und entfremdet werden. Hier liegt auch der Grund

dafür, dass viele von ihnen früh im Leben als ‚Versager' gebrandmarkt werden, weil
sie nicht über eine Reihe von künstlichen Hürden, die ihnen in den Weg gestellt
waren, springen konnten oder wollten. Statt dessen bieten Curriculum und Unterricht viel Flexibilität und Wahlmöglichkeiten in Bezug auf Lerninhalte und zeitliche
Einteilung. Diese Praxis wird allgemein als ‚Individualisierung' bezeichnet" (ebd.,
61).

Weiterhin äußern die Gutachter grundsätzliche Zweifel daran, dass die notwendigen Curricula auch entwickelt werden würden und führen dies vor allem darauf
zurück, dass „in der Mehrzahl Beamte der Schulbehörden und nicht in erster
Linie Lehrer, Eltern, Schüler und Studenten, Arbeitnehmer und Arbeitgeber in
allen Phasen der Curriculum-Entwicklung und -entscheidung vertreten sind"
(ebd., 94).

Die Bedeutung von Instrumenten für ein Bildungsmonitoring wurde in
diesem Zusammenhang offenbar noch nicht gesehen.

3   Zur Debatte in der Erziehungswissenschaft

3.1 Die 70er

Die Debatte in den Erziehungswissenschaften drehte sich in der Zeit der
Veröffentlichung beider programmatischer Schriften in erster Linie um die
Position der Fachdisziplin in diesem Prozess. Einige Texte zum Verhältnis von
Bildungswissenschaft, Bildungspolitik und Öffentlichkeit zeigen, dass die
Erziehungswissenschaft ihre Rolle in diesen Entwicklungen zunächst noch finden musste. Der Zeitpunkt war für die deutsche Fachgemeinschaft sicherlich als
sehr ungünstig anzusehen, schließlich hatte man noch die Auseinandersetzungen
um die empirische Wende zu verarbeiten. Auch die Rolle von Heinrich Roth
wurde in diesem Zusammenhang eher als fragwürdig wahrgenommen, war er
doch einer der Vorreiter, die die empirische Wende eingeleitet hatten – und nun
als einer der wenigen Erziehungswissenschaftler an den Entwicklungen und
Überlegungen des Deutschen Bildungsrats beteiligt. Es wurde moniert, dass der
Anteil der beteiligten Erziehungswissenschaftler im Deutschen Bildungsrat zu
gering sei; es wurde lange darüber debattiert, wie sich die Erziehungswissenschaft nun in Bezug auf die aufgeworfenen Fragestellungen verhalten solle.

In der nachfolgenden Betrachtung der programmatischen Schriften des
Jahres 1970 wurden beide Aspekte aufgegriffen. Scholz würdigt den Demo-
kratiegedanken des Strukturplans und hebt mehrfach die Bedeutung der Individualisierung hervor, verweist aber darauf, dass zunächst inhaltliche Bestim-
mungen und curriculare Fassung erfolgen müssten (vgl. 1972, 57ff.). Auch

Preissler betont, dass vor der Reformierung des Schulwesens die Reform der Curricula erfolgen müsse (vgl. 1970a, 755; 1970b, 838ff.). Vor allem stellt er aber heraus, dass der „Zusammenhang zwischen ‚individuellen Bildungsstreben' und ‚gesellschaftlicher Forderungen' in seiner Dialektik [...] einer kritischen Überprüfung bedarf" (1970a, 760). Er macht deutlich, dass ebenso gründlich, wie andere Themen untersucht wurden, auch zu untersuchen gewesen wäre (und immer noch ist, M.K.), welche Fragen sich

> „aus dem dynamischen Wandel der den einzelnen umgebenden und sein Leben bestimmenden überindividuellen Lebensordnungen für die Erneuerung des Bildungswesens ergeben, Lebensordnungen, die sich als Gesellschaft und Staat, als Wissenschaft und Kunst, als Wirtschaft und Technik, als Religion und Weltanschauung u.a. darstellen" (ebd.).

Es folgte eine ausgedehnte Phase mit zahlreichen Versuchen, die inhaltliche Bestimmung schulischer Bildungsprozesse vorzunehmen. Auch in der Curriculumdebatte findet keine direkte Auseinandersetzung um den Widerstreit Kind und Sache statt, allerdings werden beide Positionen in zumindest zwei Ansätzen aufgegriffen. Zum einen ist hier die Curriculumtheorie von Robinsohn zu nennen, die zumindest indirekt eine Vermittlung zwischen beiden Positionen vorsah, wenn nämlich Schule durch Bildung zur autonomen Bewältigung von Lebenssituationen vorbereiten solle (vgl. Robinsohn 1971, 16f.). Robinsohn legte seinen Entwurf einer Curriculumtheorie bereits Ende der 60er Jahre vor und war auch am nachfolgenden Diskurs lange beteiligt. Eine aktive Vermittlung dieser Positionen sucht man allerdings auch bei Robinsohn vergeblich, er begründet die Curriculumtheorie vor allem auf einer genauen Analyse der Inhalte: Welche Inhalte sind relevant, wie lassen sich diese didaktisch im Sinne der Fachdisziplin strukturieren und welche Implikationen aus dem Bereich der Fachwissenschaft werden darüber hinaus benötigt (vgl. ebd., 46)? So hat Robinsohn auch die Verwirklichung einer durch bildungspolitische Bestrebungen zu installierende Chancengleichheit in Frage gestellt. Diese führe

> „früher oder später zu Dysfunktionalitäten im Bildungssystem. Ohne eine gleichzeitige Umfunktionierung der Institutionen endet eine solche Öffnung einmal mit mehr oder weniger raschen individuellen Misserfolgen, kann doch der ‚garantierte Anspruch des jungen Menschen auf eine seiner Begabung entsprechende Erziehung und Ausbildung' so lange nicht wirklich erfüllt werden, als Begabungen selbst vornehmlich am Erfolg in bestehenden Institutionen gemessen werden, deren Adäquatheit ja gerade in Frage gestellt ist" (vgl. ebd., 7).

Verwunderlich ist, dass Robinsohn mit der Curriculumtheorie ja gerade das wirksamste Instrument zur Umfunktionierung der Institutionen zu entwickeln suchte, ohne dabei weitreichende Veränderungen vornehmen zu wollen. Bei Zimmermann findet sich im Übrigen eine Kritik an der marginalisierten Rolle der Schülerinnen und Schüler in der Curriculumreform (vgl. 1971, 87).

Der zweite Ansatz, der die Beziehung von Subjekt und Inhalt aufnahm, war der Situationsansatz nach Jürgen Zimmer. Dieser wurde zwar nicht für den Bereich schulischer Bildungsprozesse entwickelt, war aber in der Curriculumentwicklung von einiger Bedeutung. Der Situationsansatz vermittelte zwei Anfang der 70er Jahre bedeutende Ansätze: Er bezog die Curriculumtheorie nach Robinsohn auf den damals aufkommenden Gedanken, vorschulische Bereiche als Bildungsprozesse zu konzipieren. Während die Lebenssituationen, für die Bildungsprozesse wirksam werden sollten, in der Curriculumtheorie Robinsohns vor allem einer (fach-)wissenschaftlichen Bewährung auszusetzen waren, liest man bei Zimmer, dass die Lebenssituationen von Kindern selbst im Bereich vorschulischer Bildung zum Tragen kommen sollten:

> „Situationsorientiertes Lernen als pädagogisches Konzept für den Kindergarten versteht sich als der Versuch, Bildungsprozesse stärker auf gesellschaftliche Praxis zu beziehen und durch die Analyse von Ausschnitten dieser Praxis zur Legitimation von Zielen und Inhalten von Bildungsprozessen beizutragen. Nicht die von Wissenschaftsdisziplinen und Fachdidaktiken rekonstruierte Wirklichkeit ist dabei Bezugspunkt des Lernens und Erfahrens, sondern die Lebenswirklichkeit drei- bis fünfjähriger Kinder selbst mit all ihren Fragen, Ungelöstheiten, Widersprüchen und Problemen" (Gerstacker/ Zimmer 1978, 189).

Zimmer selbst stellt seinen Ansatz mit der im Rahmen von Handlungsforschung entwickelten Konzeption in die gefahrvolle Nähe zum sozialen Lernen: Der Situationsansatz sieht zwar das Lernen von Kindern in sozialer Praxis, unter sozialem Lernen finden sich aber bald zu Sozialtrainings verkürzte Konzeptionen wieder. Der Ansatz wurde stets weiter entwickelt und dürfte heute als das elaborierteste Konzept zur vorschulischen Bildung gelten, weil er die Theorie des Curriculumansatzes mit einer entsprechenden Kindorientierung plausibel verknüpfen kann.

Die Frage der Curriculumentwicklung wirkte bis Anfang der 80er Jahre in der Erziehungswissenschaft. Nachdem sich mehr und mehr abzeichnete, dass die Umsetzung einer Revision der Curricula auf der Basis der Theorie Robinsohns nicht zu bewältigen sein würde, da diese sehr langfristige Prozesse in Gang setzen und immense Ressourcen binden würde – wohl wissend, dass die Lernziele einer permanenten Überarbeitung und Anpassung an sich verändernde Lebenssituationen bedürfen würden –, wurden vermehrt kurz- und mittelfristig

angelegte Formen der Entwicklung interessant (vgl. Nipkow 1971, 4ff.). Strittmatter verweist 1971 noch darauf, dass die Curriculumreform eine längst
überfällige Kontrolle der Lernerfolge ermöglichen würde.

Zusammenfassend lässt sich festhalten, dass, abgesehen vom Struktur-
ansatz, die Frage nach den individuellen Bedürfnissen der Kinder in Bezug auf
schulisches Lernen gar nicht gestellt wurde. Man nahm sie nur kurzfristig, im
Zusammenhang mit der Veröffentlichung von Strukturplan und Bildungsbericht
– und hier vor allem unter dem Gesichtspunkt der Chancengleichheit –, in den
Blick, dann wurde sie aber als nachrangig hinter die Zielbestimmung schulischen
Lernens gestellt. Nachdem sich diese ausgesprochen lange in der Diskussion
gehalten hatte, wurde die Frage auch nicht wieder aufgenommen, als die Curri-
culumrevision letztlich verworfen wurde.

3.2 Aktuelle Debatten

Zwar fanden auch in der Zwischenzeit Debatten um den einen wie um den
anderen Schwerpunkt statt. So gab es längere Auseinandersetzungen um die
Begriffe Heterogenität und Diversität in den 90er Jahren, zahlreiche Veröffent-
lichungen zum Konstruktivismus und seine Beziehung zur Lehr-Lern-Theorie
sowie Arbeiten zur soziologischen Theorie der Individualisierung von Lebenswelten, die hier unberücksichtigt bleiben, da sie kaum in eine Auseinandersetzung mit bildungspolitischen Entwicklungen eingebracht wurden[3].

Die Auseinandersetzung der Erziehungswissenschaft mit den bildungspolitischen Bestrebungen um Standardisierung und individuelle Förderung
erscheint in der Rückschau im Vergleich zu den Debatten im Anschluss an die
Veröffentlichung des Bildungsberichts deutlich weniger intensiv, jedoch sind
Ähnlichkeiten auszumachen. Vor allem aus den Bereichen Grundschulpädagogik
oder Kindheitsforschung lassen sich Versuche, die Perspektive der Schülerinnen
und Schüler nachzuzeichnen, wahrnehmen. Ebenso scheint hier am ehesten eine
Sensibilität für den Umstand vorzuliegen, dass es Berührungspunkte zwischen
beiden Aspekten gibt. 2004 hat unter dem Titel *Die Grundschule zwischen den
Ansprüchen der Individualisierung und Standardisierung* die 13. Jahrestagung
der Kommission Grundschulforschung der DGfE in Würzburg stattgefunden.
Der Titel der Veranstaltung war gut gewählt, ist doch mit den Stichworten
Individualisierung und Standardisierung die aktuelle Diskussion um Schule klar
umschrieben. Götz und Müller heben die Aktualität des Themas wie folgt heraus:

---

3   Eine Ausnahme ist sicher Lichtenstein-Rother, die – wieder aus der Perspektive der Grund-
      schulpädagogik – die Schwierigkeiten individueller Förderung auch im Zusammenhang mit
      den damals aktuellen bildungspolitischen Entwicklungen diskutiert hat (vgl. 1980).

„Das Tagungsthema umspannt eine vielschichtige Problemlage, die im grundschulpädagogischen Binnendiskurs, aber auch darüber hinaus in verschiedenen Spielarten
teilweise recht kontrovers diskutiert wird. Im Kontext des Bildungsauftrages der
Grundschule betrachtet, manifestiert sich die Gleichzeitigkeit von Individualisierung
und Standardisierung in der doppelseitigen Aufgabe, die der Grundschule seit ihrer
Gründung zugeschrieben wird. Während der persönlichkeitsbildende Auftrag der
Grundschule die Ermöglichung von Bildungsprozessen verlangt, die in ihrem Verlauf wie in ihren Ergebnissen individualisiert sind, bedingt die Sicherung einer
grundlegenden Bildung die Orientierung der Grundschularbeit an verbindlichen
Vorgaben, die Umfang, Inhalt und Anspruchsniveau des von allen Grundschülern zu
absolvierenden Bildungsprogrammes definieren." (2005, 11)

Während in den 90er Jahren eine rege Debatte um den instruktions- bzw.
subjektorientierten Unterricht geführt wurde, zeigt ein Blick in aktuelle Ausgaben der einschlägigen Periodika kaum ein Ergebnis. In den Jahresinhalts-
verzeichnissen der *Zeitschrift für Pädagogik* findet sich zu den Stichworten
Individualisierung, individuelle Förderung oder zu verwandten Begriffen genau
ein Eintrag – seit 2000. Deutlich mehr findet sich zu Bildungsstandards, was auf
den ersten Blick nicht verwundern kann, sind diese doch seit der PISA-Debatte
zentrales Thema der Bildungspolitik. Verwunderlich ist aber, dass im Zusammenhang mit Standardisierungen offenbar keine Debatte um individuelle Förderung entfacht wurde, obwohl Standardisierungen doch mit Intentionen einer
individuellen Förderung schwer vereinbar sind. Schließlich wird der Bildungsbegriff von einer Reihe bedeutender Vertreter des Faches als ein individueller
Prozess, der in der Auseinandersetzung von Individuum und Welt erfolgt, verstanden. Wenn überhaupt zu individuellen Lernprozessen veröffentlicht wird,
dann lediglich im Zusammenhang mit der Grundschule. Das ist insofern bemerkenswert, als dass NRW im Schulgesetz die individuelle Förderung nicht für
Schülerinnen und Schüler an Grundschulen festgeschrieben hat, sondern für alle
Schülerinnen und Schüler an allen Schulen des Landes. Warum erfolgt also keine
Debatte um die Frage von individueller Förderung und Standardisierung?

Terhart bietet 2005 einen Überblick über Traditionen und Innovationen der
Allgemeinen Didaktik. Darin macht er vier Theoriefamilien aus und skizziert
deren Entwicklung (vgl. 2005, 3ff.). Daneben weist er drei Gruppen von
Erbschaftsanwärtern aus, die ursprünglich nicht der Didaktik entstammen, aber
sich in der aktuellen Diskussion auf diese beziehen. Als einen solchen *Erb-
schaftsanwärter* führt er die Bildungsstandards auf. Zwar diskutiert er diese
Frage nicht in einer Auseinandersetzung mit individueller Förderung oder
Kindgemäßheit, aber er stellt fest, dass sowohl die Problemstellung als auch die
Debatte darum der in den 70er Jahren stark ähneln und dass wie damals die
Gefahr bestünde, dass das Lernen nicht über die Inhalte begründet wird, sondern

über die Ergebnisse (vgl. ebd., 10). Ratzki hingegen diskutiert individuelle Förderung und Bildungsstandards. Sie fordert u.a. eine Klärung hinsichtlich individueller Förderung. Mit einem Verweis auf internationale Vergleichsstudien hebt sie den zu erwartenden „starken leistungsfördernden Effekt" individueller Förderung heraus, wenn diese „kompetent und zielorientiert durchgeführt" wird (2007, 739).

Eine Auseinandersetzung mit beiden Positionen findet vor allem in der Grundschulpädagogik statt. Im Jahr 2003 entbrannte eine kurze, aber heftige Auseinandersetzung zwischen dem Vorsitzenden des Grundschulverbands, Horst Bartnitzky, und Wolfgang Böttcher in *Die Deutsche Schule*. Bartnitzky äußerte sich kritisch zur Einführung von Bildungsstandards und fragte unter anderem, ob diese einer Schule dienlich sein können, die die Verschiedenheit von Kindern nicht nur akzeptiert, sondern auch als Bereicherung und Ressource ansieht (vgl. 2003, 140). Böttcher wies diese Kritik als eine zurück, die nur verständlich sei „vor dem Hintergrund einer subjektivistischen Interpretation von Pädagogik, die mit naturalistischen Begabungstheorien verknüpft ist" (2003, 156f.). Er mahnte hingegen an, dass Standards klar und präzise formuliert sein müssten, weil sonst die Gefahr bestünde, die benachteiligte Lage von Kindern aus bildungsfernen Schichten in mangelnde Begabung umzudeuten (vgl. ebd., 155). Bartnitzky vertritt in seiner Funktion als Vorsitzender des Grundschulverbandes „die pädagogisch begründeten Ansprüche der Kinder dieser Schulstufe" (Grundschulverband 2008, 1) und weist deshalb eine Perspektive gesellschaftlicher Ansprüche zurück, wenn sie individuelle Bildungswege unberücksichtigt lässt. Böttcher hält dagegen, dass die individuellen Bildungswege dann zum Tragen kommen könnten, wenn die der Gesellschaft erfüllt seien.

Damit scheint die Debatte beim Kern angekommen zu sein. Es geht um die Ansprüche, die – völlig legitim – an Schule gestellt werden. Dies sind einerseits Ansprüche der Gesellschaft, die das Schulsystem mit großen finanziellen und personellen Mitteln unterhält – und eine entsprechende „Mobilisierung des verfügbaren ‚Humankapitals'" (Giesecke 1996, 9) einfordert. Auf der anderen Seite stehen die Ansprüche der Klientel von Schule, also Kindern und deren Eltern, die individuelle Förderung und die Berücksichtigung individueller Lernwege einfordern, ohne dass dabei die Standards außen vor bleiben. Auf diesen Zusammenhang weist auch Giesecke hin, der allerdings in der Rolle des *advocatus diaboli* einseitig die mutmaßliche Position der Gesellschaft vertritt (vgl. 1996). Mittlerweile wird auch bildungspolitisch offenbar immerhin wahrgenommen, dass hier teils widersprüchliche Interessen zu berücksichtigen sind. Dennoch scheint es bislang seitens der Allgemeinen Didaktik nicht gelungen, eine Didaktik zu entwickeln und an die Praxis weiterzugeben, die gleichermaßen individuelle Lernwege sowie den Bildungserfolg einer großen Gruppe vermittelt.

Im Rahmen der inklusiven Didaktik finden sich zwar Ansätze, auch heterogenen Gruppen gemeinsame Angebote zu machen, in denen sich individuelle Lern- und Bildungswege finden und begehen lassen. Was aber fehlt, sind Ansätze, die jedem Kind individuelle Lernwege innerhalb eines gemeinsam angepeilten Zielhorizonts eröffnen, die, in Form von Mindeststandards, in einem gewissen Maße jedem das Erreichen des Minimalziels garantieren.

Heinzel diskutiert ebenfalls widersprüchliche Forderungen von Kind und Gesellschaft und verweist darauf, dass es vielfältige Versuche gebe,

> „den problematischen Anspruch der Schule, gleichzeitig dem Kind und der Gesellschaft verpflichtet zu sein, in jeweils eine Richtung aufzulösen, um die Überforderungssituation, in der die Schulpädagogik steht, aufzulösen oder erträglich zu machen" (2005, 57).

Sie fügt allerdings an, dass hier ein Widerspruch überhaupt erst dadurch entstehe,

> „dass Kinder nicht als gesellschaftlich relevante Gruppe begriffen werden, verbunden mit der Sozialisationsfunktion der Institution Schule, die das Kind als Akteur zu wenig betont. Es wäre anders, würden Kinder als gleichgestellte Mitglieder der Gesellschaft angenommen, die sich in Elternhaus, Peergroup-Interaktionen und schulischer Lebenswelt weitgehend selbst zu Mitgliedern der Gesellschaft machen" (ebd.).

3.3 Aufgeworfene Fragestellungen

Betrachtet man die bildungspolitische Entwicklung der und die entsprechenden Diskurse in der Erziehungswissenschaft um die Begriffe Standardisierung und individuelle Förderung und ihre Überschneidungspunkte, fällt zunächst auf, dass hier aktuell Gedanken aus der letzten großen Phase von Bildungsreformen der 70er Jahre aufgegriffen und umgesetzt werden. Ein öffentlicher Diskurs zu den Berührungspunkten findet kaum statt. Er ist auch innerhalb der Erziehungswissenschaft nur im Ansatz wahrzunehmen, abgesehen von Impulsen kritischer Auseinandersetzung aus der Grundschulpädagogik.

Auch ist das vorläufige Fazit, dass beide Aspekte durch die aktuelle Bildungspolitik gestärkt worden seien, kritisch zu hinterfragen. Zwar wurden beide in die Schulgesetze aufgenommen, jedoch ist kaum zu übersehen, dass die individuelle Förderung dabei ins Hintertreffen gerät. Dazu kommt, dass die Ausführungen im Rahmen der Standardisierung deutlich konkreter sind und gleichzeitig mit einem sehr großen finanziellen und personellen Aufwand weiter entwickelt und regelmäßig überprüft werden. Im Gegensatz dazu wird individuelle

Förderung aber lediglich im Rahmen von freiwilligen Meldungen durch *best practice*-Beispiele gewürdigt. Hierzu gibt es weder klare Zielvereinbarungen noch konkrete Verpflichtungen. Während die flächendeckende Umsetzung der Standardisierung abgesichert ist, wird bei der individuellen Förderung lobend erwähnt, wenn eine Umsetzung erfolgt und gemeldet wird.

Fraglich bleibt weiterhin, warum in den 70er Jahren – auch vorher, aber kaum danach – eine weitreichende Diskussion um das Verhältnis von Erziehungswissenschaft zur Öffentlichkeit stattgefunden hat, diese aber in der aktuellen Situation nicht im Ansatz zum Thema gemacht wird. Dass Bildungspolitik bestimmten Strukturen folgt, ist klar. Dass hier Themen, die vor annähernd 40 Jahren schon nicht neu waren, als aktuelle Trends verkauft werden, die das zu verantwortende Bildungssystem zukunftsfähig machen sollen, erscheint zwar einigermaßen frech, kann aber kaum verwundern. Dass Bildungswissenschaft sich weitgehend unkritisch hierzu verhält, verwundert möglicherweise auch nicht, ist aber zumindest ärgerlich. Möglicherweise ist das dem Umstand geschuldet, dass die Phase der Bildungsreformen bislang in der Erziehungswissenschaft nicht wirklich aufgearbeitet wurde und die an der Debatte damals Beteiligten erst allmählich die Vorderbühne räumen.

Mit beißender Kritik an der bildungspolitischen wie -wissenschaftlichen Entwicklung meldet sich Herrmann zu Wort, der bereits in den 70ern aktiv an den Debatten beteiligt war. Er kolportiert : „[E]s muss mal wieder in die Köpfe der Politiker (und vieler Pädagogen), dass es die Würde des heranwachsenden Menschen ausmacht, sein eigener ‚Standard' sein zu dürfen" (2004, 41).

4   Die Perspektive der Kinder

Die Grundschulpädagogik wirft die Frage auf, ob Kinder nicht als gesellschaftlich relevante Gruppe wahrgenommen werden müssten. Die neue Kindheitsforschung – und zunehmend auch die Schulforschung – kommt zu Ergebnissen, die nahelegen, dass Kinder Akteure ihrer Lebenswelt sind, dass sie ihre Lebenswelt selbständig gestalten und verändern.

Wie betrachten nun Kinder den Zusammenhang von eigenen Ansprüchen und den Ansprüchen, die an sie herangetragen werden? In Gruppendiskussionen mit Kindern aus jahrgangsgemischten Eingangsstufen habe ich die Wahrnehmungen der Kinder zu ihrer Situation in der Schule erhoben. Die Fragestellung, die die Gespräche und auch den Leitfaden für die Gespräche leiteten, lautete: Wie erleben Kinder die jahrgangsgemischte Eingangsstufe. In der Auswertung der Daten erfolgte eine stärkere Konturierung der Fragestellung entsprechend den Inhalten und Strukturen der Diskussionen. Drei Hauptaspekte setzten sich über die Diskussionen durch: ein an Professionalität orientiertes Verständnis der Tätigkeit der Kinder – *Schülerjob*, eine Verunsicherung über ihre eigene Rolle in der Schule – *Durcheinander* und das Leistungsprinzip als Leitmotiv von Schule – *Leistung*. Alle drei Aspekte hängen eng miteinander zusammen und sind auf mehreren Ebenen, sowohl auf der Ebene der Kategorien, wie auf der von Unterkategorien miteinander verwoben. Ich werde die für diesen thematischen Rahmen bedeutsamen Aspekte hier kurz schildern.

Ich beziehe mich in den folgenden Ausführungen ausnahmslos auf die von mir im Rahmen meiner Untersuchung erhobenen Daten und meine Auswertung[4]. Die Schlussfolgerungen, die hier mitgeteilt werden, sind insofern allgemeingültig, als sie auf bestimmte empirisch belegte Problemfelder hinweisen. Es geht hier also nicht darum Aussagen darüber zu machen, wie Kinder sind, sondern darüber, wie Kinder auch sind.

Kinder sehen Schule anders. Ihre Betrachtung ist weniger distanziert und systematisch, sie folgt der Praxis dieses Bereichs ihrer Lebenswelt. Dabei geht es nicht um die Abwägung zwischen den Ansprüchen von Gesellschaft oder ihnen selbst gegenüber der Institution Schule. Diese Frage stellt sich für die Kinder gar nicht. Sie sehen Schule als einen Ort des Lernens, als einen Ort eigener Entwicklung und als sozialen Ort. Hier treffen sich Kinder, hier erfahren sie Grenzen und wie man mit ihnen umgeht und hier lernen sie die Dinge, die sie später im Leben brauchen werden. Dabei begegnen sie Schule mit einem enormen Vertrauensvorschuss. Sie stellen nicht infrage, dass sie bestimmte Dinge lernen sollen und sehen auch kein Problem darin, dass die Inhalte von außen bestimmt werden.

4.1 Schülerjob – Schule als Beruf

Kinder sehen durchaus, was die Schule soll, bzw. was sie in der Schule sollen: ‚In der Schule soll gelernt werden'. Sie tun dort zwar noch eine Reihe weiterer Dinge, sie ‚treffen zum Beispiel ihre Freunde', ‚sie spielen mit ihnen in der Pause' oder ‚verabreden sich' für nachmittägliche Treffen. Diese private Dimension von Schule als sozialer Raum trennen Kinder aber vom Lernort Schule. Das zeigt sich etwa darin, dass sie die Aktivitäten mit ihren Freunden in der Pause verorten. Das ist der Raum zum Spielen und fürs Private. Dass eine strikte

---

4   Aus redaktionellen Gründen wird hier auf die Einflechtung von Originaltranskripten verzichtet. Die Daten sowie die ausführliche Auswertung werden an anderer Stelle im Rahmen meiner Dissertation in Kürze veröffentlicht. Erhoben wurden Gruppendiskussionen mit Kindern der jahrgangsgemischten Schuleingangsstufe an zwei Schulen in NRW. Die Datenauswertung erfolgte mit der *grounded theory*.

Trennung schon alleine deshalb nicht ganz einfach ist, weil Kinder auch mit ihren Freunden eine gemeinsame Klasse besuchen und sich mit ihren Freunden dann auch im Unterricht treffen, dort manchmal auch ‚miteinander spielen' oder ‚quatschen', bewerten sie selbst als nicht unproblematisch. Es scheint klar – es ist schön, mit Freunden gemeinsam in eine Klasse zu gehen, notwendig ist das aber nicht.

Primär gilt aus Sicht der Kinder: In der Schule soll gelernt werden. Damit meinen sie eigentlich den Unterricht. Dort sollen Dinge gelernt werden, die sie später benötigen. – Damit ist auch der wesentliche Auftrag der Schule schon klar umrissen: Später, wenn sie nicht mehr zur Schule gehen, werden sie bestimmte Kompetenzen benötigen[5]. Diese Kompetenzen sollen sie in der Schule erlernen. Schule ist also dazu da, dass man etwas lernt. ‚Ohne zu lernen, säße man einfach nur herum', insofern macht Schule ohne ein Arrangement des Lernens keinen Sinn. In diesem Zusammenhang nehmen die Kinder Schule als einen besonderen Raum wahr. Zwar wird Schule als Dienstleister angesehen, dabei nehmen sie aber keine Konsumentenhaltung ein und erwarten nicht, dass Schule sie versorgt. Die Kinder sehen Schule vielmehr als einen Ort an, der dazu eingerichtet wurde, damit sie selbst einen bestimmten Auftrag erfüllen können. Der Auftrag lautet aus ihrer Sicht nicht etwa, dass Schule ihnen bestimmte Kompetenzen vermitteln soll oder Lehrer ihnen Dinge beibringen, sondern dass sie hier ‚etwas leisten'. Somit betrachten sie Schülersein als ihren Beruf und verbinden damit den Anspruch, das, was sie machen, auch gut zu machen. Schule ist damit ihr Arbeitsplatz, der die zur Arbeit nötigen Ressourcen bereithält, die Schule wird also als ein Ort verstanden, der dazu eingerichtet ist, die notwendigen Rahmenbedingungen zu schaffen, damit Kinder die für ihre Zukunft notwendigen Dinge lernen können. Das ist die Perspektive, die Kinder im ersten und zweiten Jahr des Schulbesuchs einnehmen. Durch diese Brille betrachten sie ihre Klassenräume, ihre Lehrerinnen und Lehrer und alle Organisationsformen und Strukturen, die sie in der Schule wahrnehmen: – den Hausmeister, die Putzfrau, die Betreuung, die Sitzordnung, den Klassenrat, den offenen Anfang, die Schulbibliothek und ähnliches mehr. Dabei erwarten sie von allen Beteiligten – auch von sich – ein hohes Maß an Professionalität. In gewisser Weise ist es aus dieser Perspektive nicht die Schule, die gesellschaftlichen Ansprüchen genügen muss, sondern die Kinder selbst müssen den Ansprüchen gerecht werden. Die Kinder sehen sich also in der aktiven Rolle, sie betrachten den gesellschaftlichen Auftrag der Schule als ihre eigene Aufgabe: Sie sind es, die etwas lernen sollen! Und sie nennen dies in der Regel arbeiten. Dabei erwarten sie von sich gute Leistungen und erkennen daher auch das in der Schule vorherrschende Leis-

---

5   Hierzu benennen die Kinder mehrere Möglichkeiten, etwa einen Beruf ergreifen und ausüben
     zu können.

tungsprinzip an. Denn über die Bewertung von Leistungen zeigt sich, inwiefern die Ansprüche erfüllt werden. Den ihnen zugedachten – als solchen interpretierten – gesellschaftlichen Auftrag nehmen sie bereitwillig an, erfahren sie doch darüber, dass sie sich stetig weiter entwickeln.

Wir halten also fest: Kinder bezeichnen ihre Tätigkeit also als *Arbeit*, sie trennen *Privates* vom *Dienstlichen* und sehen Schule als einen Ort, der dazu eingerichtet ist, sie bei der Erfüllung des ihnen zugetragenen Auftrags zu unterstützen. So plausibel dieser Entwurf von Schule auch erscheint, so voller Unklarheiten und Widersprüche ist er auch.

4.2 Schule als Durcheinander

Widersprüche und Unklarheiten wurden an zahlreichen Stellen deutlich. Dabei wurde der Begriff Durcheinander von den Kindern in den von mir erhobenen Diskussionen häufig verwendet. Der soeben umrissene Entwurf von Schule zeigt sich in den Diskussionen recht durchgängig, der Umgang mit Widersprüchlichkeiten dagegen ist eher divergent. So werden diese zwar teilweise aufgezeigt und als Probleme betrachtet, gelegentlich wird auch diskutiert, wie diese abzustellen wären. Es finden sich aber auch Strategien, den beschriebenen Entwurf von Schule als unumstößlich hinzustellen. Dieser Entwurf ist insofern als positiv-sachlich anzusehen, da er unterstellt, dass die Kinder einen eindeutigen gesellschaftlichen Auftrag hätten und dass die Schule mit ihren Rahmenbedingungen einem in diesem Auftrag aufgehobenen Zweck diene. In dieser Sichtweise ist alles sicher und strukturiert, es gibt kaum einen Grund zur Klage. – Und: An diesem Bild von Schule wollen die Kinder auch festhalten. Dabei gelingt es ihnen, selbst die haarsträubendsten Ungerechtigkeiten, Strukturlosigkeiten und unpädagogisches Verhalten positiv zu wenden. Außerdem berichten sie in Diskussionen sehr häufig davon, dass Schule eben kein Durcheinander sei: Das Durcheinander hat anscheinend etwas Bedrohliches, es läuft dem gemeinsamen Entwurf von Schule zuwider.

Im Gegensatz zum Dualismus Kind und Sache kommen nun aus der Perspektive der Kinder in Schule andere Widersprüche zum Tragen.

4.2.1 Die Suche nach dem Schüler

Auch wenn Kinder Schule als Beruf wahrnehmen und ihre Tätigkeit mit einigem Anspruch versehen, ist ihnen letztes Endes doch unklar, wie genau sich Schüler verhalten sollen. Zwar ist der Beruf des Schülers mit den Tätigkeit Lernen,

Arbeiten und ‚Stillsein' schon einigermaßen umrissen, dennoch scheint diese Tätigkeitsbeschreibung, die sie selbst vorgenommen haben, nicht auszureichen. Wie gehen sie nun mit den Widersprüchlichkeiten um, denen man in der Schule ausgesetzt ist? Die Kinder begeben sich auf die Suche. Sie suchen nach dem Idealbild des Schülers, versuchen eine Klärung darüber herzustellen, wie sich Schüler verhalten und was genau sie tun sollen. Als Methoden dienen ihnen die teilnehmende Beobachtung und die Interpretation der dabei erhobenen Daten. Die Kinder beobachten, wie sich andere Kinder verhalten und wie andere Kinder oder die Lehrerinnen und Lehrer auf dieses Verhalten reagieren. Verhalten, dass auf Ablehnung stößt, gilt dann als inadäquat und wird als angemessenes Schülerverhalten ausgeschlossen. Der Rest wird – das ist jetzt meine Interpretation, da die Kinder in den Diskussionen nahezu ausschließlich das Ausschlussverfahren thematisiert haben – in das Idealbild vom Schüler integriert: Der Auftrag also, dem Schüler sich ausgesetzt sehen, den erfüllen zu müssen sie unterstellen, scheint nicht präzise formuliert zu sein.

Hier spielen nun Schwierigkeiten auf mehreren Ebenen mit hinein: Einerseits muss es als einigermaßen unbefriedigend angesehen werden, wenn ein zu erfüllender Auftrag selbst ein bis zwei Jahre nach Auftragserstellung durch Aufnahme in die Schule noch als unklar wahrgenommen wird. Tätigkeiten werden also durch Beobachtung der Tätigkeiten der ebenfalls Beauftragten sowie der entsprechenden Reaktionen der Vertreter des Auftraggebers konkretisiert. Dabei wird das Leistungsprinzip als Referenzrahmen hinzugezogen. Dieses zeigt nämlich, ob eine Tätigkeit durch den Auftraggeber als akzeptabel oder inakzeptabel angesehen wird. Entsprechend fallen die Interpretationen zu den, am Anfang der Schulzeit ohnehin verbal vorzunehmenden, Leistungsbeurteilungen aus.

4.2.2 Leistungsprinzip

Die Kinder wollen lernen – und sie wollen ihre Sache gut machen. Sie formulieren das Bestreben, gut zu lernen und dabei immer ein Stück weiter zu kommen. Das Weiterkommen ist für die Kinder ein wichtiges Kriterium für positive Leistungsbeurteilung und signalisiert zudem eigene Entwicklungen. ‚Wie weit man nun genau kommen muss', wann man behaupten kann, dass das, was man gemacht und gelernt hat, gut ist, lässt sich dabei aus der Sicht der Kinder allerdings kaum sagen: Die Leistungsbeurteilung durch die Lehrerinnen und Lehrer ist auf der einen Seite nicht hinreichend transparent, auf der anderen Seite nicht hinreichend ernsthaft, denn ‚die Noten kommen ja erst im Dritten Schuljahr'. Klar ist, dass die Kinder das Leistungsprinzip der Schule erkannt und akzeptiert haben. Dabei folgen sie nicht nur – aber auch – einem Leistungsanspruch, der von außen an sie herangetragen wird, denn sie wollen ‚ihre Sache‘ einfach gut machen. Das, was sie in der Schule lernen, lernen sie, weil sie die Dinge später benötigen werden. Da macht es ja durchaus auch Sinn, auf diese Dinge Wert zu legen und sie ‚gut lernen‘ zu wollen. Die Bezugsnorm, die die Kinder dabei verwenden, ist eine soziale. Sie schauen, was die anderen Kinder bereits gelernt haben und beobachten sehr genau, wie die Lehrerinnen und Lehrer auf bestimmte Leistungen reagieren.

4.2.3 Helferprinzip

In den untersuchten Klassen war durchgängig das Helferprinzip eingeführt. Kinder konnten sich mit Fragen an ihre Klassenkameraden wenden und von ihnen Hilfe einfordern. In jahrgangsgemischten Klassen ist das eine übliche Vorgehensweise. Kinder festigen die von ihnen gelernten Inhalte, wenn sie sie an andere weitergeben, daneben werden kooperative Kompetenzen ausgebaut. Abgesehen davon, lässt sich durch das Helferprinzip eine zeitliche Entzerrung erreichen, wenn mehrere Kinder gleichzeitig ‚mit ihrer Arbeit nicht weiterkommen‘, weil sie Hilfe benötigen.

Die Kinder hatten in den Gruppendiskussionen ein ausgesprochen differenziertes Bild vom Helfen: Das Gute am Helfen sei, ‚dass man nicht warten müsse‘, ‚dass man schnell eine Antwort auf seine Fragen bekomme‘, ‚dass man sich überhaupt untereinander helfe‘, ‚dass man die Lehrerin nicht stören müsse‘ und dass es ‚einem guten Zweck diene‘[6]. Schlecht daran sei aber, ‚dass man andauernd anderen helfen müsse und dann selber seine Sachen nicht erledigen könne‘. Außerdem werde einem ‚manchmal etwas falsch erklärt oder nur vorgesagt‘. Davon abgesehen gefällt Helfen den Kindern besonders dann gut, wenn man ‚mit Kindern arbeitet, die man mag‘. Weniger attraktiv ist die Helferrolle dann, wenn Kinder hilfsbedürftig sind, die man nicht als sympathisch empfindet.

Das Hauptproblem beim Helfen ist eine von den Kindern erlebte Dilemmasituation. Berichtet wird dies hauptsächlich von Kindern, die im zweiten Schulbesuchsjahr sind und deshalb häufig von ‚den Kleinen‘ um Hilfe gebeten

---

6   Die Kinder äußerten sich einvernehmlich, dass die Jahrgangsmischung aus ihrer Perspektive
     deshalb eingerichtet wurde, damit sie sich gegenseitig helfen – und damit würden sie ‚einem
     guten Zweck‘ dienen.

werden[7]. Die Lehrerin erwartet von ihnen, dass sie sich gegenseitig helfen bzw. zunächst die anderen Kinder der Klasse um Hilfe bitten, womit Ressourcen der helfenden und hilfsbereiten Kinder gebunden werden, so dass sie in ihren eigenen Lernprozessen nicht weiter kommen. Damit ergibt sich für die Kinder eine subjektiv erlebt ungünstige Situation.

Entscheiden sie sich zum Helfen, dann kommen sie dem Auftrag der Lehrerin nach, werden von den anderen Kindern der Klasse als hilfsbereit wahrgenommen und erfahren zudem die positiven Begleiterscheinungen der hierarchisch gegliederten Kooperationsform Helfen[8]. Sie erleben sich darin, den anderen überlegen zu sein und demonstrieren durch ihre Hilfsbereitschaft soziale Kompetenz, die von den Kindern der Klasse durchaus auch wahrgenommen wird. Entscheiden sie sich für das eigene Weiterkommen, so folgen sie den Arbeitsaufträgen der Lehrerin und kommen dem gesellschaftlichen Auftrag, bestimmte Sachen in einem festgelegten Zeitraum zu lernen, nach. Dieses Dilemma wird immer wieder in den Diskussionen thematisiert und von den Kindern ganz offensichtlich als problematisch und widersprüchlich angesehen. In der Regel folgen sie dem Helferprinzip trotzdem, an einer Stelle in den Diskussionen wird aber auch offener Widerstand deutlich.

4.3 Widersprüchliches

Die Widersprüchlichkeit der Schule wird von den Kindern – auch in weiteren Zusammenhängen – deutlich erlebt und problematisiert: Sie sollen einerseits eigene Fortschritte erzielen, andererseits aber auch für die der Klassenkameradinnen und Klassenkameraden Verantwortung übernehmen. Dabei nehmen sie sich als auf sich selbst gestellt wahr. Das Helfen findet fortlaufend statt und bindet aus der Sicht der Kinder ungemein viel Zeit und Energie. Zudem wird der versprochene Lerneffekt durch das Helfen, von dem insbesondere auch die helfenden Kinder profitieren sollten, von ihnen nicht wahrgenommen. Im Gegenteil, die Schülerinnen und Schüler halten das für vorgeschoben. Die Lehrerin[9] ist als direkte Ansprechpartnerin in der Wahrnehmung der Kinder im Lernprozess nicht integriert, sie übernimmt übergeordnete organisatorische Aufgaben.

---

7   Auch einzelne jüngere Kinder schildern das Dilemma, in der Regel werden diese aber seltener um Hilfe gebeten und sind demzufolge in erster Linie stolz; sie stehen also der Situation unkritisch gegenüber.

8   Sie erleben sich darin z.B. als machtvoll und kompetent.

9   Die konsequente Verwendung des weiblichen Genus *Lehrerin* ergibt sich aus dem Umstand, dass in den untersuchten Klassen ausschließlich Lehrerinnen unterrichtet haben und die Kinder in den Gruppendiskussionen demzufolge von ihren Lehrerinnen gesprochen haben.

Insofern ist durchaus auch in der Perspektive der Kinder ein Widerspruch im Zusammenhang mit individuellen Lernwegen auszumachen. Der Widerspruch spielt sich aber nicht ab zwischen Kind und Sache oder Standardisierung und individueller Förderung, sondern er besteht in der Rolle des Kindes. Die neue Rolle als Schülerin bzw. Schüler beinhaltet sowohl die Perspektive der/des Lernenden als auch die der Hilfslehrerin bzw. des Hilfslehrers. Die Schülerinnen und Schüler sind dafür verantwortlich, ihre eigenen Lernwege zu ermitteln, selbständig und eigenverantwortlich umzusetzen und zu vertreten, gleichzeitig aber auch in der Verantwortung für die Lernfortschritte von Mitschülerinnen und Mitschülern durch Hilfestellungen und Beratungen. Für die Kinder stellt sich hier ein großes Problem in der Organisation individueller Lernwege. Insgesamt könnten diese Schwierigkeiten durch eine offene Kommunikation an einigen Stellen sicherlich minimiert werden, dem steht aber eine stark hierarchisch gegliederte Institution Schule entgegen mit entsprechenden Repressalien, die den Kindern drohen. Auch müsste hierfür überhaupt eine offene – das Lernen und die Tätigkeiten der Kinder in den Blick nehmende – Kommunikation initialisiert werden, damit solche Probleme aufgedeckt und angesprochen werden können.

5   Fazit

Aufgrund der bildungspolitischen Entwicklungen erhält man den Eindruck, dass es gar kein Pendeln mehr gibt zwischen Sachen und Inhalten, seitdem in den 90er Jahren der Ausschlag zugunsten der Inhalte ausgefallen ist. Vielmehr scheinen einzelne Vertreter – vor allem aus dem Bereich der Grundschulpädagogik – mit einiger Mühe das Lot wieder in Richtung einer Subjektorientierung bewegen zu wollen. Mit dem Blick auf die Schulgesetzgebung lässt sich festhalten, dass beide Aspekte eine Stärkung erfahren haben. Eine mit massiven finanziellen, personellen und administrativen Mitteln versehene Planung und Prüfung im Hinblick auf Standardisierungen schränkt diesen Schluss allerdings bedeutend ein. Damit wäre der Schwerpunkt deutlich bei der Vermittlung von Inhalten zu sehen. Individuelle Lernwege sind per Gesetz zwar ein Grundrecht von Kindern, es fehlen aber klare Zielvorstellungen und möglicherweise die didaktischen Instrumente.

Die Wahrnehmung des Durcheinanders von Schule durch die Kinder scheint mir auch genau das widerzuspiegeln. Die Kinder wissen, es werden standardisierte Leistungen bewertet, im schulischen Alltag werden aber andere Dinge verlangt – etwa soziale Kompetenzen –, die von ihnen in diesem Zusammenhang auch nicht ganz unberechtigt als vorgeschoben erlebt werden.

Literaturverzeichnis

Ahnen, Doris (2004): Individuelle Förderung – Grundlage für ein Bildungssystem mit Zukunft. Manuskript. Url: http://www.kmk.org/presse-und-aktuelles/pm2004/foerdern-und-fordern/foerdern-und-fordern-herausforderung-fuer-schulen-und-lehrkraefte.html (20.05.2009).

Bartnitzky, Horst (2003): Bildungsansprüche von Grundschulkindern. In: Die Deutsche Schule, 95. Jg., H. 2, 139-151.

Baumert, Jürgen; Köller, Olaf (2005): Sozialer Hintergrund, Bildungsbeteiligung und Bildungsverläufe im differenzierten Sekundarschulsystem. In: Frederking, Volker; Heller, Hartmut; Scheunpflug, Annette (Hrsg.): Nach PISA. Wiesbaden, 9-21.

Böhm, Winfried (1994): Das Unbehagen an der Schule und der Ruf nach Alternativen. In: Götz, Margarete (Hrsg.): Leitlinien der Grundschularbeit. Langenau bei Ulm, 14-30.

Böttcher, Wolfgang (2003): Bildung, Standards, Kerncurricula. In: Die Deutsche Schule, 95. Jg., H. 2, 152-164.

Bulletin des Presse- und Informationsamtes der Bundesregierung (1965): Errichtung eines Deutschen Bildungsrates. Nr. 122. Bonn.

Bundesministerium für Bildung und Wissenschaft (1970): Bildungsbericht '70. Bonn.

Deutscher Bildungsrat (1970): Strukturplan für das Bildungswesen. Bonn.

Gerstacker, Ruth; Zimmer, Jürgen (1978): Der Situationsansatz in der Vorschulerziehung. In: Dollase, Rainer (Hrsg.): Handbuch der Früh- und Vorschulpädagogik. Bd. 2. Düsseldorf, 189-205.

Giesecke, Hermann (1996): Wozu ist die Schule da? In: Fauser, Peter (Hrsg.): Wozu die Schule da ist. Seelze, 5-16.

Götz, Margarete; Müller, Karin (2005): Einleitung zum Tagungsband: Grundschule zwischen den Ansprüchen der Standardisierung und Individualisierung. In: dies. (Hrsg.): Grundschule zwischen den Ansprüchen der Standardisierung und Individualisierung. Wiesbaden, 11-14.

Grundschulverband (2008): Satzung für den Grundschulverband e.V. Fassung vom 22.11.2008 URL: http://www.grundschulverband.de/fileadmin/grundschulverband/Download/Wir__ber_uns/Satzung_GSV.pdf (25.6.2009).

Hacker, Hartmut (2009): Vorschulbildung: ja. Aber wie? In: Grundschule, 41. Jg., H. 4, 53.

Heinzel, Friederike (2005): Subjekt und Methode – Wege einer kindzentrierten Grundschulforschung. In: Götz, Margarete; Müller, Karin (Hrsg.): Grundschule zwischen den Ansprüchen der Standardisierung und Individualisierung. Wiesbaden, 53-67.

Herrmann, Ulrich (2004): Schule im Jahre IV nach PISA. In: Pädagogik, 56. Jg., H. 4, 38-41.

Hüfner, Klaus (Hrsg.) (1973): Bildungswesen: mangelhaft. Frankfurt/M. u.a.

Klieme, Eckard et al. (2003): Zur Entwicklung nationaler Bildungsstandards – Expertise. Bonn: BMBF.

Sekretariat der Ständigen Konferenz der Kultusminister der Länder in der Bundesrepublik Deutschland – KMK (2004): Vereinbarung über Bildungsstandards für den

Primarbereich (Jahrgangsstufe 4). (Beschluss der Kultusministerkonferenz vom 15.10.2004). Bonn. Url: http://www.kmk.org/fileadmin/veroeffentlichungen_ beschluesse/2004/2004_10_15-Bildungsstandards-Primar.pdf (20.05.2009).

Lichtenstein-Rother, Ilse (1980): Jedem Kind seine Chance. Freiburg; Basel; Wien.

Ministerium für Schule und Weiterbildung NRW (2008): Gütesiegel individuelle Förderung: Leitfaden für Schulen. Düsseldorf. Url: http://www.schulministerium. nrw.de/Chancen/Guetesiegel/Leitfaden_schulen_09_12_2008.pdf (20.05.2009).

Nipkow, Karl Ernst (1971): Curriculumdiskussion. In: Zeitschrift für Pädagogik, 17. Jg., H. 1, 1-10.

Picht, Georg (1964): Die deutsche Bildungskatastrophe. Olten; Freiburg i.Br.

Preissler, Gottfried (1970a): Bildungsreform im „Strukturplan" des Bildungsrates und im „Bericht zur Bildungspolitik" der Bundesregierung – I. In: Die Deutsche Schule, Jg. 62, H. 11, 750-760.

Preissler, Gottfried (1970b): Bildungsreform im „Strukturplan" des Bildungsrates und im „Bericht zur Bildungspolitik" der Bundesregierung – II. In: Die Deutsche Schule, Jg. 62, H. 12, 826-841.

Ratzki, Anne (2007): Standards und individuelle Förderung – Möglichkeiten und Widersprüche. In: Erziehung und Unterricht, Jg. 157, H. 7-8, 731-739.

Robinsohn, Saul B. (^{3}1971): Bildungsreform als Revision des Curriculum und Ein Strukturkonzept für Curriculumentwicklung. Neuwied; Berlin.

Scholz, Gerold (1972): Der Demokratiegedanke als leitendes Prinzip des Strukturplans. In: Die Deutsche Schule, 64. Jg., H. 1, 57-66.

Strittmatter, Peter (1971): Ansätze der Unterrichtsforschung bei der Curriculumreform. In: Bildung und Erziehung, 24. Jg., H. 2, 97-108.

Terhart, Ewald (2005): Über Traditionen und Innovationen oder: Wie geht es weiter mit der Allgemeinen Didaktik? In: Zeitschrift für Pädagogik, 51. Jg., H. 1, 1-13.

Wegener-Spöhring, Gisela (1998): Die Menschen stärken und die Sachen klären. In: Bildung und Erziehung, 51. Jg., H. 3, 329-346.

Zimmermann, W. (1971): Lehrplantheorie und Schulreform. In: Bildung und Erziehung, 24. Jg., H. 2, 81-96.

Kind- oder Wissenschaftsorientierung? – Ein Gegensatz?

Alexandra Flügel

Als Impuls für die vorliegende Auseinandersetzung um Kind- oder Wissenschaftsorientierung diente der Artikel „Aufmüpfigkeit und Freude unerwünscht – lebensweltliche Kinderinteressen im Sachunterricht" (2004) von Gisela Wegener-Spöhring. Hier knüpft sie an das Spannungsfeld an, das den Sachunterricht seit je her begleitet: Lebenswelt- versus Wissenschaftsorientierung? „Dabei ist das Pendel einmal zur Seite der Lebenswelt- und Kindorientierung, ein anderes Mal zur Seite der Wissenschaftsorientierung ausgeschlagen" (Wegener-Spöhring 2002, 1). Sachunterricht, weiter gefasst Unterricht und Schule, befinden sich demnach in der Dilemmasituation, beiden Ansprüchen gerecht zu werden, dies jedoch, da es sich um konkurrierende Pole handelt, kaum leisten zu können. In ihren Aufsätzen, die sich dieser Thematik widmen, markiert Wegener-Spöhring wiederholt, dass einerseits der bestehende Dualismus in Gänze kaum aufzuheben sei, andererseits jedoch die Suche nach einer gelungenen Koexistenz beider Perspektiven die Qualität von Grundschulunterricht ausmache. Demnach ist die Vermittlung zwischen der notwendigen Wissenschaftsorientierung, so Wegener-Spöhring (vgl. 2002, 6), und der Unmöglichkeit, die imperative Gegenwärtigkeit der Lebenswelt zu ignorieren (vgl. 2004, 135), eine notwendige Zielorientierung eines gelungenen und anspruchsvollen Grundschulunterrichts. So führt Wegener-Spöhring didaktische Konzepte an, „die zwischen Lebenswelt und Wissenschaftsorientierung vermitteln" (2002, 7), zum Beispiel Martin Wagenscheins Ansatz zum genetischen Lernen oder aber Klaus Giels Ausführungen zum „Szenemachen" (vgl. ebd., 7ff.). Im Gegensatz zu diesen beiden Pädagogen haben jedoch Grundschulpädagogik und Sachunterricht nicht immer nach vermittelnden Ansätzen im Dualismus gesucht, was auch das immer wiederkehrende Aufkeimen der Debatte um das Verhältnis dieser beiden Pole erklärt:

> „Es gibt vielfältige Versuche den problematischen Anspruch der Schule, gleichzeitig dem Kind und der Gesellschaft verpflichtet zu sein, in jeweils eine Richtung aufzulösen, um die Überforderungssituation, in der die Schulpädagogik steht, aufzulösen oder erträglicher zu machen. Der aktuelle Versuch heißt ‚Standardisierung'" (Heinzel 2005, 57).

Auch Wegener-Spöhring weist schon 1998 auf diese nun schon länger anhaltende Trendwende hin, wenn auch mit anderen Topoi: „Der Trend geht zu den Sachen und weg vom Subjekt, vielleicht auch weg von Unterrichtsöffnung zu größerer Geschlossenheit" (1998, 330). An dieser Stelle wird der Dualismus zwischen Subjekt- und Instruktionsorientierung thematisiert, der ebenso wie das Begriffspaar Kind- und Sachorientierung in den Diskussionen anzutreffen ist (vgl. auch Wegener-Spöhring 2002, 1).

In einer 1998 von Wegener-Spöhring durchgeführten Studie[1] wurde herausgearbeitet, wie sehr der rekonstruierte Sachunterricht von den Lehrenden strukturiert wurde, „die Vorstellungen, Erfahrungen und Interessen der Kinder [allerdings; A.F.] nur wenig Bedeutung haben [und dabei; A.F.] widerständige, die Lehrersicht kontrapunktierende Anteile abgewehrt werden" (Wegener-Spöhring 2004, 150); dies ist ein weiteres Indiz für einen Pendelausschlag zuungunsten einer Lebenswelt- bzw. Kindorientierung. Jedoch, und das wird an diesem Beispiel und der Studie von Wegener-Spöhring durchaus deutlich, bedeutet dies nicht zwangsläufig eine Orientierung hin zu einem Mehr an Sach- bzw. Wissenschaftsorientierung. Denn durchaus, so Wegener-Spöhrings Fazit, werde auch originell formuliertes Sachwissen ignoriert, um weiter dem Unterrichtskonzept zu folgen und unter keinem Umständen davon abzuweichen (vgl. Wegener-Spöhring 2004, 151f.).

Diesem Sachverhalt folgend soll im Weiteren der Frage nachgegangen werden, wie das Verhältnis von Lebenswelt- und Wissenschaftsorientierung bzw. Kind- und Sachorientierung näher zu bestimmen ist. Dabei wird es nicht um eine Erörterung der bildungspolitischen Entwicklungen gehen, wie sie Klaas in diesem Band vorgelegt hat, sondern um eine Begriffsbestimmung und sich daraus entwickelnde didaktische Reflexion des viel zitierten und diskutierten Dualismus. Abschließend soll auf der Folie von Ergebnissen einer eigenen Studie der Frage nachgegangen werden, welche Bedeutung der Dualismus in einem Bereich des historisch-politischen Lernens einnehmen kann.

Die Klärung des Verhältnisses zwischen Lebenswelt- und Wissenschaftsorientierung bzw. Kind- und Sachorientierung ist auf eine Auslegung der Begriffe angewiesen. Teilweise werden die Begriffe jedoch synonym verwendet, was durchaus zu einer Irritation führen kann – und bei genauerer Betrachtung ungenau wäre. Beispielsweise stehen hinter dem Begriff der Lebensweltorientierung sicherlich andere theoretische Implikationen als hinter dem Begriff der Kindorientierung. Im Kontext dieses Artikels wird es nicht möglich sein, die vielzähligen Diskussionslinien der Sachunterrichtsdidaktik in ihrer Diversität und ihren Schnittmengen darzustellen. Ebenso wenig ist die historische Entwick-

---

1   Der in diesem Band abgedruckte Aufsatz „Aufmüpfigkeit und Freude unerwünscht – Lebensweltliche Kinderinteressen im Sachunterricht" (2004) präsentiert Ergebnisse dieser Studie.

lung in diesem Aufsatz nachzuzeichnen, die diese Diskussionen hervorgebracht hat. Jedoch soll im Folgenden zumindest eine Annäherung an die hinter den Begriffen stehenden theoretischen Konzepte erfolgen.

1   Lebenswelt- und Wissenschaftsorientierung

Pech konstatiert: „Lebenswelt ist ein fast inflationär genutzter Begriff im Sachunterricht, der zur freien Interpretation einlädt, unter dem sich alle irgendwie irgendetwas vorstellen können (vgl. Kahlert 2004). Nur selten wird bestimmt, was er konkret beinhaltet" (Pech 2009, 5). Sicherlich lädt der Begriff der Lebenswelt durch seine alltagssprachliche Nähe ein, ihn ohne theoretische Reflexion und Explikation zu verwenden. Jedoch finden sich bei Kahlert (z.B. 1998, 2004) und Wegener-Spöhring (z.B. 2002, 2004), sowie beispielsweise bei Richter (z.B. 2002) und Pech (z.B. 2009) theoriegeleitete Ausführungen zum Lebensweltverständnis, verankert in der Tradition Schütz' und Luckmanns. Richter (2002) erweitert die Diskussion um die Strukturen der Lebenswelt in Anlehnung an Habermas.

Unter Lebenswelt wird ein Modell von Alltagswissen verstanden, „dass auf dem Zusammenleben der Menschen gründet" (Pech 2009, 6). Es handelt sich um einen Bereich der Wirklichkeit,

> „den der wache und normale Erwachsene in der Einstellung des gesunden Menschenverstandes als schlicht gegeben vorfindet. Mit schlicht gegeben bezeichnen wir alles, was wir als fraglos erleben, jeden Sachverhalt, der uns bis auf weiteres unproblematisch ist" (Schütz/Luckmann zit. n. Richter 2002, 77).

Demnach ist die Lebenswelt aus alltäglichen Handlungszusammenhängen zusammengesetzt, „die relativ feste Muster für soziales Handeln anbieten und Verfahren zur Orientierung in der sozialen Welt zur Verfügung stellen"(Kaiser zit. n. Wegener-Spöhring 2002, 3). Die Lebenswelt fasst also die Art und Weise eines Menschen, entstanden aus seinem Gewordensein und der „Summe seiner aktuellen und früheren Erfahrungen [...], sich diese Welt vorzustellen, in ihr zu leben, und Dingen und Ereignissen darin Bedeutung zu geben" (Wegener-Spöhring 2002, 3). Dabei ist jedoch hervorzuheben, dass die Lebenswelt eine mit anderen geteilte Welt, eine soziale Konstruktion ist. Die Strukturen der Lebenswelt (vgl. Habermas 1981) sind individuumsübergreifend und weisen verallgemeinerte Bedürfnisse auf. „Die Lebenswelt ist weder nur eine subjektive oder beliebige Interpretation der Menschen noch ist sie allein von ihnen gestaltet oder zu verantworten" (Richter 2002, 19). Darüber hinaus unterliegt die Lebenswelt Einflüssen verschiedener Systeme, wie Wissenschaft, Wirtschaft, Politik etc., „was sich zwar der Wahrnehmung aus der Perspektive der Lebenswelt entziehen kann, jedoch nicht ohne Wirkung auf die Lebenswelt ist" (ebd.).

Diesem Begriff gegenüber steht in der Sachunterrichtsdidaktik das Konstrukt einer Wissenschaftsorientierung. Im Zuge der Bildungsreform in den 1970er Jahren und als Abwendung vom ideologisch aufgeladenen Heimatkunde- oder Anschauungsunterricht wurde eine stärkere Wissenschaftsorientierung für die Grundschule im „Strukturplan für das Bildungswesen" (1970) festgeschrieben. Es sollten also grundlegende natur- und sozialwissenschaftliche Inhalte und Verfahren vermittelt werden und eine Orientierung an den jeweiligen Fachwissenschaften erfolgen: „Sachunterricht wird zum Fachunterricht bzw. wird als Propädeutikum für späteren Fachunterricht verstanden" (Richter 2002, 37).

Die der Heimatkunde[2] zu Grunde liegende Vorstellung, die direkte Anschauung, also einzig und alleine die anschauliche Umwelt sei Kindern zugänglich, alles andere stelle eine Überforderung dar, ist mit der Forderung nach Wissenschaftsorientierung gänzlich als obsolet zu betrachten.[3] Vielmehr bedeutete die Etablierung der Begrifflichkeit Sachunterricht in den 1970er Jahren „eine Abkehr vom Nahraum der Kinder im Sachunterricht als Gegenstand – oder dem, was in der Heimatkunde als solcher angesehen wurde – und eine Hinwendung zu den – als solchen angesehenen – Anfängen der Realienwissenschaften" (Rauterberg 2005, 32). Nach einer Welle der Kritik an der Umsetzung der Wissenschaftsorientierung in den Grundschulen in den 1980er Jahren, erfolgte eine Annäherung an die so genannte „‚kindliche[.] Lebenswelt', die räumlich verstanden mit der Heimatkunde korrespondierte. Die Lebenswelt sollte aber, anders als in der alten Heimatkunde – letztlich mit Hilfe der Wissenschaft aufgeklärt werden" (Rauterberg 2005, 33). Hier finden sich also die Begriffe der Lebenswelt und der Wissenschaftsorientierung aufeinander bezogen. Demnach versuchen die Konzepte zum Sachunterrichts nach 1980 sich vermittelnd im Dualismus zu bewegen.[4]

---

2   Darüber hinaus war der heimatkundliche Unterricht stark mit politisch-ideologischen Intentionen unterfüttert (vgl. Rauterberg 2005, 29 ff.).

3   Mit Blick auf den heimatkundlichen Unterricht nach 1945 zeigt sich, dass dort eine Gegenwart und eine Heimat der Kinder unterstellt wird, die sie de facto nicht vorgefunden haben. „Richtlinien beschreiben aber weiterhin in der Nahwelt der Kinder nicht Fabriken, zunehmenden Verkehr, sondern die Bruthenne und das Zicklein. [...] Vor dem Hintergrund, dass die Kinder, die nach dem zweiten Weltkrieg in die Grundschule gegangen sind, in ihrem jungen Leben sicher vielfach große Schrecken erlebt haben, hat die Grundschulpädagogik mit der Ignoranz der Kriegserlebnisse, der Toten und Verwundeten in den Familien und dem Reden über Idyllen sicher nicht geholfen, mit dem Krieg, mit dem von den Kindern erlebten Krieg umzugehen" (Rauterberg 2005, 31).

4   Rauterberg konstatiert für die Entwicklung seit den 1980er Jahren zwei Tendenzen in der Ausgestaltung des Sachunterrichts: „Zum einen kehrt teilweise Heimat und damit der Heimatraum in den Sachunterricht zurück, zum anderen wird die Wissenschaftsorientierung von einer

2 Kind- und Sachorientierung

Wenn der Begriff der Lebenswelt schon Schwierigkeiten durch seine alltagssprachliche Nähe in sich birgt, so steigern sich diese beim Begriff der Kindorientierung umso mehr. Kindorientierung meint nicht zwangsläufig eine Orientierung am einzelnen Kind, an der einzelnen Schülerin, dem einzelnen Schüler. Hier wäre die Begrifflichkeit Subjektorientierung sicherlich treffender; dennoch sind der „kindgemäße[.] Unterricht und die ‚Orientierung am Kind' in den letzten zweihundert Jahren zur Grundkategorie geworden" (Rosenberger 2005, 9). Jedoch unterliegt das, was als Kindorientierung gefasst wird, Deutungsprozessen, die ebenso gesellschaftlich und historisch abhängig und demnach wandelbar sind. Ob das Reden über das Kind geprägt ist von mythischen Verklärungen oder an Phasenvorstellungen der Entwicklung gebunden ist oder Kinder als „Autoren ihrer Entwicklung" (Honig zit. n. Rosenberger 2005, 59) verstanden werden, unterliegt gesellschaftlichen Konstruktionsprozessen: „So klar ist das eben nicht, was ein Kind und was ein Erwachsener ist und so klar [...] ist es auch nie gewesen" (Bilstein 2009, 116). Die Topoi und Modelle, die mit Kindsein, Kindheit und Kindern verbunden sind, unterliegen Wandlungsprozessen, jedoch wird bei der Verwendung des Begriffes Kindorientierung die jeweils zu Grunde liegende Deutung nicht zwangsläufig transparent. Neben einem wissenschaftlich zu explizierenden Kindheitsbild und den damit einhergehenden Diskussionen unterliegt die Verwendung des Begriffes Kindorientierung ebenso einer am Alltagsverständnis orientierten Fassung.

Dessen ungeachtet deutet die Verwendung Kindorientierung darauf hin, dass eine spezifische Ausrichtung für die Bezugsgruppe Kinder oder Kind notwendig sei, wie auch immer das Kind nun konstruiert wird. Zumindest wird es in der Differenz zu Erwachsenen entworfen und als Bezugsgruppe mit bestimmten Bedürfnissen gesehen. So schreibt beispielsweise von den Steinen: „Die Kindorientierung berücksichtigt die typischen Interessen, Bedürfnisse der Kinder bei der Gestaltung des Lernumfeldes, z.B. das kindliche Bewegungsbedürfnis, die Konzentrationsfähigkeit, die Emotionalität der Kinder" (von den Steinen 2005). Das Kind wird also demnach als Bezugsgröße mit bestimmten Bedürfnissen, Fähig- und Fertigkeiten verstanden, und Unterricht soll hierauf mit einem angemessenen didaktischen Arrangement reagieren, eben mit einem kindorientierten Arrangement. Diese scheinbar eindeutigen Bedürfnisse, Fähig- und Fertigkeiten unterliegen jedoch ebenso Wandlungsprozessen, was die Rede von der „Orientierung am Kinde" keineswegs eindeutiger macht. Rauterberg spricht

---

Kindorientierung, einer Orientierung an der kindlichen Lebenswelt abgelöst" (Rauterberg 2005, 42). Folglich findet sich hier eine andere Lesart als bei Wegener-Spöhring (1998) und Heinzel (2005) beschrieben wurde.

sogar von einer „de facto Ignorierung des Kindes innerhalb der Kindorientierung" (Rauterberg 2003, 1). Auch wenn die Kindorientierung als Gegenpol zur
Sach- und Wissenschaftsorientierung verstanden wird, so bleibt offen, welcher
Kindheitsdiskurs jeweils zu Grunde gelegt wird. Während in der empirischen
Kindheitsforschung die theoretische Annahme, „dass es keinen unmittelbaren,
nicht selbst wiederum kulturell und historisch vermittelten Forschungszugang
zur Wirklichkeit von Kindheit geben kann" (Kelle 2009, 464), als gesetzt gilt,
scheint ein Sprechen über Kindorientierung diesen Tatbestand seltener zu
reflektieren. Denn der Konstruktionstatsache von Kindheit folgend, kann „nicht
ontologisierend vom ‚being' – vom Kindsein – [...] [ausgegangen werden; A.F.],
sondern vielmehr davon, dass Kindheit in sozialer Praxis, nicht zuletzt auch
durch die Kinder selbst, ‚gemacht' wird" (ebd., 466).

In der Diskussion werden die Begriffe Sach- und Wissenschaftsorientierung
häufig synonym verwendet, was jedoch, bei genauerer Betrachtung, keineswegs
den beiden Begriffen gerecht wird; „Die ‚Sache' ist [...] das zu Erkennende; der
Sachunterricht soll entsprechend den Schüler in die Lage versetzen, zu erkennen,
was gegeben ist" (Rauterberg/Scholz 2003, 1). Dazu genügt der Bezug auf die
Lebenswelt der Schülerinnen und Schüler nicht, denn

> „in der Lebenswelt des einzelnen finden sich zwar die Probleme, die es zu meistern
> gilt. Doch die Mittel, Fähigkeiten und Sichtweisen, die eine Problemlösung fördern,
> die sowohl für den einzelnen, als auch für sein Zusammenleben mit anderen
> akzeptabel sind, finden sich in der Lebenswelt häufig gerade nicht" (Kahlert 1998,
> 69).

In dem 1998 herausgegebnen Sammelband von Duncker und Popp „Kind und
Sache" werden diese beiden Figuren als sich gegenüberliegende Pole gedacht:
„Kind und Sache treffen im Unterricht in einer artifiziellen Weise aufeinander"
(ebd., 9), wobei Lernerfahrungen Kind und Sache miteinander verbinden sollen
(vgl. Köhnlein 2005, S. 560). Das Begriffspaar Kind und Sache findet sich
hauptsächlich in Auseinandersetzungen zum Sachunterricht in der Grundschule.
Die Sache ist dabei

> „ein noch nicht näher bezeichnetes Ding oder ein Vorgang, ein Ereignis, eine Be-
> gebenheit, eine Angelegenheit, eine Beziehung, eine Aufgabe, ein Anliegen.
> Gemeint sind also nicht nur Gegenstände und Zustände der physischen Welt,
> sondern auch solche unseres Denkens, Sprechens und Handelns, also Bewusstseins-
> zustände und soziale Beziehungen sowie Vorstellungen, Theorien, Wissensbestände
> und Intentionen" (Köhnlein 2005, 561).

Während Wissenschaftsorientierung durchaus von den Erkenntnissen, Konstrukten und Traditionen der jeweiligen zu Grunde liegenden Disziplin ausgeht, besteht bei der Sachorientierung die Hinwendung zur Sachlichkeit[5]. Köhnlein beschreibt diese in Anlehnung an Hengstenberg als „selbstlose ‚Zuwendung zum Seienden nur um des Seienden willen' als ‚Mitvollzug' der einer Sache ‚selbst eigenen sinnhaften Struktur' (Hengstenberg, zit.n. Soostmeyer 1998, 270f.) [...] [, als; A.F.] ein Urphänomen menschlicher Haltung" (Köhnlein 2005, 562)[6]. Sachorientierung könnte in Anlehnung an Kahlert als „auf Versachlichung zielende *habituelle Herausforderung* im Umgang *mit* der naturgegebenen und sozial gestalteten Umwelt" (Kahlert 2005, 553; Hervorh. im Orig.) gefasst werden. Entscheidend für das Verständnis von Sachorientierung scheint der Kontrast zur Kindorientierung. Hierbei wird angenommen, dass eine Orientierung, die dem „auch leicht flüchtigen Interesse der Kinder folgt – oder dem, was wir dafür halten" (Kahlert 1998, 69), in der Gefahr stehe, „eine[.] ‚Trivialisierung des Sachunterrichts' (Schreier 1989), eine[.] ‚Erziehung zur Fraglosigkeit' (Popp 1989, S. 32)" (ebd.) zu begünstigen. Zwar erschließt sich das Kind auch ohne den Sachunterricht seine Umwelt, jedoch unterstellt Sachorientierung eine bestimmte Qualität: Es sollen belastbare Vorstellungen über die Umwelt herangezogen werden (vgl. Kahlert 2005b, 93), das Alltagswissen, die Präkonzepte, das Vorwissen der Kinder soll abgelöst werden von „gültigen Formen des Wissens und Könnens" (Köhnlein 2004, 370), die eine tragfähige Grundlage schaffen „für verantwortliches Handeln und verstehende Teilnahme an der Kultur" (ebd.). Damit ist aber nicht zwangsläufig eine Orientierung entlang der Wissenschaftsdisziplinen gedacht, sondern eine durchaus interdisziplinäre Hinwendung zu den „Sachen".

Rauterberg und Scholz machen in ihren Ausführungen jedoch deutlich, dass ein Sprechen über Sachorientierung (und auch über Wissenschaftsorientierung) dahingehend befragt werden muss, welches Bild von Wissenschaft zu Grunde gelegt wird. Die Gefahr besteht durchaus, dass unter Sachorientierung „ein positivistische[s] sachkundliche[s] Verständnis von Wissenschaft als wertfrei, a-politisch, von Interessen unabhängig" (Rauterberg/Scholz 2003, 6) gefasst wird. Jedoch bedarf Wissenschaft selbstreflexiver Kritik zur Sicherung ihrer

---

5   „Die Wahrnehmung von Sachen, die dem Sachunterricht aufgegeben ist, verbindet das Moment der Wissenschaftsorientierung mit dem von Ethik und Ästhetik. Erst unter Berücksichtigung dieser drei Momente erscheint ein sachgemäßer Zugriff auf die Welt möglich" (Köhnlein 1996, 58).

6   Wichtig ist zu betonen, dass Köhnlein sehr wohl im Begriff der Sachlichkeit eine subjektive Seite sieht: „Sachlichkeit enthält stets ein subjektives Moment und hat nicht die Härte jener Objektivität, die den Sachen neutral gegenübersteht. Vielmehr ist eine engagierte Wahrnehmung von Sachen mit Gefühlen, speziell mit Motiven verknüpft. Aber die Gefühle bleiben nicht blind, sondern werden als solche erkannt, geprüft und geläutert" (Köhnlein 2005, 562).

Funktion, wenn sie als soziale Praxis verstanden wird (vgl. ebd.). Und somit konstruiert die Gegenüberstellung zwischen Kind und Sache das Kind „als Gegenüber zu Kultur oder Wissenschaft, bevor [...] beide hinsichtlich ihres Verhältnisses [sic.] genau analysiert" (ebd., 9) werden.[7]

Resümierend ist angesichts der bisherigen Ausführungen anzumerken, dass der Versuch einer begrifflichen Annäherung und Einordnung mehr Fragen aufwirft denn beantwortet. Jedoch bleibt unbenommen, dass die Diskussion um eine Gestaltung des (Sach-)Unterrichts immer wieder um diese Pole kreist, die dualistisch verstanden werden. Deckert-Peaceman hingegen konstatiert, der Gegensatz zwischen Kind und Sache sei „für den Sachunterricht (und die Grundschulpädagogik) [...] nicht haltbar" (Deckert-Peaceman 2006, 45).

Inwieweit die dualistische Vorstellung von Lebenswelt- versus Wissenschaftsorientierung bzw. Kind- versus Sachorientierung tragfähig ist, oder ob die, wie Rauterberg und Scholz diskutieren, Gegenüberstellungen einer unreflektierten Annahme über Wissenschaft folgen und auf einen Kontrast verkürzen, der kaum noch unterstellt werden kann, soll an dieser Stelle am Beispiel einiger Ergebnisse einer Studie zu Reflexions- und Kommunikationsprozessen zum Thema Nationalsozialismus von Grundschülerinnen und -schülern diskutiert werden.

3   Kind- versus Sachorientierung?
Lebenswelt- versus Wissenschaftsorientierung? Eine Spurensuche

Die Ausgangssituation für die qualitative Studie (vgl. Flügel 2009), auf die hier Bezug genommen wird, stellte die Diskussion um die Frage, ob Nationalsozialismus und Holocaust als Themen für Grundschulkinder geeignet sind, dar. In der wissenschaftlichen, durchaus interdisziplinären Auseinandersetzung um diese Frage lassen sich zentral zwei Vorbehalte markieren: Zum einen wird angeführt, die Konfrontation mit dem Nationalsozialismus und Holocaust würde Kinder sowohl kognitiv als auch emotional überfordern. Es wird, dieser Argumentationslinie folgend, behauptet, Kinder würden von dieser Thematik unberührt bleiben und Schule durch den Unterricht einen überfordernden Erstkontakt mit der Thematik herstellen. Hier wird also angenommen, dass in der Lebenswelt von Grundschulkindern die Thematik Nationalsozialismus nicht auftauche und so auch keine Relevanz bestünde, eine Integration in den Grundschulunterricht

---

7   Rauterberg und Scholz machen hieran folgenden Misstand für den Sachunterricht und auch für die Sachunterrichtsdidaktik fest: „Zentral bleibt unser Argument, dass neuere Konzepte der Didaktik des Sachunterrichts problematisch bleiben, solange sie diesen Bruch in der Geschichte der Wissenschaften nicht berücksichtigen" (2003, 9).

vorzunehmen.[8] Ebenso wird auf eine Vorstellung von Kindorientierung (bzw. eine Vorstellung von Kindern und Kindheit) rekurriert, die in der Auseinandersetzung mit dem Nationalsozialismus eine Unzumutbarkeit für Kinder sieht.

Zum anderen wird als zweiter Vorbehalt angeführt, dass die didaktische Reduktion des Themas Nationalsozialismus für den Grundschulunterricht zu einer Trivialisierung der Thematik führe, die als unangemessen bezeichnet werden müsste. Auf die zentralen Begriffe dieses Artikels gewendet würde dies bedeuten, dass eine Sach- bzw. Wissenschaftsorientierung in Bezug auf das Thema Nationalsozialismus hinsichtlich einer Kindorientierung, die einer Kindheitsvorstellung folgt, in der Kindern nicht zugemutet werden kann, über das dem Thema inhärente Grauen zu sprechen, aufgegeben werden muss. Es müssten demnach Einschränkungen und Trivialisierungen vorgenommen werden, die wiederum sachunangemessen wären.

Diese zwei angeführten Argumente gegen eine Thematisierung des Nationalsozialismus gehen implizit von Annahmen über Kind-, Lebenswelt- sowie Sach- und Wissenschaftsorientierung aus, die zu hinterfragen sind, was im Folgenden anhand von Ergebnissen meiner qualitativen Studie erfolgen soll. Es wurden Gruppeninterviews mit Grundschülerinnen und -schülern durchgeführt, die zuvor die Themen Nationalsozialismus und Holocaust im Unterricht behandelt hatten.[9] Die im weiteren Verlauf dargestellten Ergebnisse stellen einen kleinen Ausschnitt aus der gesamten Untersuchung dar. Die aufgeführten Konstruktionsleistungen und Deutungen der Grundschülerinnen und -schüler sollen auf die zentralen Begriffe des Artikels Lebenswelt- und Wissenschafts- sowie Kind- und Sachorientierung hin befragt werden.

3.1 Kindliche Deutungsmuster und fehlende Sachorientierung?

Im ersten Schritt sollen Ergebnisse vorgestellt werden, die zunächst auf eine vermeintliche Kindorientierung im Unterricht, eine lebensweltlich motivierte Deutung des Themas durch die Kinder und eine fehlende Sachorientierung hinweisen.

---

8   Diese Position mag möglicherweise noch vertreten werden, jedoch wird im wissenschaftlichen Diskurs mittlerweile eher besprochen, wie das Thema im Rahmen des Grundschulunterrichts behandelt werden kann (z.B. Pech/Rauterberg/Stoklas 2006; Deckert-Peaceman 2002, 2003, 2004). An dieser Stelle greife ich jedoch auf diese grundlegenden Vorbehalte zurück, da an ihnen exemplarisch deutlich gemacht werden kann, welche Konzepte von Lebenswelt-, und Kind- sowie Sach- und Wissenschaftsorientierung der Argumentation zu Grunde liegen.

9   Insgesamt wurden acht Interviews mit Kindern aus fünf verschiedenen Klassen aus vier verschiedenen Schulen geführt. Die Schülerinnen und Schüler waren Dritt- und Viertklässler.

3.1.1 Konzentration auf die Person Hitler

„Und wo der Adolf Hitler die Menschen getötet hat, da hat der die nicht alle in ein Grab gelegt, der ließ die alle in ein Loch schmeißen" (Mä, Q-I, 191-193)[10].

Nicht in allen Aussagen der Schülerinnen und Schüler tritt Hitler, wie im Beispiel, als mit eigenen Händen tötende Person auf. Jedoch wird er von ihnen als die zentrale und verantwortliche Person gesehen, als Inbegriff des Bösen und als Zentrum der Verbrechen. Zwar werden auch „Nazis" und „SS-Männer" genannt, fungieren in den Berichten jedoch eher als anonyme, unbestimmte Personen, die auf Befehl handeln. Im Zuge dieser Interpretationsleistung wird Hitler zur hauptverantwortlichen Person stilisiert, unter anderem einhergehend mit mystifizierenden und dämonisierenden Beschreibungen. Für alle anderen Personen hingegen wird auf diesem Weg eine Entlastung geliefert. Es wirkt fast so, als sei Hitler als Unheil über Deutschland hereingebrochen und als seien durch seinen Tod das Böse und die Bedrohung verschwunden.

3.1.2 Sinn-schaffende-Logik

Unter dieser Kategorie finden sich Äußerungen, in denen die Schülerinnen und Schüler Erklärungsmuster für Vergangenes präsentieren. Besonderes Merkmal dieser Erklärungsmuster ist ihr Rechtfertigungscharakter. Entwicklungsprozesse, Taten und Einstellungen werden mit Hilfe von Mustern erklärt, die auf unterschiedliche Art und Weise Sinn in der Vergangenheit konstruieren; so werden die Geschehnisse erklärt und es wird gleichsam eine Relevanz für die Gegenwart herausgestellt. Exemplarisch sollen hier drei Muster vorgestellt werden: „Andersartigkeit" der Opfer, Unterstellung von Sinn und Fatalismus.

„Andersartigkeit" der Opfer

In der Auseinandersetzung mit dem Verfolgungsgeschehen suchen die Schülerinnen und Schüler unter Anderem nach Gründen für die Verfolgung. Dabei kolportieren sie eine Vielzahl antisemitischer Vorurteile.[11]

---

10 Die Quellenangaben beziehen sich auf das Transkriptionsmaterial. Die Personen sind anonymisiert worden. Es ist lediglich erkennbar, ob es sich um eine Schülerin (Mä) oder einen Schüler (Ju) handelt.

11 Es fällt auf, dass mit dem Begriff Opfer des Nationalsozialismus zumeist Juden verbunden werden, andere Opfergruppen tauchen nur vereinzelt auf. Wenn die Schülerinnen und Schüler im Unterricht Einzelschicksale thematisiert haben, sei es über Literatur oder Berichte der Lehrerin bzw. des Lehrers, so widmen sie sich auch im Interview diesen Einzelpersonen. Hier

„Na ja, also, ähm, ich glaube, eine ist, dass äh, die äh, also die anderen gedacht haben, dass die Pest von den Juden kommt, weil die im Grundwasser gebadet haben, und die andere ja, das ist vielleicht ein kleiner Grund, aber da muss man doch nicht alle für ausrotten, das hätte man sich vielleicht schon ein bisschen früher überlegen müssen, in der Zeit von Christi, weil sie haben den ja halt umbringen lassen" (Ju, OH-12, 266-270).

Es werden Erklärungsmuster bemüht, in denen die „Andersartigkeit" das entscheidende Merkmal der Opfer darstellt. Hierdurch wird erreicht, dass die Schülerinnen und Schüler sich von den Opfern unterscheiden und somit der Gefahr entgehen, selbst Opfer zu sein. Gleichzeitig wird die Verfolgung mit einem Grund unterlegt, der zwar von den Schülerinnen und Schülern verurteilt wird, den sie aber in seinen Grundannahmen nicht in Zweifel ziehen[12]. In diesem Zusammenhang sei auf das Phänomen „blaming the victim" verwiesen. Dieses beschreibt, dass eine Auseinandersetzung mit Opfern nicht zwangsläufig zu Empathie führen muss, sondern auch Abwehr und Abgrenzungsverhalten hervor-rufen kann.

„Es zeugt von Naivität zu glauben, dass Schüler eine größere Nähe zu den Opfern entwickeln, wenn man ihnen die Leiden dieser Opfer in allen Einzelheiten vor Augen führt. Eher das Gegenteil ist wahr: Die meisten Menschen – Schüler nicht ausgenommen – haben eine Antipathie gegen Opfer" (Abram 1996, 39).

In Folge dieser Abgrenzung von den Opfern wird diesen also selbst die Schuld für ihre Verfolgung bzw. Opferrolle zugesprochen.[13]

---

zeigt sich an verschiedenen Stellen, dass die Kinder über die jeweilige Verfolgungsgeschichte informiert sind, diese einordnen können und sich in eine emphatische Nähe zu der jeweiligen Person begeben. Wenn jedoch von den Einzelschicksalen abstrahiert wird, die Opfer „all-gemein" zum Thema gemacht werden und synonym als Juden interpretiert werden, finden sich durchaus Beiträge, die antisemitische Tendenzen widerspiegeln oder auch den Opfern die Gründe für ihre Verfolgung in die Person „einschreiben".

12 Hier muss jedoch angemerkt werden, dass diese antisemitischen Vorurteile im Unterricht selbst bemüht, teilweise von den Lehrerinnen und Lehrern ins Spiel gebracht, teilweise auch unbe-sprochen stehen gelassen wurden.

13 In der pädagogischen Diskussion wird inzwischen darauf hingewiesen, wie bedeutsam es ist, die jüdische Geschichte nicht auf Diskriminierung und Verfolgung zu reduzieren, damit die Außenseiterrolle ohne anerkannten gesellschaftlichen Standort nicht weiter fortgeschrieben wird (vgl. Pingel 2002, 23).

Unterstellung von Sinn

In den Klassen, in denen Anne Frank zentral im Unterricht behandelt wurde, nehmen die Schülerinnen und Schüler im Interview Bezug auf ihr Leben. Dabei wird ihrem Tod in den Berichten der Kinder gewissermaßen Sinn unterstellt:

> *„Ich fand's auch gut, dass die Anne Frank ein Tagebuch geschrieben hat, weil die hat uns dadurch sehr viel beigebracht" (Ju, Q-I, 147-148).*

> *„Insgesamt fand ich das ziemlich grausam, doch ich fand es auch schön, weil wir erleben konnten, was mit Anne durchgegangen ist in diesen schrecklichen Jahren, als Hitler da war. [...] Und im Hinterhaus hat sie die Hoffnung nicht verloren, sie hat weitergemacht, dass sie rauskommt. Also, der Vater, der war ja noch am Leben. Also, der ist, nein, der war. Und der hat uns auch viel geholfen, weil der das und Mi, weil die das Tagebuch direkt mitgenommen hat, als die Nazis gekommen sind und es dem Vater überreicht hat. Also das hat uns auch sehr geholfen" (Mä, Q-I, 225-234).*

Dieser Deutungslogik folgend, wird nicht die Sinnlosigkeit der Vernichtung hervorgehoben oder die Bedeutung des Verlustes von Millionen von Menschen, sondern es wird im Nachhinein ein Sinn in den Tod hineininterpretiert, also quasi eine Geschichtserzählung mit erlöserischen Anteilen konstruiert (vgl. Young 2002).

Fatalismus

Hier werden die Interpretationsleistungen der Schülerinnen und Schüler zusammengefasst, die den Geschehnissen der Vergangenheit eine Zwangsläufigkeit unterstellen, etwas, worauf keinerlei Einfluss genommen werden konnte, was aus einer inneren Notwendigkeit, einer – wenn auch nicht zugänglichen – Regelhaftigkeit entstanden ist.

Ein Junge berichtet davon, wie Hitlers Machtergreifung stattgefunden hat:

> *„Aber dann hat der die irgendwie von ihrem Machtstuhl verdrängt. [...] Wenn der mal gewählt ist, dann ist der gewählt" (OH-I2, 512-519).*

Ein weiteres Beispiel:

> *„Oder zum Beispiel auch, die von früher, zum Beispiel meine Oma, ähm, die mussten das ja auch überleben" (Ju, UK-I1, 532-533).*

Dieser Interpretationslogik folgend, existierte keine Verantwortung der damals handelnden Personen, existierten keine Spielräume für Entscheidungen; es wird lediglich eine Teilnahme an einem nicht zu beeinflussenden Ablauf des Geschehens angenommen. So bietet diese Sinnkonstruktion nicht nur Entlastung, sondern versperrt gleichzeitig die Suche nach den drängenden Fragen nach Erklärung, weshalb Menschen verfolgt und ermordet wurden und dies auf eine breite Zustimmung in der Gesellschaft stieß, weshalb so wenige Widerstand geleistet haben. Auch können weiterführende Fragen nach Zusammenhängen und Erklärungsversuchen, die an bestehenden – vermeintlichen – Gewissheiten und Verlässlichkeiten rütteln, so nicht gestellt werden.

3.1.3 Diskussion

Wenn die oben aufgeführten Deutungen und Konstruktionen der Schülerinnen und Schüler betrachtet werden, fällt auf, dass sie bemüht sind, den Täterkreis auf Hitler und einige „Nazis" zu beschränken, Verantwortlichkeiten mit fatalistischen Deutungen zu negieren bzw. zu überschreiben, ggf. den Opfern selbst die Ursache der Verfolgung zuzuschreiben. Auf diesem Wege reduzieren die Kinder die Verunsicherungen, die dem Thema inhärent sind. Wenn die Verantwortung für die Verbrechen der Nationalsozialisten an einer Person festgemacht wird, wenn sie die Person ist, von der der Vernichtungswille allein getragen wurde, wird das verunsichernde Moment der Infragestellung und Verbürgung auf Gewissheiten und zwischenmenschliche Sicherheiten reduziert oder ausgeblendet. Die Geschichtsinterpretationen, so könnte zusammengefasst werden, folgen einem erlöserischen Narrativ. Die Schülerinnen und Schüler integrieren in ihre Interpretation des Nationalsozialismus die Herstellung und Sicherung von Kohärenz. Young formuliert jedoch in Anlehnung an Friedländer die Bedeutsamkeit einer anti-erlöserischen Darstellung des Holocaust, die das Trauma fern jeglicher Sinngebung transportiert (vgl. Young 2002, 24).

Aus diesen Ergebnissen könnte geschlussfolgert werden, dass die Auseinandersetzung mit dem Nationalsozialismus die kognitiven und emotionalen Fähigkeiten von Grundschulkindern überstrapaziert. Ebenso könnte unterstellt werden, dass die Aneignung der nationalsozialistischen Geschichte bei den Dritt- und Viertklässlern auf einem – aus geschichtswissenschaftlicher Perspektive – Niveau prekärer Geschichtsdeutungen verläuft; dies wäre hinsichtlich einer Wissenschaftsorientierung eine wenig zufriedenstellende Diagnose. Sind demzufolge die lebensweltlichen Deutungen der Schülerinnen und Schüler, ihre Alltagstheorien bzw. „erfahrungsgebundene[n] Eigentheorien" (Pech 2009, 5) Ausdruck einer mangelnden Sachorientierung des Unterrichts? Bevor diese

Fragen einer abschließenden Diskussion unterzogen werden, soll vorab noch ein weiteres Phänomen, das sich in den Berichten und Erzählungen der Grundschülerinnen und -schüler rekonstruieren ließ, in den Blick genommen werden.

3.2 „Weiße Weste"

In fast allen Interviews berichten die Schülerinnen und Schüler unaufgefordert von nahen und fernen Familienangehörigen, die als handelnde Personen während des Nationalsozialismus auftreten. Dabei ist an dieser Stelle ohne Bedeutung, ob die erzählten „Familiengeschichten" einen realen Hintergrund haben. Vielmehr geht es darum, die Funktion herauszuarbeiten, die diese „Geschichten" übernehmen.

In einer Variante dieser so genannten Familiengeschichten wird von Großvätern berichtet, die im Zweiten Weltkrieg Soldaten waren, von Verwandten, die der deutschen Zivilbevölkerung angehörten und so den Auswirkungen des Krieges begegnet waren. Auffallend ist, dass die Großväter und sonstige Angehörige durch das Erleiden von Kriegsverletzungen dem Kreis der Opfer zugerechnet werden. Die Erzählungen enden mit der Verwundung und somit dem Opferstatus:

> „Ich habe mit meinem Opa darüber geredet. [...] Der, der, ich weiß nicht, was der war. Aber auf jeden Fall war der auch in der Hitler-Zeit und dann ist der erst irgendwie, hat der beim Flugzeug gearbeitet und dann ziemlich am Schluss hat der eine Schusswunde in die Wade bekommen. Hat er immer noch" (Mä, BG-I1, 314-320).

Oder:

> „Mein Opa, der ja auch Soldat war, der hat auch durchs Bein geschossen bekommen. Und jetzt läuft der mit einem Stock rum" (Mä, BG-I1, 397-398).

Oder:

> „Also, meine Uroma und mein Uropa, die haben auch im Krieg auf einem Bauernhof gelebt. Und dann irgendwann kam ein Luftangriff auf das Haus und dann hat das gebrannt und dann sind die schnell raus mit meiner Oma. Und dann wollte noch mal meine Uroma zurück, weil die hat da irgendwas vergessen und da ist dann mein Uropa mitgekommen und der wurde dann von einer Granate 'nen Splitter rein, in den Hals. Dadurch ist der dann auch gestorben" (Ju, BG-I2, 391-395).

Die Konstruktion des Opferstatus von Familienangehörigen erfolgt nicht explizit als Rechtfertigungsargument. Dies geschieht vielmehr durch die Positionierung der jeweiligen Erzählung in der Struktur des Interviews. An diesen Stellen wird nicht von den Verfolgten oder Ermordeten gesprochen, sondern es werden zwei unabhängige Welten konstruiert und die Berührung dieser beiden Blickrichtungen verhindert. Die Schülerinnen und Schüler berichten also von den „Erlebnissen" ihrer Angehörigen, ohne diese in Bezug zu dem Wissen zu setzen, welches sie über die Verfolgungsgeschichten der Opfer des Nationalsozialismus haben, obgleich sie dieses wiederum an anderen Stellen problemlos reproduzieren können.

Als zweite Variante der so genannten Familiengeschichten lassen sich die Berichte über Familienangehörige bezeichnen, die Verfolgung erlebt haben. Hierbei zählen die Verwandten zu den bekannten Opfergruppen und haben das erlebt, was den Inbegriff der Verfolgung charakterisiert: Eintätowieren von Häftlingsnummern, Verfolgung und Flucht, Konzentrationslager, Vergasung:

„Mein Opa hat mir erzählt, dass seine Mutter und sein Vater, also die hatten eine Wohnung so für sich alleine, und dann haben die einmal geklingelt, also er war noch ganz klein [...] mein Opa, der war noch ein Baby. Da haben die dann geklingelt und dann war das ein Nazi und hat gefragt, seid ihr Juden, und haben das Haus gestürmt, haben alles durchsucht. [...] Und die haben alles durchwühlt und bla bla bla. Die haben hier in Deutschland gelebt, auch in K. Und die haben alles durchwühlt und so und haben, und haben mein Uropa ab, äh, [kurzes Zögern] ja abgeschleppt. Der war eigentlich kein Nazi, äh, kein äh [kurzes Zögern] Jude, aber die dachten das wäre ein Jude. Haben den nicht mitgenommen, haben den direkt am Haus abgeschossen (Ju, UK-11, 247-262).[14]

Auch Schülerinnen und Schüler mit Migrationshintergrund berichten von ihren Angehörigen und deren Schicksal in Deutschland während des Nationalsozialismus. Unter Umständen handeln die interviewten Grundschulkinder mit Migrationshintergrund hier ihre Zugehörigkeit zum bundesdeutschen Kollektiv aus, drücken über die familial-kulturelle Verbindung zur nationalsozialistischen Vergangenheit ihre Zugehörigkeit zu diesem Kollektiv aus.[15] Hier lassen sich Verbindungslinien zu den Überlegungen von Georgi (2004) und von Borries (2000) herstellen, die verschiedenen Facetten der Bezugnahme auf die national-

---

14 In diesem Beitrag weist der Schüler darauf hin, dass seine Urgroßeltern keine Juden gewesen seien. Während dies hier noch in moderater Form geschieht und sich in die Erzählung eingliedert, wird an anderen Stellen vehement widersprochen, wenn Nachfragen nach möglichem „jüdisch sein" der Angehörigen vernommen werden. Dies zeigt, wie tief auch schon bei den Kindern antisemitische Ressentiments verwurzelt sind.

15 In anderen Interviewsequenzen wird über eine Distanznahme von „deutsch sein" eine Involvierung in die Geschichte zurückgewiesen.

sozialistische Vergangenheit von Schülerinnen und Schülern mit Migrationshintergrund nachgegangen sind.

Als weitere Variante der „Familiengeschichten" lassen sich Erzählungen
anführen, die durch Unbestimmtheit gekennzeichnet sind. Beispielsweise
antwortete ein Schüler auf die Frage der Interviewerin, ob für die Kinder noch
offene, unbeantwortete Fragen bestünden, Folgendes:

> *„Was mein Opa genau jetzt war. Weiß ich nicht mehr. Auf jeden Fall war er
> irgendwie so eine Art Flugleiter, der gesagt hat: Da und da müssen sie jetzt ab-
> werfen" (Ju, BG-11, 426-430).*

Durch Auslassung dessen, was abgeworfen wurde, in Kombination mit der
neutralen Bezeichnung „Flugleiter", wird ein Rahmen für Interpretationsspielräume eröffnet, der durchaus ermöglicht, den Großvater in einem unbelas-
teten, unproblematischen, geschützten Licht zu belassen. Eine Auseinandersetzung mit seiner Tätigkeit muss angesichts der Unbestimmtheit nicht stattfinden. – Ein weiteres Beispiel: *„Und mein anderer Opa, der hat so, der war
noch jung und der hat immer so Gräben ausgehoben" (Mä, BG-11, 342-349).*

Auch hier verhindert die Unbestimmtheit, dass ein klares Bild des Groß-
vaters entsteht. Die Integration von Erklärungen oder „Entschuldigungen" in die
jeweilige „Familiengeschichte" schafft so genannte Alibis für die damals
Handelnden. Auffallend ist in den Interviews, dass weder durch die anderen Kinder noch die Interviewerin Erklärungen eingefordert werden. Die so genannten
Alibis werden scheinbar „unmotiviert" in den Bericht eingebunden. Scheinbar
„unmotiviert" meint, dass davon auszugehen ist, dass hier der gesellschaftliche
Anspruch nach Verurteilung des Nationalsozialismus und den damit einhergehenden Taten sichtbar wird und seinen Tribut einfordert. Ebenso scheint aber
auch die Wahrung der Integrität der eigenen Familie gesichert werden zu müssen. Zumindest wird durch die Integration von Alibis und Erklärungen in die
Familienerzählungen sowohl die Verurteilung des Nationalsozialismus (z.B.
durch kritische Sicht auf die Hitlerjugend) als auch der Schutz der handelnden
Personen in Gestalt der Angehörigen (z.B. durch Hinweis auf den Zwangs-
charakter der Hitlerjugend) gesichert.

Das Resultat jeder dieser drei Varianten der Familiengeschichten ist folglich
eine „weiße Weste": Beteiligung, Schuld und Verantwortung werden in keinem
Fall benannt oder thematisiert. Auf diese Weise wird eine positiv besetzte Herkunft konstruiert, die eine Identifikationsfläche bietet und somit Möglichkeiten
für eine positiv besetzte Identität schafft.

3.2.1 Diskussion

Gerade diese „Familiengeschichten" sind ein ideales Beispiel für Lebenswelt-bezug, denn sie wurden im Interview weder erfragt noch erbeten. Hierbei handelt es sich also um Erzählungen und Geschichten, die als aktuelle und frühere Erfahrungen der Kinder interpretiert werden können. Nicht das Erlebte selbst ist die Erfahrung, jedoch die Konstruktion der Geschichte im Rahmen der Familie. Hier findet sich die Art und Weise wieder, wie die Kinder sich die Welt, die Vergangenheit und die Rolle ihrer Angehörigen vorstellen. Sie verleihen den Dingen und Ereignissen Bedeutung. So wird der Unterrichtsgegenstand Natio-nalsozialismus mit Verbindungslinien zur eigenen Biographie, zum Nahraum Familie versehen. Scheinbar evoziert das Thema Fragen der Identität, der eigenen Verortung, Herkunft und aktuellen Positionierung. Demnach handelt es sich nicht um eine Vergangenheitsschau, die losgelöst von den Bedürfnissen der Gegenwart betrachtet werden kann. Ungeachtet des „Wahrheitsgehalts" dieser Familiengeschichten zeigt sich jedoch, dass an den Stellen, an denen die Schü-lerinnen und Schüler Opfergeschichten ihrer Angehörigen erzählen, sie diese in der Dichotomie zwischen Tätern und Opfern auf die „moralisch" gute Seite bringen. Insofern kann hier ein Ausdruck einer moralischen Positionierung vor-liegen. Gleichzeitig sehen sich die Kinder in der Familientradition in dieser moralischen Positionierung verhaftet und erreichen auf diese Weise eine für sie identitätsstabilisierende Position. Jedoch bleibt herauszustellen, dass durch die Eröffnung von Interpretationsspielräumen, Auslassungen etc. verwundete Wehr-machtssoldaten und die deutsche Zivilbevölkerung ins Opfernarrativ aufgenom-men werden, was hinsichtlich einer Sachorientierung durchaus zu problema-tisieren wäre. Zwar stellen die Schülerinnen und Schüler durch die Integration der Familiengeschichten eine persönliche Bezugnahme zum Thema her; und durch die Nähe zu ihrer Lebenswelt (Familie) bekunden sie eine persönliche Involvierung in die Geschichte. Gleichwohl geschieht dies nicht über eine Problematisierung des Involviertsein als Angehörige oder Nachgeborene des Täterkollektivs, sondern über Bezugnahme auf eine Verortung im Opferkollektiv. Damit umgehen sie die destabilisierenden Momente des negativen kulturellen Gedächtnisses, was hinsichtlich ihres Geschichtsbewusstseins durchaus zwie-spältig gesehen werden kann.

Auf den ersten Blick scheint eine Thematisierung der Vergangenheit der eigenen Familie im Unterricht über Nationalsozialismus und Holocaust als idealer Lebensweltbezug. Quindeau (1998, 58) sieht diese Bezugnahme im Unterricht jedoch als äußerst prekär an, vor allem in Deutschland. Der Konflikt, zum einen Einblicke in die Handlungen der Täter zu bekommen und zum anderen die eigene Familie vor diesem Schatten – nämlich der Involvierung in die Vergangenheit als Täter oder zumindest als Zuschauer – bewahren zu wollen, sei kaum aufzulösen. Auch die Ergebnisse der Studie von Welzer (2002) zur Tradierung des Geschichtsbewusstseins über drei Generationen lassen Reflexionsbedarf hinsichtlich institutioneller Bildungsprozesse deutlich werden bzw. markieren die Grenzen einer Sach- und Wissenschaftsorientierung:

> „Paradoxerweise scheint es gerade die gelungene Aufklärung über die Verbrechen der Vergangenheit zu sein, die bei den Kindern und Enkeln das Bedürfnis erzeugt, die Eltern und Großeltern im nationalsozialistischen Universum des Grauens so zu platzieren, dass von diesem Grauen kein Schatten auf sie fällt" (Welzer u.a. 2002, 13).

So scheint das Familiengedächtnis „die primäre Quelle für das Geschichtsbewusstsein" (Welzer u.a. 2002, 210) zu sein.

Als Resümee der beiden präsentierten Bereiche – kindliche Deutungsmuster und „weiße Weste" – könnte eine Deutung naheliegen, die besagt, dass die Konstruktionsleistungen der Schülerinnen und Schüler, ihre lebensweltlichen Deutungen und ihre „erfahrungsgebundenen Eigentheorien" (Pech 2006, 5) Ausdruck kindlicher Bedürfnisse sind. Die Schülerinnen und Schüler versuchen Kohärenz sicherzustellen und die Verbürgung auf Sicherheit zu bewahren, positive Herkunft zu markieren und Positives zu aktivieren. Unter der Perspektive eine Sach- bzw. Wissenschaftsorientierung hingegen, wirken die Äußerungen der Schülerinnen und Schüler durchaus problematisch. Kann von einem reflektierten Geschichtsbewusstsein gesprochen werden – oder gar von einer Angemessenheit gegenüber dem Thema? Kann hier dem zuvor stattgefundenen Unterricht unterstellt werden, er habe sich für die Seite der Kindorientierung und des Lebensweltbezuges entschieden und so die Sachorientierung vernachlässigt? Mir scheinen diese Deutungen zu voreilig und die aufgeworfenen Fragen wenig tiefgreifend. Ihnen liegt die Annahme zu Grunde, dass Lebensweltbezug und Sachorientierung unabhängig voneinander existieren, dass Kindorientierung zwangsläufig einen Kontrast zur Wissenschaftsorientierung darstellt, dass die Alltagstheorien der Kinder gänzlich von denen Erwachsener differieren, dass lebensweltliche Äußerungen fern jeglicher Sachfundierung stattfinden. Jedoch verdeutlicht gerade die wissenschaftliche und öffentliche Auseinandersetzung mit der Erinnerung an die nationalsozialistische Vergangenheit, wie sehr diese Ebenen miteinander verwoben sind. Die Nachgeschichte des Nationalsozialismus ist geprägt von Abspaltungen und politischen Instrumentalisierungen (vgl. Aly 1992, 46). Die Annahme, der „Sachdiskurs" zum Nationalsozialismus sei frei von Indienstnahmen, Ausblendungen etc. ignoriert die Tatsache, dass Erinnerung rekonstruktiv verstanden werden muss (vgl. J. Assmann 1992; A. Assmann 1999) und das kulturelle Gedächtnis demnach nicht als Abbild der Vergangenheit interpretiert werden kann, denn es unterliegt beständigem Wandel, wobei die Deutungen und Interpretationen an den Interessen der Gegenwart orientiert sind. Vergangenheit erscheint in Vergangenheitsfiguren, die „sozial angeeignet, interpretiert und strukturiert" (Messerschmidt 2003, 114) sind. Sie geben Aufschluss über die Gegenwartsbedingungen: Es geht also um die

> „gegenwärtige Situation, aus der heraus erinnert wird und das ;widerständige an der Vergangenheit, was einen Sinn einfordert, der über präsentische Funktionalisierungen hinausgeht bzw. sie in Frage stellt' (Tiedemann 2000, 156)" (Messerschmidt 2003, 115).

Demzufolge können die subjektiven Konstruktionen von Sinn, die den Lebensweltbegriff ausmachen, durchaus von Deutungen des kollektiven Gedächtnisses gespeist sein, von gesamtgesellschaftlichen Formen der Erinnerung, die wiederum mit dem Wissenschaftsdiskurs verknüpft sind. Die Lebenswelt als die mit anderen geteilte Welt (vgl. Wegener-Spöhring 2002, 3) ist nicht in eine Welt der Kinder und eine Welt der Erwachsenen zu zergliedern. Und ebenso wird die Sache von lebensweltlichen Bedürfnissen flankiert, die sich auch in der sachorientierten Diskussion niederschlagen, ohne jedoch expliziert zu werden. Um diese Überlegungen zu untermauern, wird im Folgenden ein weiteres Ergebnis der Studie zur Reflexion und Kommunikation von Grundschulkindern über den Nationalsozialismus herangezogen.

3.3 Teilhabe am Diskurs

Es stellte sich als überraschend heraus, dass die Deutungen und Alltagstheorien der Schülerinnen und Schüler sich im Rahmen des gesamtgesellschaftlichen Erinnerungsdiskurses bewegen. Das heißt, ihre Auslassungen, Alibischaffungen, fatalistischen Geschichtsdeutungen, Inschutznahmen und Momente der Gewissheitssicherung verbleiben im abgesteckten Diskursrahmen, den die öffentliche (und wissenschaftliche) Auseinandersetzung zu einer Erinnerung an die nationalsozialistische Vergangenheit bietet. Es wäre jedoch zu vermuten gewesen, dass die kindlichen Interpretationsleistungen und lebensweltlichen Äußerungen und Orientierungen den gesellschaftlichen Minimalkonsens sprengen. Dem ist allerdings nicht so. Scheinbar sind die Kinder bereits in die Erinnerung an die nationalsozialistische Vergangenheit verstrickt, sind in den bestehenden Erinnerungsdiskurs bereits eingeweiht. Die Schülerinnen und Schüler greifen auf die Interpretationsschemata zurück, die ihnen das kulturelle Gedächtnis bietet und bewegen sich hier relativ sicher. Diesen Überlegungen zufolge, erscheint es zweifelhaft, davon auszugehen, dass die Kinder von der öffentlichen Erinnerung an Nationalsozialismus und Holocaust unberührt blieben. Vielmehr korrigieren sie zum Teil eigene Aussagen, um angemessen zu sprechen, also einem politisch korrekten Sprachkodex[16] zu folgen. Der bestehende, wenn auch nirgends formulierte Sprachkodex gehört, ob bewusst oder unbewusst, zum Kompetenzbereich der Kinder: *„Ich fand das Thema auch gut, äh schlecht, weil äh, der Herr T. [Lehrer, Anm. A.F.] hat uns auch, äh, so Bilder gezeigt, wo ein Jude beten musste vor Leuten [...]"* (Ju, UK-I1, 449-450).

Der Schüler nimmt während des Sprechens eine Korrektur seiner Formulierung vor: „Ich fand das Thema auch gut" wird korrigiert und ersetzt durch „schlecht". Somit zeigt sich an dieser Interviewpassage das Dilemma, dass zwei Ebenen zusammengebracht werden: Zum einen die eigene Bewertung des Unterrichtsthemas und zum anderen die moralisch-ethische Einschätzung des Inhalts. Zu vermuten ist, dass diese Korrektur erfolgt, um Missverständnisse zu vermeiden – und dieses Missverständnis kann nur antizipiert werden, wenn ein Bewusstsein über „angemessene", der Political Correctness entsprechende Formulierungen besteht. – Dieser Befund soll durch ein zweites Beispiel näher erläutert werden:

> *„Ich finde es eigentlich auch ziemlich gut, dass wir das jetzt schon geklärt haben, weil dann wissen wir es auch schon etwas und, ähm, wie es wohl, ähm, ähm, dort war, früher, ganz, ganz früher halt und, ähm, man sa [Abbruch des Wortes]. Aber es ist auch nicht, ähm, es ist auch ziemlich schrecklich natürlich"* (Ju, UK-I1, 521-524).

Auch hier kommt, im Anschluss an eine positive Bewertung der Relevanz des Themas, die Notwendigkeit zum Tragen, eine Anmerkung zu den Schrecken des Nationalsozialismus anzuschließen. Der plötzliche Abbruch mitten im Wort deutet darauf hin, dass dem Sprecher gewissermaßen während des Sprechens bewusst wurde, dass er hier eine Relativierung einfließen lassen, beziehungsweise seine moralische Haltung kundgeben muss.[17] Ebenso wie die Schülerinnen

---

16   Es wird ein Sprechcode zu Grunde gelegt, der keinesfalls eindeutig definiert oder starr umrissen wäre. Vielmehr handelt es sich um Sprachregelungen und Formulierungen, die sich durch kollektive Nutzung in der Öffentlichkeit durchgesetzt haben. Hier wird das Verständnis der Autorin als Mitglied der Sprachgemeinschaft und ebenso involvierte in den Sprechcode zum Thema Nationalsozialismus und Holocaust herangezogen.

17   Auch wenn hier die Formulierung „muss" gewählt wird, so handelt es sich nicht um eine definierte Regel, sondern um einen unausgesprochenen Konsens, dem die Schülerinnen und Schüler in den Interviews folgen. Es wird von einem Konsens ausgegangen, da anders diese Einschübe, Korrekturen und Anhänge nicht zu erklären sind. Inhaltlich beziehen sie sich nicht auf die zuvor gestellte Interviewfrage, gehören auch nicht dem thematischen Gehalt des Ge-

und Schüler bemüht sind, angemessen zu sprechen, greifen sie auch auf ritualisiertes Sprechen über die nationalsozialistische Vergangenheit zurück. Sie verwenden Redeweisen, teilweise in rudimentärer Form, die sich im Sprechen über die nationalsozialistische Vergangenheit etabliert haben – *„Damit äh, naja, es nicht vergessen wird" (Ju, OH-I2, 462).*

Formulierungen, die sich gegen das Vergessen wenden, an das „Nie wieder" appellieren, ein Lernen aus der Vergangenheit unterstellen, die Bedeutsamkeit des Themas unterstreichen, entstammen dem bestehenden, ritualisierten gesamtgesellschaftlichen Sprachgeschehen über den Nationalsozialismus. Bedeutsam hierbei ist sicherlich, dass hinter diesen Begriffen durchaus öffentliche Debatten, teilweise auch wissenschaftliche Auseinandersetzungen stehen, die Eingang in den allgemeinen und öffentlich stattfindenden Sprachduktus gefunden haben.

3.3.1 Diskussion

Diese Beispiele verweisen auf eine Involvierung bzw. Verstrickung der Grundschülerinnen und -schüler in den Erinnerungsdiskurs. Lebensweltliche Äußerungen, die auf eine spezifisch kindliche Perspektive hindeuten, die sich von der der Erwachsenen deutlich unterscheidet, lassen sich hingegen nicht finden. Auch hinsichtlich der zuvor aufgeführten Aspekte, Geschichtskonstruktionen der Schülerinnen und Schüler und die sogenannte weiße Weste, kann diese Involvierung in den bestehenden Erinnerungsdiskurs herausgearbeitet werden. Die Deutungen, Alibischaffungen, Auslassungen und Konstruktionen der Kinder bewegen sich im Rahmen des gesellschaftlichen Minimalkonsenses. Sie geben die Narrative und Deutungen wieder, die in den Repräsentationen und Interpretationen wie Filmen, Literatur, Schulbüchern, Reden, Ausstellungen etc. sowie in der öffentlichen Kommunikation auffindbar sind. Aus diesem Tatbestand lässt sich – zumindest diesen Themenaspekt betreffend – die Frage herleiten, inwieweit hier die Trennung zwischen Lebenswelt- und Wissenschaftsorientierung, zwischen Kind und Sache greift bzw. möglicherweise eine Differenz aufrechterhalten wird, die unter erinnerungskritischer Perspektive anzuzweifeln wäre. Wenn, wie die Rekonstruktion des Interviewmaterials gezeigt hat, die Deutungen der Schülerinnen und Schüler nicht als lebensweltliche, möglicherweise „kindliche" Annäherung an den Nationalsozialismus gedeutet werden können, sondern vielmehr den gesamtgesellschaftlichen Diskurs zum Thema widerspiegeln, sind es demnach nicht folgerichtig sachorientierte Deutungen? Unter aktueller geschichts-, kultur-, oder auch erziehungswissen-

---

sagten an, sondern begründen sich durch eine „Notwendigkeit" der politisch korrekten Formulierung, des unmissverständlichen moralischen Einordnens des Gesagten.

schaftlicher Perspektive bilden die Äußerungen der interviewten Kinder sicherlich nicht (immer) den derzeitigen Stand der wissenschaftlichen Debatte ab, was jedoch für Kinofilme, Erwachsenengespräche, Schulbücher u.ä. nicht weniger zu konstatieren ist. Die Lebenswelt sowohl der Erwachsenen als auch der Kinder ist durchzogen von wissenschaftlichen Erkenntnissen und Ergebnissen, sie ist keineswegs frei von Einsichten in und Kenntnissen über die Sache. Alltagswissen muss den Sachverhalt nicht „falsch" oder unangemessen repräsentieren, was der Begriff der Lebenswelt ursprünglich auch gar nicht impliziert. Nach Habermas beruht die Lebenswelt auf dem symbolisch verfassten Hintergrundwissen, welches aus gemeinsam geteilten Überzeugungen in einer Kultur, aus intuitivem Wissen über soziale Praktiken einer Kultur und aus intuitivem Wissen über eigene Fertigkeiten besteht (vgl. Richter 2002, 83f.). Eine prinzipielle Trennung zwischen Kindern und Erwachsenen ist ebensowenig anzutreffen wie zwischen sachlich angemessen und unangemessen. Vielmehr stellt der Begriff der Lebenswelt „zunächst ein[en] Wissensbegriff dar in der Perspektive der Kommunikationsteilnehmer, zu der prinzipiell alle Mitglieder einer Lebenswelt zählen" (Richter 2002, 85).

Auch der Dualismus von Kind und Sache unterliegt einer Vorstellung von sich gegenüberliegenden Polen, die sich gegenseitig ausschließen. Scholz jedoch stellt diesen Dualismus in Frage und konstatiert „eine falsche Alternative von Wissenschafts- und Kindorientierung" (Scholz 2003, 42). Das Problem ist in der Zuordnung eines naiven Erfahrungsbegriffes auszumachen, der der Kind- bzw. Lebensweltorientierung unterstellt wird. Hierbei wird das Kind jenseits eines gesellschaftlichen Akteursstatus verortet. In diesem Sinne argumentiert auch Klafki:

> „Kinder leben – mindestens in unserer Zeit – viel weniger naiv, in harmonischer Einheit mit ihrer gegenständlichen und sozialen Umwelt und viel weniger in einer noch undifferenzierten Einheit ihrer kognitiven, emotionalen, praktischen und sozialen Möglichkeiten, als das im klassisch-reformpädagogischen Bild vom Grundschulkind zum Ausdruck kam" (Klafki 2009, 7).

Der Gegenüberstellung von Kind und Sache liegt jedoch eine Annahme zugrunde, in der Kindern – im Gegensatz zu Jugendlichen und Erwachsenen – ein spezifischer Zugang zur Welt zugesprochen wird, der der Sache widerspricht und ihr zuwiderläuft. Bezogen auf das Beispiel zum historischen Lernen zum Thema Nationalsozialismus und Holocaust, ließe sich vielmehr die Frage stellen, inwieweit nicht Lehrerinnen und Lehrer in ihrem Unterricht über den Nationalsozialismus eigenen lebensweltlichen Deutungen folgen, also beispielsweise (ebenso) ihr Familiengedächtnis (vgl. Welzer u.a. 2002) in das Unterrichtsnarrativ integrieren. Die Auseinandersetzung mit der Erinnerung an die nationalsozialistische Vergangenheit macht durchgehend deutlich, wie wenig haltbar ein positivistisches, wertfreies, interessenloses Verständnis von Wissenschaft ist. Vielmehr zeigt sich, wie oben bereits aufgeführt, die Rekonstruktivität der Vergangenheit und des kulturellen Gedächtnisses (vgl. z.B. A. Assmann 1999 und auch 2001). Interpunktionen, Akzentuierungen und Auslassungen (vgl. Kraushaar 1995, 125) sind Konsequenzen der Gegenwartsansprüche und demonstrieren die Prägung der Erinnerung durch die Bedürfnisse der Gegenwart. Hier an der Gegenüberstellung von Kind und Sache festzuhalten, reduziert einerseits die Rekonstruktivität der Vergangenheit und die mit ihr verbundenen Auslassungen auf ein Phänomen kindlicher Bedürfnisse. Andererseits wird der Auseinandersetzung von Erwachsenen (und u.U. Jugendlichen) ein Sachbezug unterstellt, der zumindest hinsichtlich dieses Bereiches, nicht generell attestiert werden kann. Wenn Rauterberg und Scholz konstatieren, dass auch „Grundschulkinder [...] über ein Wissen über die Zulässigkeit von Argumentationsfiguren" (2003, 13) verfügen, kann dies angesichts der hier präsentierten Ergebnisse nur unterstrichen werden.

Die Diskussion kann an dieser Stelle noch um die Frage der Generationsperspektive erweitert werden. Eine Debatte um Kindheit, Bildung und didaktische Reflexion muss demnach die Generationsperspektive in zwei Richtungen beleuchten, nämlich „in die der Kinder und in die der Lehrenden. [...] Es geht darum, Weltwahrnehmung als generationell bestimmte Sichtweise aufzuzeigen und im Hinblick auf pädagogische Vermittlungsprozesse zu reflektieren" (Heinzel 2005, 57f.).[18] Dies schließt eine Reflexion der vermeintlichen Sachorientierung der Lehrenden mit ein. Es bedeutet auch zu hinterfragen, ob Herangehensweisen von Schülerinnen und Schülern auf kindliche Äußerungen, lebensweltliche Annäherungen die einer nur „kindspezifischen" Lebenswelt entstammen etc. reduziert werden können.

Klafki bestimmt den Auftrag der Schule wie folgt:

„Schule hat immer noch den Auftrag, Aufklärung über noch nicht Bewusstgewordenes, noch Unbefragtes, noch vermeintlich Selbstverständliches zu leisten, sofern daraus Folgen für heutiges und späteres Handeln, vor allem für andere Menschen resultieren oder resultieren können" (Klafki 2009, 10).

Diese Aufklärungsbedürftigkeit besteht jedoch nicht nur für die jüngere Generation, sondern ebenso immer wieder und immer noch für die ältere. Es gibt

---

18　Diese generationale Differenz als Betrachtungsperspektive bietet auch noch einen weiteren Aspekt: Lange konstatiert, dass Kinder sich nicht umstandslos in soziale Praktiken einführen lassen, „sondern dem eigene Interessen und Instrumentalisierungen entgegensetzen, ohne dass das gesamte Arrangement gesprengt wird" (Lange 2008, 74).

keine Sicherheit darüber, dass Lehrerinnen und Lehrer diese Aufklärung zu jeder Zeit in all ihrem Tun leisten und nicht ebenso in Verstrickungen und noch nicht Bewusstgewordenem verfangen sind, was an den Ausführungen zur Erinnerung an den Nationalsozialismus exemplarisch deutlich gemacht wurde und ebenso auf andere Bildungsinhalte zutreffen mag.

Vielmehr geht es folglich um ein Bildungsverständnis, das an der Bedeutung von Bildungs- und Reflexionsprozessen festhält und gleichsam die Grenzen eines solchen Verständnisses reflektiert. Schule ist in ihrer gesellschaftlichen Reproduktionsfunktion in den Erinnerungsdiskurs verstrickt und nur begrenzt zur Etablierung erinnerungskritischer Momente fähig. In dieser Widersprüchlichkeit bleibt sie jedoch dazu verpflichtet, „allgemeine Aufklärung, die ein geistiges, kulturelles und gesellschaftliches Klima schafft, das eine Wiederholung nicht zulässt, ein Klima also, in dem die Motive, die zu dem Grauen geführt haben, einigermaßen bewusst werden" (Adorno 1970, 91), zu forcieren. Für Deckert-Peaceman bedeutet dies,

> „GrundschülerInnen Einsichten in meist medial vermittelte Erinnerungskonstruktionen zu vermitteln und ihnen die Möglichkeiten für eigene Zugänge zu eröffnen. Eigene Zugänge entspringen nicht einer angenommen kindlichen Erlebniswelt, sondern vollziehen sich in der Teilnahme am Erinnerungsdiskurs" (Deckert-Peaceman 2006, 45).

Literaturverzeichnis

Abram, Ido (1996): Erziehung und humane Orientierung. In: Abram, Ido; Heyl, Matthias: Thema Holocaust. Ein Buch für die Schule. Reinbek bei Hamburg, 11-60.

Adorno, Theodor W. (1971): Erziehung nach Auschwitz 1966. In: Adorno, Theodor W.: Erziehung zur Mündigkeit. Frankfurt/Main, 88-104.

Aly, Götz (1992): Wider das Bewältigungs-Kleinklein. In: Loewy, Hanno (Hrsg.): Holocaust: Die Grenzen des Verstehens. Reinbek bei Hamburg, 42-51.

Assmann, Aleida; Frevert, Ute (1999): Geschichtsvergessenheit. Geschichtsversessenheit. Stuttgart.

Assmann, Aleida (2001): Wie wahr sind Erinnerungen? In: Welzer, Harald (Hrsg.): Das soziale Gedächtnis. Geschichte, Erinnerung, Tradierung. Hamburg, 103-122.

Assmann, Jan (1992): Das kulturelle Gedächtnis. Schrift, Erinnerung und politische Identität in frühen Hochkulturen. München.

Bilstein, Johannes (2005): Der Untergang des Erwachsenen. In: Westphal, Kristin (Hrsg.): Zeit des Lernens. Perspektiven auf den Sachunterricht und die Grundschul-Pädagogik. Beiheft Nr. 2., 113-122. www.widerstreit-sachunterricht.de

Borries, Bodo von (2000): Interkulturelle Dimensionen des Geschichtsbewusstseins. In: Fechler, Bernd; Kößler, Gottfried; Liebertz-Groß, Till (Hrsg.): „Erziehung nach

Auschwitz" in der multikulturellen Gesellschaft. Pädagogische und soziologische Annäherungen. Weinheim. München, 119-139.

Deckert-Peaceman, Heike (2002): Holocaust als Thema für Grundschulkinder? Ethnographische Feldforschung zur Holocaust Education am Beispiel einer Fallstudie aus dem amerikanischen Grundschulunterricht und ihre Relevanz für die Grundschulpädagogik in Deutschland. Frankfurt/Main.

Deckert-Peaceman, Heike (2003): Aus der Vergangenheit lernen? Demokratie lernen im Kontext historisch-politischer Bildung. In: Burk, Karlheinz; Speck-Hamdan, Angelika; Wedekind, Hartmut (Hrsg.): Kinder beteiligen – Demokratie lernen? Frankfurt/Main, 66-78.

Deckert-Peaceman, Heike (2004): „Warum gibt es immer noch Nazis?" Annäherungen an Geschichte und Wirkung des Holocaust mit Grundschülern. In: Michalik, Kerstin (Hrsg.): Geschichtsbezogenes Lernen im Sachunterricht. Bad Heilbrunn, 71-86.

Deckert-Peaceman, Heike (2006): Holocaust – ein Sachunterrichtsthema? In: Pech, Detlef; Rauterberg, Marcus; Stoklas, Katharina (Hrsg.): Möglichkeiten und Relevanz der Auseinandersetzung mit dem Holocaust im Sachunterricht der Grundschule. Beiheft Nr. 3, 35-50. www.widerstreit-sachunterricht.de

Duncker, Ludwig; Popp, Walter (Hrsg.) (1998): Kind und Sache. Zur pädagogischen Grundlegung des Sachunterrichts. Weinheim. 3. Aufl.

Flügel, Alexandra (2009): „Kinder können das auch schon mal wissen ...". Nationalsozialismus und Holocaust im Spiegel kindlicher Reflexions- und Kommunikationsprozesse. Opladen.

Georgi, Viola B. (2004): Nationalsozialismus und Holocaust im Selbstverständnis von Jugendlichen aus Einwandererfamilien. In: Frölich, Margrit; Lapid, Yariv; Schneider, Christian (Hrsg.): Repräsentationen des Holocaust im Gedächtnis der Generationen. Zur Gegenwartsbedeutung des Holocaust in Israel und Deutschland. Frankfurt/Main, 203-221.

Habermas, Jürgen (1981): Theorie des Kommunikativen Handelns. Band 1 und 2. Frankfurt/Main.

Heinzel, Friederike (2005): Subjekt und Methode – Wege einer kindzentrierten Grundschulforschung. In: Götz, Margarete; Müller, Karin (Hrsg.): Grundschule zwischen den Ansprüchen der Individualisierung und Standardisierung. Wiesbaden, 53-67.

Kahlert, Joachim (1998): Grundlegende Bildung im Spannungsverhältnis zwischen Lebensweltbezug und Sachanforderung. In: Marquardt-Mau, Brunhilde; Schreier, Helmut (Hrsg.): Grundlegende Bildung im Sachunterricht. Bad Heilbrunn, 67-79.

Kahlert, Joachim (2005): Sachunterricht als fächerübergreifender Lernbereich. In: Einsiedler, Wolfgang u.a. (Hrsg.): Handbuch Grundschulpädagogik und Grundschuldidaktik. Bad Heilbrunn. 2., überarb. Aufl., 550-560.

Kahlert, Joachim (2005b): Der Sachunterricht und seine Didaktik. 2. überarb. Aufl.

Kelle, Helga (2009): Kindheit. In: Andresen, Sabine u.a. (Hrsg.): Handwörterbuch Erziehungswissenschaft. Weinheim. Basel, 464-477.

Klafki, Wolfgang (2009): Allgemeinbildung in der Grundschule und der Bildungsauftrag des Sachunterrichts. In: Pech, Detlef; Rauterberg, Marcus; Scholz, Gerold (Hrsg.): Archäologie des Sachunterrichts. Beiheft Nr. 6, 3-18. www.widerstreit-sachunterricht.de

Köhnlein, Walter (1996): Leitende Prinzipien und Curriculum des Sachunterrichts. In: Glumper, Edith; Wittkowske, Edith (Hrsg.): Sachunterricht heute. Zwischen interdisziplinärem Anspruch und traditionellem Fachbezug. Bad Heilbrunn, 46-76.

Köhnlein, Walter (2004): Sachunterricht. In: Keck, Rudolf W. u.a. (Hrsg.): Wörterbuch Schulpädagogik. Bad Heilbrunn. 2., völlig überarb. Aufl., 370- 375.

Köhnlein, Walter (2005): Aufgaben und Ziele des Sachunterrichts. In: Einsiedler, Wolfgang u.a. (Hrsg.): Handbuch Grundschulpädagogik und Grundschuldidaktik. Bad Heilbrunn. 2., überarbeitete Aufl., 560-572.

Kraushaar, Wolfgang (1995): Zivilisationsbruch Auschwitz – Singularität versus Universalität der Judenvernichtung. In: Schreier, Helmut; Heyl, Matthias (Hrsg.): „Dass Auschwitz nicht noch einmal sei ...“ Zur Erziehung nach Auschwitz. Hamburg, 121-140.

Lange, Andreas (2008): Soziologie der Kindheit und frühkindlichen Bildung. In: Thole, Werner; Rossbach, Hans-Günther; Fölling-Albers, Maria; Tippelt, Rudolf (Hrsg.): Bildung und Kindheit. Opladen, 65-81.

Messerschmidt, Astrid (2003): Bildung als Kritik der Erinnerung. Lernprozesse in Geschlechterdiskursen zum Holocaust-Gedächtnis. Frankfurt/Main.

Pech, Detlef; Rauterberg, Marcus; Stoklas, Katharina (Hrsg.) (2006): Möglichkeiten und Relevanz der Auseinandersetzung mit dem Holocaust im Sachunterricht der Grundschule, Beiheft Nr. 3. www.widerstreit-sachunterricht.de

Pech, Detlef (2009): Sachunterricht – Didaktik und Disziplin. Annäherung an ein Sachlernverständnis im Kontext der Fachentwicklung des Sachunterrichts und seiner Didaktik. In: www.widerstreit-sachunterricht.de Ausgabe Nr. 13. Oktober 2009, 1-10.

Pingel, Falk (2002): Unterricht über den Holocaust. Eine kritische Bewertung der aktuellen pädagogischen Diskussion. In: Fuchs, Eduard; Pingel, Falk; Radkau, Verena (Hrsg.): Holocaust und Nationalsozialismus. Innsbruck, Wien, München, Bozen, 11-23.

Quindeau, Ilka (1998): Unbewusste Prozesse in der individuellen und gesellschaftlichen Auseinandersetzung mit Auschwitz und dem Nationalsozialismus. In: Moysich, Jürgen; Heyl, Matthias (Hrsg.): Der Holocaust. Ein Thema für Kindergarten und Grundschule?. Hamburg, 51-67.

Rauterberg, Marcus (2003): Überlegungen zu einer faktischen Ignorierung des Kindes und zu einer subjekt- und prozessorientierten Forschungsfrage in der Didaktik des Sachunterrichts. Vortragsmanuskript vom 29.10.1999. In: www.widerstreit-sachunterricht.de Ausgabe Nr. 0. Januar 2003, 1-7.

Rauterberg, Marcus; Scholz, Gerold (2003): Die Welt im Bild – Anmerkungen zur Gegenstandskonstitution des Sachunterrichts. In: www.widerstreit-sachunterricht.de Ausgabe Nr. 0. Januar 2003. Frankfurt/Main, 1-18.

Rauterberg, Marcus (2005): Raum und Zeit im Sachunterricht 1920-2000. In: Westphal, Kristin (Hrsg.): Zeit des Lernens. Perspektiven auf den Sachunterricht und die Grundschul-Pädagogik. Widerstreit-Sachunterricht. Beiheft Nr. 2, 23-65. www.widerstreit-sachunterricht.de

Richter, Dagmar (2002): Sachunterricht – Ziele und Inhalte. Hohengehren.

Rosenberger, Katharina (2005): Kindgemäßheit im Kontext. Zur Normierung der (schul-) pädagogischen Praxis. Wiesbaden.

Scholz, Gerold (2003): Gesellschaftliches Lernen in der Grundschule – Wider das Verschwinden der politischen Bildung. In: Burk, Karlheinz; Speck-Hamdan, Angelika; Wedekind, Hartmut (Hrsg.): Kinder beteiligen. Demokratie lernen. Beiträge zur Reform der Grundschule. Bd. 116. Frankfurt/Main, 39-53.

Von den Steinen, Sigrid (2005): Der Bildungsauftrag der Grundschule und die Prinzipien der Grundschuldidaktik. Material zur Vorlesung. http://www.uni-koblenz.de/~gpstein/old/archiv/ws04_05/1.1.47_einfuehrung_gp/7.vorlesung.pdf (12.12.2009)

Wegener-Spöhring, Gisela (1998): „Die Menschen stärken und die Sachen klären". Bildung in der Grundschule heute. In: Bildung und Erziehung. Heft 3, Jahrgang 51. September 1998. Pädagogische Laboratorien, 329-346.

Wegener-Spöhring, Gisela (2002): Sachunterricht im Spannungsfeld von Lebensweltbezug und Wissenschaftsorientierung. In: Sekul, Stefan (Hrsg.): Arbeits- und Diskussionspapier zur Didaktik des Sachunterrichts in der Primarstufe. Nr. 1. Köln. oder: http://www.uni-koeln.de/ew-fak/zkpls/Downloads/Arbeitspapiere/Arbeitspapier-SU-I-Wegener-Spoehring.pdf (11.2.2010).

Wegener-Spöhring, Gisela (2004): Aufmüpfigkeit und Freude unerwünscht – Lebensweltliche Kinderinteressen im Sachunterricht. In: Korte, Petra (Hrsg.): Kontinuität, Krise und Zukunft der Bildung – Analysen und Perspektiven. Münster, 135-152.

Welzer, Harald; Möller, Sabine; Tschuggnall, Karoline (2002): Opa war kein Nazi. Nationalsozialismus und Holocaust im Familiengedächtnis. Frankfurt/Main.

Young, James E. (2002): Nach-Bilder des Holocaust in zeitgenössischer Kunst und Architektur. Hamburg.

Freizeit/Reise

Wünsche und Träume auf Reisen – Über die Schwierigkeit der Erziehungswissenschaft mit dem Tourismus[1]

Gisela Wegener-Spöhring

1   Reisen: Wünsche und Träume von einem besseren Leben

Ich beginne mit einem Szenario aus dem Zentrum des Massentourismus, aus Mallorca.

Traumstadt
Ein Gang durchs abendliche, dunkle Cala Ratjada: Traumstadt, voller bunter Lichter, voller Musik, voller Menschen. Geschäfte, Restaurants, Hotels, Spielhallen, Discos reihen sich nahtlos aneinander – ein Rummel. Die Frauen tragen glitzernde T-Shirts, Blusen mit Spitzen, breite ornamentale Ledergürtel, flatternde Kleider. Die Männer tun sich schwerer mit der Präsentation einer Urlaubserscheinung – aber alle sind sie verschönt durch das sanfte Nachtlicht mit den bunten Lampen darin, verschönt auch durch die Bräune des Südens. Zwei Frauen vom Nachbartisch im Essenssaal des Hotels kommen mir entgegen wie zwei bunte Vögel: schillernd, geschminkt, tiefbraun. Dazu Schmuck, blondierte Haare, weißglänzende Fingernägel. Urlaubsmasken – in eine Wolke von Parfüm gehüllt, die mir noch nachschwebt, als sie schon längst vorüber sind. Natürlich haben sie etwas Vulgäres, Penetrantes, im Aufforderungscharakter Unzweifelhaftes. Dennoch sind sie in ihrer Eindeutigkeit ein Stück weit verführerisch und mit Sicherheit in ihrer Lebenswelt authentisch. Hier wird gelebt, so wie es eben jeder kann. Sollte ich mich besserwisserisch, mittelschichtorientiert und kulturbeflissen überheben? Die Probleme, die dieses Leben für das bereiste Land mit sich bringt, kenne ich. An diesem Abend jedoch sehe ich das Bedürfnis der Menschen nach Schönheit, nach Identität mit dem eigenen Körper und nach Geselligkeit, Zuwendung zu dem anderen. In dem kleinen Hafenlokal sitzen sie ausnahmslos nicht der zauberhaften Aussicht auf das Wasser zugewandt, sondern

---

1   Dieser Beitrag erschien zuerst in: Lernen auf Reisen? Reisepädagogik als neue Aufgabe für Reiseveranstalter, Erziehungswissenschaft und Tourismuspolitik. Bensberg 1991, 65-90. Wiederabdruck mit freundlicher Genehmigung der Autorin.

– dieser den Rücken kehrend – schauen sie auf die vorbeiflanierenden Menschen: Sehen und Gesehen werden. Ein Schauspiel, ein Spiel, ein Urlaubsspiel.

Wünsche und Träume – das war schon immer ein wesentlicher Motor menschlichen Reisens. Wünsche und Träume nach Identität und subjektivem Erleben mit Sinnen und Körpern. „Der Tourismus ist eine nach vorne weisende Veranstaltung, die ein Bild vom besseren Leben in sich trägt", sagt Armanski (1986, 10); und jüngst schreibt Opaschowski: „Die Traumreise bleibt psychologische Realität – als Idee und Symbolträger für alles, was das Leben lebenswert macht. Sie bereichert das Seelenleben und hält innerlich mobil" (1989b, 38). Die Tourismusindustrie hat das von jeher erkannt und den Urlaubern Wünsche und Träume verkauft, ganze Szenarios; Cala Ratjada war ein Beispiel.

Die Profite gaben ihr Recht. Wollen wir das weiter völlig widerspruchslos akzeptieren? Schon 1979 sagen Prahl/Steinecke: „Nur wenn die Bildungsinstitutionen sich weiterhin gegenüber dem Massentourismus so ignorant wie bisher verhalten, hat das Tourismuskapital ein leichtes Spiel" (261). Wenn sich Pädagogik hier wirklich und mit Konsequenzen einmischen will, dann wird sie sich den Wünschen und Träumen der Menschen, den utopischen und irrationalen Anteilen des Reisens zuwenden müssen. Über Modelle des Lehrens und Lernens wird das kaum möglich sein, auch nicht über eine Reisedidaktik, die bei einer alten Schulpädagogik in die Lehre gegangen ist.

Ich werde Erkenntnisse einer neuen Schulpädagogik rezipieren und vorher Reisen als Spiel beschreiben.

2   Mein Reisemodell

2.1 Reisen als Spiel

Eine Analyse der wichtigsten Reisemotive (Reiseanalyse 1984; Opaschowski 1987/1989a) enthüllt Urlaub als eine ambivalente Situation: Die Reisenden wollen Ruhe und Sonne und Heraus-aus-dem-Alltag und neue Eindrücke; das Urlaubsgeschehen pendelt zwischen zwei gegensätzlichen Motiven, ist ambivalent. Ambivalenz jedoch ist definierendes Merkmal eines Spiels (Nahrstedt/Wegener-Spöhring 1989). Mit dem letztgenannten Motiv meinen die Reisenden nicht Kultur und Bildung, sie meinen damit auch nicht unbedingt Aktivität, schon gar nicht Risiko und echtes Abenteuer. Der Wunsch nach Neuem, nach Abwechslung, nach begrenztem Abenteuer wird befriedigt in einer „reduzierten und berechenbaren Welt", begleitet vom „durchorganisierten Risiko" (Armanski 1986, 108f.). Die Reisenden wollen – so Enzensberger (1964, 193) – das Abenteuerliche, Elementare, Unberührte, aber sie wollen es in der harmlosen Form einer Urlaubsreise. „Zugleich zugänglich und unzugänglich, zivilisationsfern und komfortabel soll das Ziel sein". Wir stoßen auf eine zweite Ambivalenz des Urlaubsgeschehens: Urlaub als Balance zwischen Gegensätzlichkeiten. Gestützt wird dies durch Ergebnisse der Freizeitpsychologie. So führt Winter als wesentlichen Teil angenehmen Freizeiterlebens die „Kunst des In-der-Schwebe-Haltens" an, das spielerische Umgehen mit Vagheiten, Diskrepanzen und Mehrdeutigkeiten, arrangierte Schwankungen um eine, für sich alleine genommen langweilige Mittellage (Winter, 1986, 47).

Als zweites nennt Winter in diesem Zusammenhang eine „Tendenz zur Vereinfachung durch Komplexitätsreduktion" (46); ähnlich kommt Schober (1981, 48ff.) in seinem Resümee der Reiseanalyse 1979 zu vier touristischen „Erlebnisbereichen" (exploratives Erleben, biotisches Erleben, kommunikatives Erleben, Selbstwertgefühl), die er als „ursprünglich, einfach und heiter" charakterisiert. „Der Bewußtseinsgrad ist eher herabgesetzt. Sie sind archaisch und stehen als notwendiger Kontrast zur hochdifferenzierten, zweckbetonten, indirekten Alltagswelt"; Erleben im Urlaub „ – ein archaisches Vergnügen" (Schober 1981, 50).

Urlaub als reduzierte und berechenbare Welt, in archaisch-einfachem und heiterem Kontrast zur Alltagswelt funktioniert innerhalb eines überschaubaren und abgegrenzten Raumes, innerhalb einer abgesteckten, definierten Zeit nach Spielregeln, die der Reisende kennt und die ihm Sicherheit geben – und kennt er sie nicht, so kann er sie rasch lernen. Der Massentourist wird auf die Einhaltung dieser Regeln, auf die damit gegebene Distanz zur Alltagswelt pochen; eine Reisepädagogik wird sich ihm in diesem Rahmen zuwenden müssen. – Ambivalenz und Spielregeln mit der Vorgabe von Raum, Zeit und Rollenverhalten – Reisen ist damit als Spiel beschrieben.

Damit im Zusammenhang steht die Tatsache, daß Tourismus immer wieder als Flucht, als Traum und als Utopie verstanden wird. Bekanntgeworden ist das Wort Krippendorfs vom „Fluchthelfer" Tourismus (1986, 15); Enzensberger (1964, 191) spricht von der Flucht vor der selbst geschaffenen Realität, von einer Fluchtbewegung aus der Wirklichkeit (204), Kentler bezeichnet Urlaub als „Auszug aus dem Alltag" (1965; zit. nach Grabbe/Nahrstedt 1982, 29). Diese Flucht wird ambivalent gesehen; sahen Giesecke u. a. darin noch die Möglichkeit der Emanzipation vom Alltag (1967, 69ff.), so beurteilt Enzensberger die dabei erfahrene Freiheit als „Massenbetrug" (1964, 205).

Es bleibt ein Janus-Gesicht des Tourismus – „wirklich menschliches Bedürfnis und kapitalistisch verkehrtes in einem zu sein" (Armanski 1986, 10) – die Ambivalenz, die dem Spiel eignet und die nicht aufzulösen ist (vgl. Wegener-Spöhring 1988b, 129ff.).

Und hier spielt der Tourist seine Rolle, eine Spiel-Rolle.

2.2 Die totale Touristenrolle

Bei Opaschowski lese ich: „Eine Urlaubsrolle wird in einem nichtalltäglichen Rahmen gespielt ... Von den Fesseln des Alltags befreit, sieht sich der Urlauber selbst als Akteur" (1989b, 77). Und ich ergänze: Im Urlaubs-Spiel spielt er eine totale Rolle mit Narrenfreiheit.

In einer solchen Rolle beschreibt Goffman den englischen Touristen Preedy, der am Badestrand eines spanischen Hotels auftritt:

> „Auf alle Fälle aber war er darauf bedacht, niemandem aufzufallen. Als erstes mußte er allen, die möglicherweise seine Gefährten während der Ferien sein würden, klar-machen, daß sie ihn überhaupt nichts angingen. Er starrte durch sie hindurch, um sie herum, über sie hinweg – den Blick im Raum verloren. Der Strand hätte menschen-leer sein können. Wurde zufällig ein Ball in seine Nähe geworfen, schien er über-rascht; dann ließ er ein amüsiertes Lächeln über sein Gesicht huschen (Preedy, der Freundliche), sah sich um, verblüfft darüber, daß tatsächlich Leute am Strand waren, und warf den Ball mit einem nach innen gerichteten Lächeln – nicht etwa mit einem, das den Leuten zugedacht wäre – zurück und nahm heiter seine absichtslose Be-trachtung des leeren Raums wieder auf. Aber jetzt war es an der Zeit, eine kleine Schaustellung zu inszenieren, die Schaustellung Preedys, des Geistmenschen. Durch geschickte Manöver gab er jedem, der hinschauen wollte, Gelegenheit, den Titel seines Buches zu bemerken – einer spanischen Homer-Übersetzung, also klassisch, aber nicht gewagt und zudem kosmopolitisch -, baute dann aus seinem Bademantel und seiner Tasche einen sauberen, sandsicheren Schutzwall (Preedy, der Metho-dische und Vernünftige), erhob sich langsam und räkelte sich (Preedy, die Raub-katze!) und schleuderte die Sandalen von sich (trotz allem: Preedy, der Sorglose!). Preedys Hochzeit mit dem Meer! Es gab verschiedene Rituale ... (Preedy, der altein-gesessene Fischer)." (Goffman 1973, 8)

Schon 1960 hat Knebel in seinem Buch „Soziologische Strukturwandlungen im modernen Tourismus" die Urlaubsrolle als eine der totalsten aller überhaupt möglichen Rollen beschrieben (99ff.), gekennzeichnet durch „conspicious ex-perience", dem „augenfälligen Erlebnis", das die Tourismusindustrie aufgrund der „Außenleitung" des Touristen bereitstellt.

Urlaub – ein fremdbestimmtes Spiel, in dem der Reisende seine Rollen in beliebigen Umwelten spielt.

Urlaub – ein selbstbestimmtes Spiel, in dem der Reisende seine (Spiel-) Rolle wählt (Innenleitung) und in seinem Erleben authentisch ist.

Das ist mein Thema.

Zunächst jedoch frage ich, wie es das Podiumsthema vorgibt: „Tourismus – von der Erziehungswissenschaft vergessen?". Ich sehe drei disziplinorientierte Begründungen dafür, weshalb sich Pädagogik mit dem Reisen schwer tut.

3 Tourismus – von der Erziehungswissenschaft vergessen? Disziplinorientierte Begründungen

3.1 Die Angst der Pädagogik vor dem Vergnügen

Erziehungswissenschaft hat die Aufgaben einer kritischen Durchleuchtung gesellschaftlicher Phänomene und einer Einflußnahme auf ihre menschenwürdigere Ausformung stets dort erfüllt, wo es darum ging, Menschen zu „verbessern", sie etwas zu lehren, oder aber darum, Fehlfälle menschlichen Lebens zu reparieren. Ich rekurriere auf die etablierten pädagogischen Teildisziplinen der Schulpädagogik, der Erwachsenenbildung und Jugendarbeit, der Sozial- und Heilpädagogik. Wo es aber um das Vergnügen der Menschen ging, um Spaß, Freude und Erheiterung, da hat sie bestenfalls geschwiegen. Verständnis hat sie kaum gezeigt, vielmehr eher streng und moralisch zur Mäßigung geraten. Nicht zuviel Spielzeug etwa sollten die Kinder besitzen – darin waren sich die Spielpädagogen über lange Zeit hin einig – und dieses Wenige sei einfach, damit es variabel zu verwenden sei. Einfach! Spielzeug – diese Lust der Kinder, dies technisierte Brimborium, dieser häßliche Plastikraum, diese Provokation der Erwachsenen! – Nicht zuviel Spielzeug, nicht zuviel Fernsehen, nicht zuviel Comics – und nicht zuviel Reisen!

Spiel ist die Freiheit der Kinder; es ist aufmüpfig und entzieht sich dem pädagogischen Zugriff (vgl. Wegener – Spöhring 1989a). Reisen könnte die Freiheit der Erwachsenen sein – wie die DDR-Bürger uns derzeit augenfällig demonstrieren. – So machen Spiel und Reise uns Angst, weil die Konzepte gesetzter Lernziele und stetiger Lernfortschritte nicht mehr greifen. Jüngst schreibt Schäfer in seinem Aufsatz „Der überraschte Pädagoge": „Auch heute noch scheinen Pädagogen den Boden unter den Füßen zu verlieren, wenn man sie keine Ziele mehr bestimmen, keine Lern- und Erfahrungswege mehr planen, keine Menschen mehr in humanistischer, kritischer oder anderer Absicht verbessern ließe" (1989, 36). – Haben wir Pädagogen Angst vor dem Spaß und der Freude der Menschen, vielleicht gar vor zuviel Freiheit? Ich lasse die Frage offen; eine Freizeit- und Reisepädagogik sollte sich freilich klar von solchen Tendenzen absetzen.

3.2 Die Einengung der Pädagogik auf einen engen Lern- und Bildungsbegriff

Es reichte, wenn der Kopf der Kinder zur Schule ginge, so sagt man. Ihre Körper und Sinne, Ihre Wünsche und Träume wie auch ihre Subjektivität kommen dort – wie überhaupt in der Pädagogik – kaum vor. Während die Körper auf Schul-

möbeln sitzen – und jeder Lehrer weiß, wie leidvoll für Kinder das oft ist –
lernen die Köpfe das Abstrakte, das System (der Hund, das Säugetier) und nicht
das, was anrührt, verwirrt oder freut: Der Hund, den ich gern geschenkt bekäme,
mit dem ich spiele, der mir nicht gehorcht ... Das Leben ist so mannigfaltig. Es
kommt bei dieser Art des Lernens nicht vor. Vielmehr ermöglicht die didaktische
Lehrfigur des Übens die Reinigung des Lernens vom gegenwärtig empfundenen
Handlungsinn; isolierte Einzelaktivitäten werden an Aufgaben geschult, „die sich
durch Wiederholbarkeit, Unterschiedlichkeit und Abstufung auszeichnen"
(Foucault 1976, 208; Rumpf 1981, 165). Übrig blieb ein „körperloses Lernen"
(Rumpf 1980, 459). „Man könnte wohl ... einen Nachholbedarf der Bildungs-
theorie konstatieren und ... die in den Hintergrund geratene Leibhaftigkeit aller
Bildung wieder stärker ins Bewußtsein heben", sagt Mollenhauer (1987, 2).
Vielleicht könnte eine Freizeit- und Reisepädagogik hier Vorreiter sein.

3.3 (Reise-)pädagogischer Hochmut und Wissenslücken

Den Institutions-, Pauschal- und Massentouristen haben wir als „Neckermann"
verachtet. Er entsprach unseren Bildungs- und Lernvorstellungen kaum. Verachtung aber verunmöglicht eine pädagogische Beziehung von Beginn an;
Grundlage der Wissenschaft vom Menschen ist vielmehr Akzeptanz. Zum
anderen aber macht Verachtung blind. Und so wissen wir kaum, was in den
Zentren des Massentourismus wirklich geschieht. Ich halte viel von einer Erziehungswissenschaft, die sich verstehend ins Feld begibt. Denn Verstehen ist
die zweite Grundlage pädagogischen Handelns. Jeder Lehrer weiß das, wenn er
am Beginn seiner Unterrichtsplanung über die „Eingangsvoraussetzungen"
seiner Schüler nachsinnt: Was wollen sie im Unterricht, was wissen sie schon,
was nützt ihnen der Unterrichtsgegenstand im gegenwärtigen und zukünftigen
Leben, in ihrer „Lebenswelt"? Für den Bereich des Reisens, so behaupte ich,
wäre diese Denkarbeit allererst noch zu leisten.

Welche erziehungswissenschaftlichen Konzepte können nun greifen, um
eine akzeptierende Reisepädagogik auf den Weg zu bringen?

4   Reisepädagogisch relevante Konzepte der Erziehungswissenschaft

4.1 Praktische Diskurse

Gerade hat Klafki die Erziehungswissenschaft aufgefordert, „Exempla" praktischer Diskurse „zu entwickeln", „also die Möglichkeiten konsensorientierter

Diskurse über strittige Fragen der pädagogischen Zielbestimmungen im Vollzug aus(zu)loten" (1989, 157). Wenn er hier die Bereiche der Friedenserziehung und der Sexualerziehung nennt, so möchte ich ihnen den der Reisepädagogik zur Seite stellen. Vielleicht sollte pädagogisches Handeln „weises" Handeln sein. „Weises Handeln (aber) erfordert ein Wissen über die Welt, in der wir handeln", schreibt Hans Aebil in seinem Essay über die Weisheit in einer der letzten Ausgaben der Zeitschrift für Pädagogik (1989, 616). Und dieses Wissen über die Welt werden wir nur über die Beteiligung der Betroffenen erhalten; nur so werden wir erkennen, was wirklich ist. Ich hatte nicht die Möglichkeit, diesen von Klafki empfohlenen Diskurs in einer touristischen Situation durchzuführen. Aber auf meinen Reisen öffne ich Augen und Ohren ohne Voreingenommenheit und lerne. Ich halte viel von einer Pädagogik, die sich den Betroffenen, den Reisenden verstehend zuwendet. Mein theoretisches Konzept ist das der Lebenswelt.

4.2 Lebenswelt

Die „Lebenswelt" meint zum einen die biographische Situation eines Menschen, die Summe seiner aktuellen und früheren Erfahrungen, seine Art und Weise, sich diese Welt vorzustellen, in ihr zu leben, und Dingen und Ereignissen darin Bedeutung zu geben. Gleichzeitig ist die Lebenswelt eine immer schon interpretierte, mit anderen „geteilte" Welt, eine soziale Konstruktion. Die Deutungsmuster und Interpretationsregeln, mit denen Menschen ihrem Leben Sinn geben, sind gelernt, gesellschaftlich erworben und damit historisch variabel. Die Lebenswelt besteht also aus einem Zusammenspiel von personalen und sozialen, von individuellen und objektiven Anteilen, die einander wechselseitig bedingen. So hat es der symbolische Interaktionismus beschrieben und schon G. H. Mead mit seinem Begriffspaar „I" und „me" gefaßt sowie Goffman in seiner Gegenüberstellung von der personalen und der sozialen Identität: Individuum und Gesellschaft werden als wechselseitig aufeinander verwiesen gesehen. -Diese Lebenswelt ist dem Menschen nun keineswegs stets voll bewußt, dennoch ist sie äußerst präsent und wirksam: Die Lebenswelt ist eine „Wirklichkeit par excellence", die in „ihrer imperativen Gegenwärtigkeit ... unmöglich zu ignorieren ist" (Berger/Luckmann 1972, 24). (Zum Lebensweltkonzept vgl.: Schütz 1932; Berger/Luckmann 1972; Mollenhauer 1972, 32ff; Heinze 1987, 15ff.)

Wir sollten uns hüten, diese Ignorierung reisepädagogisch zu versuchen.

4.3 Modell des Spiels

Daß mir das Modell des Spiels geeignet erscheint, reisepädagogisch Relevantes zu erklären, habe Ich bereits gesagt. – Ich rezipiere nun einige Erkenntnisse einer neuen Schulpädagogik, einer neuen Didaktik, von denen ich meine, daß sie uns den Wünschen und Träumen der Reisenden näherbringen können.

4.4 Die Termini einer "neuen Didaktik"

Da wird wichtig, was Heipcke mit „Staunen" beschreibt (1985) und Rumpf mit „nachdenklicher Aufmerksamkeit" (1986b). Da geht es um Entwicklung des „spürenden Lebens" (Pothast 1987), um „Intensivierung von Empfindungen, ... Berührtwerden, Verwickeltwerden, Angetansein" (Rumpf 1986b, 112f.). Da geht es darum, daß die Welt nicht in Distanz bleibt, wie es uns die alte Didaktik lehrte, sondern um "nicht distanzierende Weltvergegenwärtigungen" (Rumpf 1981, 180ff.). Die Lerngegenstände der Systematik und Prägnanz werden zumindest kontrapunktiert von dem, was uns anrührt – Angetansein: „dieses Auf-die-Probe-stellen, dieses Variieren der Umweltbedingungen ist durchzogen von faszinierenden Bedeutungen: Kontemplativ versunkene und instrumentell behandelnde Züge durchdringen sich" (196).

> Da geht es um meine subjektiven, ganz unverwechselbar eigenen Erfahrungen und Erlebnisse, „vom Urheber selbst beglaubigt, erklärt, verbürgt" (Mollenhauer 1987, 15). Es geht um Authentizität – wie ich mein Brunnenspiel erfinde. Ich werde es später berichten. – Da sollten wir wieder lernen, uns Zeit zu nehmen, uns geradezu im „Langsamwerden" üben, in der „Rücknahme eiliger Zuordnungen, Erklärungen, Urteile. Übungen also darin, in einem Sachverhalt wirklich präsent zu werden; das heißt aber auch, in seinem Körper präsent zu werden..." (Rumpf 1980, 460).

Da geht es um die Chance, den eigenen Körper zu bejahen, Sinne zu entdecken und das Ich eingebettet in die Umwelt zu spüren – und sich nicht krankmachend davon zu isolieren.

Da geht es um den Aufruf, „nicht länger Leblosigkeit zu lehren" (zur Lippe 1989, 280).

Ich sehe die Chance der Reise. Ich sehe die Chance der Reise, denn: „Positive Assoziationen (zum Körper) verbinden sich noch mit Kindheit und Urlaub" (zur Lippe 1980, 443). Und: „Zwischen den Beklommenheiten unserer sektionierten Sinnlichkeit und den Appellen, die getrennten Sinne wieder zusammenzuführen, bleibt eine Lücke, die, wenn überhaupt, von Ferienerfahrungen ausgefüllt wird" (Mollenhauer 1987, 9).

Die Worte sind spröde. Sie zeigen, daß das Gemeinte schwierig sein wird. Reisepädagogik wird eine „Expedition in Ungewisses" wagen müssen (Rumpf 1987, 206).

4.5 Reisepädagogik als eine Pädagogik der Unstetigkeit

Die Aufgabe war es, nach erziehungswissenschaftlichen Konzepten zu suchen, die dem Phänomen menschlichen Reisens angemessen sind und die eine akzeptierende Reisepädagogik auf den Weg bringen können. Manchmal lohnt es sich, in der Geschichte der Erziehungswissenschaft etwas weiter zurück zu gehen.

1959 hat Otto Friedrich Bollnow in seinem Buch „Existenzphilosophie und Pädagogik" eine „Pädagogik der Unstetigkeit" beschrieben. Er schildert nicht planbare, sehr intensive, plötzliche Ereignisse mit dem Ergebnis der „Erschütterung" und der „existentiellen Berührung" (121f.); er sieht „Wagnis und Scheitern" als „Wesensmomente der Erziehung" (132ff.). Auch wenn diese Formulierungen, noch unter den Eindrücken der Kriegs- und Nachkriegserlebnisse geprägt, uns heute etwas dramatisch-negativistisch anmuten, so habe ich doch eingangs ausgeführt, daß uns als Pädagogen das Nicht-Planbare nach wie vor Angst macht. 1978 habe ich Bollnows Konzeption der unstetigen Erziehung auf das Phänomen des Spiels übertragen (vgl. Wegener-Spöhring 1978, 230ff.); jüngst hat Gerd Schäfer es aufgegriffen (vgl. oben) und spricht von Überraschungen und Krisenbewältigungen als Aufgaben der Pädagogik (1989, 37f.). Konkret bedeutet dies die Forderung, „das unstetige Moment der Bildung, nämlich die Entstehung von neuen subjektiven Mustern von sich und der Welt" vorbereiten zu helfen (79). Schäfer bezieht dies auf Spiel und ästhetisches Gestalten; hier greift meines Erachtens die Reise, so wie ich sie vorher modelliert habe. Zentral war darin Mollenhauers Authentizitäts-Begriff, der gleichfalls explizit mit dem Begriff der Stetigkeit bricht: „Im klassischen Bildungsbegriff ... wurde der Bildungsprozeß ... als eine lineare Abfolge von Wirkungen gedacht, als gestufte Karriere, deren Stufen durch Kausalitäts-Annahmen in eine sinnvolle Kontinuität gebracht wurden ... Das Authentizitätskonzept durchbricht diese Kontinuität" (1987, 17).

Reisepädagogik wird eine Pädagogik des wenig Planbaren und des Risikos, der Unstetigkeit und des Spiels sein müssen. Denn die Reise ist oft eine Reise ins Fremde und Unvertraute, auch wenn wir uns dies nur in verkraftbarer Portionierung zumuten. Dennoch: „Das gar zu Vertraute kann noch Risse bekommen.

Und das macht leise Lust ..." (Rumpf 1986b, 28). Diese Lust suchen wir auf
Reisen – auch wenn sie uns Angst macht.

Ich komme nun zu den Zielen einer neuen Reisepädagogik, die ich hier freilich nur andeuten kann (genauer: Wegener-Spöhring 1990). Ich beginne mit
einer Reiseszene aus dem Tessin, meiner Reiseszene.

5   Ziele einer neuen Reisepädagogik

5.1 Konkretisierung I: Brunnenspiele

Das schlichte rechteckige Steinbecken funkelt verhalten silbergrau in der Sonne.
Der Wasserstrahl fließt gleichmäßig aus dem Steinrohr in der rechteckigen
Steinsäule, die das Becken überragt. Doch ist es trotz des Ton-Ebenmaßes eine
sanfte Melodie: Ein dunkler Unterton, rhythmisch unterbrochen nach der
Schwere des fallenden Strahls – kaum hörbar, dennoch deutlich – darüber der
helle Oberton des Plätscherns. Und manchmal greift der Wind ein, bläst den
Strahl weiterhin ins Becken, läßt Tropfen fallen, holt dann den Strahl zurück –
ein Intermezzo. Ich lausche lange, lange. Eine Melodie, die die Nerven streichelt
und den Atem ruhig gehen lässt.

Ich wasche die Hände im Strahl, fühle, wie er darüber rinnt, kühle die Ge-
lenke, wasche auch Gesicht und Füße und trockne alles auf den sauberen Steinen
in der Sonne. Das ist ein Gefühl der Frische, mit dem keine Badeessenz werben
könnte. Jetzt taucht ein Schäferhund die Nase in das Becken. „Plam, plam,
plam", beschreibt seine Herrin das Trinken lautmalerisch begabt. Plam, plam -
rhythmisch, kantig – dazu das Plätschern – Brunnenmusik. Als Hund und Herrin
fort sind, mache ich Brunnenmusik mit den Händen, mit den Fingern, lasse den
Strahl zerstieben, in Tropfen splittern, fange ihn auf und lasse die Masse
plätschernd fallen, unterbreche den Strahl mit den Fingerspitzen, wieder, wieder.
So entfache ich ein Staccato, variationsreich, synkopisch, setze dröhnende Orgel-
punkte, erfinde schnelle Läufe und vibrierende Triller -ein Furioso. Ich bin ent-
zückt. Dazu noch das Funkeln der Tropfen, der Brechungen des Strahls im
Sonnenlicht. Und noch diese Variation: Zum Ostinato des Plätscherns schöpfe
ich das Wasser in rhythmischen Schüben ins Abflußrohr, das im Becken auf-
steigt; auch das ist möglich. Ich könnte dazu singen, denke ich. Ich tue es.

Mein Wasserspiel, authentisch meines. Es fesselt mich lange.

Ich habe Urlaub als Spiel beschrieben; so möchte ich die Ziele einer neuen
Reisepädagogik mit denselben Begriffen systematisieren, wie ich sie früher für
das Spiel verwendet habe (vgl. Nahrstedt/Wegener-Spöhring 1989).

5.2 Ziele einer neuen Reisepädagogik im Rekurs auf das Reisemodell "Spiel"

Auf der Grundlage meines Reisemodells „Spiel" sehe ich folgende Ziele einer neuen Reisepädagogik:

- **Variabilität** als das spielerische Erproben von Identitäten, Urlaubsrollen: „Hier stehe ich und könnte auch ganz anders"; so formulierte Klaus Prange das bekannte Luther-Wort um (1985). Hier könnte ich ein Stück Freiheit auf Reisen realisieren.
- **Authentizität** als die Möglichkeit zu den eigenen, ganz subjektiven Erfahrungen und Erlebnissen, „vom Urheber selbst beglaubigt, erklärt, verbürgt" (Mollenhauer 1987, 15).
- Das **Denken von Möglichkeiten** und das Zulassen **von Wünschen und Träumen,** die sonst in der offiziellen Kultur nicht vorkommen. Wer wünscht und träumt, ist nicht vorschnell mit der Realität zufrieden – das ist das utopische Moment des Urlaubs.
- **Zeiterleben** als Gegenwärtigkeit, Intensität und erfüllter Moment. Im Urlaub kann die Zeit noch einmal subjektiv und erlebnisabhängig sein, wie im kindlichen Spiel. Der Moment ist unendlich und ist hier und jetzt.
- **Wiedergewonnene Körperlichkeit** als die Chance, den eigenen Körper zu bejahen, Sinne zu entdecken und das Ich eingebettet in die Umwelt zu spüren – und sich nicht krankmachend davon zu isolieren.
- Und das **Wissen um die Variabilität der Wirklichkeit.**
- McCall/Simmons, Theoretiker des Symbolischen Interaktionismus, schreiben: „Realität ist in dieser eigentümlichen menschlichen Welt also keine feste, unveränderte Sache, sondern zerbrechlich und auf Absprachen beruhend – eine Sache, die diskutiert und durch Kompromisse und Gesetze geregelt werden muss" (1974, 68).

Ich schließe dies Kapitel mit einer zweiten essayistischen Konkretisierung von einer Reise nach Italien.

5.3 Konkretisierungen II: Die Variabilität der Wirklichkeit

Parco dei Mostri, der Park der Ungeheuer in Bomarzo (Umbrien). Realität und Traum, Lebendiges und Mythos, Bomarzo mischt sie neu, läßt Grenzen verschwinden und neue deutlich werden. Im schiefen Haus geraten die Gesetze der Normalität außer Kraft. Unbändig zieht mich die Schwerkraft nach hinten, ich torkle fast und halte mich an der Rückwand. Das Vorwärts-Gehen zum Fenster wird mir unendlich schwer, und wirblig im Kopf ist mir's, als ich nach draußen sehe. Dort die normale Perspektive, die zu der hier drinnen nicht paßt. Welche ist richtig? Wer soll das wissen? Natürlich weiß ich die zivilisationsgerechte Antwort, doch mein Körper ist beunruhigt, nicht im Gleichmaß. Wem soll ich glauben? Rasch trete ich hinaus, froh der sicheren und geraden Treppe unterm Fuß.

Wie wirklich ist die Wirklichkeit?

Nach mir ein Paar. Die Frau hält lachend-schwindelig die Hände an die Mauern, erstaunt, daß sie trotz der beunruhigenden Schiefheit Halt geben. „0 Donna mia, o Dio, Dio." Sie ruft es scherzend, doch ihr leises Erschrecken höre ich wohl.

Was Traum war und Mythos ist hier steinerne Realität aus alter Zeit, eine Realität, die sich zudem verändert, wenn die naturhafte Jetzt-Zeit die Steine bewächst: Das Moos auf dem Bauch des Neptuns, der Strauch auf dem Kopf der Sphinx, die Nase des Poseidon, die verwitternd längst verfiel.

Bedeutungen verändern sich. Welche sind richtig? Weiß es nicht, weiß nicht. Wirklichkeit ist geschichtet, und immer greifen wir nur einen Zipfel.

Was war das für eine Zeit, der es gefiel, Realität und Irrealität in diesen Dimensionen zu vermischen. Drumherum Natur als Landschaft, stilisiert zum Parco, doch dienstbar dem Märchen, das sie mitformen, aber nicht überwinden kann.

Und dann die banalen Anteile der Realität: Eisenpfosten unter den mächtigen Beinen des Herkules zeigen mir, daß seine gewaltige Stärke, mit der er den Titanen zerreißt, auf verletzlichen Füßen steht. Eine Achillesferse hat jeder – auch ein Traum. Ach, und ein Stahlband garantiert die Stabilität seines mächtigen Schenkels, und zwei Finger der Rechten sind mit Klammern befestigt, fast rührend – und der Körper des Unterworfenen ist unversehrt. So kehren sich Machtverhältnisse um – die Zeit, das Spiel.

6 Fazit

Ich greife meine Eingangsforderung auf: Reisepädagogik muß sich den Wünschen und Träumen der Menschen, den utopischen und irrationalen Anteilen des Reisens zuwenden, den sehnsuchtsvoll-spielerischen und auch den banal-lächerlichen: „Preedy, der alteingesessene Fischer". Das ist ein absolutes Desiderat. Und auch die Tourismuskritik hat den „emotionale(n) Erlebnisaspekt der Sehnsüchte und Träume, Erwartungen und Enttäuschungen ... weitgehend ausgeblendet" und „sich nur im Kopf abgespielt" (Opaschowski 1989b, 46f.).

Sehnsüchte, Wünsche und Träume – läßt sich daraus ein pädagogisches Projekt machen, so fragt Mollenhauer im Blick auf ästhetische Erziehung (1989, 265). Ich weiß es nicht. Aber ich denke, die Wissenschaft vom Menschen sollte sich um die Steigerung von Lebensqualität in der Urlaubssituation bemühen – und nicht die Tourismusindustrie allein die Szenarien für Reiseerleben bereitstellen lassen. Immer haben wir an die emanzipatorische Kraft der Erziehungswissenschaft geglaubt; sollte sie auf Reisen, wo Millionen von Urlaubern ein Stück Glück suchen, nichts zu sagen haben?

Augenschein und meine touristischen Beobachtungen lehren mich, daß auch die Massentouristen sich ihre Wünsche und Träume insgeheim schon gerne besser erfüllen würden, als sie es oft können. Auch wenn sie das nicht genau wissen und – wüßten sie es denn – sich keinesfalls eingestehen. Ich berichte:

„Eigentlich wird es nun sehr langweilig", flüstern die beiden Mädchen einander zu, als sie den fünften Tag zwischen Swimmingpool, Café und Speisesaal verbringen und verfahren für den Rest des Urlaubs weiter so. „Noch einen Tag Strand – und ich kriege einen Koller", stöhnt der junge Mann – und liegt am nächsten Tag wieder an eben derselben Stelle bewegungslos in der Sonne. Und auch die Frau Baronin langweilt sich ziemlich an der Seite ihres Gatten, eines streßgeplagten Maklers, der auf seinem Recht zu völlig tätigkeitslosem Ausruhen besteht. Selbst den Small-Talk-Informationen über meine Wissenschaft hört sie in dieser Situation gerne zu; nach anderen persönlichen Ansprachen von mir ist sie geradezu ausgehungert. Ich jedoch, ich bin nicht als Reisepädagogin hier.

All dieses ist subjektivistisch und damit äußerst angreifbar. Sicherlich hätte eine Reisepädagogik **auch** die Aufgabe, gesellschaftliche, ökonomische und institutionelle Aspekte des Reisens zu analysieren und kritisch zu bewerten. Sie hätte **auch** die Aufgabe zu versuchen, gesellschaftspolitisch und institutionell Einfluß zu nehmen. Es ist mir wichtig, diesen Sachverhalt zu betonen. Ich sehe also die subjektiven Beschränkungen, tourismuskritischen Aussparungen, gesellschaftspolitischen Lücken. Nie greift ein theoretischer Ansatz auf allen Ebenen. Ich behandle eine bisher recht unbeachtet gebliebene Seite des Urlaubs. Und abschließend behaupte ich: Gerade sie trägt genügend gesellschaftlichen Zündstoff in sich: Nachdenkliche Subjektivität und Uhren im Maß der Lebenszeit als eine Bedrohung offizieller Weltsicht; Sinne und Körper, die sich der technologischen Vereinnahmung widersetzen.

Tourismus – von der Erziehungswissenschaft vergessen? Die Disziplin sollte dies revidieren.

Literaturverzeichnis

Aebli, Hans (1989): Weisheit: auch ein Ordnen des Tuns? In: Zeitschrift Pädagogik 35. Jg., H. 5, 605-620.

Armanski, Gerhard (1986): Die kostbarsten Tage des Jahres. Tourismus – Ursachen, Formen, Folgen. 3. überarb. Aufl. Bielefeld.

Berger, Peter L.; Luckmann, Thomas (1972): Die gesellschaftliche Konstruktion der Wirklichkeit. 3. Aufl. Frankfurt.

Bollnow, Otto Friedrich (1959): Existenzphilosophie und Pädagogik. Versuch über unstetige Formen der Erziehung. 2. Aufl. Stuttgart.

Enzensberger, Hans Magnus (1962): Eine Theorie des Tourismus. In: Ders.: Einzelheiten I. Bewußtseinsindustrie. Frankfurt/Main, 179-205.

Foucault, Michel (1976): Überwachen und Strafen. Die Geburt des Gefängnisses. Frankfurt/Main.

Giesecke, Hermann; Keil, Annelie; Perle, Udo (1976): Pädagogik des Jugendreisens. München.

Goffman, Erving (1973): Wir spielen alle Theater. München.

Grabbe, Holger; Nahrstedt, Wolfgang (1982): Grundzüge einer Pädagogik des Tourismus. Handlungskompetenzen für „Touristiker" aus freizeitpädagogischer Sicht. In: Tourismus als Berufsfeld. Bielefeld, 29-62.

Heinze, Thomas (1987): Qualitative Sozialforschung. Erfahrungen, Probleme und Perspektiven. Opladen.

Heipcke, Klaus (1985): Die Wirklichkeit der Inhalte. In: Rauschenberger, Hans (Hrsg.): Unterricht als Zivilisationsform. Königsstein; Wien, 129-179.

Klafki, Wolfgang (1989): Kann Erziehungswissenschaft zur Begründung pädagogischer Zielsetzungen beitragen? – Über die Notwendigkeit, bei pädagogischen Entscheidungsfragen hermeneutische, empirische und ideologiekritische Untersuchungen mit diskurs-ethischen Erörterungen zu verbinden. In: Röhrs, Hermann / Scheuerl, Hans (Hrsg.): Richtungsstreit in der Erziehungswissenschaft und pädagogische Verständigung. Frankfurt/Main, 147-159.

Knebel, Hans-Joachim (1960): Soziologische Strukturwandlungen im modernen Tourismus. Stuttgart.

Krippendorf, Jost (1986): Die Ferienmenschen. Für ein neues Verständnis von Freizeit und Reisen. München.

Lippe, Rudolf zur (1989): Ist Leben lehrbar? In: Lüttge, Dieter (Hrsg.): Kunst – Praxis – Wissenschaft. Bezugspunkte kulturpädagogischer Arbeit. Hildesheim, 273-280.

McCall, George; Simmons, Jerry L. (1974): Identität und Interaktion. Untersuchungen über zwischenmenschliche Beziehungen im Alltagsleben. Düsseldorf.

Mollenhauer, Klaus (1972): Theorien zum Erziehungsprozess. München.

Mollenhauer, Klaus (1987): Korrekturen am Bildungsbegriff? In: Zeitschrift für Pädagogik 33. Jg., H. 1, 1-18.

Mollenhauer, Klaus (1989): Ist ästhetische Erziehung möglich? In: Lüttge, Dieter (Hrsg.): Kunst – Praxis – Wissenschaft. Hildesheim, 261-272.

Nahrstedt, Wolfgang; Wegener-Spöhring, Gisela (1989): Spiel als freizeitpädagogisches Paradigma. In: von der Horst, Rolf; Wegener-Spöhring, Gisela (Hrsg.): Neues Lernen für Spiel und Freizeit. Ravensburg, 22-39. In: Animation 10. Jg., H. 5, 124-132.

Opaschowski, Horst W. (1989a): Urlaub 88/89. Wohin die Deutschen reisen und wie zufrieden sie damit sind. Hamburg.

Opaschowski, Horst W. (1989b): Tourismusforschung. Opladen.

Pothast, Ulrich (1987): Etwas über „Bewusstsein". In: Cramer, Konrad u. a. (Hrsg.): Theorie der Subjektivität. Frankfurt/Main, 15-43.

Prahl, Hans-Werner; Steinecke, Albrecht (1979): Der Millionen-Urlaub. Von der Bildungsreise zur totalen Freizeit. Darmstadt.

Prange, Klaus (1985): Arbeitszeit und Spielraum – Ästhetische Erziehung im Zeitalter der technischen Reproduzierbarkeit. Vortrag am Erziehungswissenschaftlichen Fachbereich der Georg-August-Universität Göttingen.

Rumpf, Horst (1980): Schulen der Körperlosigkeit. In: Neue Sammlung 20, 452-463.

Rumpf, Horst (1981): Die übergangene Sinnlichkeit. Drei Kapitel über die Schule. München.

Rumpf, Horst (1986a): Die künstliche Schule und das wirkliche Lernen. München.

Rumpf, Horst (1986b): Mit fremdem Blick. Stücke gegen die Verbfederung der Welt. Weinheim.

Rumpf, Horst (1987): Belebungsversuche. Ausgrabungen gegen die Verödung der Lernkultur. Weinheim; München.

Schäfer, Gerd E. (1989): Der überraschte Pädagoge. Unstetige Prozesse in der Erziehung. Neue Sammlung, 29. Jg., H. 1, 3648.

Schober, Reinhard (1981): Motive des Reisens. Zum Attraktionswert der Urlaubsreise. Perspektiven der kreativen Umsetzung. In: Reisemotive – Länderimages – Urlaubsverhalten. Neue Ergebnisse der psychologischen Tourismusforschung. Hrsg.: Studienkreis für Tourismus, Starnberg, 45-53.

Schütz, Alfred (1932): Der sinnhafte Aufbau der sozialen Welt. Wien.

Studienkreis für Tourismus (1985): Urlaubsreise 1984. Starnberg.

Studienkreis für Tourismus (1989): Erste Ergebnisse der Reiseanalyse 1988. ITB-Information März.

Wegener-Spöhring, Gisela (1978): Soziales Lernen im Spiel. Untersuchung seiner Möglichkeiten und Grenzen im Bereich Schule. Dissertation. Kiel.

Wegener-Spöhring, Gisela: Tourismus – von der Pädagogik vergessen? Göttingen 1987. (Manuskript; erscheint Baltmannsweiler 1990).

Wegener-Spöhring, Gisela (1988a): Ich gehe durch den Barranco. Über die Didaktisierung der Weltzugänge und die subjektive Aneignung der Realität. In: Animation 2, 46-51.

Wegener-Spöhring, Gisela (1988b): Massentourismus – von der Pädagogik vergessen? Reisepädagogik unter dem Paradigma „Spiel". In: Freizeitpädagogik 10. Jg., H. 3-4, 129-139.

Wegener-Spöhring, Gisela (1989a): Spiel ist die Freiheit der Kinder. In: Sozialpädagogik 31. Jg., H. 6, 286-292.

Wegener-Spöhring, Gisela (1989): Tourismus – von der Pädagogik vergessen? Reisepädagogik zwischen Didaktik und Spiel. In: Steinecke, Albrecht (Hrsg.): Lernen. Auf Reisen? Bildungs- und Lernchancen im Tourismus der 90er Jahre. Bielefeld.

Wegener-Spöhring, Gisela (1990): Körper, Sinne und Empfindungen – vernachlässigte Dimensionen einer Reisepädagogik. In: Studienkreis für Tourismus (Hrsg.): Jahrbuch für Jugendreisen 1989. Starnberg.

Winter, Gerhard (1986): Traditionen, Sackgassen und neue Möglichkeiten der Freizeitforschung. In: Lüdtke, Hartmut u. a. (Hrsg.): Methoden der Freizeitforschung. Opladen, 27-56.

„Nicht denken. Also nicht so viel denken über …" – Wie Grundschulkinder Urlaub erleben

Bernadette Bernasconi

1 Einleitung

Neben Schule und Familie nimmt die Gestaltung der freien Zeit einen immer bedeutsameren Stellenwert ein und wird daher als dritter Sozialisationsbereich bezeichnet (vgl. Fuhs 2002, 637). Eine besondere Form der Freizeitbeschäftigung ist das Reisen, welches heute im Rahmen beruflicher, aber auch privater (Urlaubs-) Reisen zur Selbstverständlichkeit geworden ist. Das ganze Jahr über an einem Ort zu wohnen, zu schlafen und zu arbeiten ist fast undenkbar – und so hat sich auch bei Kindern zunehmendes Reisen zur Gewohnheit entwickelt. Besonders in den Ferien heißt es für viele Familien mit Kindern, sich auf die Reise zu begeben und für einen bestimmten Zeitraum das gewohnte Umfeld zu verlassen.

Trotz der gesellschaftlich hohen Bedeutung von Reisen und der besonderen Prägnanz für kindliches Erleben ist dieses Themengebiet im Rahmen der Kindheitsforschung bislang unerforscht geblieben. Bei der Auseinandersetzung mit dieser Thematik stellen sich demzufolge Fragen nach den bisherigen Reiseerlebnissen, den Motiven, Wünschen sowie den Vorstellungen von Kindern bezüglich des Reisens.

Anknüpfend an die Schriften von Wegener-Spöhring ist das „Reisen als Traum und Wunscherfüllung" zu verstehen (1990, 150). Die Sehnsüchte und Wünsche des Menschen steigern sich das ganze Jahr über und werden in der Urlaubsreise gebündelt, „die Urlauber wollen [sozusagen im Urlaub] den Traum" (Opaschowski 2002, 67). Wegener-Spöhring sieht die Wünsche der Urlauber als „Motor menschlichen Reisens" (1991, 66). Die Sehnsucht nach Ruhe, Sonne, Kontrast, Natur, Freiheit, Kultur oder auch nach Kontakt und Spaß lässt Menschen Jahr für Jahr aus ihrem gewohnten Umfeld aufbrechen. In der Hoffnung, dass alle Wünsche und Bedürfnisse in Erfüllung gehen, entsteht eine Paradoxie, weil der Traum gleichzeitig auch für zukünftige Reisen erhalten bleiben soll (vgl. Opaschowski 2002, 91). Dieser Konflikt kann jedoch nicht aufgelöst werden und ist der Reise somit immanent.

Reisen meint nicht nur die Erfüllung von Wünschen, sondern auch, „sich in das Unvertraute, das Fremde und Gefährliche zu wagen" (Wegener-Spöhring 1990, 150). Schrutka-Rechtenstamm beschreibt die Reise als eine Bewegung im Raum, bei der man sein vertrautes Territorium verlassen und sich Unvertrautem stellen muss (vgl. Schrutka-Rechtenstamm 1995, 125f.). Die Begegnung mit Fremdem und Unbekanntem ist demnach Bestandteil der Reise, sodass sich beim Reisen von Kindern nach ihrem Erleben von Fremde und den damit verknüpften Erfahrungen im Urlaub fragen lässt.

In diesem Beitrag wird das Phänomen des Reisens näher betrachtet und in den Kontext kindlicher Lebenswelt gestellt. In einem weiteren Schritt wird die von Wegener-Spöhring und mir durchgeführte Studie zum Reiseerleben von Kindern vorgestellt und es werden ausgewählte Interviewausschnitte herangezogen, um dieses Themengebiet auf der Basis empirischer Daten zu beleuchten.

2   Theoretische Annäherung an das Phänomen der Reise

Die Erforschung der Reise gehört keinem etablierten akademischen Wissenschaftsgebiet an, welches auf theoretischen und empirischen Untersuchungen beruht. Vielmehr handelt es sich um ein Phänomen, das in verschiedenen Disziplinen von unterschiedlich großem Interesse ist. Im Ganzen beschäftigt sich die Tourismusforschung mit Trends und Entwicklungen im Tourismus sowie seiner wirtschaftlichen Bedeutung, mit dem Verhalten, den Einstellungen und Motiven der Reisenden sowie den Auswirkungen auf die Bereisten.

Die bislang zurückhaltende Auseinandersetzung der Sozialwissenschaften mit dieser Thematik ist verwunderlich, weil Reisen ein soziales Phänomen ist. Vester (1999) überträgt soziologische Theorien auf den Tourismus und trägt damit zur Theoretisierung dieses Phänomens bei. Einen weiteren soziologischen Ansatz liefert Eric J. Leed (1993), der anhand von Reiseberichten und -legenden die verschiedenen Phasen der Reise interpretiert und auf ihre psychologische, kulturelle und soziale Bedeutung hin untersucht. Im Rahmen soziologischer Forschung wird im Kontext der Freizeitsoziologie das Reisen als die Freizeitform verstanden, die in den letzten 50 Jahren den größten Bedeutungsgewinn erfahren hat und somit einen zentralen Stellenwert im täglichen Leben einnimmt (vgl. Prahl 2002, 234). In den Erziehungswissenschaften wird das Reisen als Lernort verstanden und die Forderung einer Reisepädagogik aufgestellt, welche auf Authentizität, Körperlichkeit und die Variabilität der Identitäten abzielt (u.a. Wegener-Spöhring 1991, 81f.). Diese herausgegriffenen Ansätze bieten in der Auseinandersetzung mit dem Reisen aus sozialwissenschaftlicher Perspektive eine erste Orientierung.

Auch wenn im deutschsprachigen Raum seit mehreren Jahrzehnten vielfältige Untersuchungen zum Reisen existieren, wurden diese allerdings eher von
privaten und halbkommerziellen Forschungseinrichtungen durchgeführt und
beruhen zum Teil auf der Initiative der Tourismusindustrie. In wissenschaftlichen
Beiträgen wurden sie wenig aufgegriffen, sodass ein ‚Sammelsurium' an Aufsätzen und Untersuchungen – veröffentlicht und unveröffentlicht – vorliegt (vgl.
Kagelmann 1993, 1ff.), welches einer Systematisierung der Tourismuswissenschaft im Wege steht.

Neben soziologischen und erziehungswissenschaftlichen Ansätzen bildet die
Xenologie (Fremdheitsforschung) eine weitere für die Untersuchung des
Tourismus und der Reise relevante Forschungsrichtung, denn „wenn Reisen
Bewegung, also Raumerfahrung und -aneignung ist, dann ist damit unweigerlich
das Erlebnis von Differenz verbunden" (Wöhler 2003, 181). Wierlacher hat sich
dem ‚Kulturthema Fremdheit' angenommen und das Aufgabengebiet dieser
Disziplin folgendermaßen beschrieben:

> „Die kulturwissenschaftliche Fremdheitsforschung [...] untersucht, wie in einer oder
> mehreren Kulturen in einem gegebenen Zeitabschnitt oder einer Epoche über einen
> xenologisch virulenten Problem- und Wirklichkeitsbereich gedacht und in ihm ge-
> handelt (gelebt) wird" (1993, 33).

Wenn es sich bei Fremdheit um einen Beziehungsmodus, um einen Unterschei-
dungsakt und um das Ergebnis eines Ordnungssystems handelt (vgl. Schäffter
1991, 12ff.), dann können auf der Basis von empirischen Daten Rückschlüsse auf
das menschliche Ordnungssystem gezogen werden. Fremdheit wird also nicht als
objektiver Tatbestand verstanden, sondern als eine die eigene Identität
herausfordernde Erfahrung. Da in der heutigen Zeit dem Vertrauten fortwährend
etwas Unvertrautes gegenübergestellt wird, muss die „eigene Identität [...] alles
daran setzen, sich in der Unüberschaubarkeit der Differenzen zu konstituieren:
durch das Andere wird sie zum Selbst" (Treptow 1995, 8). Fremdheit ist demnach „das Bildungsthema der Moderne" (Treptow 1995, 13), mit welchem sich
Kinder auseinandersetzen müssen.

Die Möglichkeit „Fremdes aus erster Hand kennen zu lernen, ist ein zentrales Motiv" (Mörth 2004, 2) der Reise, das heißt auf Reisen wird dem Eigenen
in besonderer Form Fremdes hinzugefügt bzw. gegenübergestellt. Als über-
geordneter Begriff ist Fremdheit nicht eingeschränkt auf die Begegnung mit
anderen Menschen, Kulturen oder Ländern, sondern ist der Reise implizit und
betrifft die gesamte Reise an sich. Dazu gehört auch die „innere Reise"
(Barthelmes 2005, 20) zu sich selbst, obwohl diese bei Kindern eher unbewusst
verläuft. Bei Keyserling findet sich die in diesem Zusammenhang treffende

Formulierung: „Der kürzeste Weg zu sich selbst führt um die Welt herum" (Keyserling zitiert nach Ahlers 2000, 455).

Grundsätzlich ist die Untersuchung von Fremdheit für erziehungs- und sozialwissenschaftliche Forschung von bedeutender Relevanz, da „die lebenslange Sozialisation [...] eine wie auch immer geartete Ein- und Ausschließung des Anderen/Fremden [umfasst]" (Wöhler 2003, 182).

Unabhängig der am Tourismus beteiligten Forschungsdisziplinen ist für die Untersuchung der Reise eine theoretisch-begriffliche Schärfe vonnöten. Der Begriff Tourismus, der sich vom Französischen ‚le tour' ableiten lässt und eine Kreisbewegung beschreibt, drückt die Verbundenheit der beiden Anteile der Struktur heutigen Lebens aus: Alltag und Urlaub. Die Bedeutung und Beschreibung von Urlaub wird oftmals in Abgrenzung zum Alltag formuliert. Der Alltag ist

> „die ungeliebte Mutter des Urlaubs. Beide gehören zusammen, bilden ein natürliches Ausgleichssystem. Der Urlaub nimmt die Freiheitsbedürfnisse, Müdigkeiten und Spannungen des täglichen Lebens auf und fungiert als Ventil und Ausgleichsmöglichkeit" (Opaschowski 2002, 68).

Diese Enge verweist auf die mit Urlaub verbundenen Sehnsüchte und Bedürfnisse, die im Kontrast zum vorbestimmten und strukturierten Alltag stehen. Urlaub ist „die Erlaubnis, ohne das Arbeitsverhältnis damit zu beenden, für eine Zeit die Dienstaufgaben niederzulegen" (Mundt/Lohmann 1988 zitiert nach Mundt 2006, 9), was aber noch nicht zwingend mit einer Reise einhergeht. Der Tourist ist derjenige, welcher eine Reise beginnt und zurück an den Ausgangspunkt gelangt. Obwohl verschiedene theoretische Ansätze zum Tourismus vorliegen (z.B. Enzensberger 1962, Knebel 1960, Opaschowski 2002), existiert bislang keine allgemein anerkannte Theorie des Tourismus, welches möglicherweise in der Interdisziplinarität des Forschungsgebietes begründet sein könnte.

Der im Deutschen gebräuchlichere Begriff der Reise umfasst im Vergleich zum Tourismus nicht automatisch auch die Rückreise, sondern bezeichnet den Aufbruch, das Wegfahren (vgl. Mundt 2006, 2). Im ursprünglichen Sinne spricht man von einer erfahrenen Person, wenn diese die Welt *erfahren* hat und auf diesem Wege zu Weisheit und Erkenntnis gelangt ist. Ein ähnliches Verständnis steht hinter dem Begriff *bewandert*, welcher so viel bedeutet wie ‚kenntnisreich', ‚gut unterrichtet' oder auch ‚klug' und damit auf einen großen Erfahrungsschatz hinweist. Leed beschreibt das Reisen als „paradigmatische Erfahrung an sich" und als „Inbegriff eines unmittelbaren und echten Erlebnisses, das die betreffende Person zutiefst verändert" (1993, 19). Er nimmt in seiner Analyse der Reise einen historischen Rückgriff auf das Gilgamesch-Epos vor, welches als das früheste Beispiel von Reiseliteratur gilt. Leed macht in seinem Werk die

Funktion der Mobilität als eine immer auf „Veränderungen gerichtete Kraft"
(1993, 18) deutlich.

3   Reisen als Teil kindlicher Lebenswelt

Wenn man die statistischen Angaben zum Reiseverhalten der Deutschen
betrachtet, zeigt sich, dass es sich beim Reisen um einen verbreiteten und
geläufigen Vorgang handelt. Im Jahr 2005 verreisten 57,1 Millionen Menschen
im Alter von über 15 Jahren (vgl. Statistisches Bundesamt 2006, 7). Dieser
Angabe ist zu entnehmen, dass Kinder und Jugendliche mit einem Alter von bis
zu 15 Jahren in den amtlichen Statistiken nicht aufgeführt werden. Die Reiseanalyse der *Forschungsgemeinschaft Reisen und Urlaub* liefert jedoch Daten, die
Aufschluss über das Reiseverhalten der Bevölkerungsgruppe der unter Vierzehn-
jährigen geben. Im Jahr 2006 sind 12,5 Mio. Urlaubsreisen in Begleitung von
Kindern unter 14 Jahren unternommen worden (vgl. Forschungsgemeinschaft
Urlaub und Reisen 2007, 7). Knapp 20 Prozent aller Urlaubsreisen sind damit
laut Forschungsgemeinschaft Reisen mit Kindern. Folglich ist die Reiseintensität
von Kindern beachtlich hoch. Auch wenn die *Gesellschaft für Konsumforschung*
(GfK) in ihrer Studie zum ersten Tourismushalbjahr 2008 aufzeigt, dass die
Reisefreude der Deutschen trotz höherer Lebenskosten nicht abfällt, Familien
sich dagegen etwas mehr einschränken müssen, so bleibt der Familienurlaub
entgegen demographischer Veränderungen auch in Zukunft ein „recht großes, in
sich differenziertes Segment mit spezifischen Ansprüchen" (ebd., 7).
    Die Ergebnisse der Forschungsgemeinschaft zeigen, dass zunehmende
Mobilität und regelmäßiges Reisen Kennzeichen heutiger Kindheit sind. Gemeinsam mit den Eltern, einer Reisegruppe oder der Klasse, bewegen sich Kinder über die Ländergrenzen hinweg. Im Zuge der „Serienfertigung" (Enzensberger 1962, 196) und der damit verbundenen Kostenreduzierung der Reise ist
für viele Familien die Urlaubsreise realisierbar geworden. Diese so genannte
„Demokratisierung des Reisens" (Wöhler 2002, 263) hat dazu geführt, dass das
Reisen „integraler Bestandteil kindlicher Lebenswelt" (Wendt 2000, 8) geworden
ist. Im Rahmen der Grundlagenstudie *Kinder und Urlaub* des *BundesForum
Kinder- und Jugendreisen* wurden Kinder zu ihren Assoziationen zum Thema
Urlaub befragt. Die Entbindung von Verpflichtungen bzw. die Freiheit im Urlaub
wird von 68 Prozent der befragten Kinder genannt. 30 Prozent assoziieren mit
Urlaub neue Eindrücke (vgl. Clausnitzer 2000, 36).
    Das Reisen gilt als eine der „attraktivsten Erlebniswelten von Kindern"
(Lennartz/Herrmann 2000, 68), deren Besonderheit gegenüber anderen Freizeit-
formen sicherlich auch in der auf das Jahr bezogenen Singularität sowie der

räumlichen Veränderung und damit einhergehenden Distanz von Alltag und
Schule liegt. „Ein großer Teil kultureller Weltaneignungspotenziale [liegt] außer-
halb von Schule [...], z.B. in der Begegnung mit ‚fremden Welten', also im
Reisen oder in Auslandsaufenthalten [...]" (Bundesministerium für Familie,
Senioren, Frauen und Jugend 2006, 111).

Kinder-Kultur(en) sind die Eigenwelten der Kinder (vgl. Zacharias 2002,
22), das heißt im Zusammenhang der Reise ihr eigenes Erleben im Urlaub.
Vordergründig geht es in der hier vorzustellenden Studie um die Erfassung und
Beschreibung von Erfahrungen und Sichtweisen von Kindern, ihre Vorstellungen
und Wünschen und erst in einem späteren Schritt um die Auswirkungen und
Konsequenzen für die strukturale Bedingtheit von Kindheit, welche im Spannungsverhältnis zur Eigenwelt der Kinder stehen kann.

Ziel der Untersuchung ist, dem Reisen als Bestandteil kindlicher Lebenswelt nachzugehen und damit die Forschung zur kindlichen Freizeit um die
Urlaubsreise zu erweitern.

3.1 Die Voruntersuchung

Die Voruntersuchung, bei der 23 Kinder (davon 15 Jungen und 8 Mädchen) im
Alter von 9 bis 11 Jahren in Gruppen von je vier Kindern befragt wurden, hat im
Mai 2007 an zwei Kölner Grundschulen stattgefunden. Die Zusammenstellung
der Gruppen erfolgte entweder durch die Lehrerin oder den Lehrer, die Interviewerin oder aber auch durch die Kinder selbst. Die zusammengesetzten Gruppen bestanden in der Regel aus Kindern einer Klasse, sodass zum Teil auch
gemeinsame Urlaubserfahrungen der teilnehmenden Kinder in einem Interview
ausgeführt wurden. Kriterium für die Teilnahme an der Untersuchung war die
Reiseerfahrung der Kinder, das heißt sie mussten mindestens eine Reise
außerhalb ihres Wohnortes unternommen haben.

Im Zentrum der Voruntersuchung stand die Erprobung des methodischen
Designs. Hierbei ging es sowohl um die Fragen des Leitfadens, die gewählte
Gesprächssituation mit vier Kindern als auch um den Einstieg in das Interview.
Dieser Gesprächseinstieg wurde unterschiedlich gestaltet. In einigen Interviews
wurde direkt mit dem Leitfaden begonnen, in anderen wurden den Kindern
zunächst Gegenstände gezeigt. Auch bei dem Einsatz der Gegenstände wurden
wiederum zwei Möglichkeiten ausprobiert: Auf der einen Seite wurden von der
Interviewerin allgemein mit Urlaub assoziierte Gegenstände (z.B. Muscheln,
Badeanzug, Sonnencreme) mitgebracht und auf der anderen Seite ein Atlas
verwendet, bei dem die Kinder die Möglichkeit hatten (bereiste) Länder in einem
einführenden Gespräch auf einer Weltkarte zu zeigen. Beide Formen

ermöglichten einen behutsamen und anschaulichen Einstieg in das Thema Reisen
und die eigenen Reiseerfahrungen. Auf diesem Weg konnte bei beiden Vorgehensweisen der Zugang zu den Kindern leicht hergestellt und ein fließender
Übergang in den Leitfaden arrangiert werden, da eher allgemeine Assoziationen
mit dem Thema Urlaub als individuelle Erfahrungen im Zentrum standen.
Teilweise wurden, aufgrund der noch nicht vollständig entwickelten Sprach-
fähigkeit der Kinder, zusätzlich zum Interviewgespräch nonverbale Ausdrucksformen eingesetzt, indem die Kinder ihren Traumurlaub malen konnten. Zum
Abschluss aller Interviews wurde ein kurzer Fragebogen verwendet, bei dem
einige sozialdemographische Angaben (Geschlecht, Alter, Geschwister) sowie
eine Auflistung der bereits erlebten Reisen der einzelnen Kinder erhoben
wurden.

Der verwendete Leitfaden umfasst Fragen zu den bisherigen Erfahrungen
und zu den Reisewünschen sowie -vorstellungen der Kinder. Im Laufe der
Voruntersuchung wurde der Leitfaden hinsichtlich der Verständlichkeit der
Fragen sowie fehlender Aspekte optimiert.

Obwohl individuelle und damit stark differierende Erfahrungen zur Sprache
kamen, zeigte sich die gewählte Gesprächsform mit mehreren Kindern aus
verschiedenen Gründen als sehr geeignet. Die Kinder waren in der Überzahl und
fühlten sich durch die Interviewerin wenig eingeschränkt, sodass Hierarchie-
unterschiede minimiert werden konnten. Es konnte folglich relativ schnell eine
lockere und vertrauensvolle Atmosphäre entstehen, da die Konzentration nicht
auf einem Kind lag. Das Einzelinterview hätte sich zur Befragung individueller
Erlebnisse zwar auch angeboten, die möglichen Nachteile bezüglich der
Atmosphäre und der Vertrautheit, der Eins-zu-eins-Situation und einer denkbaren
eingeschränkten Gesprächigkeit der Kinder gaben jedoch den Ausschlag für die
Gruppengespräche.

Die Auswertung erfolgte in einer kleinen Gruppe von Forscherinnen anhand
der Dokumentarischen Methode (vgl. Bohnsack 2007) sowie einigen von Wegener-Spöhring in früheren Studien erprobten Modifikationen (vgl. Wegener-Spöhring 1995, 223ff.). Im Folgenden wird anhand ausgewählter Passagen ein
Überblick über die Ergebnisse der Voruntersuchung gegeben.

3.2 Ergebnisse der Voruntersuchung

In den Interviews formulieren die Kinder stellenweise sehr deutlich, dass das
Verreisen in den Ferien für sie selbstverständlich ist und das Zuhausebleiben als
„blöd" empfunden wird, wobei diese deutliche Kategorisierung auch auf die
Thematik des Interviews zurückzuführen ist.

Was einen Urlaub ausmacht und wie es dort sein soll, das wissen viele der befragten Kinder sehr genau. Man fühlt sich „besser" und „wohler", selbst wenn man in „ein fremdes Land" fährt, „fühlt man sich wohl". Urlaub bedeutet für die Kinder die Entbindung von Schule und Hausaufgaben, was beispielsweise so formuliert wird: „Nicht denken. Also nicht so viel denken über – ich muss Hausaufgaben machen oder ich muss zur Schule gehen." Im Urlaub kann man im Vergleich zum Alltag endlich „schlafen, wann ich will, so lang schlafen wie ich will und [auf]stehen, wann ich will." Im Vergleich zu diesen Äußerungen bzgl. ihrer Vorstellungen von Urlaub, können einige befragte Kinder kaum in Worte fassen, was Urlaub für sie bedeutet – abgesehen davon, dass alles einfach nur schön sein soll.

Besonders herausgestellt wird das unbegrenzte Spielen. Dieses wird neben ruhigeren Spielen oftmals als sehr aktionsreich und rau dargestellt: „Das war geil. Das haben wir immer wieder weitergemacht bis mein Rücken rot geworden ist." An einer anderen Stelle heißt es:

M1:   Also, wir sind ja einmal in diesem Haus da gewesen. Da waren wir im Centerpark und da waren ja diese ganzen Sachen: Trampolin – und da sind wir da drauf gesprungen mit meiner Schwester und meiner Cousine und dann sind wir so @ todmüde nach Hause gekommen @[1] und mein Vater der sagte: @ Was ist denn mit euch los, hat euch jemand verprügelt? @ (lacht)
I: Wart ihr so erschöpft dann?
M1:   Ja, wir waren so kaputt und haben uns auch öfter verletzt, aber das hat uns ja auch am meisten Spaß gemacht und das fand ich einfach am besten.

Diese beiden Textstellen zeigen, dass Spielen ein Merkmal von Urlaub ist, bei dem es auch bis an die eigenen körperlichen Grenzen gehen kann. Während es sich hierbei um aktionsreiche Spiele handelt, soll Urlaub außerdem eine ruhige Dimension beinhalten. Generell ist die Abwechslung im Urlaub am wichtigsten: „Für mich heißt Urlaub – ja, dass man sich entspannen kann, dass man Spaß haben soll – auch Action – also viel unternehmen. Ja, und dass der Urlaub schön sein soll." Oder: „Also interessant soll das sein, also nicht so langweilig, dass man nur noch vollgefressen wird – dass es also Essen von jeden Seiten @ gibt @, sondern auch Geschäfte, so Spielhäuser oder so, ja, das stell ich mir vor – und entspannen und Ruhe." Ein Junge fasst seine Vorstellung von Urlaub zusammen: „Für mich bedeutet [Urlaub] das Beste überhaupt."
Ein weiterer wichtiger Aspekt von Urlaub ist das Erleben in der Gruppe. Ein Mädchen schildert dies folgendermaßen:

---

1   Transkriptionsregel: @ … @ bedeutet lachend gesprochen (vgl. Bohnsack 2007, 235).

M2: Für mich ist das Schönste im Urlaub, wenn man Spaß hat und wenn man nicht allein in Urlaub fährt. Das ist nicht so schön. Das ist das Schönste, wenn man zu mehreren Leuten fährt, weil man mehr Spaß hat und es ist auch schön, wenn man mit der Familie fährt und auch mit Freunden oder noch mit anderen Familien."

Die von den Kindern geschilderten Urlaubserfahrungen beinhalten viele sie interessierende Inhalte. Es werden unbekannte oder auffällige Tiere und Begegnungen mit ihnen beschrieben, Besonderheiten von Menschen, Sehenswürdigkeiten, Konsumgüter, Spielmöglichkeiten, klimatische Verhältnisse und besondere Schlafsituationen sowie Unterkünfte geschildert. Vielen Erfahrungen gemeinsam ist die Betonung der Andersartigkeit im Urlaub: „Da ist es oftmals anders – dann ist das auch was Besonderes, weil hier ist man ja immer und dann ist das nicht mehr so besonders." Zum Beispiel das Erleben von Tag und Nacht kann im Urlaub auch anders sein, wenn für gewöhnlich tagsüber stattfindende Aktivitäten in der Nacht unternommen werden, so wie es ein Mädchen (M2) im folgenden Zitat berichtet:

M2: Auch nach Usedom bin ich mit einem Schlafzug – das ist dann gemütlich.
I: Und wie war das im Zug?
M2: Das war witzig. Da oben haben wir die Koffer hingestellt auf dieses Netz. Wir durften auf dem Netz nicht schlafen, weil da war nur so wenig Luft.
M3: Wir sind nach Köln mit dem Zug gefahren.
M2: Und dann hab ich immer, als ich aufgewacht bin, abends bin ich immer aufgewacht, wenn es so gewackelt hat. Dann hab ich immer die Gardinen hoch gemacht und hab die ganze Zeit aus dem Fenster geguckt. Das hat Spaß gemacht.
I: Warst du da auch mit deiner Familie?
M2: Nein, ich war nur mit meinem Opa und meiner Oma und mit M., meiner Schwester.
M3: Einmal sind wir auch nach Köln mit dem Schnellzug gefahren.
M2: Wir sind mit dem Schlafzug.
M3: Ja, da konnte man auch schlafen und der war auch schnell.
M2: Wir sind immer bei Berlin angehalten, aber das war mitten in der Nacht um zwölf Uhr. Da bin ich aber aufgestanden und hab mir die Gegend angeguckt. Zehn Minuten macht der immer Pause der Zug. Da hab ich zehn Minuten geguckt, aber keine Leute waren da draußen.

Auf die Frage der Interviewerin, wie ein Urlaub in einem anderen Land außerhalb Deutschlands sei, entsteht an einer anderen Stelle ein interessanter Gesprächsverlauf, der unterschiedliche Aspekte aufzeigt:

M2: Dass man da anders spricht, aber nicht überall.
M3: Ja, und es gibt anderes Essen und da ist es wärmer, meistens.
M1: Oder kälter.
M3: Oder kälter, ja.

M2: Und man erlebt viel.
I: Mhm, mehr als wenn man in Deutschland Urlaub macht?
M2: Glaub ich schon.
M3: Ja, weil das kennt man ja noch nicht und dann kann man da viel mehr Sachen machen.
M2: Und, ähm.
M3: Außer wenn man da ganz oft ist.
M2: Man entdeckt viele neue Sachen.
M3: Mhm.
I: Zum Beispiel?
M2: Äh, zum Beispiel entdeckt man, dass man die Fähigkeit hat zu angeln.
M3: (lacht)
I: Das hast du gerne gemacht, das Angeln? OK.
M2: Und man kann zum Beispiel andere Tiere sehen als in Deutschland.
I: Mhm. Was ist für dich das Besondere, wenn du Urlaub in einem anderen Land machst?
M1: Ähm, dass es da wärmer oder kälter ist und dass man da – ähm, dass man da auch andere Sachen hat. Zum Beispiel, wenn man da in einen Laden geht, sind da ganz andere Sachen als wenn man in Deutschland in einen Laden geht. Und wenn man in so ein Restaurante geht, sind da auch ganz andere Sachen als wenn man…
M3: Da gibt's Muscheln (lacht).
M1: Ja.

Im Zuge der Andersartigkeit nimmt der Aspekt der Sprache einen großen Stellenwert ein, der von den Kindern beim Thema Auslandsaufenthalt, dem Erleben von Fremdheit oder von Neuem im Urlaub erwähnt wird. Es wird von ungewöhnlich klingenden Sprachen oder auch von zu schnell sprechenden Anderssprachigen erzählt.

Die einzelnen Urlaubserfahrungen werden als anstrengend, beängstigend, aufregend, lustig oder komisch beschrieben. Andere Erlebnisse wiederum werden ohne eine weitere Bewertung dargestellt. Urlaub als ambivalente Situation umfasst aber immer zwei Pole. Das folgende Zitat verdeutlicht diese Ambivalenz am Thema Auslandsaufenthalt:

I: Wenn du dir mal überlegst, wenn du in einem anderen Land bist. Wie ist es da, wenn man im Urlaub ist?
J1: Schrecklich?
I: Schrecklich? Warum?
J1: Weil ich die Sprache nicht kenne und so.
I: Ist auch was schön daran?
M2: Das ist interessant, weil man dann immer neue Sprachen kennt. Irgendwann lernt man auch was. Ja, manchmal findet man auch Freunde.

Während der Junge Urlaub in einem anderen Land, in dem eine ihm unbekannte Sprache gesprochen wird, als „schrecklich" erlebt, kann das Mädchen diesem ein Gegengewicht verleihen und positive Aspekte nennen. Urlaub bedeutet – aufgrund seiner Ambivalenz – eben nicht nur Positives, Träumerisches und Phantastisches, sondern hat auch seine negativen Seiten. So schildert ein Mädchen eine gescheiterte Reise:

M2: Wir sind also immer in den Herbstferien in die Schweiz gefahren. Wir sind bis Baden Hauptbahnhof gekommen. Nur dann kam die Schweizer Polizei und hat uns kontrolliert. Dann gucken die von meiner Mutter den Pass und sagen: „Sie können nicht mehr weiterfahren". Fragt meine Mutter „Warum?"„Ja, weil Ihr Pass abgelaufen ist". Wir waren so gegen 20 Uhr da und um 20:15 Uhr mussten wir aussteigen. Wir mussten einmal rumgucken und dann war da eine Bahn, die ging aber nicht bis Köln. Dann mussten wir wieder ein Ticket holen und mussten gucken, was wir machen. Dann haben wir eine Bahn bekommen, die ging um halb zwölf los. Wir mussten dann bis halb zwölf warten. Meine Geschwister haben dann geweint. Ja, dann sind wir bis 6 Uhr morgens, bis 6:05 Uhr morgens – sind wir dann angekommen. Am 1. April waren wir wieder zuhause. Ja, dann rufen wir meinen Onkel gegen 10 Uhr an und sagen, dass wir nicht kommen können, weil unser Pass abgelaufen ist. Meint der so, ja, dann lasst ihn doch verlängern und dann kommt doch hierhin. Haben wir ihm gesagt: „Nö, keine Lust mehr".

Die Enttäuschung über den Abbruch der Reise und der damit verbundene Kraftaufwand führen dazu, dass die Familie ihre Reise nicht erneut in Angriff nimmt. Die vermutlich dahinter stehende Dramatik wird nicht näher ausgeführt.

Bezüglich der geplanten Aktivitäten der Eltern kommt es zum Teil zu Kritik durch die Kinder, indem diese deutlich ihr Unbehagen aussprechen. Es kommen Formulierungen auf wie „Aber ich fand das Bergsteigen nicht so schön, weil meine Beine taten voll weh", „Was ich nicht so gut fand, dass beim Strand da – waren so hinten, haben wir so in der Welle so Quallen, die waren auch so, habe ich die manchmal bewegt, die waren so glitschig." Oder: „Mir hat schlecht gefallen, wenn wir halt im Wohnwagen andauernd saßen und mein Bruder und mein Vater war'n am Lesen und ich hab nix gemacht, weil ich hasse lesen. Das fand ich dann halt doof." Langeweile ist etwas, was augenscheinlich nicht in das Bild von Urlaub passt. Ein Mädchen bezeichnet auf die Frage der Interviewerin zu den Erlebnissen im Urlaub dieses Kriterium als ausschlaggebend für einen schlechten Urlaub: „Mich gelangweilt. Das war der blödeste Urlaub, den ich hatte." An dieser Stelle wird die Bandbreite der Erfahrungen auf Reisen deutlich.

Neben den Erlebnissen, die gemeinsam mit der Familie gemacht werden, hat das Thema Klassenfahrt einen hohen Stellenwert in den Interviews. Die Schilderungen hierzu stehen in deutlichem Kontrast zu den Erlebnissen mit der Familie. Die Klassenfahrt als eine Gruppenreise mit Gleichaltrigen und als oftmals die erste Reise ohne Eltern, hat für die Kinder eine besondere Relevanz. Im Vordergrund stehen Gruppenerlebnisse, Konflikte oder Spielereien zwischen Peers. Aufgrund der Gruppensituation können bei diesen Erfahrungen, die oft von mehreren interviewten Kindern einer Gruppe gemeinsam gemacht wurden, gegenseitig Korrekturen bei der Darstellung einzelner Geschehnisse vorgenommen werden, sodass sich der Gesprächsverlauf und die Gesprächsorganisation deutlich verändern. Die Kinder unterbrechen sich gegenseitig, es wird in einer ‚eigenen' Sprache gesprochen, die auf dem gemeinsamen Erleben aufbaut. Im folgenden Textausschnitt lässt sich zwar erahnen, über was die Kinder sprechen, allerdings liegt der Fokus nicht mehr auf der Schilderung der Erlebnisse, sondern auf dem gegenseitigen In-Erinnerung-Rufen einzelner Episoden.

J1: Ja, weißte noch die Betten?
M1: Ja.
J1: Du oben und ich unten, ne?
M1: Da war doch dieses Holz da bei meiner Matratze locker.
J1: Ich oben und du unten.
M1: Bisschen.
J1: Ja. Der J. – das wackelte die ganze Zeit – bum, bum.
Alle: (lachen)

Bei einer noch bevorstehenden Klassenfahrt formulieren die Kinder Gedanken, wie z.B. die Angst, die Gruppe zu verlieren, vor allem dann, wenn man sich in einer unbekannten Umgebung befindet oder aber die Angst, bei einer langen Busfahrt auf die Toilette zu müssen. Neben den Ängsten stehen die Vorfreude auf einzelne bereits geplante Aktivitäten und vor allem die große Distanz von Zuhause im Vordergrund.

Besondere Erwähnung findet die Schlafsituation auf einer Klassenfahrt, die außerordentlich viel Aufregung und Spannung bereithält. Dieser Bereich bleibt neben den gemeinsamen Aktivitäten der Raum der Kinder, der unabhängig von pädagogischer Planung und Einwirkung ist und möglicherweise gerade deswegen die meisten Geschichten hervorbringt. Allerdings kann es hier aufgrund der Enge im Schlafraum auch zu Überschreitungen des persönlichen Distanzbereiches kommen, wie ein Mädchen in einem Interview schildert:

M2: Wir sollten eigentlich immer so gegen 8 Uhr wach sein, weil es ja um 9:20 Uhr Frühstück gab. Da waren in meiner Gruppe, waren sie alle um 6 Uhr wach, ne? Gucken – ich schlaf noch – gucken die mich alle so an. Ich denke, was ist denn, ne? Ja, haben die gesagt. Ja, wir gucken ja nur, ne?

Im Kontrast zur formulierten Freiheit im Urlaub beschreibt ein Mädchen die Kritik an der eingeschränkten Selbstständigkeit auf Klassenfahrt, die sie am Verhalten der Lehrerin festmacht.

> M1: Ja, und eine Tropfsteinhöhle. Da hat die uns immer Sachen gezeigt, die aussahen wie Figuren. Nur da fand ich nicht so gut, dass die uns nicht alleine ran gelassen hat, sondern immer gesagt hat – das ist unser blablabla das ist unser blablabla und so und wir konnten nie alleine rein.

4 Ausblick

Die angeführten Textstellen geben einen Einblick in das erhobene Datenmaterial und verdeutlichen die Bandbreite der Erzählungen der Kinder zu ihren Reiseerfahrungen.

Die an die Voruntersuchung angeschlossene Hauptuntersuchung wurde im direkten Anschluss an die Sommerferien im Zeitraum von August bis September 2007 an elf Grundschulen im Raum Köln durchgeführt. Dabei wurden, erneut in Gruppen, insgesamt 256 Kinder befragt.

Bereits die Voruntersuchung liefert jedoch eine erste empirische Grundlage zur Erforschung kindlichen Reiseerlebens und bietet damit einen Einblick in ein bisher nur sporadisch behandeltes Forschungsgebiet.

Die Erzählungen der Kinder weisen auf die Ambivalenz von Urlaub und folglich auf die Vielseitigkeit von Erfahrungen hin. Die Vorstellung, was ein gelungener Urlaub ist, scheint hingegen für viele der befragten Kinder ähnlich zu sein. Urlaub soll schön sein, Entspannung und Spiel bereithalten und damit Abwechslung bieten. Demzufolge steht Urlaub in einem deutlichen Kontrast zum Alltag, welcher durch Verpflichtungen, Einschränkungen und Gewohntes gekennzeichnet ist. Urlaub bedeutet Anderes zu erleben, sich selber anders wahrzunehmen und Neues kennen zu lernen. Als eine etwas andere Form des Reisens sollten Klassenfahrten gesondert betrachtet werden, da sie sich in organisatorischer und inhaltlicher Hinsicht deutlich von anderen Urlauben unterscheiden.

Festzuhalten bleibt, dass das Thema Reisen bei den befragten Kindern auf großes Interesse stößt und bei ihnen eine Fülle an Erzählungen hervorbringt. Offen bleibt hingegen, in wie weit die Ergebnisse der Vor- und Hauptuntersuchung ein Fundament für die Formulierung pädagogischer Konsequenzen bilden. Auch wenn Reisen und die damit verbundenen Erfahrungen überwiegend außerhalb der Schule stattfinden, haben sie Einfluss auf Schule und Unterricht. Reisen ist im Zuge des Massentourismus längst auch für den schulischen Bereich bedeutsam geworden (vgl. Wendt 2002, 8). Der Schule könnte die Aufgabe übertragen werden, mögliche Lernanlässe auf Reisen aufzugreifen und das Thema für eine Horizonterweiterung der Kinder zu nutzen. „Weil Reisen eine Form der Selbst- und Welterfahrung in einem ist" (von Hentig 2000, 325), „hat Schule die Aufgabe, diese Art der Welterfahrung anzuregen und den Prozess der Selbsterfahrung zu begleiten und ihm Perspektiven zu öffnen" (Wendt 2002, 10). Aufgabe der Pädagogik wäre demnach nicht nur, eine „Reisepädagogik [...] als Helfer zur Wunscherfüllung" zu entwerfen (Wegener-Spöhring 1990, 151), sondern ein Anknüpfen an den besonderen Bildungsraum der Reise.

Literaturverzeichnis

Ahlers, Nicole (2000): Perspektiven einer postmodernen Philosophie des Reisens. In: Bildung und Erziehung, Bd. 53, H. 4, 455-467.

Barthelmes, Jürgen (2005): Laufen, Sprechen, Lesen... und Reisen – das Entdecken der Welt als Weg zur Bildung. In: DJI Bulletin 73, 20-23.

Bohnsack, Ralf (2007): Rekonstruktive Sozialforschung. Einführung in qualitative Methoden. Opladen.

Bundesministerium für Familie, Senioren, Frauen und Jugend (2006): Zwölfter Kinder- und Jugendbericht. Bericht über die Lebenssituation junger Menschen und die Leistungen der Kinder- und Jugendhilfe in Deutschland. Bonn.

Clausnitzer, Christian (2000): Grundlagenstudie Kinder und Urlaub. In: BundesForum Kinder- und Jugendreisen e.V.: Leitfaden zum Kinder- und Jugendtourismus in Deutschland, 29-60.

Enzensberger, Hans Magnus (1962): Eine Theorie des Tourismus. In: Ders.: Einzelheiten I. Bewusstseins-Industrie. Frankfurt/Main, 179-205.

Forschungsgemeinschaft Reisen und Urlaub e.V. (2007): Reiseanalyse 2006. Kiel.

Fuhs, Burkhard (2002): Kindheit, Freizeit, Medien. In: Krüger, Heinz-Hermann; Grunert, Cathleen: Handbuch Kindheits- und Jugendforschung. Opladen.

GfK Gruppe (2008): Deutsche nach wie vor reisefreudig. Pressemitteilung.

Hahn, Heinz / Kagelmann, H. Jürgen (1993): Tourismuspsychologie und Tourismussoziologie. Handbuch zur Tourismuswissenschaft. München.

Hentig, Hartmut von (2000): Fahrten und Gefährten. Reiseberichte aus einem halben Jahrhundert. München; Wien.

Knebel, Hans-Joachim (1960): Soziologische Strukturwandlungen im modernen Tourismus. Stuttgart.

Leed, Eric J. (1993): Die Erfahrung der Ferne: Reisen von Gilgamesch bis zum Tourismus unserer Tage. Frankfurt/Main; New York.

Lennartz, Stephan / Herrmann, Andrea (2000): Nette Betreuer(innen) und viel Wasser. Neues zum Wunschurlaub von Kindern in der „Kinderreisestudie". In: Thomas-Morus-Akademie/Bundesforum Kinder- und Jugendreisen: Jahrbuch für Jugendreisen und Internationalen Austausch. Bergisch-Gladbach, 68-71.

Mörth, Ingo (2004): Fremdheit, wohldosiert. Tourismus als Kultur der kontrollierten Begegnung mit dem Fremden. In: TRANS, Internet-Zeitschrift für Kulturwissenschaften 15: www.inst.at/trans/15Nr/09_1/moerth15.htm [Stand: 25.03.2009].

Mundt, Jörn W. (2006): Tourismus. München.

Opaschowski, Horst W. (2002): Tourismus. Eine systematische Einführung – Analysen und Prognosen. Opladen.

Prahl, Hans-Werner (2002): Soziologie der Freizeit. Stuttgart.

Schäffter, Ortfried (1991): Das Fremde. Erfahrungsmöglichkeiten zwischen Faszination und Bedrohung. Opladen.

Schrutka-Rechtenstamm, Adelheid (1997): Zur Entstehung und Bedeutung von Symbolen im Tourismus. In: Brednich, Rolf Wilhelm; Schmitt, Heinz (Hrsg.): Symbole. Zur Bedeutung der Zeichen in der Kultur. 30. Deutscher Volkskundekongress in Karlsruhe vom 25. bis 29. September 1995. Münster, 123-134.

Statistisches Bundesamt (2006): Tourismus in Zahlen 2005. Wiesbaden.

Treptow, Rainer (1995): Fremdheit und Erfahrung. Zur Normalität der Fremdheitszumutung. In: Müller, Siegfried; Otto, Hans-Uwe; Otto, Ulrich: Fremde und Andere in Deutschland. Nachdenken über das Einverleiben, Einebnen, Ausgrenzen. Opladen, 1-18.

Vester, Heinz-Günter (1999): Tourismustheorie. Soziologische Wegweiser zum Verständnis touristischer Phänomene. Wien.

Wegener-Spöhring, Gisela (1990): Tourismus – von der Pädagogik vergessen? Reisepädagogik zwischen Didaktik und Spiel. In: Steinecke, Albrecht (Hrsg.): Lernen. Auf Reisen? Bildungs- und Lernchancen im Tourismus der 90er Jahre. Bielefeld, 149-170.

Wegener-Spöhring, Gisela (1991): Wünsche und Träume auf Reisen. Über die Schwierigkeit der Erziehungswissenschaft mit dem Tourismus. In: Busse, Gerd u.a.: Lernen auf Reisen? Reisepädagogik als neue Aufgabe für Reiseveranstalter, Erziehungswissenschaft und Tourismuspolitik. Bensberger Protokolle 65. Bensberg, 63-90.

Wegener-Spöhring, Gisela (1995): Aggressivität im kindlichen Spiel. Grundlegung in den Theorien des Spiels und Erforschung ihrer Erscheinungsformen. Weinheim.

Wendt, Peter (2002): Kinder gehen auf Reisen. In: Grundschule, 34. Jg., H. 4, 8-11.

Wierlacher, Alois (Hrsg.) (1993): Kulturthema Fremdheit: Leitbegriffe und Problemfelder kulturwissenschaftlicher Fremdheitsforschung. München.

Wöhler, Karlheinz (2002): Endlich wieder urlauben. Urlaub in den fünfziger Jahren als Phänomen der Moderne. In: Faulstich, Werner (Hrsg.): Die Kultur der 50er Jahre. München, 263-275.

Wöhler, Karlheinz (2003): Pädagogik der Freizeit und Tourismus. In: Popp, Reinhold; Schwab, Marianne: Pädagogik der Freizeit. Hohengehren, 177-194.

Zacharias, Wolfgang (2002): Kinderkultur – uralt und neu entdeckt. In: Welt des Kindes, 80. Jg., H. 4, 22-24.

„Man könnte vergessen, daß man nicht in England ist." – Reise einer deutschen Erzieherin durch das Britische Empire

Elke Kleinau

Am 28. Januar 1879 trat eine deutsche Lehrerin und Erzieherin eine Reise an, die sie von England aus über das Kap der guten Hoffnung nach Australien führen sollte. Nach zweijähriger Abwesenheit kehrte sie am 29. Januar 1881 über Ceylon, Bombay, Aden, den Suez-Kanal, Malta, Gibraltar und England zurück nach Deutschland. Wer war diese Auguste Mues, die auf ihrer Fahrt den Fuß auf drei Kontinente setzte, in späteren Jahren in den Vereinigten Staaten von Amerika und in Russland tätig war und am Ende ihres Berufslebens, als Vierundfünfzigjährige, ihre Lebenserinnerungen niederschrieb, in deren Mittelpunkt ihre Reisen in die „schöne, weite Welt" standen? (Mues 1894, 3) In diesem Beitrag werde ich mich vornehmlich auf die Reisen konzentrieren, die innerhalb des weitläufigen britischen Kolonialreiches stattfanden und dabei folgenden Fragen nachgehen: Welche Motive führten die Lehrerin nach England und von dort aus auf die Südseite des Globus? Mit welchen Erwartungen betrat sie den Boden Australiens? Wie nahm sie Menschen, Sitten und Gebräuche an Bord des Schiffes und in der aufblühenden englischen Kolonie wahr? Empfand sie Australien als ‚fremd', als Teil einer ‚anderen' Kultur? Veränderte der Kontakt mit einer ‚anderen Kultur' ihre Einstellung zu Land und Leuten? Kurz: Was macht die Lektüre ihrer 1894 erschienenen Autobiographie heute noch lohnenswert?[1]

---

1 Über die Verwendung autobiographischer Zeugnisse in der historischen Bildungsforschung ist in den beiden letzten Jahrzehnten viel geschrieben worden, so dass ich glaube, an dieser Stelle auf eine eingehende Erörterung der Problematik verzichten zu können. Im Rahmen unseres von der DFG geförderten Forschungsprojektes „Nation und Geschlecht. Konstruktionen nationaler Identität in Autobiographien deutscher Lehrerinnen an der Wende vom 19. zum 20. Jahrhundert" haben wir, d.h. Wolfgang Gippert und ich, uns eingehend mit dieser Thematik auseinandergesetzt (vgl. zuletzt Gippert 2008).

1   Soziale Herkunft und beruflicher Werdegang

Geboren im Jahr 1838 als siebtes Kind auf dem landwirtschaftlichen Anwesen ihrer Eltern in der Nähe von Osnabrück verlebte Auguste Mues eigenen Angaben zufolge eine glückliche, unbeschwerte Kindheit, bevor sie den beruflichen Ausbildungsweg einer Lehrerin und Erzieherin einschlug, wie er Mitte des 19. Jahrhunderts üblich war.[2] Mit der Konfirmation galt die Schulzeit als beendet, und Auguste Mues entschied sich, gegen den anfänglichen Widerstand ihrer Mutter, als Haustochter in eine Gutsbesitzerfamilie zu ziehen. Dort sollte sie alles lernen, was zur Führung einer Hauswirtschaft notwendig war und nebenbei zwei kleine Mädchen unterrichten. Augustes Mutter war zunächst der Ansicht, dass ihre junge Tochter dieser Aufgabe noch nicht gewachsen sei. Letztendlich gaben aber wohl die Hartnäckigkeit des jungen Mädchens und die ökonomische Situation der Familie den Ausschlag für die Annahme des Stellenangebots, da, im Gegensatz zu der von der Mutter favorisierten Pension, keine Vergütung verlangt, sondern sogar ein Taschengeld von 25 Thalern in Aussicht gestellt wurde (vgl. ebd., 30). Mit der Entscheidung für dieses Stellenangebot waren – der Autorin zufolge – die Weichen für ihre zukünftige Berufstätigkeit gestellt: „Der Unterricht der liebenswürdigen, aufgeweckten Kinder machte mir so große Freude, dass dadurch der Entschluß in mir reifte, Erzieherin zu werden." (ebd.)

Sozialer Stand und Vermögen der Familie lassen sich der Autobiographie nicht eindeutig entnehmen. Der Vater der Autorin entstammte, wie einer anderen Quelle zu entnehmen ist, einer verarmten Osnabrücker Kaufmannsfamilie (vgl. Warneck 1872/1939, 7). Aus Gesundheitsgründen – so berichtete Auguste Mues – habe er 1834 das landwirtschaftliche Anwesen, die *Musenburg*, erworben, sich mit Feuereifer auf die Arbeit gestürzt und große Erfolge im Obstanbau erzielt. Der Ausbau zu einer ertragreichen Milchwirtschaft wurde aber erst unter Augustes Bruder Wilhelm in Angriff genommen (vgl. Mues 1894, 6f.). Dass die Familie nicht übermäßig wohlhabend war, lässt sich u.a. aus der Tatsache

---

2   In den meisten deutschen Staaten war die Lehrerinnenausbildung kaum institutionalisiert. Es gab vereinzelt Lehrerinnenseminare, aber das Gros der angehenden Lehrerinnen bereitete sich durch Privatunterricht oder autodidaktisch auf die spätere Berufstätigkeit vor. Eine Lehrerinnenprüfung war noch nicht überall zwingend vorgeschrieben. Bis zur Jahrhundertwende waren Bildungsgänge und Berufsfelder von Lehrerinnen und Erzieherinnen nicht eindeutig voneinander getrennt (vgl. Lange 1904: 543). Etwa drei Viertel aller Lehrerinnen waren in Schulen – in Volksschulen und in höheren Mädchenschulen – tätig, das letzte Viertel arbeitete als Gouvernante in Familien (vgl. Büttner 1899: 42). Dort wurden den Frauen oft Tätigkeiten, z.B. in der Kinderpflege, zugemutet, die eher in den Aufgabenbereich einer ‚Bonne', eines Kindermädchens, fielen. Diese ‚fachfremden' Arbeiten bildeten eine Quelle ständiger Auseinandersetzungen zwischen den in Familien angestellten Lehrerinnen und ihren Arbeitgebern (zur Geschichte des Lehrerinnenberufs vgl. Huerkamp 1999; Kleinau 2000a).

entnehmen, dass Augustes Vorhaben, Erzieherin zu werden, von ihren Eltern keineswegs abgelehnt, sondern nach Kräften unterstützt wurde.[3]

Nach Beendigung der einjährigen hauswirtschaftlichen Ausbildung und der Rückkehr ins Elternhaus besuchte Auguste Mues zwei Jahre lang die örtliche Mädchenschule, erhielt zusätzlich Privatunterricht in Pädagogik, Sprachen und Musik und sammelte erste Unterrichtserfahrungen in den unteren Klassen der von ihr besuchten Schule (vgl. ebd.). Über eine Zeitungsannonce erhielt sie dann – knapp neunzehnjährig – ihre erste Anstellung als Erzieherin auf einem Gutshof in Ostfriesland und war für den Unterricht von drei Kindern, zwei Jungen im Alter von sechs und neun Jahren sowie einem zehnjährigen Mädchen, zuständig. Trotz anfänglichem Heimweh fühlte Auguste sich in der Familie bald heimisch und blieb nicht nur – wie zunächst vereinbart – ein, sondern volle neun Jahre, bis auch der jüngste Zögling ihrem Unterricht entwachsen war (vgl. ebd., 33). In dieser Familie begegnete Auguste Mues ihrer ersten und wohl auch einzigen großen Liebe: An eine gemeinsame Zukunft war aber in Anbetracht der ungesicherten materiellen Verhältnisse des Mannes nicht zu denken. Nun war es im Bürgertum durchaus üblich, dass Liebende mit der Eheschließung einige Jahre warten mussten, bis der zukünftige Ehemann ein Einkommen erzielt hatte, das eine Familiengründung erlaubte (vgl. Hausen 1988, 93). In diesem Fall scheint aber keinerlei Hoffnung auf eine aussichtsreiche berufliche Karriere bestanden zu haben, denn „er war von so vielerlei Missgeschick verfolgt worden, dass er trotz allen Ringens es noch zu nichts gebracht hatte." (Mues 1894, 37) Kurze Zeit nach der schmerzlich empfundenen Trennung sei der geliebte Mann dann gestorben. Obwohl in ihrem späteren Leben erneut „die Frage einer Heirat" an sie herangetreten sei, habe sie doch nie „ähnliche Gefühle" für einen anderen Mann aufbringen können (ebd., 37). Ob Auguste Mues zeitweilig mit ihrem Dasein als unverheiratet gebliebene Frau haderte, wissen wir nicht. In ihrer Autobiographie schrieb sie, sie sei „später ganz zufrieden" mit ihrem Los gewesen und habe niemals ihre „verheirateten Mitschwestern beneidet, denn: ‚Ein jeder Stand hat seinen Frieden, ein jeder hat auch seine Last.'" (Mues 1897, 38) Die Ehelosigkeit wird hier nicht, wie in späteren Autobiographien frauenbewegter Frauen, offensiv als selbstgewählter Lebensentwurf präsentiert (vgl. Schaser 2000, 47), sondern als schicksalhafte, göttliche Fügung.

Ihre zweite Stelle fand Auguste Mues wiederum in einer ostfriesischen Familie, in der sie ein elfjähriges geistig behindertes Kind zu unterrichten hatte. Da sie diese Tätigkeit als „fast nutzlos[]" empfand, kündigte sie das Arbeits-

---

3 Der zehn Jahre jüngeren Helene Lange, die im ausgehenden 19. Jahrhundert zur ‚Führerin' des gemäßigten Flügels der bürgerlichen Frauenbewegung avancierte, wurde dieser Wunsch noch mit der Begründung abgeschlagen, „das habe noch niemand im Oldenburger Lande getan." (Lange 1927, 88)

verhältnis nach zwei Jahren (Mues 1894, 38). Das nächste Engagement wurde dann gezielt im Ausland gesucht. Als Begründung wird von der Autorin lediglich angeführt, sie habe den Wunsch gehegt, „einmal einen weiteren Ausflug zu wagen." (ebd., 39) Ob dem Wunsch, in die Ferne zu ziehen, berufliche oder persönliche Motive zugrunde lagen, wird nicht weiter erörtert. Die bislang von der bildungshistorischen Forschung ausfindig gemachten Motive – z.B. die Verbesserung der Fremdsprachenkenntnisse oder die Überfüllung des heimischen Arbeitsmarktes – scheinen keine, zumindest keine gravierende Rolle gespielt zu haben.[4] Vielleicht war auch eine gewisse Portion Abenteuerlust im Spiel. Im weiteren Verlauf des Textes wird deutlich, dass die junge Frau die Stellensuche durchaus zielstrebig betrieb und dabei auf ein eng geknüpftes Netz von Verwandtschafts- und Freundschaftsbeziehungen zurückgreifen konnte. Sie vertraute gerade nicht, wie in der Einleitung ihrer Autobiographie vorgegeben, allein auf die Güte des HERRN. In ihren einführenden Worten präsentierte sie sich als eine Frau, die das Leben in der ‚Fremde' nie bewusst angestrebt habe. Reisen erscheint vielmehr als ein göttliches Privileg, das Frauen höchst selten widerfahre, und ihr unbegreiflicherweise zuteil geworden sei:

> „Gott hat mir die Gunst, mich in die schöne, weite Welt zu schicken, in einem Maße erwiesen, wie es einem weiblichen Wesen wohl selten zuteil wird. Ohne daß ich es je gesucht habe, habe ich meinen Fuß auf alle fünf Welttheile setzen dürfen. Fast wie ein Wunder erscheint es mir jetzt, und ich bin dankbar für diese Gunst. Aber immer wieder hat es mich zur Heimat zurückgezogen; und wohnen möchte ich nur da, wo ich aufgewachsen bin, wo ich jeden Stein, jeden Baum, jeden Steg kenne." (ebd., 3)

Mit dieser demonstrativ zur Schau gestellten Bescheidenheit wurde zunächst einmal ein Topos bedient, den zeitgenössische Leserinnen und Leser vermutlich durchschaut haben. Er sollte die Teilnahme der Autorin am literarischen Diskurs ihrer Zeit legitimieren. Dazu passt auch, dass Auguste Mues nachdrücklich versicherte, mit der Niederschrift ihrer Lebenserinnerungen, bei der sie auf Briefe und Tagebuchaufzeichnungen zurückgriff, vor allem einem Wunsch ihrer Neffen und Nichten nachzukommen (vgl. ebd., 4). Aber noch ein anderes Moment gilt es hier zu berücksichtigen. Die Autorin entstammte einer protestantischen, stark pietistisch geprägten Familie. Augustes Onkel hatte sich – nachdem er lange Zeit in St. Petersburg gelebt hatte – 1849 in der Herrnhuter Brüdergemeine [sic] Niesky bei Görlitz niedergelassen und seine Söhne das dortige Pädagogium besuchen lassen (vgl. ebd.: 11, 17). Die Töchter der Familie hatten

---

4   Zu den Gründen, warum deutsche Lehrerinnen und Erzieherinnen ins Ausland gingen, vgl. Kleinau 2005, 164f.

schon in der dreizehnjährigen Auguste, die ein rechter Wildfang gewesen sein soll, eine „geradezu schwärmerische Liebe und Verehrung" ausgelöst (ebd., 18). Ein dreiwöchiger Aufenthalt in Niesky anlässlich der Beerdigung von Augustes Patentante hinterließ in dem jungen Mädchen einen nachhaltigen Eindruck (vgl. ebd., 26f.). Eine andere Tante lebte als Missionarswitwe in Stellenbosch am Kap der guten Hoffnung. Christiane Kähler, geborene Mues (1800-1871), brachte es in der Bekehrung der ‚eingeborenen Heiden' zu einiger Berühmtheit. Der Missionsforscher Gustav Warneke setzte ihr mit einer Biographie ein bleibendes Denkmal (vgl. Warneke 1872/1939). Bestimmte Passagen in der Mues'schen Autobiographie erinnern in Stil und Diktion an pietistisch geprägte Lebenserinnerungen. Ihr Leben erscheint als eine einzige Kette glücklicher Umstände und Fügungen, die sie allein göttlicher Gnade zu verdanken habe (vgl. u.a. Mues 1894, 59). – Eine erste Stellenofferte aus Konstantinopel wurde als zu weit entfernt verworfen. Über die in Niesky lebenden Cousinen, die nach wie vor großen Einfluss auf die inzwischen mutterlose Auguste ausübten, wurde der Kontakt zu einer Familie in Kent hergestellt, die für ihre drei Kinder eine deutsche Erzieherin suchte (vgl. ebd., 39f.).

2 Als Erzieherin in englischen Familien – Kulturelle Differenzen und Kulturtransfer

Trotz „mehrjähriger Konversationsstunden" (ebd., 41) erlebte Auguste Mues ihre englischen Sprachkenntnisse als äußerst unzulänglich. Dass ein gutes Fremdsprachenexamen wenig über die tatsächliche Sprachfertigkeit aussagte, diese Erfahrung teilte sie mit anderen im Ausland tätigen Lehrerinnen.[5] Die ersten Kontakte mit der englischen Bevölkerung gestalteten sich für Auguste ausgesprochen positiv. Auf dem Land aufgewachsen, übten die Menschenmassen und das „Geräusch und Gewirr der alle 5 Minuten abgehenden und ankommenden Züge" auf dem Londoner Bahnhof „etwas geradezu Sinnverwirrendes" auf sie aus (ebd.). Dieses Gefühl der Hilflosigkeit und der Desorientierung, allgemein als ‚Kulturschock' bezeichnet (vgl. Mörth 2004, 11f.), hielt aber nicht lange an. Eine Mitreisende nahm sich ihrer an, organisierte die Weiterfahrt nach Kent, der Schaffner übergab sie fürsorglich der Obhut eines Kollegen (vgl. Mues 1894, 41) und in der Familie Baiss, ihrem neuen Arbeitgeber, wurde die Gouvernante aufs freundlichste aufgenommen. Ihre Stellung innerhalb des großbürgerlichen Haushaltes war nicht die einer Bediensteten, sondern eher die einer guten Freundin.

---

5 Minna Cauer, später eine der führenden Vertreterinnen des radikalen Flügels der bürgerlichen Frauenbewegung, berichtete Ähnliches von ihrem ersten Frankreichaufenthalt (vgl. Hardach-Pinke 1993, 228).

Das Verhältnis zu den erwachsenen Töchtern des Hauses wird sogar als ein „schwesterliches" bezeichnet (ebd., 47). Auguste Mues nahm, was nicht allgemein üblich war, die Mahlzeiten gemeinsam mit der Familie ein und erhielt sogar ein „reizendes Stubenmädchen", das für ihre persönliche Bedienung bestimmt war (vgl. ebd., 44).

> „Meine Liebe und Verehrung für die ganze Familie wuchs je länger je mehr. Ich lebte in einer Liebesatmosphäre und hatte ein wirkliches Heimatgefühl. Freunde sagten mir später, daß ich in England keine zweite Stelle wie diese finden würde." (Mues 1897, 46)

Aus den Lebenserinnerungen anderer deutscher Lehrerinnen und Erzieherinnen ist bekannt, dass sie sich – trotz beruflicher Integration – aufgrund ihrer nationalen Herkunft in England häufig doch als Fremde fühlten und unter Einsamkeit und Heimweh litten. In diesen autobiographischen Schriften wird ein englischer ‚Nationalcharakter' konstruiert, der wenig schmeichelhaft und als Gegenpart zum deutschen ‚Nationalcharakter' angelegt ist. Der typische Engländer sei steif, kalt und vornehmlich am schnöden Mammon interessiert (vgl. Gippert/Kleinau 2006).[6] Bei Auguste Mues zeigte die Kulturbegegnung ein anderes Ergebnis: Aneignung, Bestätigung, gegenseitige Anerkennung. Der ‚interkulturelle Transfer' – so werden in der Forschung Prozesse wechselseitigen Austauschs bezeichnet (vgl. Muhs u.a. 1998; Gippert 2006, 109ff.) – erfolgte in beide Richtungen: Die Erzieherin machte sich sehr schnell die englische Sprache, Sitten und Gewohnheiten zu eigen. Im Gegenzug führte sie deutsche Volks- und Weihnachtslieder und den typisch deutschen Weihnachtsbaum in die Familie Baiss ein (vgl. Mues 1894, 47, 50). Auch wenn Mues gelegentlich Sehnsucht nach der ‚Heimat' überkam, so ist doch der von ihr verwendete Heimatbegriff nicht ausschließlich national bestimmt. Heimat ist zunächst einmal die *Musenburg*, d.h. der Ort, an dem sie ihre Kindheit und Jugend verbracht hatte. Darüber hinaus war Heimat überall dort, wo sie liebevolle Aufnahme in einem christlich gesinnten Haus fand. Dazu hat wahrscheinlich auch beigetragen, dass die Familie Baiss mit ihrer Erzieherin Freud und Leid teilte. Man durchlebte miteinander schwere Zeiten, so z.B. den Tod des jüngsten Kindes der Familie, das an Diabetes starb, sowie den Tod von Augustes Vater (vgl. ebd., 51f.). Trost fand man im gemeinsamen Gebet.

---

6   Im Rahmen unseres Projektes haben wir bislang rund 70 autobiographische Zeugnisse von im Ausland tätigen Lehrerinnen ermitteln können. Ein Englandaufenthalt wird in 20 Autobiographien thematisiert.

Bereits im ersten Jahr ihres Englandaufenthaltes wurde die Beziehung zwischen der Familie Baiss und ihrer Erzieherin auf eine harte Bewährungsprobe gestellt: Der deutsch-französische Krieg von 1870/71 brach aus. Hatte Auguste Mues sich bislang als hannöversches Landeskind gefühlt, so kamen jetzt eindeutig deutsch-nationale Töne zum Tragen. Es wäre ihr, so schrieb sie, „damals unerträglich gewesen, in einer Familie zu leben, deren Sympathien nicht ganz auf deutscher Seite waren." (ebd., 48) Die Erzieherin hatte Glück: Während viele Engländerinnen und Engländer pro Frankreich eingestellt waren, sympathisierte die Familie Baiss – nicht zuletzt aufgrund der freundschaftlichen Beziehungen zu Auguste und ihrer Familie – mit der deutschen Kriegspartei. Erst nach dem Ende des Krieges wurde Mues in einer Damengesellschaft mit deutschlandkritischen Stimmen konfrontiert. Die anwesenden Damen empörten sich über die ungeheuren Reparationszahlungen, die das Deutsche Reich den „armen Franzosen" auferlegt hätte, gelangten aber schließlich zu der Einsicht, dass sie sich gegenüber der deutschen Erzieherin nicht taktvoll benommen hätten und stießen mit ihr „auf das Wohl des großen Bismarck und des edlen Kaiser Wilhelm" an (ebd., 49).

Mit dem Erwachsenwerden der Zöglinge endete nach vier Jahren das Dienstverhältnis zwischen Auguste Mues und der Familie Baiss. Auf eine in einem kirchlichen Blatt geschaltete Anzeige gingen mehrere Stellenangebote ein. Auguste Mues konnte es sich leisten, wählerisch zu sein und nicht das erstbeste Angebot anzunehmen, weil deutsche Erzieherinnen zu dieser Zeit in England sehr gefragt waren (vgl. ebd., 57; Gippert/Kleinau 2006, 341f.). Da die Stellensuche von London aus leichter zu bewerkstelligen war, hatte die fürsorgliche Mrs. Baiss ihre ehemalige Gouvernante im Londoner Erzieherinnenheim in der Harley Street 47 eingemietet. Das Heim, das vornehmlich von Engländerinnen, aber auch von Französinnen und Deutschen frequentiert wurde, stand unter dem Protektorat der englischen Königin und bot für 15 Schillinge die Woche eine saubere und respektable Unterkunft. Doch die Stimmung in dem Heim wurde von Auguste Mues als nicht sehr angenehm empfunden. Allgemeine Missgunst sei an der Tagesordnung gewesen, insbesondere gegenüber den deutschen Erzieherinnen. Die beiden zeitgleich mit ihr anwesenden Deutschen wurden aber von ihr als derart hochmütig bzw. zwanghaft beschrieben, so dass in diesem Fall die Vorbehalte der Kolleginnen anderer Nationen wohl zu Recht bestanden (vgl. Mues 1894, 57). Dem 1876 von Helene Adelmann gegründeten *Verein deutscher Lehrerinnen in England* blieb es vorbehalten, ein für deutsche Lehrerinnen reserviertes Heim mit dem sinnigen Namen *Daheim* zu gründen und es zu einer „Heimat-Oase" auszugestalten (Mörth 2004, 12; vgl. Gippert/Kleinau 2006, 341f.). Bereits am zweiten Tag ihres Londoner Aufenthaltes gelang es Auguste Mues, eine Anstellung zu finden, die ihr zusagte und die sie in die höchsten

Kreise der englischen Aristokratie führte. Diesen Erfolg führte sie nicht auf ihr Können als Erzieherin, auf gute Referenzen oder angenehme Umgangsformen zurück, sondern sie empfand es als Glück, ja als „Bevorzugung" (Mues 1894, 59) gegenüber anderen Erzieherinnen, die weitaus befähigter seien als sie. In den zwei Jahren, die Auguste Mues auf dem hochadeligen Familiensitz der Fitz Roys verbrachte, lernte sie höfische Umgangsformen, die ihr schwer fielen, die sie aber im Nachhinein nicht missen wollte:

> „Die Erfahrungen der in Frogmore [Name des Adelssitzes] verlebten zwei Jahre möchte ich um vieles nicht aus meinem Leben streichen. Manchen Zwang aber musste ich mir auferlegen; denn ‚Würden bringen Bürden'. Meine Stellung als finishing Governess bei den fast erwachsenen Mädchen und in dieser Familie war nicht leicht; ich musste meine ganze Kraft zusammen nehmen." (ebd., 60)

Was genau empfand Mues als so beschwerlich, dass es sie ihre ganze Kraft kostete?

> „Abends wurde immer große Toilette gemacht. Die Familie versammelte sich nach dem Abendessen im Salon, wo gelesen und musiziert wurde. [...] Viel lieber wäre ich oft gemütlich in meinem Zimmer geblieben. Bei manchen Gelegenheiten habe ich viel Selbstverleugnung üben müssen und, trotz aller dankenswerten Vorzüge meiner Stellung, doch oft das Joch der Dienstbarkeit empfunden, manchen moralischen Schweißtropfen vergossen. Doch erkenne ich es als eine heilsame Schule an; auch habe ich im Blick nach Oben immer wieder Kraft gefunden zu meinem verantwortlichen Amte." (ebd., 61)

Zum einen wird deutlich, dass die Gouvernante über wenig freie Zeit verfügte. Auch die Abendstunden gehörten dem Arbeitgeber. Zum ersten Mal wird die Abhängigkeit von den Wünschen Anderer thematisiert, und sie wurde rückblickend als drückend empfunden. Zum anderen ist nicht auszuschließen, dass der Aufwand an standesgemäßer Lebensführung das Budget der Erzieherin stark belastete. Im Vergleich mit Erzieherinnengehältern, die in Deutschland gezahlt wurden und zwischen 600 und 700 Mark lagen (vgl. Lange 1904, 544), verfügte Auguste Mues zwar über ein staatliches Einkommen in Höhe von 90 Pfund bzw. 1800 Mark (vgl. Mues 1894, 65, 77), davon mussten aber wohl auch die Kosten für die exquisite Abendgarderobe bestritten werden. Trost und Kraft fand Mues in dem Glauben, dass Gott allein wisse, wozu das alles gut sei.

Im gesellschaftlichen Verkehr mit den vornehmen Verwandten und Freunden des Hauses scheint es der Erzieherin nicht an Selbstbewusstsein gefehlt zu haben. Eine ihrer aristokratischen Schülerinnen bezeichnete sie als „sehr stolz", weil sie sich nicht durch jene „Unterwürfigkeit" auszeichnete, die sie anscheinend von ihr erwartet hatte (ebd.). „Bei aller Freimütigkeit", so Auguste Mues, „habe ich es gewiß nicht an der nötigen Bescheidenheit fehlen lassen, (…) aber nie habe ich meine Menschenwürde ihnen gegenüber vergessen" (ebd.).

Auch mit dem Dienstpersonal scheint es keinerlei Probleme gegeben zu haben. Während andere Gouvernanten oftmals über die Unverschämtheiten der Dienstboten, die ihren gesellschaftlich höheren Stand nicht anerkennen wollten, klagten, berichtete Auguste Mues, dass sie immer gut behandelt worden sei. Das Geheimnis ihres Erfolges sah sie darin, dass sie selbst immer freundlich gewesen sei, aber jeden familiären Umgang vermieden habe (vgl. ebd.). Als sich eine ihrer Schülerin darüber mokierte, dass das „Fräulein" besser bedient werde als sie selbst, gab ihr die Erzieherin den guten Rat, in Zukunft etwas weniger herrisch aufzutreten (ebd.).

Im Haus ihrer Arbeitgeber freundete sich Auguste Mues mit einer jungen deutschen Frau, einer Mrs. Hill, geb. von Mumm aus Köln an, der sie ihr nächstes Engagement verdanken sollte. Nachdem die beiden Töchter der Familie Fitz Roy in die Gesellschaft des Hofes eingeführt und Queen Victoria vorgestellt worden waren, galt ihre Erziehung als abgeschlossen. Ihre Gouvernante suchte und fand innerhalb kürzester Zeit einen neuen Wirkungskreis in der Familie Tindal, in der fünf Mädchen zu unterrichten waren. Auch hier waren es ihrer Interpretation zufolge wieder göttliche Fügung und Gnade, dass ihr quasi mühelos eine Stellung in den Schoss fiel, die manche ihrer Berufskolleginnen erst nach harten Kämpfen erringen konnte (vgl. ebd., 65). In dieser bikulturellen Familie – Mrs. Tindal entstammte einer französischen Adelsfamilie (vgl. ebd., 79) – wurde sie wie ein „Familienmitglied" aufgenommen (ebd., 67), doch nach vier Jahren stellten sich gesundheitliche Probleme psychosomatischer Art ein, die wohl auf langjährige Überbelastung zurückzuführen waren. In dieser Situation nahm Auguste Mues dankbar die Einladung einer mittlerweile in St. Louis ansässigen Jugendfreundin an, sie auf einer Vergnügungsreise nach Italien zu begleiten (vgl. ebd., 69).

3   Vertraute Fremde – Überall ist England

Nach dem Ende der neunwöchigen Reise kehrte die Erzieherin nach England zurück und trat für einige Monate als Gesellschafterin in die Dienste der frisch verwitweten Mrs. Hill (vgl. ebd., 74). In dieser Zeit erreichte sie die Anfrage von Mrs. Tindal, ob sie bereit sei, die Familie für ein oder anderthalb Jahre nach Australien zu begleiten (vgl. ebd., 76). Mr. Tindal hatte als junger Mann große Ländereien in Neu-Süd-Wales günstig erworben und mit Hilfe der ‚Eingeborenen' roden und einfrieden lassen. Dieser Landbesitz, *Ramornie* genannt, diente der Nutztierhaltung. Nachdem bis 1865 nur die Häute und der Talg der geschlachteten Tiere verkauft worden waren, kam die gebildete und geschäftstüchtige Mrs. Tindal, die als eine der ersten Frauen Europas Medizin studiert hatte (vgl. ebd., 115), auf die Idee, das Fleisch der Rinder und Schafe nach dem von Justus von Liebig entwickelten System in Form von Fleischextrakt und Fleischkonserven zu vermarkten. Mr. Tindal wurde von Liebig persönlich in das Verfahren eingewiesen, ließ die nötigen Maschinen in England bauen und gründete auf seiner Besitzung eine Fleischfabrik, in der täglich 80 Rinder und mehrere hundert Schafe geschlachtet und verarbeitet wurden (vgl. ebd., 79f.).

Im Bewusstsein, eine solche Chance nur einmal im Leben zu erhalten, entschloss sich Auguste Mues, das Stellenangebot anzunehmen. Auch der anfängliche Widerstand ihrer Geschwister vermochte sie nicht zurückzuhalten (vgl. ebd., 78). Welche Bedeutsamkeit Mues dieser Weltreise und dem Aufenthalt in Australien in der Retrospektive zumaß, wird bereits am Umfang und an der Positionierung dieses Kapitels in der Mitte ihrer Lebensgeschichte deutlich. Dass hier der Höhepunkt der Erzählung angelegt ist, steht außer Frage. Stilistisch findet das seinen Niederschlag im Wechsel des Erzählduktus. Das Kapitel besteht aus Briefauszügen, die Auguste Mues während dieser Reise geschrieben haben will. Über die Empfängerinnen und Empfänger der Schreiben schweigt sich die Autorin aus. Sollten die Briefe tatsächlich authentisch sein, dann waren sie wohl für die Mues'schen Geschwister und nahe Freundinnen und Freunde bestimmt.

Die Reise mit der Familie Tindal ermöglichte der Erzieherin einen Komfort, den sie sich als alleinreisende Frau niemals hätte leisten können. Die Fahrt zum Fährhafen trat sie in einem Zugabteil erster Klasse an, die Dienerschaft war in der zweiten Klasse untergebracht (vgl. ebd., 80). An Bord des Dampfschiffes *John Elder* erwartete die Lehrerin unerwarteter Luxus, u.a. „ein prächtiges Badezimmer mit marmornen Badewannen", direkt daneben zur persönlichen Bedienung „die Kajüte der Stewardess" (ebd., 81). Der Service an Bord war erstklassig. Ein ganzes Heer dienstbarer Geister sorgte dafür, dass täglich die Handtücher und zweimal in der Woche die Bettwäsche gewechselt wurden (vgl. ebd.). Die Mahlzeiten waren exquisit, die Unterhaltung durch ein Opernensemble gesichert, es fanden Konzerte und Bälle an Bord statt. Die erste Klasse war eine in sich abgeschlossene Welt. In einer Tagebuchnotiz vom 5. Februar 1879 hielt Auguste Mues fest:

> „Es sind liebenswürdige, hochgebildete Menschen an Bord, ich die einzige Deutsche unter lauter Engländern in der 1. Klasse. Sonst so zugeköpft, werfen die Engländer hier alle Zurückhaltung ab. Man ist wie in einer großen Familie. Schon jetzt kenne ich fast die Lebensgeschichte Aller." (ebd., 82)

Die Aufgabe der als typisch englisch geltenden Zurückhaltung scheint der homogenen Zusammensetzung der Passagiere geschuldet zu sein. Als Alleinreisende hätte Auguste Mues nicht dazugehört. Sozialer Stand und Nationalität hätten sie von der englischen ‚upper class' getrennt. Durch den Anschluss an die Familie Tindal wurde sie jedoch in die soziale und nationale Gemeinschaft integriert. Von Passagieren niederer sozialer Schichten, die zweiter oder dritter Klasse reisten, war die ‚high society' sorgfältig durch eine Barriere abgeschirmt. Auch wenn Mues nicht direkt äußerte, dass sie sich als sozialer oder nationaler Fremdkörper in der ersten Klasse empfunden habe, ist auffällig, dass sie – über die Barriere hinweg – das Gespräch mit Reisenden deutscher Nationalität in der zweiten Klasse suchte (ebd., 85). Dort wäre höchstwahrscheinlich auch ihr Platz gewesen, wenn sie auf eigene Faust und auf eigene Rechnung nach Australien gereist wäre.

Nicht nur an Bord, auch in dem erstklassigen Hotel in Sydney, in dem die Familie Tindal Zwischenstation machte, war man ‚entre nous'. Die aufstrebende englische Kolonie Australien wurde von Mues nicht als fremd empfunden, weil man glatt „vergessen [könnte], daß man nicht in England ist. Sprache, Lebensweise, Einrichtung der Häuser, Alles wie dort. – Nur die Hitze, [....] erinnert daran, dass wir auf der anderen Seite des Erdballes sind" (ebd., 96). Das Einzige, was Auguste Mues hart ankam, war, dass sie Weihnachten bei „üppigem Sommergrün" und glühender Hitze feiern musste (ebd., 122, vgl auch 120).

Trotz ihres Eingebundenseins in die englische ‚community' wurde jeder Deutsche von Mues aufmerksam registriert und freudig begrüßt: der Wirt und der ostfriesische Kellner des Hotels in Sydney, die deutsche Musikkapelle, die unter den Hotelfenstern aufspielte (vgl. ebd., 96), der aus Frankfurt stammende Fotograf, den sie auf einer Ferienreise der Familie im Clarence-Distrikt traf (vgl. ebd., 128) sowie der deutsche Konsul, der einige Tage in *Ramornie* zu Gast war (vgl. ebd., 136).

In Sydney verließ die Familie Tindal die *John Elder* und setzte die Reise nach ihrer Fleischfabrik mit einer mehrtätigen Flussschifffahrt fort. Bei der Ankunft in *Ramornie* vermerkte Mues mit Ausrufezeichen in ihrem Tagebuch, dass die Familie von „weißen und schwarzen Arbeitern!" mit Hurrarufen empfangen wurde (ebd., 100). Als Zeichen seiner philanthropischen Gesinnung fand noch Erwähnung, dass Mr. Tindal Wohnungen für die Arbeiter und eine Schule für deren Kinder hatte bauen lassen. Am Tag der Ankunft wurden Lehrer und Schüler einem Examen unterzogen, dass mit dem Absingen der Nationalhymne „God save the Queen" beendet wurde (vgl. ebd., 101). Das Anwesen der Familie Tindal, neben einem Wohnhaus mit „Pferdestall, Küche mit Waschhaus und Milchkeller, Wagenremise, Vorratshaus [sic]", Gartenanlagen und Wiesen ausgestattet, lag wohlweislich acht englische Meilen von der Fleischfabrik entfernt (vgl. ebd., 101, 97). Von den infernalischen Ausdünstungen des Schlachthofes und der fleischverarbeitenden Industrie blieben die Tindals – im Gegensatz zu ihren Arbeitern – verschont, und das Haus bot zudem den aus England gewohnten Komfort, z.B. das tägliche Bad und die abendliche musikalische Unterhaltung durch ein mitgebrachtes Klavier (vgl. ebd., 108, 104). Das Leben im „Busch" (ebd., 77) unterschied sich somit, was die häuslichen Bequemlichkeiten anging, wenig von dem, das die Familie in England geführt hatte.

4 Das Fremde in der Fremde – Flora, Fauna, Indigene

Fremd erschienen – neben Flora und Fauna – die Ureinwohner Australiens, die als ‚Blacks', ‚Neger', ‚Schwarze', ‚Wilde' oder ‚Aboriginer' bezeichnet wurden. Vor allem ihre Essgewohnheiten erregten Aufsehen:

> „Unterwegs sahen wir eine Gruppe ‚Eingeborener' (Blacks) um ein Feuer gelagert. Sie hatten eben einen Iguano geröstet (Eidechse von Meterlänge) und rissen mit den Fingern Stücke davon, um sie mit vielen Behagen zu verspeisen." (ebd., 102)

Die ‚schwarzen'[7] Ureinwohner/innen wurden zunächst als unterhaltsame Attraktion betrachtet. Alles, was die Daheimgebliebenen amüsieren könnte, wurde von Auguste Mues in ihrem Tagebuch notiert. Im Gegensatz zu deutschen Zeitgenossinnen und Zeitgenossen, die die Ureinwohner/innen europäischer Kolonien als Naturvölker, d.h. als Völker ohne Kultur und Geschichte, betrachteten (vgl. Brockmann 1912; Kleinau 2000b, 211ff.), schrieb Mues, dass die Aborigines „keine Spur von europäischer Kultur" zeigten. Das Vorhandensein von europäischer Kultur machte sie an der Kleiderfrage fest:

> „Wenn sie [die ‚Eingeborenen'] unter sich sind, tragen sie kein Stückchen Kleidung oder Verzierung. Doch dürfen sie in diesem Naturzustande sich den Besitzungen der Engländer nicht nähern. Gewöhnlich tragen sie Kleidungsstücke, die ihnen von Europäern geschenkt wurden. Zu Mrs. Tindal kamen einmal zwei schwarze Damen, die ein Kind an der Hand führten. Die eine hatte nichts als eine Krinoline an, die andere nur ein Spitzenhäubchen; und das nackte Piccaninni (Baby) hielt einen Sonnenschirm in der Hand! Der Mann der einen stak in einem Frack, der hinten statt vorn zugeknöpft war, und die langen Frackschöße baumelten vor den Knieen!" (Mues 1894, 111f.)

---

7   Bezeichnungen wie ‚schwarz' oder ‚weiß' werden von mir in Anführungszeichen gesetzt, um
     den Konstruktionscharakter der Begriffe deutlich zu machen (vgl. Walgenbach 2008).

Den Indigenen wurde somit nicht jegliche Kultur, sondern nur die europäische abgesprochen. Außerdem sprach sie in dieser Textstelle ohne jegliche Ironie von ‚schwarzen Damen' und nicht – wie im deutschen Kolonialdiskurs üblich – von ‚eingeborenen Weibern'.

Der für *Ramornie* zuständige Pastor Greenway erwies sich als ein wahrer Kenner der Kultur und der Sprachen der Aborigines. Durch ihn fand Auguste Mues langsam Zugang zu ihren Sitten und Gebräuchen, beschrieb im Tagebuch ihre religiösen Vorstellungen und Praktiken, ihre Initiationsrituale, ihre Art der sexuellen Werbung, Hochzeits- und Beerdigungspraktiken (vgl. ebd., 112ff.). Persönliche Kontakte zu den Aborigines wurden von ihr nicht gesucht, keine/r als individuelles Wesen mit Namen angesprochen. Mues nahm sie als freundliche, den ‚Weißen' wohlgesonnene ‚edle Wilde' wahr (vgl. ebd., 115), aber die Verwendung dieses Terminus diente in ihrem Fall nicht wie bei Rousseau der Zivilisationskritik. Dafür waren ihre Moral- und Wertvorstellungen, aber auch ihre Vorstellungen von menschlicher Schönheit zu unreflektiert ‚weiß' und europäisch geprägt:

> „Die Frauen tragen ihre Säuglinge in einer strohgeflochtenen Tasche auf dem Rücken. Ergötzlich wars, wie wir einmal ein reizendes weißes Baby mit einem schwarzen zusammenhielten und die schwarze Mutter fragten, welches das schönere sei. Natürlich ihr eigenes! Nur schien sie sich zu wundern, wie man noch fragen könnte. Der Geschmack ist eben verschieden." (ebd.)

Aus zivilisationskritischer Sicht hätte zumindest thematisiert werden müssen, dass es seit Beginn der britischen Kolonisation durch eingeschleppte Krankheiten, Massaker und Vertreibungen aus den angestammten Siedlungsgebieten zu einer drastischen Dezimierung der einheimischen Bevölkerung gekommen war. Im Zuge der Umwandlung Australiens von einer Strafkolonie zu einer Siedlungskolonie waren allein zwischen 1832 und 1842 70.000 Einwanderer und Einwanderinnen ins Land gekommen. Im Gegenzug war die Zahl der Aborigines seit der ‚Entdeckung' Australiens von 750.000 auf 250.000 gesunken (vgl. Wende 2008, 184, 186). An diesen gewaltsamen Vertreibungen, die „gelegentlich Ausmaße eines Genozids" annahmen (ebd., 187), waren insbesondere Viehzüchter beteiligt, die die Jagdgebiete der Einheimischen beanspruchten. Auf diesem Weg dürfte auch Mr. Tindal zu seinem Landbesitz gekommen sein. Über diese Entwicklungen erfahren wir aber aus dem Tagebuch nichts. Die Welt der ‚edlen Wilden' erscheint als fremdartige, touristisch interessante Naturenklave. Die Begegnungen mit den Indigenen ähneln dem Phänomen, das die moderne Tourismusforschung als „tourist ‚bubble'" bezeichnet (Mörth 2004, 18). Damit ist gemeint, dass sich Touristinnen und Touristen in ihrer Urlaubszeit zumeist an Orten – Clubs, Hotelanlagen oder Campingplätzen – aufhalten, „die ausschließlich für sie bestimmt sind und zu denen Einheimische nur als Bedienstete Zugang erhalten". Von dort aus werden ,wohldosierte' „kontrollierte Erkundungen der Umwelt vorgenommen" (ebd.).

5   Sozialer Stand, Nationalität, Ethnie

Obwohl sich das Leben in Australien für die ,upper class' nicht gravierend von dem in England unterschied, wurde die Familie Tindal vor der Rückreise komplett neu eingekleidet. Niemand sollte sagen können, sie sähen aus wie „aus dem ,Busch'" (Mues 1894, 138). Da Australien bis zur Jahrhundertwende über keine nennenswerte (Textil-)Industrie verfügte (vgl. Langenstraßen 1912, 46), wurden im Mutterland gefertigte Kleidungsstücke importiert. In Melbourne wurde noch ein Abstecher in die „International Exhibition" unternommen. In der deutschen Abteilung zeigte Auguste Mues sich beeindruckt von „[…] überlebensgroße[n] Bildnisse[n] Kaiser Wilhelm's, des Kronprinzen Friedrich und Bismarck's!" Kulinarische Köstlichkeiten aus Österreich wie „Wiener Würstel und Lagerbier" weckten Heimatgefühle, ebenso „ein schöner Cabinetschrank", der von einem Osnabrücker Tischler hergestellt worden war. „Dies alles machte mir fast mehr Freunde, als die ganze übrige Ausstellung", schrieb sie (vgl. Mues 1894, 140).

Auf dem Steamer *Rosetta* gewann Auguste Mues in der weitgereisten Comtesse de Béguelin eine angenehme Reisegefährtin. Die beiden Frauen waren die einzigen nicht-englischen Passagiere in der 1. Klasse, aber obwohl die Comtesse nur Französisch sprach, wurde im geselligen Zusammensein mit den englischen Mitreisenden eher die gemeinsame Herkunft aus der ,upper class' als die trennende nationale Zugehörigkeit betont. Konzerte und Bälle ließen kaum Langeweile an Bord aufkommen, trotzdem wurden Landgänge auf Ceylon und in Bombay als willkommene Abwechslung begrüßt. Ceylon sei die „entzückendste Insel, die wir je gesehen haben" (ebd., 144). Das turbulente Marktgeschehen mit „unzähligen Affen, bunte[n] Vögel[n], Früchte[n], Kunstgegenstände[n] aller Art" wurde begeistert beschrieben (ebd.). Irritationen lösten jedoch die Singhalesen aus, weil die Europäer/innen bei ihnen die Geschlechtszugehörigkeit nicht eindeutig erkennen konnten. Beide Geschlechter seien vollständig gleich gekleidet, auch bei der Haartracht gäbe es keine Unterschiede. Männer und Frauen seien gleichermaßen „zierliche Gestalten, von dunkelbrauner Hautfarbe" (ebd.). In Bombay wurde ein buntes ,Völkergemisch' ausgemacht, wobei ethnische und religiöse Zuschreibungen wild durcheinandergingen. Als Begleitung der Comtesse wurde Auguste Mues Zeugin einer Leichenverbrennung nach hinduistischem Ritus, einer Zeremonie, die sie sehr ergreifend fand (vgl. ebd., 147ff.). Im

Gegensatz dazu löste der Bestattungsritus der Perser, die ihre Toten auf hohen Türmen den Geiern zum Fraß überließen, Abscheu und Ekel aus (vgl. ebd., 149f.). Nichtsdestotrotz wurde auch diese Zeremonie im Tagebuch akribisch und mit genauen technischen Details versehen festgehalten.

In Bombay wurden neben dem Gouverneur von Bengalen eine Reihe hoher Offiziere mit ihren Familien an Bord der *Rosetta* aufgenommen. Mit dem Friedensvertrag von 1879 war der zweite britisch-afghanische Krieg beendet, und die britischen Militärangehörigen sahen ihrem nächsten Einsatz in den Zulukriegen in Südafrika entgegen (vgl. ebd., 151). Das Bordleben wurde durch die Offiziere sehr belebt, insbesondere ein Hauptmann mit einem schier unerschöpflichen Gesangsrepertoire betätigte sich erfolgreich als Entertainer. Neben französischen und italienischen Liedern gab er eines Abends auch *Die Wacht am Rhein*, im Deutschen Kaiserreich die inoffizielle Nationalhymne, zum Besten, begleitet von der ‚entzückten' Auguste Mues und den Tindal'schen Mädchen. Da es sich um ein anti-französisches Lied handelt, hörte die Comtesse zwar höflich zu, verlangte aber im Gegenzug die Marseillaise zu hören. „Auch die sangen wir ihr zu Gefallen" (ebd., 152). Mues und die Comtesse gehörten Nationen an, die vor kurzem noch Krieg miteinander geführt hatten. Die nationalen Differenzen waren auf dem europäischen Kontinent durchaus spürbar und wurden auch ausagiert (vgl. Jeismann 1992), auf dieser Reise traten sie aber in den Hintergrund, weil das Fremdheitsempfinden gegenüber den Kolonisierten überwog. Als Domestiken waren sie hochwillkommen, auch wenn man sich des Eindrucks nicht erwehren kann, dass insbesondere die indigenen Kinder wie kleine Schoßhündchen behandelt wurden:

> „Zur Bedienung am Schiffe gehören auch sechs reizende Knaben, die weiter nichts zu thun haben, als die riesigen Fächer, welche im Salon über den Speisetischen schweben, durch Ziehen an langen Korden in Bewegung zu setzen! [...] Die Fächer sind bei der Hitze eine große Wohlthat. [...] Die Knaben tragen weite, rote Hosen, weiße Blousen, rote Schärpen und Turbane. Meine Mädchen verwöhnen sie ganz und schenken ihnen öfter ihr ganzes Dessert." (Mues 1894, 139)

Die Einstellungen und Verhaltensweisen einer in der zweiten Klasse reisenden Hindufamilie wurden dagegen mit großem Befremden zur Kenntnis genommen. Beim Einnehmen ihrer Mahlzeiten dürfte man diesen Menschen nicht zu nahe kommen, berichtete Auguste Mues. Wenn „der Schatten eines Engländers" auf ihre Speisen falle, „betrachten sie das Essen als verunreinigt!" (vgl. ebd., 152f.) Aus Sicht dieser Hindufamilie waren Europäer/innen unrein. Diese Auffassung stellte die gewohnten hierarchischen Verhältnisse zwischen Kolonisten und Kolonisierten auf den Kopf und wirkte daher auf die anwesenden Europäer/innen hochgradig irritierend.

6 Fazit

Im Unterschied zu den deutschen Lehrerinnen, deren Lebenserinnerungen wir bislang in unserem Projekt ausgewertet haben, erlebte Auguste Mues ihre Zeit als Gouvernante in verschiedenen englischen Familien nicht als ‚Fremde' in einem ‚fremden' Land. Sie adaptierte relativ rasch englische Sitten und Gebräuche und führte im Gegenzug deutsche Sitten wie deutsches Liedgut und deutsche Weihnachtstraditionen in die Familien ihrer Arbeitgeber ein und blieb mit ihnen – auch nach Beendigung der Arbeitsverhältnisse – freundschaftlich verbunden. Auf der Reise nach Australien, die sie quasi als Familienangehörige ihres Arbeitgebers unternahm, wurde sie in die englische ‚community' integriert. Das Leben an Bord und später in Australien war weitgehend englisch geprägt. Wohnverhältnisse, Essens- und Kleidungsgewohnheiten wurden aus ‚merry old England' in die Ferne exportiert. Lediglich Klima, Flora, Fauna und die ‚Eingeborenen', denen man begegnete, erinnerten daran, dass man sich in einem ‚fremden' Land befand. Nationale Differenzen zwischen Europäerinnen und Europäern konnten zurücktreten, weil als wirklich ‚fremd' nur diejenigen empfunden wurden, die einer anderen Ethnie angehörten.

Quellen- und Literaturverzeichnis

Quellen

Brockmann, Clara (1912): Briefe eines deutschen Mädchens aus Südwest. Berlin.
Lange, Helene (1927): Lebenserinnerungen. Berlin.
Mues, Auguste (1894): Lebens-Erinnerungen und Reise-Eindrücke einer Erzieherin. Osnabrück.
Warneck, Gustav (1872/1939): Christiane Kähler, die erste rheinische Missionsschwester in Südafrika. 4. Auflage. Wuppertal-Barmen.

Forschungsliteratur

Büttner, Rosalie (1899): Die Lehrerin. Forderungen, Leistungen, Aussichten in diesem Berufe. Leipzig.
Gippert, Wolfgang (2008): Vertextete Fremdheit – inszeniertes Selbst. Ansätze zur Erschließung von Selbst- und Fremdkonstruktionen in autobiographischen Schriften deutscher Lehrerinnen an der Wende vom 19. zum 20. Jahrhundert. In: Hoff, Walburga; Kleinau, Elke; Schmid, Pia (Hrsg.): Gender-Geschichte/n. Ergebnisse bildungshistorischer Frauen- und Geschlechterforschung. Köln; Weimar; Wien, 291-310.
Gippert, Wolfgang (2006): Ambivalenter Kulturtransfer. Deutsche Lehrerinnen in Paris 1880 bis 1914. In: Historische Mitteilungen. Bd. 19. Im Auftrage der Ranke-Gesellschaft hrsg. v. Jürgen Elvert und Michael Salewski. Stuttgart, 105-133.

Gippert, Wolfgang; Kleinau, Elke (2006): Interkultureller Transfer oder Befremdung in der Fremde. Deutsche Lehrerinnen im viktorianischen England. In: Zeitschrift für Pädagogik, 52 Jg., H. 3, 338-349.

Hardach-Pinke, Irene (1993): Die Gouvernante. Geschichte eines Frauenberufs. Frankfurt/Main; New York.

Hausen, Karin (1988): „... eine Ulme für das schwanke Efeu". Ehepaare im Bildungsbürgertum. Ideale und Wirklichkeiten im späten 18. und 19. Jahrhundert. In: Ute Frevert (Hrsg.): Bürgerinnen und Bürger. Geschlechterverhältnisse im 19. Jahrhundert. Göttingen, 85-117.

Huerkamp, Claudia (1999): Die Lehrerin. In: Frevert, Ute; Haupt, Heinz-Gerhard (Hrsg.): Der Mensch des 19. Jahrhunderts. Frankfurt/Main; New York, 176-200.

Jeismann, Michael (1992): Das Vaterland der Feinde. Studien zum nationalen Feindbegriff und Selbstverständnis in Deutschland und Frankreich 1792-1918. Stuttgart.

Kleinau, Elke (2005): In Europa und der Welt unterwegs. Konstruktionen nationaler Identität in Autobiographien deutscher Lehrerinnen an der Wende vom 19. zum 20. Jahrhundert. In: Lundt, Bea; Salewski, Michael (Hrsg.): Frauen in Europa. Mythos und Realität. Münster, 157-172.

Kleinau, Elke (2000a): Zur Geschichte des Lehrerinnenberufs. In: Grundschule, 32 Jg., H. 4, 21-24.

Kleinau, Elke (2000b): Das Eigene und das Fremde. Frauen und ihre Beteiligung am kolonialen Diskurs. In: Lohmann, Ingrid; Gogolin, Ingrid (Hrsg.): Die Kultivierung der Medien. Erziehungs- und sozialwissenschaftliche Beiträge. Opladen, 201-218.

Langenstraßen, Bodo (1912): Die Bevölkerungsverhältnisse der Britischen Kolonialstaaten in Australien unter Berücksichtigung der wirtschaftlichen Einflüsse. Inaugural-Dissertation zur Erlangung der Doktorwürde der philosophischen Fakultät der Kgl. Albertus-Universität zu Königsberg i. Pr., Breslau.

Mörth, Ingo (2004): Fremdheit, wohldosiert. Tourismus als Kultur der kontrollierten Begegnung mit dem Fremden. In: TRANS. Internet-Zeitschrift für Kulturwissenschaften, Nr. 15: http://www.inst.at/trans/15Nr/09_1/moerth15.htm; online verfügbar über: http://soziologie.soz.uni-linz.ac.at/sozthe/staff/moerthpub/Fremdheit.pdf.

Lange, Helene (1904): Erzieherin. In: Rein, Wilhelm (Hrsg.): Encyklopädisches Handbuch der Pädagogik. Bd. II. Langensalza, 539-547.

Muhs, Rudolf; Paulmann, Johannes; Steinmetz, Willibald (1998): Brücken über den Kanal? Interkultureller Transfer zwischen Deutschland und Großbritannien im 19. Jahrhundert. In: Dies. (Hrsg.): Aneignung und Abwehr. Interkultureller Transfer zwischen Deutschland und Großbritannien im 19. Jahrhundert. Bodenheim, 7-20.

Schaser, Angelika (2000): Helene Lange und Gertrud Bäumer. Eine politische Lebensgemeinschaft. Köln; Weimar; Wien.

Walgenbach, Katharina (2008): Whiteness Studies als kritisches Paradigma für die historische Gender- und Bildungsforschung. In: Gippert, Wolfgang; Götte, Petra; Kleinau, Elke (Hrsg.): Transkulturalität. Gender- und bildungshistorische Perspektiven. Bielefeld, 45-66.

Wende, Peter (2008): Das Britische Empire. Geschichte eines Weltreichs. München.

Von der Freizeitpädagogik über Kinder-Kultur(en) zur Wellnessbildung. Wege zu einem langen sinnerfüllten Leben

Wolfgang Nahrstedt

1 Herausgeberkreis erweitert

„Frau Akademische Oberrätin Dr. Gisela Wegener-Spöhring konnte als neues Mitglied für den Herausgeberkreis von FZP gewonnen werden. Frau Wegener-Spöhring ist im Rahmen des 1984 eingerichteten Diplom-Studienganges ‚Freizeitpädagogik‘ im Fachbereich Erziehungswissenschaft an der Georg-August-Universität Göttingen tätig. Sie gehört seit 1986 dem Vorstand der DGfE-Kommission Freizeitpädagogik an. Ihr Forschungsschwerpunkt liegt im Bereich der Spielpädagogik.“ (FreizeitPädagogik 1987, 193)

Mit diesem Hinweis in der Zeitschrift *FreizeitPädagogik. Zeitschrift für Kritische Kulturarbeit, Freizeitpolitik und Tourismusforschung* im Juli/Oktober des Jahres 1987 (9. Jg., Heft 3/4, 193) wurde nicht nur die erziehungswissenschaftliche Aktivität von Gisela Wegener-Spöhring, die seit 1984 an der Georg-August-Universität Göttingen als Dozentin für Freizeitpädagogik tätig war, breiteren Fachkreisen verdeutlicht. Zugleich wurde ihr bildungspolitisches Engagement als Vorstandsmitglied der entsprechenden 1978 gegründeten DGfE-Kommission betont (vgl. ebd.) und bis heute wird sie in diesem Kreis als wissenschaftliche Herausgeberin aufgeführt. Allerdings: Während sie in dieser ‚unserer‘ Zeitschrift bis 1996 als Angehörige der Universität Göttingen erschien, weist *Spektrum Freizeit* 1-2/1997 sie neu als Mitglied der Universität Würzburg, *Spektrum Freizeit* I/2000 dann (und dies bis heute) als nunmehr zugehörig zur Universität zu Köln (vgl., 2) aus. So spiegelt diese Fachzeitschrift bis in die Gegenwart das Engagement von Gisela Wegener-Spöhring für die „Wissenschaft, Politik & Praxis“ der Freizeit über inzwischen fast ein Viertel Jahrhundert, unbeirrt von Orts- und Hochschulwechsel.

Der vorliegende Beitrag soll einen Überblick zur Entwicklung des Bereichs Freizeitpädagogik am Beispiel dreier Megatrends aufzeigen. Dabei werde ich mich in erster Linie auf die Jahre 1986 bis 1994 beziehen, in denen Gisela Wegener-Spöhring und ich in diesem Kontext eng miteinander kooperiert haben.

Die von ihr angestoßenen Aspekte finden aus gegebenem Anlass hier besondere Beachtung.

2 Megatrends

Im Kontext soziologischer Trendforschung werden besonders tiefgreifende und nachhaltige Trends, so Naisbitt 1984 (s. auch Nahrstedt 2008, 52ff.), die die gesamte westliche Kultur umfassen und deren Dauer zumindest zehn Jahrzehnte umfasst, als Megatrends bezeichnet. In meinen Augen zielte Gisela Wegener-Spöhring mit ihren Beiträgen – u. a. über eine Auseinandersetzung mit dem Spielbegriff im Rahmen erziehungswissenschaftlicher Diskurslinien – auf eine (pädagogische) Qualifizierung in den Bereichen grundlegender gesellschaftlicher Megatrends. Dies soll im Folgenden am Beispiel dreier Megatrends herausgearbeitet werden.

2.1 Qualifizierung ‚Megatrends‘ durch spielpädagogisch geprägte ‚Kinder-Kultur(en)‘

1946 wurde von der UNO über die WHO (1946) als weltpolitisches Ziel definiert, „den besten erreichbaren Gesundheitszustand aller Völker herbeizuführen" (WHO-Constitution). Verstanden wird dabei „unter Gesundheit der Zustand des vollständigen körperlichen, (seelisch-) geistigen und sozialen Wohlbefindens (complete well-being) und nicht nur des Freiseins von Krankheit und Gebrechen" (dto). Diese Zielsetzung prägt bereits seit der Nachkriegszeit die sich entwickelnden Megatrends ‚Freizeit‘, ‚Tourismus‘ und ‚Wellness‘. Das von der WHO formulierte Ziel wird mit Beginn des 21. Jahrhunderts als prägend für den sogenannten „sechsten Kondratieff" bezeichnet, d. h. für die „Gesundheitswirtschaft" als „lange Welle der Konjunktur" in Bezug auf die Thematik der „psychosozialen Gesundheit" (nach: Nefiodow 2006; s. Nahrstedt 2008, 23, 52ff, auch: WHO-Constitution).

Durch Gisela Wegener-Spöhring erreichte dieses Ziel 1987 auch die Freizeit-Pädagogik, nicht zuletzt über die von ihr mit herausgegebene Fachzeitschrift der zuständigen DGfE-Kommission.

2.2 Megatrend Freizeit: Spiel als Beispiel für die „friedenserzieherische Aufgabe" des Freizeitpädagogen

In ihrem Beitrag „Draculas Grab: Aggressive Spiele/ Kriegsspiele bei Kindern – ein freizeitpädagogisches Problem?" geht Gisela Wegener-Spöhring explizit auf „die friedenserzieherische Aufgabe der Freizeitpädagogik" (FZP 1-2/1987, 46ff.) ein. Es zeigt sich aber auch die Schwierigkeit des erzieherischen Handelns. Zum einen ist „Spiel [...] notwendig freies und selbstbestimmtes Tun" und ist „als die freie Zeit der Kinder, als ihre 'Freizeit' (zu) akzeptieren. 'Alles Spiel ist zunächst und vor allem *ein freies Handeln*'" (s. Huizinga 1956). Dies gilt auch bei Spielen mit aggressiven und beängstigenden Inhalten, als eine Spielart, die Kriegsspielzeug herausgreift:

> „Statt einer spielpädagogischen Intervention wird es deshalb wichtiger sein, dann, wenn der Erwachsene gemeinsam mit den Kindern spielt, ein *Modell für positives Spielverhalten* zu sein, und eventuell vorsichtig zu arrangieren, dass spielgeschädigte Kinder mit spielbegabten [...] zusammen spielen können. [...] Der Erwachsene sollte sich vergewissern, dass aggressive und beängstigende Inhalte nicht ausschließlich und auf längere Sicht spieldominant werden."

Wichtig erscheint hier die Zurückhaltung, das vorsichtige Eingreifen, das aber eine Wahrnehmung der Spielsituation impliziert. „Eine solche Betrachtungsweise wird uns davor schützen, die aggressiven Spiele und Kriegsspiele der Kinder über Gebühr im Sinne einer Interventionsnotwendigkeit zu problematisieren" (ebd., 54f.).

2.3 Megatrend Tourismus: Qualifizierung durch Reisepädagogik

Mit einer weiteren Arbeit zur „Reisepädagogik" am Beispiel „Mallorca, du Schöne ... Senioren im Langzeiturlaub" versuchte Gisela Wegener-Spöhring den Beitrag der Erziehungswissenschaft zur Förderung und Qualifizierung des „Megatrends" Tourismus zu klären. Sie fragt hierbei nach Betreuungskonzepten bzw. der Einordnung derselben in den Kontext von Reisepädagogik und Altenbildung und stößt damit eine erziehungswissenschaftliche Auseinandersetzung mit dem Thema Reisen an. In diesem Zusammenhang sucht sie nach neuen Ideen, das Reisen pädagogisch zu unterstützen und zu begleiten (FZP 12/1990/3-4, 139):

> „Pädagogik bemüht sich um die *Steigerung menschlicher Lebensqualität* in relevanten Situationen. Die Reise gehört zweifelsfrei dazu, die Langzeitreise der

Senioren zumal. Sie kann [...] neue Möglichkeiten für den letzten Lebensabschnitt [mit einem speziellen] „Sinnprogramm" (Wegener-Spöhring zitiert nach Kuhr 1988) für alte Leute [eröffnen]" (ebd., 144f.).

Sie fragt, ob sich die Mächtigen der Tourismusbranche dafür interessieren würden, was die Freizeit- und Reisepädagogik lehrt und kommt zu dem vorläufigen Schluss, dass diese Frage zunächst zu verneinen sei; jedoch:

> „Eine touristische und *kommerzialisierte* Pädagogik [gibt es] längst; die großen Reiseveranstalter haben sie in die Hand genommen und ihre Animateure selbst ausgebildet. Und diese Pädagogik erreicht Millionen. Zunehmend stellt der Gast Ansprüche an Betreuung und Unterhaltung; im Langzeiturlaub der Senioren – bis zu drei Monaten leben sie in den südlichen Hotels – ist eine solche Betreuung zwingend" (Wegener-Spöhring 1990, 141).

Gisela Wegener-Spöhring fordert in diesem Rahmen neue Ideen und Ansätze zur Professionalisierung. Im Rahmen ihres laufenden Forschungsprojektes zu den Erlebnissen von Kindern auf Reisen und im Urlaub geht sie ähnlichen Fragestellungen auch gegenwärtig nach.

Zur kreativen Gestaltung dieser Herausforderung kann sie hier auf ihre Erfahrungen als Wissenschaftlerin in den Bereichen Freizeit und Tourismus zurückgreifen und sich darüber hinaus auch in den nunmehr zunehmend dominanten Megatrend ‚Wellness' einbringen.

3   Die Jahre 1990 bis 1994: Versuch eines Neuaufbaus in den neuen Bundesländern

Vornehmlich ist mir Gisela Wegener-Spöhring aus unserer gemeinsamen Zeit bei der intensiven Gestaltung und Professionalisierung der Freizeitpädagogik bekannt: An dieser Stelle soll ihr Engagement für diesen Bereich der Erziehungswissenschaft dargestellt werden, welches sich maßgeblich auf die Zeit zwischen 1986 und 1994 bezieht.

Im Rahmen ihres Kommissionsvorsitzes in der DGfE-Kommission Freizeitpädagogik engagierte sich Gisela Wegener-Spöhring in den Jahren seit 1990 „für die Weiterentwicklung der Freizeitpädagogik und den Neuaufbau in den neuen Bundesländern" (FZP 13/1991/1, 68f.). Für die nach der Wende noch 1992 geplante Neu-Einrichtung von „Freizeitpädagogik, zum Teil in Verbindung mit Kulturpädagogik, als Haupt- bzw. Nebenstudienrichtung an einigen Hochschulen in den neuen Bundesländern", z. B. an der PH Zwickau, der Universität Potsdam, der Humboldt-Universität Berlin sowie der PH Erfurt, wurde Gisela Wegener-

Spöhring gemeinsam mit Prof. Dr. Opaschowski, Prof. Dr. Rüdiger und mir von der DGfE-Kommission FZP zur Mitarbeit in einem jeweils „lokalen Struktur-beirat" vorgeschlagen. Hintergrund dieser Aktivitäten war die auf der „Arbeits-tagung der Kommission Freizeitpädagogik der DGfE und der ‚Sektion Frei-zeitpädagogik' der DGP vom 10. bis 12.10.1991 an der Universität München" ausgesprochene Empfehlung „an zumindest einer wissenschaftlichen Hochschule je Bundesland die Einrichtung einer Spezialisierungsrichtung Freizeitpädagogik (in Verbindung mit Kulturarbeit und Pädagogik des Tourismus)" (FZP 14/1992/1, 79f.) vorzunehmen. Aber es scheiterte beispielsweise der Versuch, eine freizeit-pädagogische Forschung und Lehre an der Berliner Humboldt Universität auf-zubauen, so dass die verbleibenden Kollegen sich dem neu gegründeten Institut Sozialpädagogik anschlossen (FZP 14/1992/2, 184f.). Dies hatte offenbar Signalwirkung. Zwar kam es zu einer Periode der fruchtbaren Zusammenarbeit zwischen Kolleginnen und Kollegen der Freizeitpädagogik aus den alten und neuen Bundesländern, jedoch kann formuliert werden, dass die Entwicklung letztlich unter keinem guten Stern stand:

> „Die Deutsche Gesellschaft für Pädagogik, die 1990 als Zusammenschluss der Er-ziehungswissenschaftler aus der Ex-DDR gegründet wurde, hat sich am Vorabend des 113. DGfE-Kongresses in Berlin am 15. März 1992 [wieder] aufgelöst. Seitdem besteht auch die in ihr gebildete Sektion Freizeitpädagogik nicht mehr" (ebd., 185).

Im Zusammenhang mit der Auflösung der Kommission wurden auch die neu geschaffenen Studiengänge schrittweise – wenn z. T. auch mit Verzögerung – eingestellt: „Am 18.12.1996 fand [so] an der Universität Potsdam das Abschluss-kolloquium des Diplomstudienganges 'Freizeitpädagogik' statt" (Spektrum FZ 19/1997/1-2, 197).

4   Kampf um den Studiengang ‚Freizeitpädagogik' an der Universität Göttingen

Im Zuge dieser Entwicklungen geriet auch der Studiengang ‚Freizeitpädagogik' an der Universität Göttingen in Gefahr. Vertreter der entsprechenden DGfE-Kommission suchten dies durch Schreiben an den damaligen Ministerpräsi-denten des Landes Niedersachsen Gerhard Schröder sowie die zuständige Ministerin Helga Schuchardt zu verhindern (s. FZP 14/1992/3, 288ff.). So wandte sich Horst W. Opaschowski noch im selben Jahr an die Ministerin und erinnerte sie an eine „gemeinsam(e) [...] Hamburger Fachtagung 'Quo vadis, Freizeit?'", in der sie „zu Recht" „für freizeitpädagogische Konzepte" plädiert habe:

„Es entbehrt nicht einer gewissen Tragik, dass jetzt Pläne Ihres Hauses bekannt werden, den einzigen Diplomstudiengang Freizeitpädagogik, den es in Deutschland gibt, an der Universität Göttingen zu schließen. [...] Überdenken sie bitte die anstehende Entscheidung" (ebd., 288).

Unterstützer fanden sich im Fachverband der Erziehungswissenschaftler. So konnte bereits im Mai 1993 in der von Gisela Wegener-Spöhring als Gastherausgeberin gestalteten Ausgabe von *FreizeitPädagogik (FZP) – Forum für Kultur, Medien, Sport, Tourismus* folgende Information abgedruckt werden: „DGfE-Vorstand stützt Freizeitpädagogik":

> „Der Vorstand der Deutschen Gesellschaft für Erziehungswissenschaft ist einstimmig beigetreten folgender Stellungnahme der DGfE-Kommission Freizeitpädagogik zur Sicherung eines Diplomstudienganges Erziehungswissenschaft mit Schwerpunk Erziehungswissenschaft an der Universität Göttingen: Die Kommission Freizeitpädagogik wendet sich mit Nachdruck gegen die Absicht der niedersächsischen Landesregierung, den Diplomstudiengang Erziehungswissenschaft mit Schwerpunkt Freizeitpädagogik im Fachbereich Erziehungswissenschaft an der Universität Göttingen zu schließen. Der Schwerpunkt Freizeitpädagogik stellt einen innovativen Bereich der Erziehungswissenschaft dar, der angesichts zunehmender Kommerzialisierung und Mediatisierung von Freizeit und Kultur von besonderer gesellschaftlicher und wissenschaftlicher Relevanz ist [nicht zuletzt] für die Weiterentwicklung des erziehungswissenschaftlichen Diplomstudienganges [für] handlungsspezifische Teilbereiche" (FZP 15/1993/2, 193).

Leider führten der Einsatz und das Engagement der Kolleginnen und Kollegen nicht zum erhofften Erfolg – und so lief der Schwerpunkt Freizeitpädagogik an der Universität Göttingen nach 1996 aus.

5   „Modernisierung und ihre Kinder" (Wegener-Spöhring/Neumann 1992, 182ff.): Weiterentwicklung der Freizeitpädagogik

Die Kommission Freizeitpädagogik der DGfE besteht jedoch bis heute. Nach Auflösung der von Erziehungswissenschaftlern aus der ehemaligen DDR gegründeten *Deutschen Gesellschaft für Pädagogik* mit der ‚Sektion Freizeitpädagogik' März 1992 erklärte die Kommission Freizeitpädagogik der DGfE unter Gisela Wegener-Spöhring als „Geschäftsführendes Vorstandsmitglied" darauf auch ihre Bereitschaft, „die Belange der Kolleginnen und Kollegen in den NBL mitzuvertreten" (ebd., 185).

Es ist nicht auszuschließen, dass nicht zuletzt dadurch ihr eigenes zentrales Thema, die „Modernisierung und ihre Kinder" (ebd., 182ff.) nunmehr auch über die Kommission FZP besonders ins Blickfeld geraten ist. Dies beispielsweise im Rahmen eines entsprechenden Symposiums in Kooperation mit der „Kommission Pädagogik der frühen Kindheit" (FZP 14/1992/2, 182f.) auf dem 13. DGfE-Kongress in Berlin (16/17.03.1992) und der von ihr moderierten Podiumsdiskussion „Moderne Kindheit und Politik für Kinder" (ebd., 182ff.).

Das zentrale Thema von Gisela Wegener-Spöhring „Freizeitpädagogik im Spielbereich" führte nun auch schrittweise zu „interdisziplinären" wie internationalen „Forschungskontakte[n]" (FZP 15/1993/2, 193). So berichtete sie selbst unter dieser Überschrift im von ihr als „Gastherausgeberin" zusammengestellten Heft der *FreizeitPädagogik* im Mai 1993 zum Thema „Spiel als Lebensmuster. Zur Paradigma-Diskussion in der Freizeitpädagogik":

> „Interdisziplinäre Forschungskontakte knüpfte die Kommission Freizeitpädagogik im Spielbereich. Gisela Wegener-Spöhring vertritt die Kommission in der interdisziplinären Spielforschungsgruppe [...], die sich [...] 1993 in Bad Homburg konstituierte; ebenfalls wird sie die Kommission in der *Society of Toy Researchers* vertreten, die sich als interdisziplinäre Forschungsgruppe mit Vertretern verschiedener Nationen am 8./9.9.1993 in Utrecht gründen wird" (FZP 15/1993/2, 193).

6   Vom Neubeginn bis zur ‚Vollendung'

Das Jahr 1994 brachte dann eine Wende. In der Sitzung der DGfE-Kommission FZP

> „am 15. März 1994 im Rahmen des 14. DGfE-Kongresses 'Bildung und Erziehung in Europa` in Dortmund [gab ...] AORin Dr. Gisela Wegener-Spöhring [...] einen kurzen Bericht über ihre vierjährige Tätigkeit als Vorsitzende. Während die ersten zwei Amtsjahre zunächst von einer Aufbruchstimmung und vielfältigen Interaktionen insbesondere mit Hochschulen in den NBL gekennzeichnet waren, überschatteten die Zusammenbrüche dieser Interaktionen und insbesondere die endgültige Einstellung des Studienganges Freizeitpädagogik an der Universität Göttingen die zwei letzten Jahre. Neue Ansätze an Fachhochschulen blieben demgegenüber bisher sehr verhalten."

> „Ein besonderes Anliegen" der Arbeit von Gisela Wegener-Spöhring „waren halbjährige Kommissionssitzungen, die den Zusammenhang unter den Mitgliedern sehr gefördert haben. Bemühungen um Aufnahme der Studienrichtung Freizeitpädagogik in den DGfE-Entwurf einer Prüfungsordnung für das Diplomstudium Erziehungswissenschaft (...waren) jedoch erneut steckengeblieben. Die Kommission dankte

dem Vorstand und insbesondere der Vorsitzenden für ihr Engagement und die Be-
harrlichkeit, mit der sie die Interessen der Kommission gegenüber dem DGfE-
Vorstand vertreten hat. – Wegen Vorbereitung ihrer Habilitation (1994 am Fachbereich Erziehungswissenschaft an der Universität Göttingen) stand die bisherige
Vorsitzende für weitere Vorstandsarbeit nicht mehr zur Verfügung" (FZP 16/1994/1,
93).

So erfolgte im Jahre 1995 die Berufung von Gisela Wegener-Spöhring an die
Julius-Maximilian-Universität Würzburg und im Jahre 2000 an die Universität zu
Köln. Damit endete auch die intensive zehnjährige Mitwirkung und Kooperation
im Rahmen der DGfE-Kommission Freizeitpädagogik (1984-1994) inklusive der
(zum Teil voll verantwortlichen) Mitwirkung an der Herausgabe der Fachzeitschrift FZP.

In Köln hat sie sich im Rahmen ihrer Professur für Grundschulpädagogik
und -didaktik vertieft mit moderner Kindheit und jüngst auch mit dem Reisen
von Kindern beschäftigt und ihr ist auf diese Weise eine Verkoppelung mit den
zentralen Themen ihres wissenschaftlichen Lebens gelungen.

Für ihre grundlegende intensive Mitarbeit in der 1978 gegründeten DGfE-
Kommission Freizeitpädagogik (seit 1986), im Herausgeberkreis der Fachzeitschrift *Freizeitpädagogik* (seit 1987) sowie insbesondere für ihr Engagement als
„Geschäftsführendes Vorstandsmitglied" (der Kommission (1990-1994) (FZP
12/1990/3-4, 179) sei Ihr nochmals nachträglich außerordentlich gedankt! Aber
möglicherweise wird sie auch nach Aufnahme Ihres Ruhestandes weiterhin als
Mitglied des Kreises der „Wissenschaftliche[n] Herausgeber" der Fachzeitschrift
auch künftig „im Spiel" bleiben. Dafür meine besten Wünsche!

Literaturverzeichnis

Huizinga, Johan (1956): Homo Ludens. Vom Ursprung der Kultur im Spiel. Hamburg.
Nahrstedt, Wolfgang (2008): Wellnessbildung. Gesundheitssteigerung in der Wohlfühl-
    gesellschaft. Berlin.
Naisbitt, John (1984): Megatrends. 10 Perspektiven, die unser Leben verändern werden.
    Vorhersagen für morgen. Deutschsprachige Ausgabe. Bayreuth. 2. Aufl.
Nefiodow, Leo A. (2006): Der sechste Kondratieff. Wege zur Produktivität und Vollbe-
    schäftigung im Zeitalter der Information. 6. Aufl. St. Augustin.
Opaschowski, Horst W. u. a. (1992): Grundausstattung (Erziehungswissenschaft): Ohne
    Freizeitpädagogik? In: FreizeitPädagogik, 14 Jg., H.1, 79f.
Opaschowski, Horst W. u. a. (1992): Quo vadis, Freizeit? In: FreizeitPädagogik, 14 Jg.,
    H.3, 288ff.

Wegener-Spöhring, Gisela (1987): Draculas Grab: Aggressive Spiele/ Kriegsspiele bei Kindern – ein freizeitpädagogisches Problem? In: FreizeitPädagogik . Zeitschrift für Kritische Kulturarbeit, Freizeitpolitik und Tourismusforschung, 9 Jg., H.1-2, 46-56.

Wegener-Spöhring, Gisela (1990): Mallorca, du Schöne ... Senioren im Langzeiturlaub. In: FreizeitPädagogik, 12 Jg., H.3-4, 139-145. – s. auch: FreizeitPädagogik, 13 Jg., H.2, 155 falscher Hinweis: „... Senioren im Ferienparadies". – FreizeitPädagogik, 16 Jg., H.2, 187.

Wegener-Spöhring, Gisela; Neumann, Karl (1992): Die Modernisierung und ihre Kinder. In: FreizeitPädagogik, 14 Jg., H.2, 182-184.

Wegener-Spöhring, Gisela (1993): Freizeitpädagogik im Spielbereich. In: FreizeitPädagogik, 15 Jg., H.2, 193.

Wegener-Spöhring, Gisela (1994): (Letzte) Kommissionssitzung. In: FreizeitPädagogik, 16 Jg., H.1, 92.

Zeitschrift(en)

FreizeitPädagogik. Zeitschrift für Kritische Kulturarbeit, Freizeitpolitik und Tourismusforschung. Bielefeld (1979-1980), Frankfurt/Main (1981ff.), Baltmannsweiler (1986ff.). Fortgesetzt durch:

Spektrum Freizeit. Forum für Wissenschaft, Politik und Praxis. Erweitert aus der Zeitschrift „FreizeitPädagogik". Baltmannsweiler (1995ff.).

Invasoren-Outfit, am Beispiel von Kappe und Wischlappen

Heidi Helmhold

Liebe Gisela,
Verehrte Anwesende,

als Invasorenpflanzen werden Pflanzen bezeichnet, denen es gelingt, sich auf neuem Territorium breit zu machen. Diese Pflanzen sind dem Biologen ein Dorn im Auge, weil sie in der letzten kleinen übrig gebliebenen Wildnis unsere einheimische Flora bedrängen.

Abbildung 1:   "The Invaders!" Botanischer Garten Genf, 2004.
Eine Installation von Gerda Steiner & Jörg Lenzlinger.
Realisiert im Auftrag der Kulturabteilung der Stadt Genf.

Ein reisemüder Container wird in ein Treibhaus umgewandelt, in dem gleiche Lebensbedingungen ... für alle Pflanzen herrschen. In diesem Treibhaus sind Invasorenpflanzen, Gemüse, Blumen, Unkraut, Zimmerpflanzen, Kräuter,

Schlingpflanzen aller Art, Kunstpflanzen, aussterbende Gräser und wachsende Düngerkristalle in Koffer, Handtaschen und Schuhe gepflanzt.

Abbildung 2:   "The Invaders!" Botanischer Garten Genf, 2004.
                Eine Installation von Gerda Steiner & Jörg Lenzlinger.
                Realisiert im Auftrag der Kulturabteilung der Stadt Genf.

Wir fragen uns, ob die Pflanzen einander auf so engem Raum wohl verdrängen und welche Strategien sie entwickeln werden. Aber offensichtlich genießen sie die Familiendurchmischung und wachsen wild und kräftig durcheinander.

Hier teilen wir den Ehrgeiz der Wissenschaftler, mit einem Experiment eine These oder ein Wunschdenken zu beweisen.[1]

Was hier die beiden Schweizer Künstler Gerda Steiner und Jörg Lenzlinger zu ihrer Arbeit *The Invaders* aus dem Jahre 2004 im Botanischen Garten der Stadt Genf beschreiben – sie ließen Wohlstandsmüll neben seriösen Urwaldpflanzen und edlen Orchideen sprießen – ließe sich ja nun ganz und gar überzeugend auf jene unsere alte Fakultät, die Erziehungswissenschaftliche, beziehen. Es gibt sie nicht mehr, und heute, an der Humanwissenschaftlichen Fakultät, ist alles anders und alles viel neuer und alles viel un-darwinistischer. Invasorenpflanzen gibt es dort nicht mehr; nach dem neuen Zuschnitt der Institute sind diese ausgejätet. Aber erinnern wir uns doch der Zeiten, Gisela, als Du, auf der Rückseite der alten Baracke, in der die Schulpädagogik seinerzeit vor sich hin

---

1   Gerda Steiner & Jörg Lenzlinger (2005), Brainforest, Christop Merian Verlag: Basel, o.S.

schimmelte – pardon, das betrifft nur die Vergangenheit –, erinnern wir uns also, Gisela, wie Du auf der Rückseite des invasorenintensiven Schulpädagogik-gebäudes Deine Stretch-Übungen im pfeilschnellen Joggeroutfit machtest und die Hausmeister Dich dabei auf Ihren Monitoren vorn im Hauptgebäude genüss-lich observierten. DU, vermeintlich unbeobachtet, auf der Rückseite des Gebäu-des, vor Deiner täglich joggenden Kölnumrundung, IN der Baracke noch späte Studierende und noch spätere Kollegen und NEBEN der Baracke im Haupt-gebäude die nicht nur späten, sondern in allen erbetenen Diensten irgendwie immer ZU späten Hausmeister, die, jäh aus ihrer Wartehaltung gerissen, Dich auf dem Bildschirm fanden. Eine *Familiendurchmischung ... wild und kräftig durcheinander* – jeder auf seinem Posten als Invasorenpflanze, das Territorium bespielend. Möglicherweise waren es glückliche Zeiten, als INVASOREN statt INDIKATOREN die fakultätsspezifische Fauna bestimmten; aber das ahnen wir leider erst jetzt.

Doch wir wollen nicht von besseren Zeiten in der Vergangenheit schwärmen, Gisela, wir suchen diese in der Zukunft auf. Darum bitte ich die Aufmerksamkeit auf das Humankapital des Genfer Invasorencontainers zu lenken, hier im Bild leicht versetzt von der Mitte links – zwei Kinder.

Abbildung 3:   "The Invaders!" Botanischer Garten Genf, 2004.
Eine Installation von Gerda Steiner & Jörg Lenzlinger.
Realisiert im Auftrag der Kulturabteilung der Stadt Genf.

Gäbe es mein Institut, das leider auch der Fakultätsjätung zum Opfer gefallene Institut für Textilwissenschaften, DIE Invasorenplattform schlechthin, noch, hätte ich mich gern und erschöpfend zum Outfit dieser Kinder verbreitet: Weißes Sommerkleidchen und roter Jumper wären nicht nur unter genderspezifischen Aspekten einer lohnenden Betrachtung wert gewesen – und auch das Kissen, in der oberen Mitte, um den Baum gebunden, hätte einiges Referenzmaterial bezüglich der alten Erziehungswissenschaftlichen Fakultät und seiner polster-intensiven Büromöblierung geborgen.

Abbildung 4:   Büromöblierung, ehemalige
                Erziehungswissenschaftliche Fakultät
                der Universität zu Köln, 2002.

– Hier finden wir Territoriumsstrategien ganz eigener Art[2]: Wie verbinden Kollegen Wissenschafts- und Schlafbedürfnis? Während einer empirischen Untersuchung zu den Bürokulturen an der ehemaligen Erziehungswissenschaftlichen Fakultät waren es insbesondere die männlichen Kollegen, die mittels einer eigenen Objektkultur in ihrem Büro – dem Sofa – versuchten, beide Bedürfnisse miteinander zu verbinden. Doch – auch diesen Diskurs können wir an dieser Stelle nicht vertiefen. Darum nun zurück zu den Kindern.

---

2   s. dazu: Heidi Helmhold (2009), De-Territorialisierungen, Die Humanwissenschaftliche Fakul-
     tät der Universität zu Köln aus der Sicht ihrer NutzerInnen, *Erscheint in: Wolkenkuckucksheim*
     – Internationale Zeitschrift für Theorie und Wissenschaft der Architektur, Heft 1/2009, http://
     www.tu-cottbus.de/theo/Wolke/

Abbildung 5:   "The Invaders!" Botanischer Garten Genf, 2004.
Eine Installation von Gerda Steiner & Jörg Lenzlinger.
Realisiert im Auftrag der Kulturabteilung der Stadt Genf.

Kinder EXPLORIEREN. Sie tun dies methodensicher – vorausschauend und zu-
rückblickend, entdeckend UND reflektierend. Damit sind wir bei einem Vertie-
fungsgebiet von Dir – Reise, Freizeit und Grundschulpädagogik – angekommen.
Du hast ganze Datensätze mit Deinen Studierenden in Mallorcinischen Touris-
tenreservaten erhoben und, Deiner Zeit weit voraus, auf den wichtigen, wenn
nicht zwingenden Zusammenhang von *Spiel* und *Lernen* hingewiesen. Mehr
noch: Du hast die glücksgesättigten Dopaminduschen der Neurobiologie vor-
weggenommen und auf den Zusammenhang von Spaß und Lernen, Vergnügen
und Entdecken hingewiesen. Doch die Zeiten, Gisela, werden nicht besser. Nicht
nur, dass wir die Gürtel im Design unserer wissenschaftlichen Outfits werden
enger schnallen müssen, über Gürtel zu sprechen gehört leider auch nicht mehr
in meinen fachlichen Zuständigkeitsbereich, nein, was ich sagen wollte: Die
Zeiten werden härter. Kinderkulturen können heute als Wii-Spiele zur Anwendung kommen, Bälle und Schläger treten raumintensiv in Erscheinung, wie auch
die Grenzen zwischen Kind und Nichtkind fließender werden und wir nur unge-
fähre Angaben darüber machen können, wer noch Kind und wer schon
erwachsen sein wird in Zukunft bzw. wer da noch spielt und dies kindlich ernst
meint oder wer es da schon unkindlich ernst meint und nicht mehr spielt. Mit
anderen Worten, Gisela, Du wirst Dich schützen müssen. Du kannst bei Deinen
zukünftigen Untersuchungen nicht einfach drauflos laufen und völlig unge-

schützt Datensätze erheben und dies womöglich noch in leichter Freizeit-
bekleidung. Das geht nun definitiv nicht mehr. Du wirst bitte die *Invasorenkappe*
tragen, dessen Modell wir hier im Bild sehen:

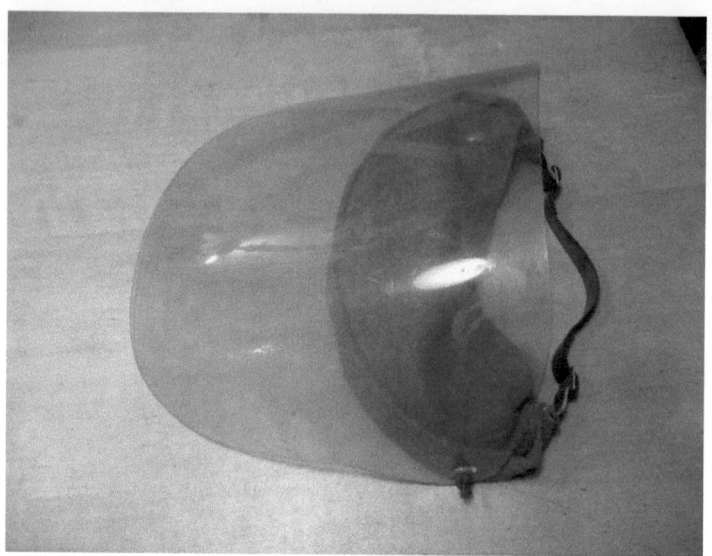

Abbildung 6:   Invasorenkappe, Teilobjekt eines Wissenschaftsoutfits

Die *Invasorenkappe* gehört in mein zukünftiges Arbeitsfeld der *Materiellen
Kultur* am Institut für Kunst und darum darf ich dazu auch unbeschadet sprechen, ohne anschließend von der Fakultätsführung als invasorenverdächtiges
Unkraut gejätet zu werden. Wie wir im Bild und auf meinem Kopf sehen, besteht
sie aus einem langen, energisch nach vorn gezogenen Schirm, dessen Materialität
aus Hartplastik jedem unerwünschten und unerwarteten Schlag standhalten wird.
Der Schirm ist leicht abgedunkelt und hält somit auch Sonnenstrahlen von Dir
ab, was den durchaus nicht zu vernachlässigenden Nebeneffekt hat, dass Du eine
nicht peinliche sonnenbankanaloge ‚Touri-Bräune‘ in Deinem Gesicht produ-
zieren wirst. Hinter dem formschönen wie funktionstüchtigen Hartplastikschirm
liegt eine weiche Filzkappe (ebenfalls im Bild und an meinem Kopf zu sehen),

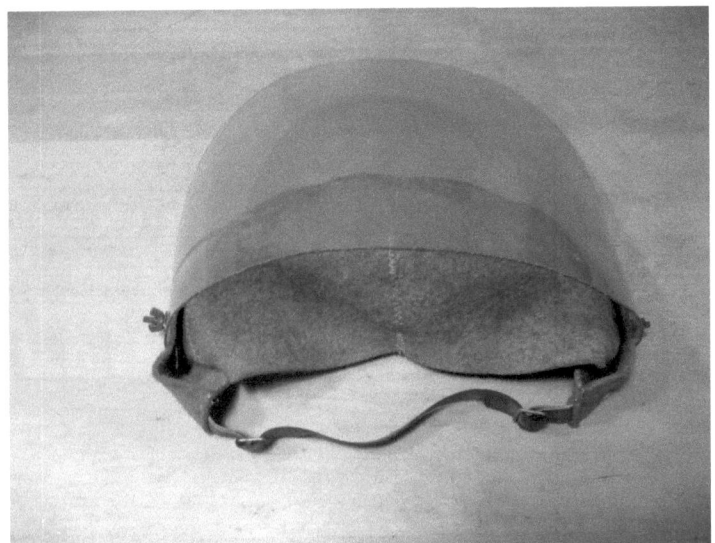

Abbildung 7:   Invasorenkappe, Teilobjekt eines Wissenschaftsoutfits

die Deine Stirn gegen jedwede normabweichende Spielattacke weich abfedern wird. Fester, ehrlicher und, wie ich vermute, deutscher Qualitätsfilz, wie man ihn heute nur noch bei Manufaktum bekommen wird. Filz, an dem auch ein Joseph Beuys seine Freude gehabt hätte, dieser Filz also formt sich über Deine Stirn. Flügelmuttern links und rechts lassen Dich den richtigen Festigkeitsgrad arretieren und ein weiches Gummi – nur im Bild zu sehen – gibt dem Ganzen nach hinten, frisurschonend, Halt. Ein gelungenes und, wie ich meine, zukunftstaugliches Design, das Dich aus der Masse datensatzermittelnder Wissenschaftler nicht nur ästhetisch herausheben, sondern auch ganz sicher als neue Spezies in die Invasorenkulturen eingehen lassen wird, selbstgeneriert und Territorium gewinnend. Vor allem aber, Gisela: Solcherart gewappnet wird Dich im Ruhestand *Niemand* mehr ausjäten können.

Aber, nicht nur, dass man Dich im Ruhestand nicht mehr wird ausjäten können, vielmehr noch: Du kannst nun *tabula rasa* machen, wann immer es Dir notwendig erscheint. Dafür sei ein *Sozialer Wischlappen*[3] als Teil Deines Invasorenoutfits

---

3   Terminus in Anlehnung an „Waschlappendemo" von Lili Fischer auf der documenta 8, 1987.

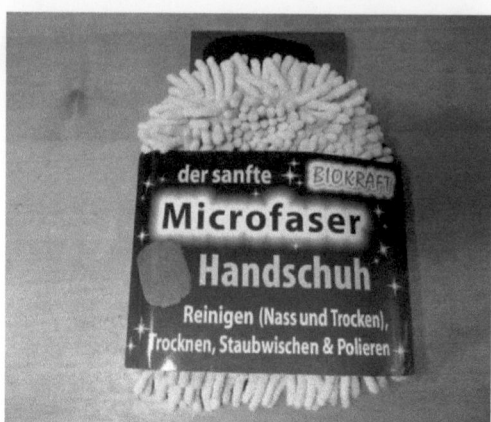

Abbildung 8:   Putzhilfe aus Warenangebot der
                METRO-Gruppe Köln-Godorf

in Deine Hände gelegt: Mit der sanften Biokraft dieses Mikrofaserhandschuhs,
leicht und überzeugend in der Anwendung, bist Du allen möglichen und unmög-
lichen gruppendynamischen Mitarbeiter-/Interviewpartner-/Verlags- und Um-
weltkonstellationen gewachsen: Kein Ausdiskutieren von Problemen, Konflik-
ten, Missverständnissen und anderen bekannten wie unvermeidlichen Projekt-
schwierigkeiten, nein – *wegwischen* heißt das neue Anwenderprofil. Große,
zuverlässige und gelbe Tentakel

Abbildung 9:   Putzhilfe aus Warenangebot der
                METRO-Gruppe Köln-Godorf,
                Detailansicht

reinigen verunsäuberte oder gar vergiftete Atmosphären, trocknen Tränen von Wut, Rührung oder Begeisterung, sowohl bei den Mitarbeitern als auch bei den Interviewpartnern. Das Utensil, der Mikrofaserhandschuh, hilft auch beim Staubwischen von Benutzeroberflächen in Archiven und Bibliotheken, vor allem aber: Es poliert alle und jedwede Probleme einfach *WEG – und* besser noch: Man kann dies Verfahren – das Verfahren des Wegwischens – auch auf Thesen unerwünschter DFG-konkurrenter Wissenschaftlerkonsortien anwenden. All dies, Gisela, schaffst Du mühelos mit der sanften Biokraft dieses einmaligen Kleinstfaserhandschuhs. Es ist, das muss zum Schluss nun doch noch einmal betont werden: Es ist die *Textile Lösung*, getarnt als wissenschaftlicher *Sozialer Wischlappen*.

Mir scheint damit eine gewisse Grundausstattung für die wissenschaftlichen Recherchen in Deiner Dritten Lebensphase skizziert zu sein, Gisela, und es bleibt mir nur noch, Dir für die Invasorenkultur der akademischen Ruheständler alles Gute zu wünschen – über deren Outfit sollten wir, Gisela, an anderer Stelle weiterdenken!

Vielen Dank für Deine und Ihre Aufmerksamkeit!

VS Forschung | VS Research
Neu im Programm Erziehungswissenschaft

Karl-Heinz Arnold / Katrin Hauenschild /
Britta Schmidt / Birgit Ziegenmeyer (Hrsg.)

**Zwischen Fachdidaktik
und Stufendidaktik**

Perspektiven für die Grundschulpädagogik
2010. 326 S. (Jahrbuch Grundschulforschung Bd. 14) Br. EUR 39,95
ISBN 978-3-531-17278-1

Robert Baar

Allein unter Frauen

Der berufliche Habitus
männlicher Grundschullehrer
2010. 419 S. Br. EUR 39,95
ISBN 978-3-531-17452-5

Katrin Girgensohn (Hrsg.)

Kompetent zum Doktortitel

Konzepte zur Förderung Promovierender
2010. 239 S. (Key Competences for Higher
Education and Employability) Br. EUR 34,95
ISBN 978-3-531-17272-9

Anke Grotlüschen

Erneuerung der Interessetheorie

Die Genese von Interesse
an Erwachsenen- und Weiterbildung
2010. Mit einem Geleitwort von Sigrid
Nolda. 300 S. (Theorie und Empirie Lebens-
langen Lernens; TELLL) Br. EUR 34,95
ISBN 978-3-531-17491-4

Sabine Hoidn

**Lernkompetenzen an
Hochschulen fördern**

2010. 503 S. Br. EUR 39,95
ISBN 978-3-531-17456-3

Ursula Klein

Supervision und Weiterbildung

Instrumente zur Professionalisierung
von ErzieherInnen
2010. 189 S. Br. EUR 34,95
ISBN 978-3-531-17232-3

Harm Paschen (Hrsg.)

**Erziehungswissenschaftliche
Zugänge zur Waldorfpädagogik**

2010. 340 S. Br. EUR 39,95
ISBN 978-3-531-17397-9

Maik Philipp

Lesen empeerisch

Eine Längsschnittstudie zur Bedeutung
von peer groups für Lesemotivation
und -verhalten
2010. 249 S. Br. EUR 24,95
ISBN 978-3-531-17033-6

Erhältlich im Buchhandel oder beim Verlag.
Änderungen vorbehalten. Stand: Juli 2010.

www.vs-verlag.de

VS VERLAG

Abraham-Lincoln-Straße 46
65189 Wiesbaden
Tel. 0611.7878 - 722
Fax 0611.7878 - 400